U0945994

中国财政科学研究院智库丛书

中国财经改革经验

刘尚希　梁子谦　傅志华　等著

中国财经出版传媒集团
中国财政经济出版社

图书在版编目（CIP）数据

中国财经改革经验／刘尚希等著．—北京：中国财政经济出版社，2019.7
（中国财政科学研究院智库丛书）
ISBN 978－7－5095－9100－0

Ⅰ．①中…　Ⅱ．①刘…　Ⅲ．①财政改革－研究－中国　Ⅳ．①F812.2

中国版本图书馆 CIP 数据核字（2019）第 139269 号

责任编辑：闫　娟　　　　责任印制：刘春年
封面设计：陈宇琰　　　　责任校对：黄亚青

中国财政经济出版社 出版

URL：http：//www.cfeph.cn
E－mail：cfeph@cfemg.cn

社址：北京市海淀区阜成路甲 28 号　邮政编码：100142
营销中心电话：010－88191537
北京财经印刷厂印装　各地新华书店经销
787×1092 毫米　16 开　26 印张　442 000 字
2019 年 7 月第 1 版　2019 年 7 月北京第 1 次印刷
定价：95.00 元
ISBN 978－7－5095－9100－0
（图书出现印装问题，本社负责调换）
本社质量投诉电话：010－88190744
打击盗版举报热线：010－88191661　QQ：2242791300

总　　序

党的十八届三中全会在明确“完善和发展中国特色社会主义制度，推进国家治理体系和治理能力现代化”这一全面深化改革总目标的同时，提出了“财政是国家治理的基础和重要的支柱”的重要判断，充分彰显出财政在国家治理现代化之中的地位与作用。

强调发挥财政在国家治理中的基础和重要支柱作用，是与我国经济社会发展阶段相联系的。在改革开放初期，政府的作用是促进改革和开放，财政改革主要是推动政府职能转换、改进政府与市场关系，让市场在资源配置中发挥更大的作用。随着我国经济社会转型进入新的阶段、国家实力逐渐增强以及大国财政使命的提出，财政在改革和发展中的作用日趋多样化、全方位，涉及经济、政治、社会、文化、生态文明建设各个领域。

在市场经济不断发展的基础上，社会结构及其整个上层建筑都发生了极大变化，社会成员利益关系变得复杂起来。在经济进入新常态的背景下，这种复杂的利益关系对于财政在国家治理中作用的发挥是一个新的考验。改革开放初期，财政政策着眼于关注国内，对于国际环境关注不多，现在财政政策的一举一动都对世界经济产生重要影响；改革开放初期，财政主要解决温饱问题，经济建设成为财政工作的突出任务，现在财政既要解决发展问题，又要解决改革问题，经济、社会、政治、文化和生态文明要协同发展；改革开放初期，中央和地方财政实力虽然都较弱，但地方政府债务也少，现在国家财政实力快速扩张过程中也面临着地方政府债务特别是或有债务快速扩张的问题，财政自身可持续性发展面临挑战。

财政作为国家治理的基础正在发生多维变化。改革开放初期，财政主要从经济维度发挥国家治理基础性作用，主要是处理好政府与市场的关系；在经济社会转型、利益关系多元化背景下，财政要从多维度支撑国家治理：既有国家与市场的维度，也有国家与社会（个人）的维度，以及公共部门内部（包括中央与地方、政府部门之间）的维度。

随着财政发挥作用的多维变化，财政理念也随之发生变化。改革开放初期，政府在市场失灵的领域提供公共服务；随着时代的进步，政府承担的各种责任（城镇化、养老、医疗、教育、环境保护等）在不断增加，在政府能力有限的情况下，政府与社会资本合作呼之欲出。政府和社会资本合作打破了传统主流经济学、财政学的基本看法：政府与市场是水火不相容的，二者是对立的；公共服务领域是市场失灵的领域，只能由政府来干。过去注重政府与市场之间的分工，现阶段则注重在分工基础上的合作。政府与市场关系需要进行再改革，一些新的问题又随之产生：在多元主体提供公共服务的同时如何保障社会公共利益，如何理顺政府与社会的关系，如何理顺政府内部如中央和地方之间、政府各部门之间的关系等。财政全方位、深层次嵌入国家治理体系和治理能力现代化之中，带来了许多需要用全新理论诠释的问题，也考验着各方面的智慧。

面对新阶段、新形势和新任务，财政如何有效支撑和推动国家治理现代化更需要新思路、新思想，财政智库或财政思想库也应运而生。可以说，财政智库是财政有效支撑和推动国家治理现代化的思想源泉，也是点亮财政作用于国家治理的“智慧之灯”。发达国家在财政现代化和国家治理体系与治理能力现代化过程中，财政智库的作用功不可没。要发挥好财政作为国家治理基础与重要支柱的职能作用，财政智库的基础性作用更是不可替代。

第一，财政智库是推进国家治理决策的科学化、民主化和法制化的重要支撑。当前，全面建成小康社会进入决定性阶段，破解财政改革发展稳定难题和应对全球性问题的复杂性艰巨性前所未有，迫切需要健全中国特色的财政决策支撑体系，大力加强财政智库建设，以财政科学咨询支撑财政治理的科学决策、民主决策和依法决策，以财政科学决策引领科学发展。

第二，财政智库是国家治理体系和治理能力现代化的重要内容。纵观当今世界各国现代化发展历程，智库在国家治理中发挥着越来越重要的作用，日益成为国家治理体系中不可或缺的组成部分，是国家治理能力的重要体现。全面深化改革，推进国家治理体系和治理能力现代化，推动协商民主广泛多层制度化发展，建立更加成熟更加定型的制度体系，必须切实加强中国特色新型财政智库建设，充分发挥智库在治国理政中的重要作用。

第三，中国特色新型财政智库是国家软实力的重要组成部分。一个大国的发展进程，既是经济等硬实力提高的进程，也是思想文化等软实力提高的进程。智库是国家软实力的重要载体，越来越成为国际竞争力的重要因素，在对外交往中发挥着不可替代的作用。树立社会主义中国的良好形象，推动中华文化和当代中国价值观念走向世界，在国际舞台上发出中国声音，迫切需要发挥中国特色财政新型智库在公共外交中的重要作用，不断增强我国在国际财经和公共事务的国际影响力和国际话语权。

正是考虑到智力资源是一个国家、一个民族最宝贵的资源，考虑到我国智库发展面临的各种瓶颈，2015 年 1 月，中共中央办公厅、国务院办公厅印发了《关于加强中国特色新型智库建设的意见》，提出加强智库建设整体规划和科学布局，统筹整合现有智库优质资源，重点建设 50～100 个国家急需、特色鲜明、制度创新、引领发展的专业化高端智库。

中国财政科学研究院的前身财政部财政科学研究所（财科所），于 1956 年根据毛泽东主席的指示而成立，2016 年 2 月正式更名。60 年前财科所成立之初，就定位为政府部门的政策咨询机构，以探索我国财政经济问题和培养财政、会计专门人才为己任，为党中央和国务院中心工作服务，为财政经济发展的现实服务。为此，一代又一代财政科研人员为我国财政科研事业做出重要贡献。60 年后的今天，中国财政科学研究院正致力于转型、创新，努力创建一流新型智库。

根据智库建设与发展的规划，本院推出“中国财政科学研究院智库丛书”。该丛书内容既包括本院各年度重要《研究报告》的文集，也包括本院承担完成的一些重大科研项目成果，以及本院研究人员研究、撰写的各类专著。目的在于集中展示财科院的科研成就，扩大科研成果的宣传和社会效果，全面提升财科院的智库影响力。

不忘初心，砥砺前行。我们将明确智库建设的宗旨，在传承既有科研优势和办院特色的基础上，探寻新型高端智库建设的途径，潜心探索财政与国家治理的新理论、新观点、新思路、新对策，与各界同仁一道，共同致力于现代财政制度建设，开创国家治理现代化之美好未来。

“中国财政科学研究院智库丛书”编委会

2016年7月

前　言

1978 年 12 月 18 日，中国共产党十一届三中全会在北京召开，开启了中国改革开放的历史航程。40 年来，在共产党的坚强领导下，中国人民不断打破束缚思想的桎梏、扫除阻碍发展的藩篱，开创了新的前进道路，开辟了新的发展空间，经济社会等方方面面发生了翻天覆地的变化。如今，中国已经成为世界第二大经济体，连续多年对世界经济增长贡献率超过 30%，成为世界经济增长的主要稳定器和动力源。

改革开放，是中国经济 40 年来实现腾飞的“法宝”。加入 WTO 让中国经济与世界经济更加紧密地联系在一起。“一带一路”倡议提出并付诸实施，构成了中国经济进入高质量发展阶段的重要支点，中国对外投资成为拉动全球对外直接投资增长的重要引擎。以“和平合作、开放包容、互学互鉴、互利共赢”为核心的丝路精神亘古弥新，丝路沿线国家正焕发出勃勃生机，有力推动了全球化进程。

“周虽旧邦，其命维新”，众多让世人瞩目的发展成就让世人不禁会问：为什么是中国？中国道路可以为他国尤其是发展中国家发展提供哪些有益的借鉴？“一带一路”倡议合作中提到了“政策沟通、设施联通、贸易畅通、资金融通、民心相通”，智库之间的沟通合作也是应有之义。鉴于此，中国财政科学研究院与中亚区域经济合作学院联合打造智库合作精品《中国财经改革经验》，选取八个具有代表性的财经领域，回顾改革历程，总结改革经验。本书由中国财政科学研究院刘尚希院长、傅志华副院长和中亚区域经济合作学院梁子谦副院长负责，组织中国财政科学研究院研究骨干，经过与中亚区域经济合作学院相关专家多次研讨后完稿。

全书共分为一个总报告和八个子报告。总报告全面回顾中国财经改革 40

年来的成就与经验，由程瑜、闫晓茗、肖琼琪执笔。子报告一——贸易政策与贸易便利化，由封北麟、万晓萌、张斯聪执笔。子报告二——中国促进中小企业发展的政策与实践，由陈少强、孙喜宁执笔。子报告三——PPP 融资促进基础设施建设和发展，由程瑜、肖琼琪、张学升执笔。子报告四——中国电子商务政策与实践，由张鹏、鄢晓发执笔。子报告五——促进发展的财政政策，由王志刚、赵斌执笔。子报告六——中国公共部门改革的历史进程与基本经验，由陈龙执笔。子报告七——推动可持续发展的城市化和市政服务，由程瑜、田远、梁诚诚执笔。子报告八——中国扶贫政策，由李成威、于智媛执笔。全书的研究和撰写由程瑜协调并统稿，最后由刘尚希和傅志华总纂和最终审定。

在写作的过程中，研究团队的成员以高昂的热情付出了大量劳动，同时也感谢中国财经传媒集团的大力支持。由于时间较短，本书尚有许多未尽之处，敬请读者批评指正。

著　者
2019 年 3 月

目　　录

中国财经改革 40 年：成就与经验

2018 年是中国改革开放 40 周年。1978—2018 年，中国的改革开放从经济体制改革起步，逐步扩展到涉及政治、文化、社会和生态等各领域的全面深化改革，中国共产党人和中国人民以一往无前的进取精神，谱写了中华民族自强不息、顽强奋进的壮丽史诗。沧桑巨变的 40 年，中国经济发展取得了举世瞩目的巨大成就，在人均资源不是十分丰富的 10 多亿人口的大国，实现了经济的中高速增长，这是世界经济史上的发展奇迹。改革开放这一伟大战略决策顺应时代发展的趋势，符合人民追求美好生活的要求，是改变中国命运的关键一步，得到亿万人民群众的高度拥护，也赢得了全世界的高度赞誉。

40 年来，中国财经领域的改革，正是顺应这一改革大潮，始终服从、服务于不断深化改革的需要，在中国的改革历史画卷上写下了浓墨重彩的一笔。知史以明鉴，查古以至今。今天，站在新时代的历史起点上，我们选取了八个具有代表性的财经领域，回顾改革历程，总结中国财经改革经验。

一、贸易政策与贸易便利化

改革开放 40 年，中国对外贸易取得了令人瞩目的成就，不仅有力推动了中国的现代化建设，而且给世界带来了巨大的投资和合作机会。中国不断完善对外贸易政策，优化贸易结构与改善国际收支状况，增强抵抗外部风险的能力。在贸易总量方面，中国贸易量迅速扩大，已成为国际贸易的中流砥柱。2017 年，中国进口总额占世界进口总额的 12.77%，中国出口总额占世界出口总额的 10.21%。在贸易结构方面，改革开放初期，中国对外贸易主要以低附加值的劳动力密集型加工业为主；伴随工业技术的进步和资源禀赋比较优势的变化，中国对外贸易结构不断优化，高附加值商品贸易比重提高，服务贸易比重增大，推动了中国对外贸易结构的转型升级。在贸易方式方面，电子商务已成为促进国际贸易和经济增长的新动力，中国政府也在努力改善跨境电子商务的发展环境，致力于通过互联网实现全球无障碍化贸易。对外直接投资也得到了迅猛发展，中国政府鼓励中国企业走出国门，与世界各国进行交流，寻求优质投资机会。虽然，目前租赁和商务服务业、批发与零售服务业、采矿业的对外投资仍居前列，但信息传输、计算机服务和软件业，科学研究、技术服务和地质勘查业等高科技产业的对外投资、合作与培育加速增长，投资结构不断优化。

紧密结合国际国内形势变化的对外贸易政策，首要目标是促进国家经济发展与稳定。中国始终坚持对外贸易与经济发展相结合、进口与出口并重的发展政策。在稳定出口的基础上，充分发挥进口对提升消费、调整结构、发展经济、扩大开放的重要作用。实践证明，对发展中国家来说，对外贸易的目的不仅仅是外汇创收，先进生产技术和生产工具的进口将促进生产力发展，如果适时适当地结合临时关税、协定关税等进口优惠措施，进口国内较为紧缺的资源或产品，有利于调节内需结构和生产结构，促进经济平稳发展。

改革开放 40 年，中国政府积极推动一些基础性的关键重要产业的对外贸易，在农业、制造业和服务业三大产业取得了更为显著的成效。

农业方面。改革开放 40 年来，农业对外贸易政策围绕提高农业生产效率、农产品质量和国际竞争力等发展目标发力，通过建立农业保险体系等措施，实现农产品价格市场化、增加农业基础设施和农业科研投入的力度；通过配合国内农业供给侧改革和结构调整总体战略，适度增加国内紧缺农产品和有利于提升农业竞争力的农资、农机等产品进口。同时，不断完善农产品关税保护制度，实施农产品配额关税化，调整和优化国内农业支持政策。在贸易政策的支持和引导下，国内农业产业结构持续优化，推动解决“三农”问题，进一步提高中国农业和农产品企业应对国际贸易风险的能力，增强中国农产品在国际市场上的竞争力。随着全球农产品贸易环境日渐复杂，中国农产品面临的外部风险也日益增大，农产品对外贸易形势不容乐观。中国应在继续支持国内农业产业结构调整的同时，密切关注农产品国际价格的波动，做好风险防范工作。同时，应发挥农产品贸易大国的优势，积极参与国际农产品贸易规则的制定，推动有序、公平、公正的国际农业贸易秩序的建立。

制造业方面。改革开放 40 年来，中国制造业完成了从无到有，从小到大的巨大转变，正在向由大变强的方向迈进。改革开放初期，中国制造业基础薄弱，但具有劳动力、土地、原材料成本低和市场广阔的综合优势。中国充分发挥上述优势，从产业链最低端的加工制造开始，一步一步做大，已发展成为制造大国。目前，中国制造业需要的是“做强”，即加速实现制造业的转型升级，加快迈向全球价值链中高端，打造国际竞争的新优势。中国制造业已经逐渐开始追求品牌和质量，由劳动力密集型产业逐渐向资本、技术、知识密集型产业过渡。伴随着世界各国贸易、金融、经济的联系加深，制造业全球化趋势增强，技术研发与成品制造分离趋势明显，从市场竞争、价格竞争上升为品牌竞争、服务竞争。但是，中国制造业的自主创新，特别是原始创新能力仍然不强，科技成果转化效率不高。同时，作为核心产业的制造业供给侧结构性矛盾不断凸显，要素成本价格不断上涨，制度性交易成本偏高，上述问题都严重削弱了中国制造业在国际上的竞争力。因此，发展高端制造业，已成为中国国内制造业转型和参与国际竞争的客观要求。支持高端制造业发展成为了中国制造业政策的主攻方向。中国制造业的大发展繁荣于传统制造业，转折于高端制造业。产业政策亦是如此，中国产业政策首先侧重于发挥劳动力优势，逐步过渡到积极引进高端制造业技术，然后着重大力培育和鼓励国内高端制造业技术研发与创新的过程。在制造业这一极其重要的产业领域，中国的产业政策总是能够顺应制造业发展的潮流，这也为中国的制造业转型扫清了不少制度、环境、资本多方面的障碍，使得制造业的升级道路更加通畅，高端制造业产品国际竞争力不断增强。当然，中国制造业转型升级任重道远，改革创新力度还需加大。

服务贸易方面。中国对外开放 40 年，服务贸易不仅仅在总量上取得了巨大的进步，服务贸易的结构也发生了根本性的变化。进口方面，由原来的旅游服务单一支柱转变为金融咨询、旅游、高科技、物流运输、基建投资多元支柱结构，服务贸易进口结构明显优化；出口方面，到 2017 年，旅游服务出口占服务贸易比例已超过 50%，成为中国对外服务贸易的中流砥柱，运输服务以 19.87% 的占比位列第二位，交通运输类、基建类和金融类服务也在持续增长。在服务贸易日益重要的今天，中国对外服务贸易的发展不仅体现在贸易总额的增长上，还体现在贸易结构上，中国对外服务贸易结构不断优化，国内高新技术贸易逆差逐渐减小，从侧面说明了国内高新技术的进步。同时，金融服务贸易作为对外贸易中特殊的一项支撑性和功能性贸易，是 WTO《服务贸易总协定》中极为重要的组成部分。中国金融服务贸易在进一步开放，保险行业和证券行业也加入了开放序列。中国从未停止金融对外开放的脚步，更加具有开放性的产业政策营造了越来越积极的外资投资环境，使得越来越多的外资金融机构在中国进行经营活动，增加了金融服务进口额，这对中国的对外贸易和金融对外开放大有裨益，也促使中国国内金融行业从理念到技术的不断更新换代。

针对产业发展和市场竞争的弱势群体——中小企业，中国政府也在不断制定出台扶持引导政策，营造良好的营商环境，推动中小企业成为中国对外贸易的主力军和新动能。中国中小企业经营范围十分广泛，在三次产业的各个行业均有分布，集中分布于劳动密集型行业和传统行业中。中小企业是促进就业、改善民生、稳定社会、发展经济、推动创新的重要力量，是构成市场经济主体中数量最大、最具活力的企业群体。中国一半以上的发明专利、企业技术创新和新产品开发是由中小企业完成的。随着改革开放进程的推进，中国与世界各国经济联系日益加深，中国的中小企业在具备了一定实力之后，也纷纷参与国际市场，开展国际贸易和对外直接投资。中国出台的关于中小企业对外贸易的相关政策，经历了由最初的多位保护向贸易扶持再向增强企业竞争能力的演变过程。中国正在推进的“一带一路”战略，为中小企业进行对外贸易和直接投资带来了新的机遇。针对中小企业在参与“一带一路”建设的过程中面临的困难和问题，中国政府正在着手采取完善中小企业双边和多边合作机制，聚集服务资源，构建支持中小企业国际化发展的服务体系，深化中小企业与“一带一路”沿线国家在贸易投资、科技创新、产能合作、基础设施建设等领域的交流与合作，以充分发挥中小企业在“一带一路”建设中的重要作用。

随着经济全球化程度不断加深，世界范围内的国际贸易也在高速发展。降低跨境贸易成本，提升贸易便利化程度，促进商品自由流通，成为世界各国努力的方向。改革开放40年以来，尤其是加入世界贸易组织之后，中国在贸易便利化方面推动了一系列改革，取得了巨大进展。《中国与世界贸易组织》白皮书中明确指出，中国将继续坚持对外开放基本国策，以更加积极的姿态融入经济全球化进程，实行高水平的贸易和投资自由化便利化政策，与各国构建利益高度融合、彼此相互依存的命运共同体。近年来，中国在贸易便利化领域实施了“大通关”制度与建立AEO（Authorized Economic Operator）等多次改革，并取得显著进展。在积极推进贸易投资便利化方面，中国全面参与多哈回合各项议题谈判，积极推动多边贸易自由化进程，广泛参与世贸组织新议题讨论，切实履行《贸易便利化协定》。尽管中国在贸易便利化方面取得了巨大的成就，但是，与先进国家相比，中国在贸易便利化水平上仍存在较明显的差距。中国促进贸易便利化措施主要从以下四个维度和五个领域开展。四个维度指透明度、简单化、和谐化、标准化；五个领域涉及与贸易有关的公共和行政政策、关于进出口的规则和程序、产品标准和一致性、与贸易有关的基础设施和服务、运送中的商品。

为了适应国际经济发展趋势，顺应国际经济新格局的转变，促进中国的经济转型升级，中国推动了自由贸易实验园区的创新试点。中国（上海）自由贸易试验区作为首个试点园区，于 2013 年 9 月率先设立。同年，商务部加快实施自贸区战略，积极推进自贸区建设，完善自贸区整体布局，天津、广东等第二批自贸区于当年 5 月挂牌成立。2016 年 8 月，又有七个省市作为第三批自贸区被批准成立。2018 年 4 月，又决定建设海南全岛自由贸易试验区。同期，中国共签署了 16 个自贸协定，涉及 24 个国家和地区。至此，中国自贸区的布局初现形态，形成了中国全方位开放的新经济格局。近年来，受国际金融危机影响，全球经济尚未完全复苏，中国也面临着外需下滑、贸易保护主义抬头等一系列挑战。在这样的背景下，在中国境内试点自由贸易园区，实施真正的“境内关外”政策，加大力度促进中国与周边经济体的贸易往来。作为政策的试验地，自贸区与以往的经济特区不同，并不旨在靠税收优惠来吸引国内外的投资贸易，其主要目的是简化行政审批手续，促进贸易便利化。截至目前，中国自贸区和自贸港虽整体上均服务于国家制度创新的总目标，但每个自贸区又各有特点。多个自贸区负责直接与“一带一路”建设进行战略对接，促进国家战略落地。可以说自贸区不是税收洼地，而是政策高地。“负面清单”是自贸区成立的一个巨大贡献，其改变了传统观念，是“法不禁止皆可为”的典型代表，使更多的改革措施可以通过自贸区试行的形式先行先试，不断优化，进而更好地全面推广。可以说自贸区的施行给贸易政策制定提供了一个更加广阔和相对自由的施展空间和舞台。

二、中国促进中小企业发展的政策与实践

改革开放前，中国曾先后按照职工人数和固定资产价值划分企业规模。改革开放后，中国企业划型标准历经多次修订，目前执行的是工业和信息化部于 2011 年印发的《中小企业划型标准规定》。

1978 年后，中小企业迅速发展，但由于 20 世纪 90 年代中期之前几乎没有中小企业发展促进政策，中小企业发展困难重重。20 世纪 90 年代中后期和 21 世纪初，多项中小企业发展促进政策相继出台，但尚未形成体系的零散政策仍无法解决中小企业发展面临的诸多困难。2003 年出台实施的《中华人民共和国

中小企业促进法》使中国中小企业发展促进工作进入法制化轨道，政策体系也初步建立。随后，促进中小企业发展的全国指导性文件相继出台实施，相关负责部门也密集出台落实配套政策，中小企业发展促进政策体系不断细化、完善和成熟。基于15年的经验积累，《中华人民共和国中小企业促进法》于2017年进行了修订，这标志着中国已经摸索出一套较为完善的、符合中国国情的中小企业发展促进政策体系。

目前，中小企业已逐渐成为中国企业中数量最多、经济活力最强、吸纳就业人数最多、创新能力最突出的企业群体，对维护社会和谐稳定发挥着不可替代的作用。

中国中小企业发展促进政策体系是根据中小企业发展过程中遇到的市场机制不健全、社会负担繁重及政府公共服务不完善等问题而逐步构建起来的。财税支持、融资促进、社会化服务是中国中小企业发展促进政策体系的三大支柱。随着中小企业发展促进政策体系的成熟，中国的中小企业促进工作组织架构也日趋完善。

首先，财税支持包括安排财政专项资金、设立中小企业发展基金、利用政府采购、利用PPP模式、税收优惠和降费清费六项措施。

中小企业财政专项资金是落实国家中小企业促进政策的财力保障。中国设立的主要财政专项资金包括科技型中小企业技术创新基金、中小企业国际市场开拓资金、中小企业服务体系专项补助资金、中小企业发展专项资金、科技型中小企业创业投资引导基金和中小企业信用担保资金。此外，还包括农业科技成果转化资金、中央补助地方中小企业平台式服务体系建设专项资金、民族贸易企业网点建设和民族特需商品定点生产企业技术改造贷款财政贴息资金等十余项促进中小企业发展的财政专项资金。2014年，多项促进中小企业发展的财政专项资金被整合至中小企业发展专项资金。2015年后，中小企业发展专项资金的支持方式由项目支持转变为对小微企业创业创新基地示范城市的整体支持。中小企业财政专项资金有力促进了中国中小企业的发展。

2015年9月1日，国家中小企业发展基金正式设立。国家中小企业发展基金遵循政策性导向和市场化运作原则，主要用于引导和带动社会资金支持初创期中小企业，促进创业创新。国家中小企业发展基金由中央财政通过整合资金出资150亿元，同时创新机制，发挥杠杆作用和乘数效应，吸引民营和国有企业、金融机构、地方政府等共同参与，最终建立总规模为600亿元的发展基金。通过设立母基金、直投基金等，用市场化的办法，重点支持种子期、初创期成长型中小企业发展。基金原则上采取有限合伙制，其募资、设立、管理、收益分配、到期退出等均按市场化原则操作。2015年12月2日，国家中小企业发展基金理事会成立。2015年12月24日，国家中小企业发展基金理事会公布深圳市创新投资集团有限公司成功中标国家中小企业发展基金首支实体基金。国家中小企业发展基金首支实体基金“中小企业发展基金（深圳有限合伙）”于次日在广东深圳完成注册。该基金由财政部直接出资15亿元，深圳市政府、金融机构、大型民营企业及其他社会资本出资45亿元。截至2017年底，已有四支实体基金相继设立并投入运营，基金总规模达195亿元。四支实体基金已完成投资项目130个，投资金额38.24亿元。此外，诸多省级中小企业发展基金也相继设立并运营。

在利用政府采购方面，《政府采购促进中小企业发展暂行办法》通过规定负有编制部门预算职责的各部门为中小企业预留年度政府采购项目预算总额比例、给予中小企业价格扣除、鼓励采购人允许获得政府采购合同的大型企业依法向中小企业分包、鼓励采购人在履约保证金、付款期限、付款方式等方面给予中小企业适当支持、鼓励在政府采购活动中引入信用担保手段等一系列支持措施促进中小企业发展。

在利用PPP模式方面，自2015年国务院办公厅转发财政部、发展改革委、人民银行《关于在公共服务领域推广政府和社会资本合作模式指导意见的通知》（以下简称“通知”）以来，中国PPP事业迅猛发展。虽然《通知》中明确提出要给予中小企业更多参与PPP模式的机会，但由于没有进一步出台具体的支持政策，中国参与PPP模式的主要是大型企业，中小企业参与的并不多。即便如此，通过少数中小企业参与PPP模式的案例可以看出，利用PPP模式促进中小企业发展的潜力巨大，存量PPP项目的实施可以同时实现国有中小企业的改革和民营中小企业的发展。

中小企业的税收优惠政策体现在：一是增值税和营业税的税收优惠。制定了低于增值税一般纳税人的增值税小规模纳税人优惠税率，并扩大小规模纳税人的范围和大幅度上调增值税和营业税的起征点，还于2013年8月1日拉开了小规模纳税人免征增值税和营业税的序幕。2016年5月1日，“营改增”试点在全国范围内全面推开，服务业营业税重复征税问题就此得以解决。二是企业所得税的税收优惠。制定了低于企业所得税一般纳税人的企业所得税小型微利企业优惠税率，并于2010年1月1日拉开了小型微利企业所得税减半征收的序幕，小型微利企业认定范围也逐步扩大。三是促进中小企业融资的税收优惠。包括对金融机构与小型微型企业签订借款合同免征印花税、实施一系列支持农村金融的税收优惠政策、对金融企业涉农贷款和中小企业贷款损失准备金税前扣除、对中小企业信用担保机构有关准备金税前扣除和对符合条件的中小企业信用担保机构免征营业税。四是促进中小企业技术创新的税收优惠。包括企业研究开发费用的税前加计扣除、固定资产加速折旧、针对科技企业孵化器和国家大学科技园的税收优惠和对符合条件的国家中小企业公共服务示范平台中的技术类服务平台纳入现行科技开发用品进口税收优惠政策范围。

中国降费清费可分为整治“三乱”、清理规范涉企行政事业性收费、简政放权和普遍性降费四个时期。各时期都出台了诸多政策，中小企业社会负担不断降低。

其次，融资促进包括间接融资促进和直接融资促进。

间接融资促进政策主要体现在：一是建立符合中小企业信贷特点的经营和监管体系。基于小企业贷款业务的特殊性，提出银行业金融机构开展小企业贷款要重点建立和完善的“六项机制”和“四单原则”，并将其制度化。2012 年后，中国开始着重构建符合小微企业信贷特点的经营和监管体系，并鼓励大中型商业银行设立普惠金融事业部，同时建立相应的经营和监管机制，建立健全多层次中小企业金融服务组织体系。二是建立和完善小企业金融服务专营机构体系。鼓励银行探索建立小企业金融服务专营机构。积极支持民间资本、外资、国际组织资金以投资入股的方式，参与中小金融机构改制。推动尝试由民间资本发起设立自担风险的民营银行、金融租赁公司和消费金融公司等金融机构。引导小金融机构增加服务网点，向老少边穷地区、县域、乡镇等金融服务薄弱区域以及批发市场、商贸集市等小微企业集中地区延伸等。此外，国家推进和支持普惠金融体系建设和互联网金融有序健康发展。三是加大中小企业信贷融资规模并优化结构。在确保“两个不低于”的基础上坚持“有保有压”，将符合国家产业和环保政策、有利于扩大就业、有偿还意愿和偿还能力、具有商业可持续性的小企业，以及科技型中小企业确定为重点支持对象。2012 年后，要求确保小型微型企业贷款的“两个不低于”。四是加强中小企业融资服务创新。积极鼓励金融机构为中小微企业全面提供基础性、综合性金融服务，积极开展种类丰富的抵质押贷款业务等，并充分肯定互联网金融对促进小微企业发展不可替代的积极作用。五是建设健全全国中小企业信用担保体系。经全国中小企业信用担保体系建设的试点、支持政策的完善、向小微企业倾斜、担保体系的优化升级四个阶段，全国中小企业信用担保体系逐步建立并不断完善。六是发展贷款保证保险和信用保险。通过创新发展方式、提高服务能力、营造政策环境等措施，积极发展小型微型企业贷款保证保险和信用保险。

直接融资政策体现在：一是股权融资促进。建立中小板、创业板、“新三板”和区域性股权交易市场组成的多层次资本市场。最近，中央又宣布，正式设立创新板。同时，鼓励私募股权投资、创业投资、融资租赁等重要股权融资渠道为中小企业服务。二是债券融资促进。除短期融资券、中期票据外，针对中小企业债券融资，中国先后推出中小企业集合债券、中小企业集合票据、中小企业区域集优票据、中小企业私募债券、小企业金融债券、小微企业增信集合债券等多个品种。

最后，社会化服务包括人才培训服务、信息服务、创业创新服务、信用服务、建设中小企业公共服务平台、助力中小企业开拓市场、改革商事制度七个方面。

中国中小企业促进政策的经验主要有三条：一是促进政策体系不断完善、各促进政策之间密切配合。二是促进政策根据中国中小企业不同发展阶段特点而调整。三是促进政策与国家顶层设计高度契合。党的十八大后，这种契合程度更为密切。

三、PPP 融资促进基础设施建设和发展

PPP 因其有利于充分发挥市场机制作用，提升公共服务的供给质量和效率，实现公共利益最大化，被视为是公共服务供给机制的重大创新。2013 年以来，中国国务院和相关部委密集出台了多项政策文件，以推动、引导 PPP 项目实施，此举得到了各级地方政府的积极响应，并纷纷推出 PPP 示范、试点项目。PPP 模式的大力推广，对于平滑政府债务风险、加快新型城镇化建设、提升国家治理能力、构建现代财政制度具有重要意义。

联合国发展计划署（1998）、欧盟委员会（2003）、美国 PPP 国家委员会（2002）、世界银行、亚洲开发银行从不同角度对 PPP 模式进行了定义。中国财政部（2015）认为 PPP 是政府和社会资本的合作，是一种在基础设施建设及公共服务供给领域建立的长期合作关系。从中国实践看，PPP 不仅仅是一个新融资模式，还是管理模式和社会治理机制的创新。如果掌握得当，PPP 有望成为解决中国城镇化、老龄化等问题的重要机制，并通过以股份制为主的形式与中国大

力推进的混合所有制改革创新形成天然的机制性内洽与联通。

PPP 管理模式的运行具有三个重要特征：利益共享、风险分担和激励创新。利益共享指的是政府和社会资本之间共享项目所带来的利润。PPP 项目中政府和非政府的市场主体应当在合作协议中确立科学合理的利润调节机制，确保社会资本按照协议规定的方式取得合理的投资回报，避免项目运营中因可能出现的问题而造成社会资本无法收回投资回报或者使得政府违约。风险分担是指 PPP 模式将每一种风险都由最善于应对该风险的合作方承担，进而达到项目整体风险的最小化，这种风险分担原则，旨在实现整个项目风险的最小化，合理分配项目风险。激励创新是指 PPP 模式代表了基础设施领域的制度变革。首先，通过 PPP 模式提供基础设施，政府由管理者、提供者转变为监督者、合作者，政府职能更多地转向宏观战略、市场监管和社会管理，切实减少对微观事物的管理和干预，从而促使政府做好顶层设计和制度建设。因此，PPP 的发展和演变过程实质上也是公、私部门共同创新的过程。

PPP 模式的主要参与主体有政府、社会资本、金融机构等。政府不仅是指地方政府，还包括国家或省级政府、政府和社会资本合作中心、PPP 项目实施机构等。国家或省一级政府的作用主要体现在宏观层面，为 PPP 模式提供前提保障，提供政策法律保障，降低政治社会风险，提供一定外在条件支持，如金融支持、政策扶持等。社会资本是关系到项目成败的 PPP 关键主体，根据有关规定，社会资本必须是已建立现代企业制度的境内外企业法人，且具备雄厚的资金实力和较强的融资能力，还应具备相应的专业能力和资质、良好的信用。金融机构是指银行、保险公司、证券公司和信托公司等，在 PPP 模式中主要起资金支持作用。因 PPP 项目耗资巨大，几乎都需要依靠金融机构各种形式的融资支持。金融机构参与 PPP 项目，主要有两种途径：作为社会资本直接投资 PPP 项目，或作为资金提供方为项目提供资金支持。在一个完整的 PPP 项目中，除上述 3 类主体外，还有承包商、分包商、专业运营商、咨询公司和律师事务所等，它们都在 PPP 项目中发挥重要作用。

按照项目体量的不同，可以将 PPP 融资模式分为单体项目和打包项目。

单体项目是指对区域内各单体项目分别采用 PPP 模式招商的项目，是目前 PPP 模式在区域开发中应用最广泛、易操作的一种方式。单体项目运作的优势在于：首先，项目边界条件清晰，合作模式、回报机制和风险分配机制等更容易明确，更利于规范、公平、透明化操作；其次，社会资本参与门槛低，易提高其积极性，能够形成有效竞争，降低成本；第三，在政府财力有限的情况下，通过启动某一重点基础设施的建设，能够有效带动区域开发建设。传统基础设施领域的 PPP 模式大多是以单独的项目为依托，且不同项目利润水平不一。为解决基础设施领域民间对资本单一项目投资兴趣不高，企业“游牧式”经营资源浪费等问题，各地逐渐探索创新出一种新型 PPP 基础设施项目模式，即打包模式。对区域内公益性较强、没有收益的基础设施类项目，与经营性较强、收益较高的基础设施项目进行打包组合开发，用前者的较高利润预期带动后者的建设运营，使区域整体的项目利润处于合理水平。

按照项目存续时间可划分为存量项目和新建项目。存量项目是已经建成的基础设施项目，以及需要改建或扩建的基础设施项目。对存量项目可以通过转让—运营—移交（TOT）、改建—运营—移交（ROT）等 PPP 运作模式进行转换。有收费补偿机制的存量项目适用于 TOT 模式，政府部门希望通过经营权转让套现，化解地方政府性债务。需要扩建、改建的存量项目适用于 ROT 模式，解决政府缺乏扩建工程资金的问题，同时又与原有建设的运营管理相结合。新建项目实现的是项目从无到有，对于基础设施项目来说就是通过合理划分风险和收益以引进资本使得项目落地。对于一般的有现金流、市场化程度较高的基础设施项目，应该优先考虑适用 PPP 模式。根据新建项目的不同，新建项目可以适用 BOT 模式与 BOO 模式。对于有收费机制的新建基础设施项目，可以适用 BOT 模式，政府对 BOT 项目拥有特许权的监督权利和战略上的最终控制。

按照项目公共产品属性划分经营性项目、准经营性项目和非经营性项目。经营性项目的投资主体最为广泛，通常可以是国有企业，也可以是私营企业、外资企业。在政府投资政策的导向下，凡符合国家和区域性环境发展规划的经营性基础设施项目，都可以通过市场化手段实现融资、设计、建设、管理及运营。因此，经营性项目应在正的外部性效益的前提下进行，在发挥其经济效益的同时，更加重视基础设施目标实现。准经营性项目的社会效益突出，外部效应明显，但经济性不足，主要体现在项目直接关乎公众的切身利益，产品或服务的价格应由政府决定，往往与其按照社会必要劳动时间计算的价值相背离，因此准经营性项目通常需要政府的财政支持才能运行。政府可以通过制定激励机制和收益分配机制，如授予特许经营权附加部分补贴，或直接投资参股等吸引私营部门投资基础设施建设，共担风险、共享收益，以缓解政府的财政压力。非经营性项目的投资主体为政府，资金来源主要依靠政府的财政收入，以“代建制”作为项目的运作模式，由于项目对政府投资依赖性大，因此其权益最终往往归政府所有。非经营性项目中依然存在竞争机制，可以采取招投标机制和政府的监管等措施保证政府投资的社会效益。

PPP 模式最先在欧洲兴起并积累了丰富的经验，相比较而言，PPP 模式在中国的实践时间不长，还处于不断探索和完善的阶段。基于相关的文献资料，中国的 PPP 发展模式大致分为以下 5 个阶段，具体包括前期探索阶段、试点推广阶段、大力推广阶段、缓慢推广阶段和全面推进阶段。

20 世纪 80 年代中期至 1992 年是 PPP 模式前期探索阶段。1978 年党的十三届三中全会召开，标志着中国改革开放历史时期的开始，中国政府允许外国资本投资国内，同时也迫切需要利用外资推动经济发展，中国的发展潜力也吸引了大量的境内外资本与中国的地方政府签署协议，合作建设和运营基础设施。这一阶段地方政府与社会资本开始了对 PPP 合作模式的前期探索，中国在 20 世纪 80 年代中期就开始了 BOT 的初步试点。在这一阶段，中国并没有统一的法律法规规范政府资本和社会资本的合作，没有与 BOT 直接相关的法规和规范性文件。这一阶段的代表项目是香港合和电力（中国）有限公司和深圳特区电力开发公司采取 BOT 方式建设了沙角 B 电厂。

1993—2008 年是 PPP 模式试点探索阶段。1992 年中国共产党第十四次全国代表大会提出建立社会主义市场经济体制，开始了投融资体制改革。从 1995 年开始，在原国家计委的主导下，国家出台了一系列政策推动和指导 PPP 项目发展，地方政府也积极推广 PPP 试点项目，这些项目包括广西来宾 B 电厂、成都第六水厂、广东电白高速公路、武汉军山长江大桥和长沙望城电厂等项目。这一阶段，中国政府着重关注 PPP 项目的融资职能，对推广 PPP 过程中政府职能转变有所忽视。这一阶段的政策法规主要是国务院及相关部委发布的早期文件，均以引进和引导外商投资相关，其内容多以政策宣示为主，文件的权威性、效力等级和各文件内容的相互协调性明显不足。

2009—2013 年是 PPP 模式缓慢推进阶段。2008 年，美国次贷危机引发的金融危机对中国的经济产生巨大的负面影响，为了应对出口减少和消费疲软带来的经济衰退风险，中国实施积极的财政政策，中央政府出台了 4 万亿元大规模经济刺激计划，一定程度上产生了政府投资对社会资本的挤出效应。这一阶段中国出台了一系列支持性政策，但社会资本的参与热情并不高。这一阶段的 PPP 项目并不多，最为典型的案例是北京地铁 14 号线。

2013 年至今是 PPP 模式的全面推广阶段。中国的经济发展已经进入了中高速增长的新常态，中高速增长的经济决定了财政收入中低速增长。一方面，在中高速发展背景下，中国的财政支出刚性强，财政收支难以平衡。另一方面，地方政府的债务规模庞大，大部分的政府举债用于基础设施建设，而PPP模式可以缩减城市基础设施建设的资金缺口。这种现实状况迫使政府通过引进PPP模式来改变基础建设垄断供给的低效状况。各部委在核心法律法规的基础上发布了一系列规范性文件和示范性文本，全面规范实施细节，便于操作和推广。在这一阶段，国务院及其职能部门在重点领域投融资机制的创新、PPP工作机制的健全，以及强化政策与制度保障等方面全面推进PPP模式。

在PPP项目全面推广阶段，截至2018年三季度，财政部自2015年连续4年推出4批共990个示范项目，投资额2.1万亿元，并给予以奖代补或PPP基金的政策支持。截至2018年三季度，落地示范项目累计865个、投资额1.9万亿元，落地率87.4%；其中累计已开工示范项目总数485个、投资额9 373亿元，开工率56.1%。行业方面，落地示范项目数累计前三位是市政工程、交通运输、生态建设和环境保护，分别为380个、87个、83个，投资额累计前三位是市政工程、交通运输、城镇综合开发，分别为6 877亿元、5 937亿元、2 187亿元。民企参与方面，在865个落地示范项目中，签约社会资本共1 519家，其中民企占39.7%；民资背景项目数448个、投资额7 509亿元，分别占落地项目的51.8%和39.2%。

截至2018年三季度，全国政府和社会资本合作（PPP）综合信息平台项目管理库显示的信息摘要如下：

项目执行情况：管理库累计项目数8 289个、投资额12.3万亿元。

落地项目，累计已开工项目总数1 860个、投资额2.6万亿元，开工率45.5%。

地区方面，累计项目总数前三位是山东（含青岛）、河南、贵州，分别为729个、642个、498个；累计投资额前三位是贵州、云南、浙江，分别为9 724亿元、9 463亿元、9 005亿元。

行业方面，管理库累计项目总数前三位是市政工程、交通运输、生态建设和环境保护，合计占管理库项目总数的62.3%；累计投资额前三位是市政工程、交通运输、城镇综合开发，合计占管理库总投资额的72.2%。

民企参与方面，4 089个落地项目中社会资本所有制信息完善的项目共4 018个，涉及社会资本共6 753家，其中民企占35.3%；民资背景项目1 711个、投资额2.1万亿元，分别占4 018个社会资本所有制信息完善的落地项目的44.8%和34.0%。

回报机制方面，管理库累计使用者付费类项目623个、投资额9 150亿元；

累计可行性缺口补助（即政府市场混合付费）类项目4 407个、投资额8.0万亿元；累计政府付费类项目3 259个、投资额3.4万亿元。

PPP改革不仅是公共服务供给机制变革，也是国家治理方式的重大变革，自2013年底改革推进的5年来，取得了积极成效。落地PPP项目数量和规模均增长迅速，覆盖地区及行业进一步扩大，民企参与度稳步提升，发展环境不断改善。同时，制度建设、宣传培训、基金投资、基础管理等方面也取得积极进展。

四、中国电子商务政策与实践

电子商务是以资讯网络技术为手段，以商品交换为中心的商务活动，也可理解为在互联网（Internet）上以电子交易方式进行交易和相关服务的活动，是传统商业活动各环节的电子化、网络化和信息化。中国已经成为全球电子商务的领先国家之一，为全球电子商务的发展和零售业的创新提供了最具领先性和可复制性的案例。

中国电子商务的发展进程不是简单的新旧替代的过程，而是从工具、渠道、基础设施到经济综合体的拓展过程，不断进化、扩展和丰富的生态演进过程。

1995—1998年是中国电子商务发展的工具阶段。这个阶段，中国互联网发展进入探索期、启蒙期。中国电子商务以企业间电子商务模式探索和发展为主。早期，应用电子商务的企业和个人主要把电子商务作为优化业务活动或商业流程的工具，如信息发布、信息搜寻和邮件沟通等，其应用仅局限于某个业务“点”。

1999—2008年是中国电子商务发展的渠道阶段。1999年底，正是互联网高潮来临的时候，国内诞生了370多家从事B2C的网络公司，到2000年，变成了700家，但随着2000年互联网泡沫的破灭，纳斯达克急剧下挫，随后电子商务经历了一个比较漫长的“冰河时期”。这个“冰河期”没有成为电子商务的坟墓，反而孕育着电子商务迅猛发展的内在动力，这个时期电子商务应用由企业向个人延伸。如2003年5月，阿里巴巴集团成立淘宝网，进军C2C市场。国家出台的一系列重大政策为电子商务发展带来深远影响。随着网民和电子商务交易的迅速增长，电子商务成为众多企业和个人的新的交易管道，越来越多的企业在线下渠道之外开辟了在线渠道，并逐步将电子商务延伸至供应链环节，促进了物流快递和网上支付等电子商务支撑服务的兴起。

2008—2013年，电子商务成为经济发展的基础设施。在这一阶段，电子商务引发的经济变革使信息这一核心生产要素日益广泛运用于经济活动，加快了信息在商业、工业和农业中的渗透速度，极大地改变了消费行为、企业形态和社会创造价值的方式，有效地降低了社会交易成本，促进了社会分工协作，引爆了社会创新，提高了社会资源的配置效率，深刻地影响着零售业、制造业和物流业等传统行业，成为信息经济重要的基础设施或新的商业基础设施。越来越多的企业和个人通过以电子商务平台为核心的新商业基础设施降低交易成本、共享商业资源、创新商业服务，也极大地促进了电子商务的迅猛发展。

2013年至今是电子商务与产业组织、市场机制协调发展的综合经济体阶段。2013年，中国超越美国成为全球第一大网络零售市场。网络零售的蓬勃发展促进了宽带、云计算、IT外包、网络第三方支付、网络营销、网店运营、物流快递、咨询服务等生产性服务业的发展，形成庞大的电子商务生态系统。电子商务基础设施日益完善，电子商务对经济和社会的影响日益强劲，电子商务在“基础设施”之上进一步催生出新的商业生态和新的商业场景，进一步影响和加速传统产业的“电子商务化”，促进和带动经济整体转型升级，电子商务综合经济体开始兴起。

当前，中国电子商务在引领数字经济、促进全面开放、推动深化改革、助力乡村振兴、带动创业创新等方面都发挥了重要作用，成为数字经济中发展最活跃、最集中的部分。电子商务交易额持续快速增长，网上零售已成为中国最大的零售渠道，中国电子商务服务业的营业收入偏重非商业领域，农村电商保持高速增长态势，跨境电子商务贸易额迅速增长，电子商务的从业和周边就业人员成为新增就业的主体，互联网支付系统快速发展，快递业务量远超美国蝉联世界第一，2017年全国电子商务交易额达29.16万亿元。

2018年上半年，中国电子商务企业继续保持稳定快速发展。网络购物和电子商务的发展，在拓展中国消费渠道、提升产品细分和差异化的能力、稳定消费的增长态势等方面都发挥着重要的作用。

电子商务已经发展成为“经济综合体”，涉及互联网思维、分布式组织、创新型模式、新要素新资源、电子商务“赋能”、迭加式集约式发展等内容，是经济发展方式的全面性变革，是新技术、新产品、新业态、新模式的系统性融合。电子商务在中国的落地和发展，看似偶然，实则必然，与中国的经济发展水平、人力资源、创新能力和政策支持等紧密相关。

从体系上看，电子商务的落地与发展需要完善的法律法规体系、良好的发展环境、完善的基础设施、高效的要素市场、充裕的发展空间、公平的竞争机制和拓展的开放领域。

第一，电子商务法律法规体系的不断完善是重要的保障。市场经济是法治经济，新时代的经济发展理念又是以创新为基础的新发展理念，法治和创新就成为中国经济社会发展的永恒主题。电子商务是法治与创新直接融合的载体，既要依法完善规则、强化监管、规范发展，又要拥抱创新、突破限制、形成驱动。所以，电子商务的法律法规体系的完善既是新时代经济发展的重点，也是新时代市场体系完善的难点。

第二，电子商务的发展除了需要营造良好的法治环境之外，还需要以“实际公平”为基本点的公平竞争环境，以资讯安全和产品安全为核心的安全环境，以交易信用和行为信用为基础的信用环境。同时还需要完善电子商务基础设施，具体而言，是指建设安全、高速、移动、泛在的信息基础设施和推进集成式管理和智能化服务的物流基础设施。

第三，电子商务的要素市场主要包括劳动者、资本、土地、技术和创新。人力资源是现代化经济体系的重要构成因子，也成为最富活力的电子商务的重要支撑力量。金融与资本要素比较青睐电子商务领域，尤其是行业成长潜力大、企业战略目标清晰、业务营利模式稳定、已具备一定的市场竞争力和优势地位的企业。但从电子商务企业的总体来看，仍然是中小微企业占据主体地位，需要像实体经济企业一样，获得普惠金融的支持。

第四，从大电子商务系统的概念来看，电子商务体系需要土地要素的充足保障和支持。但从狭义的电子商务概念来看，投入土地要素的多少并不是关键，关键在于建设适当集中又具有专业能力的电子商务产业园。中国对电子商务产业园没有出台专门的土地政策，但遵循产业发展规律，重点培育龙头企业和项目以及促进产业生态和产业集聚，同时，提供专业化的政策支持和园区服务一直是各类电子商务产业园区的核心工作。

第五，技术创新是创新驱动发展的基础，并与业态创新、产品创新和模式创新有效融合，形成国家创新战略的基本框架。从电子商务产业的发展来看，技术要素的构成与信息资源和信息技术直接相关，信息技术的发展与创新成为推进电子商务发展的核心驱动。

第六，智能化正在成为电子商务发展的重要趋势。从国内外产业发展实践看，智能化已经是电子商务产业的重要发展趋势，主要表现在，以智能为核心的技术产品不断涌现，以智能为特点的应用需求持续拓展，以智能为重点的国际竞争日益激烈，智能化为电子商务产业提供新的发展机遇、发展空间和发展动力。

第七，推进电子商务与传统产业深度融合。2015 年 7 月，国务院颁布了《关于积极推进“互联网 +”行动的指导意见》（国发〔2015〕40 号），这一指导意见进一步提升了电子商务的发展空间，并为传统产业的信息化改造和智能化提升创造了条件。包括积极发展农村电子商务深度融合传统农业，创新工业生产组织方式深度融合提升制造业，推动电子商务深度融合商贸流通业，深化应用电子商务应用深度融合其他产业。

第八，有效解决电子商务平台企业与现行制度的矛盾。电子商务是信息服务还是商品销售是当前主要矛盾的焦点。在中国的电子商务平台企业的发展中，关于企业销售的到底是商品还是信息，往往会引发一系列的争论与思考，甚至成为电商平台企业与政府主管部门直接冲突的导火索。电子商务平台企业认为其运营和销售的并不是真正的商品，而是信息，其保证的是信息传递的安全性、准确性和匹配性，而不是商品自身的真实性和安全性。而以国家工商总局所代表的政府部门则认为，不管是平台电商还是垂直电商，都是销售管道，都要遵守相同的法律规定，都要维护有效的市场秩序，都要直接对消费者权益负责，对参与销售的电商企业要实现从促销信息到实际商销的全过程负责。

第九，提升电子商务对外开放水平。电子商务的对外开放主要包括两个层面：一是电商企业之间的高效、有机联合和合作；二是电商企业将商品和服务实现跨境销售。从中国现行政策和支持战略来看，上述两个层面的电子商务都将获得长足的发展。具体措施包括加强电子商务的国际合作，推进跨境电子商务综合试验区建设，提升跨境电商水平等。

20 世纪末发端欧美的电子商务经济，伴随第四代信息科技革命迅速辐射全球，推动全球产业链升级和世界经济格局的重塑。国家电子商务活动的发达程度，已逐渐成为衡量其经济竞争能力和参与经济话语权的重要参数，充分体现一国的软实力。21 世纪以来，中国电子商务战略已步入落地实施阶段，大型企业电子商务应用开始进入协同商务应用阶段，中小企业电子商务应用意识普遍提高，网络购物规模迅速扩大，电子商务专业化服务体系正在形成，电子商务活动在社会经济生活各领域中的应用日趋广泛。

过去的发展历程表明，市场是推进中国电子商务经济发展的决定性力量，但政府的引导作用亦不可或缺。产业政策的推动与协调、电子商务环境的营造、财税金融的支持、互联互通标准的制定、维护竞争的公共产品提供以及主动积极的政务信息化建设与应用等，成为电子商务健康发展的重要动力。中国政府早在21世纪初，就将电子商务确立为先导型战略性产业，多年来持续颁布与电子商务领域直接、间接相关的法律法规、部门规章、政策等上百余部，既从产业政策倾斜、财政扶持和发展鼓励措施等多层面、多角度推动电子商务快速发展，又大力排除体制障碍，提供公平、安全的经营环境，不断提高对电子商务经济管理与服务的水平，激发该领域对经济的带动力。此外，除了处理好“政府与市场”的关系之外，中国政府也十分重视“安全与发展”、“变革与稳定”的关系，采取了一系列有效措施应对电子商务对实体经济的短期冲击，严守信息安全底线，大力弥合城乡数字鸿沟。

在政策层面上，需要做好电子商务发展的战略提升和双创促进财政支持。首先，应该构建国家创新体系。国家创新体系（National System of Innovation）的概念提出者认为，创新是一种国家行为，在由公共和私有机构组成的网络系统中，各行为主体的制度安排及相互作用旨在有效率地创造、引入、改进和扩散知识与技术，使一国的技术创新取得更好绩效。它是政府、企业、大学、研究院所、中介机构等之间为寻求一系列共同的社会经济目标而建设性地相互作用，并将创新作为变革和发展的关键动力系统。其次，打造《数字经济发展战略》体系。电子商务经济是依托信息网络，以资讯、知识、技术等为主导要素，通过经济组织方式创新，优化重组生产、消费、流通全过程，提升经济运行效率与质量的新型经济活动。作为数字经济的重要组成部分，电子商务的发达和繁荣，离不开中国政府对数字经济发展的前瞻性规划和全方位的战略指引。中国政府充分预见到数字经济给国际竞争秩序、产业组织结构、社会生活方式等各领域带来的深刻变革，适应电子商务经济在数字化潮流下的变化走向和趋势，探索凭借电子商务升级深化改善政府治理、推动技术创新、转变经济结构、促进经济发展的政策组合。再次，构建电子商务的跨部门协调机制。由于互联网发展涉及面广，产生的问题大多具有综合性、交叉性、复杂性和多样性。中国电子商务发展经验证明，政府单一部门的职能范围和治理能力无法从根本上解决和应对，必须建立高效、系统、互补、灵活的多部门、多层次联动管理体制，并切实在操作层面寻求可靠的执行方案，予以落实。

在法律层面上，要完善电子商务发展的法律保护，政府在市场经济中发挥的重要作用之一就是提供公共服务。法律作为市场主体分工合作过程中确立的行为规范，对保护经济主体权益、约束制裁不法侵害行为、规范社会活动秩序、稳定市场预期、提升改善社会福祉具有重要的作用。随着电子商务的经济实践在全球范围内如火如荼地展开，该领域出现一系列前所未有的新问题，这对国际国内法律调整、修订或新设提出了更高的要求。

在治理层面上，要着力构建电子商务多元共治的新模式。互联网的出现和电子商务活动的繁荣，使传统经济社会在市场机制和企业组织这两种自发协调方式之外，产生了因网络组织和平台企业而特有的网络治理。所谓网络治理，就是利用企业之间相互合作所形成的网络关系及其机制进行的一种治理方式，其发挥作用的机制既不是通过市场体系中的价格作用，也不通过企业治理的权威，主要通过企业网络和商业生态系统中的非市场交易和超契约。政府作为电子商务多元共治的主体之一，在推进国家治理体系和治理能力现代化的大背景下，持续推动平台企业、行业协会、社会公众、监管部门在上述领域内的合作，鼓励平台企业利用技术优势、数据优势创新治理规则，监督和评估企业网络治理的效果，总结推广优秀治理经验。同时，鼓励社会组织发挥辅助决策和监督实施的作用，完善行业自律，促进社会协同效应的最大化；最后，政府还应充分动员公众广泛参与到经济治理中，为全民创新创业提供机会和激励，普及面向大众的新技术和新知识，提高基础教育质量和职业技能培训，营造创新的社会氛围，建立完善的保障体系。

在实践层面上，政府应该致力于为电子商务发展提供软硬件支持。主要包括以 PPP 方式继续投资电力、公路、电信等基础设施，升级电子商务人才培养模式和培养能力，加强区域电子商务节点城市建设和产业园区的试点，加快政府及监管部门的信息化建设和信息化应急能力建设，积极推进电子商务的下游生态和承接产业发展。

五、促进发展的财政政策

改革开放 40 年来，中国创造了世界经济发展史上的“增长奇迹”，1978—2017 年年均增速为 9.6%。伴随着经济规模的显著扩大，经济发展的质量也不断提升。改革开放初期，针对较为落后的经济发展水平，中国提出“社会主义的本质是解放生产力、发展生产力，消灭剥削，消除两极分化，最终达到共同富裕”，“以经济建设为中心是社会主义初级阶段基本路线的中心”等促发展战略。这一时期，经济发展的目的是把经济规模做大、把蛋糕做大，更多的是一种要素投入驱动的粗放式增长。2003 年 7 月 28 日，时任中国领导人首次提出科学发展观，即“坚持以人为本，树立全面、协调、可持续的发展观，促进经济社会和人的全面发展”，第一要义是发展，核心是以人为本，基本要求是全面协调可持续，根本方法是统筹兼顾。从这一时期开始，粗放式增长的中国经济开始逐步转向集约式增长。

党的十八大以来，中国开启了全面改革之路，2015 年 10 月，中国共产党第十八届五中全会提出“创新、协调、绿色、开放、共享”五大发展理念，更加注重经济发展的质量和效率。2016 年中国针对发展中存在的突出问题，提出了供给侧结构性改革并部署了“三去一降一补”等阶段性工作任务。2017 年 10 月中国共产党第十九次全国代表大会报告指出，中国经济已由高速增长阶段转向高质量发展阶段，正处在转变发展方式、优化经济结构、转换增长动力的攻关期；会议强调深化供给侧结构性改革、加快建设创新型国家、实施乡村振兴战略、实施区域协调发展战略、加快完善社会主义市场经济体制、推动形成全面开放新格局是中国经济迈向高质量发展的六大举措。

与经济发展方式演变相适应，中国财政政策同样经历着深刻的变化，集中体现在从总量宏观调控到结构化政策调控，从短期的需求管理到供求管理相结合、短期应对和长期战略相结合，从财政、货币政策单兵突进到彼此深化沟通协调等方面的转变，财政政策更加积极主动，着力为经济发展营造公平稳定的内外部环境，同时更加注重推动经济结构优化和经济高质量发展。

新中国成立以来的财政政策发展可分为五个阶段：1950—1978 年的计划经济时期、1978—1992 年的经济体制改革探索与展开时期、1993—2008 年的社会主义市场经济体系初步建立时期、2009—2012 年的应对全球金融危机时期，以及 2013 年十八大以来的新阶段。

计划经济时期（1950—1978 年）。财政为巩固国家政权、维护社会稳定、筹集建设资金、促进国民经济恢复做出了突出的贡献。计划经济时期实行的是高度集中的、“统收统支”的财政体制。虽然其中有过短期的权力下放，但均未取得显著成效，中央政府始终牢牢掌控着全国财政分配和管理的权力。与此相适应，财政调控政策具有调控方式以直接干预政策为主、调控手段以财政投资支出为主、调控定位以被动应急型为主等三大特点。

经济体制改革探索与展开时期（1978—1992 年）。这个阶段，中国经济经历了三个较为明显的经济周期，分别是 1979—1981 年、1982—1986 年以及 1987—1992 年。第一阶段（1979—1981 年），针对当时经济过热引发的各种问题，中央果断提出了“调整、改革、整顿、提高”的八字方针，紧接着又进一步提出“两平一稳”的国民经济调整方针，即平衡财政收支，不出现赤字；基本实现信贷收支平衡，取消财政性货币发行；稳定物价，尤其是生活必需品价格。财政宏观调控政策主要有六个方面：通过压缩财政生产建设投资来控制投资需求；严控消费需求，削减各项开支；实行分级包干财政体制；发行国库券筹集收入，并通过强制国有企业和集体企业购买国库券发挥了协调配合从紧的货币政策的作用；稳定市场，平抑物价；优化进出口商品结构，平衡国际收支。第二阶段（1982—1986 年），针对再次出现的经济过热现象，中央政府实施了从紧的财政政策和从紧的货币政策的“双紧”式宏观调控，不同于以往的以国家计委为核心的宏观调控格局，本轮宏观调控综合发挥了国家计委、财政部、中央银行等部门的宏观调控职能。虽然仍以压缩财政基本建设投资规模、管控物价等行政调控手段为主导，但以减少货币供给、控制信贷投放等为主要内容的经济调控手段也发挥了重要的作用。第三阶段（1987—1992 年），针对经济的再次过热，采取的财政调控政策主要包括：大幅削减固定资产投资；严格控制消费需求；规范财税秩序，严格执行依法治税；压缩中央财政支出，努力实现收支平衡；利税分流，理顺国家和企业的分配关系。

社会主义市场经济体系初步建立时期（1993—2008 年）。可分为三个阶段：第一阶段为针对经济过热而采取的适度从紧的财政政策时期（1993—1997 年），措施主要有：实行总量调控，加大力度控制总需求，主要包括加强政府收入征收和管理、严格控制财政赤字、强化管理以控制固定资产投资增长、严格控制社会集团购买力等；优化支出结构，加强对国民经济薄弱环节的支持，主要包括加大促进农业发展的财政支持力度、大力支持和鼓励企业技术进步、支持国有企业改革，提高国有企业经营效率等。第二阶段为针对亚洲金融危机等导致经济增速下滑而采取的积极财政政策时期（1998—2004 年），主要内容包括增发长期建设国债，加强基础设施建设；调整税收政策，刺激消费和投资；完善收入分配政策，培育和扩大消费需求；加大乱收费治理力度，减轻居民和企业的税费负担，增强企业的投资活力和居民的消费能力；加大对中西部地区的转移支付力度，促进区域均衡发展。第三阶段为稳健的财政政策时期（2005—2008 年），主要内容包括适度减少财政赤字、控制长期建设国债的发行；调整和优化财政支出结构，适度减少一般竞争性领域的财政支出，增加公共财政范畴的财政支出；发挥财税政策稳定物价的作用。

应对全球金融危机以来的积极财政政策时期（2009—2012 年），主要内容包括扩大政府公共投资、拉动社会总需求；通过结构性减税促进经济结构调整和经济增长，将短期调控政策的灵活性和长期调控政策的稳定性和可持续性相结合；加大民生投入，着力保障和改善民生。

党的十八大以来的财政政策时期（2013 年至今）。在以习近平同志为核心的党中央治国理政新理念、新思想、新战略的指导下，中国的积极财政政策更加科学高效，不断适应经济发展新常态，助力供给侧结构性改革，展现出鲜明的中国特色。这一时期，中国积极的财政政策主要表现在五个方面：第一，由关注总量性问题转向更加关注结构性问题。第二，由侧重解决经济问题转向综合施策。第三，从关注赤字、债务、支出规模转向更加注重优化财政支出结构。第四，从偏向宏观调控转向公共风险管理。第五，更加注重利用社会资本提高投资的质量和效率。

促进全面发展的财政政策包括经济发展、统筹区域协调发展、改善民生、统筹人与自然和谐发展、对外开放五个方面。具体内容包括：第一，改革开放以来，中国财政政策围绕以经济建设为中心这一主题，通过促进经济发展动力释放、推动经济结构调整、助力经济发展方式转变、促进中小企业发展等途径履行了其发展经济的职能。第二，区域协调发展涉及统筹城乡之间、区域之间的协调发展。财政政策通过优化城乡、区域之间及内部的资源配置、加大农村地区和欠发达地区的财政投入和支持力度、提高农村地区和欠发达地区的居民收入水平等途径，极大促进了区域协调发展。第三，在公共财政体制框架下，保障和改善民生是财政政策的重要目标，这也体现了“以人为本”的特点。改革开放以来，中国财政持续加大民生投入，通过确保教育优先发展、大力促进就业创业、完善社会保障制度、加快推进住房保障和供应体系建设，着力实现住有所居、努力建设生态文明，取得了积极成效。特别是，当前正在大力推行的“精准扶贫、精准脱贫”政策是保障和改善民生的重大举措，财政支持的力度也是空前的。第四，统筹人与自然协调发展，财政不断加大对生态环境保护的支持力度，节能技术改造全面展开，出台财政奖励、税收优惠、信贷支持等政策措施，大力支持节能服务公司采取合同能源管理方式进行节能改造。为了促进资源的节约高效使用，1984 年 9 月 18 日国务院发布《中华人民共和国资源税条例（草案）》《中华人民共和国盐税条例（草案）》，并于当年 10 月 1 日起开征资源税；1994 年 1 月 1 日《中华人民共和国资源税暂行条例》施行，并于 2011 年修订，《中华人民共和国资源税法（征求意见稿）》于 2017 年 11 月发布，明确规定资源税全面实行从价计征。2018 年 1 月 1 日，《中华人民共和国环境保护税法》开始实施。第五，促进对外开放，中国通过财税政策吸引和鼓励外商对华投资；完善出口退税政策，调整和优化商品和服务出口；对境外投资者从中国境内居民企业分配的利润直接投资于鼓励类投资项目，凡符合规定条件的，实行递延纳税政策，暂不征收预提所得税，以鼓励境外投资者持续扩大在华投资；支持各地依法依规出台包括资金支持在内的吸引跨国公司地区总部的政策措施，积极参与全球产业格局调整，以鼓励跨国公司在华投资设立地区总部等；财政部代表国家出资，主导成立了亚洲基础设施投资银行、金砖国家开发银行等国家组织和丝路基金等国内机构，加强国际合作和对外开放。

新中国成立尤其是改革开放40年以来，中国的财政政策发展积累了丰富的经验。东部地区率先发展，中西部地区也取得了可喜的成绩，尤其是中部地区在改善民生、西部地区在统筹人与自然和谐发展等方面成效显著。面对地区发展不平衡，中央统筹谋划、科学布局，通过推进西部大开发、中部崛起、东北振兴、东部率先发展等区域发展战略，区域之间基本实现了统筹和协调发展，财政政策为区域发展提供了有力保障。

财政政策究竟怎样促进经济发展、民生改善及人与自然的和谐发展？下面选取一些典型案例进行说明：首先，浙江省可作为财政政策促进经济发展的经典案例，主要是因为浙江地处改革开放的前沿，经济发展水平高，积累了丰富的发展经验。政策措施包括：发挥财政政策奖励和引导作用；注重发挥财政专项资金和政府产业基金的作用；降低企业税费负担；支持企业增强创新发展能力；立足浙江资源禀赋、产业发展等现状，调整优化财税政策，提高政策的精准性和“含金量”；先行实行“省直管县”的财政管理模式等。其次，河南省可以作为财政政策改善民生的经典案例，主要是因为地处中部的河南是中国户籍人口最多的省（超过1亿人），虽然人均财力不高，但河南省出台的保障和改善民生的财政政策得到国家的充分肯定。政策措施包括：持续加大民生领域投入力度；省委省政府每年向社会征集“十件重点民生实事”，邀请民众积极献言建策；多方式多渠道保障民生资金投入；全面落实困难群众大病补充医疗保险；大力保障和支持农民工返乡创业和大学生就业；大力支持改善大气环境；产业扶贫积极推进；保障和改善民生既要尽力而为，也要量力而行等。最后，青海省可作为财政政策统筹人与自然和谐发展的经典案例，主要是因为青海省内有很多重要的生态功能区，自然资源丰富，生态环境优美，青海财政在统筹人与自然和谐发展方面积累了丰富的经验。政策措施包括：优化支出结构，除保障民生等刚性支出外，优先集中财力支持生态环境保护与建设；财政保障紧跟生态保护与建设工作部署；全面落实并持续完善“三江源”生态补偿机制；注重发挥财政的综合统筹协调作用，积极支持和组织各地各部门开展生态保护工作；

始终把发挥生态方面资金的最大效益作为追求目标，用制度抓管理，用绩效求效益，用监督促提升等。

历史经验表明随着中国经济从计划经济转向社会主义市场经济，财政政策也由单纯的计划管理（如投资审批）发展为行政调控和市场手段相互配合，税收、债务、赤字、支出、转移支付等多种政策工具综合运用的功能性财政政策体系。回顾财政政策变迁历程，可总结出五个方面的经验：一是遵循和利用市场经济及其规律，丰富和完善财政调控手段及作用机制；二是供求、长短期调控相结合，更好发挥财政政策在促进经济可持续发展中的作用；三是总量调控和结构调整相结合，更好发挥财政政策在优化经济结构中的作用；四是在供给侧结构性改革战略指引下，发挥好财政政策与货币政策的协同作用；五是提高财政调控政策的前瞻性和稳定预期效果，减少“政策洼地”现象。

六、中国公共部门改革的历史进程与基本经验

公共部门改革，既是政府系统的权责重构，也是一场广泛、深刻的经济和社会变革，是整个中国体制改革的中心环节，也是最艰难、最富有挑战性的一环。新中国成立以后，基于当时国内资本严重短缺，为了集中力量办大事，中国逐步建立起计划经济体制，实行高度集中的资源配置方式。改革开放之后，公共部门改革逐步推进，发挥了重要的作用。

（一）中国公共部门改革的目标

总体来看，在从计划经济向市场经济转变，以及建设社会主义市场经济中，中国公共部门改革以转变政府职能、提升政府能力、搞活国有企业、提升公共服务供给效率与水平为目标。所谓转变政府职能，实质上就是按照市场经济的要求，转变政府职能的权限和履行方式，塑造一个有为的高效政府。在公共部门改革中，中国始终以转变政府职能、提升政府能力为重要目标，逐步构建适合市场经济需要的政府系统和职能体系。改革开放之后，中国以政企分开的原则为指导，逐步下放企业经营管理自主权，使国有企业成为独立的市场经营主体，从而搞活国有企业。在社会主义市场经济目标确立之后，国有企业又以“建立现代企业制度”为目标，提升国有企业经营水平和创造力，打造国际一流企业。事业单位作为一个为社会提供公共服务的中坚力量，提供的公共服务涉及科技、教育、文化等方面，其在稳定经济、促进社会和谐、提高人民的生活

水平等主要方面发挥了重要作用。随着市场经济的深入发展，事业单位功能定位不清、政事不分、事企不分等问题也日益显现。为此，国家确定了事业单位的改革目标：建立起功能明确、治理完善、运行高效、监管有力的管理体制和运行机制，形成基本服务优先、供给水平适度、布局结构合理、服务公平公正的中国特色公益服务体系。

公共部门改革对中国经济社会快速发展发挥了至关重要的作用。同时，也为其他改革奠定了基础，并提升了国民经济运行质量和公共服务的供给效率。首先，公共部门改革促进简政放权与政府职能转变，建立了有利于市场经济发展的体制机制。其次，深化企业市场化改革，有助于提升国有企业的公司治理水平。再次，公共部门改革推动了事业单位分类改革，提高公共服务供给效率。

（二）国有企业改革

中国国有企业改革，采取逐步推进的渐进方式，其过程大体可分为四个阶段。

第一个阶段是 1979—1986 年。这一阶段，国有企业主要是经营权层面的改革，即放权让利，改革国家与企业的分配关系。根据中央政策，政府向企业让渡了生产自主权、原料选购权、劳动用工权和产品销售权等 14 项经营权。经营权的让渡意味着企业的经营者具有了一定程度的剩余控制权和剩余索取权，企业经营者和生产者的生产积极性明显提高。根据社会主义经济是有计划商品经济和所有权与经营权可以适当分开的原则，要求企业成为相对独立的经济实体，成为自主经营、自负盈亏的商品生产者和经营者，成为具有一定权利和义务的法人，政府原则上不再直接管理企业。国企改革不仅规范了国家与国有企业之间的分配关系，克服了企业利润留成制度的不确定性，而且有利于建立健全企业的经济责任制，促使企业转换经营机制，增强企业活力。

第二阶段是 1987—1992 年，这个时期是国有企业改革从经营权向所有权层面的过渡阶段。国有企业改革开始从经营权向所有权层面过渡，但在涉及财产关系的深层改革上，同时出现了两种不同思路和对改革制度的两种不同选择。一种思路是将国企改革仍然限制在原有财产关系之内，而进一步推进经营权层面的改革，与这种认识相对应的制度选择就是企业承包制。改革的另一种思路是实行股份制。股份制改革是国有企业在所有权层面改革的一个重要推进，其根本目的是要改变由国家垄断的企业财产制度，使国有企业内部形成多元化的产权结构，优化国有企业内部的治理结构，对股东、董事会和经理层实施有效的激励和制约。由于企业内部职工筹资能力的局限，股份制改革自然达不到预期的目标。在这期间，由于承包制所产生的一些负面影响，及推行股份制的经验不足，致使国企改革一度处在摇摆和徘徊之中，改革的效果也就不明显。

第三个阶段是1993—2012年，这一阶段主要是推行建立现代企业制度的改革。建立现代企业制度一直是中国国有企业改革特别是大中型国有企业改革的主体思路。2003年10月，党的十六届三中全会通过的《中共中央关于完善社会主义市场经济体制若干问题的决定》提出了建立健全国有资产管理和监督体制、完善公司法人治理结构、加快推进和完善垄断行业改革等要求，标志着中国的国有企业改革进入了一个新的阶段。

第四个阶段是2013年至今，这一阶段主要是大力推行混合所有制改革。自党的十八大以来，在中国国有企业改革进程中，大力推行国有企业混合所有制改革，对中国国有资本的保值增值、提高国有企业的竞争力起到了重要作用。此外，在资产管理体制方面，实行以管资本为核心，加强对国有资产的监督管理的办法。在行政体制改革方面，以“政企分开、政资分开、政事分开、政社分开”为目标，并且继续简政放权，有效激发了企业的活力。总之，经过近几年的国企改革，收效较为明显，企业的经济效益得到提高，风险得到有效防控。

（三）国有资产管理改革

梳理40年的国有资产改革历程，可以将中国国有资产改革大致分为三个阶段。

第一个阶段是1988—1998年，这一阶段实现了政资分开，并成立国有资产管理局。1988年之前，财政、银行、计委、企业主管部门均是国有资产管理的主体。1998年国务院决定成立国有资产管理局，其目的是管理全部的国有资产，保障国有资产的保值增值。1992年，中共十四届三中全会通过的《关于建立社会主义市场经济体制若干问题的决定》首次明确提出了“出资者所有权与企业法人财产权”分离，并在此基础上形成了比较统一的管理体制：由国有资产管理委员会（国有资产管理局）、国有资产运营机构和企业三个层次组成。但之后由于各方因素，该国有资产管理体系未能实现，国有资产管理局也在1998年政府机构改革时被撤销，其原有资产和财务管理职能并入财政部。

第二个阶段是2003—2012年，这个阶段的主要变化是将管人、管事和管资产相结合。国有资产管理局撤销后，又回到了多个部门管理的状态，即所谓的“五龙治水”，即财政部管资产处置、中组部管人、劳动部管工资总额、计委管基建投资、经贸委管技改投资等。这种多头管理的弊端很明显，出现了“都负责又都不负责”的局面。2003年3月，国务院国资委正式成立，标志着“五龙治水”的多头管理局面的结束，在理论和体制上实现重大创新和突破。

第三个阶段是 2012 年至今，这个阶段的主要特点是管资本。中共十八大以来，针对当时存在的问题、对国有企业的定位以及经济社会发展形势的需要，提出了国有资产管理体制改革的新任务。改革的目的“以管资本为主加强国有资产监管，改革国有资本授权经营体制，真正确立国有企业的市场主体地位，推进国有资产监管机构职能转变”。2017 年 5 月 10 日，国务院办公厅转发《国务院国资委以管资本为主推进职能转变方案》，对国资监管方式和国资委职能转变做出系统性安排，标志着国资委职能正式向管资本转变。

（四）政府部门改革及职能转变

40 年来，中国政府部门不断简政放权，其职能转变的历程大致也可以分为以下三个时期。第一个时期是 1978—2002 年。改革开放之后，全党的工作重点发生转变，转变到社会主义现代化建设当中。随之，政府部门改革逐步展开。从计划经济体制向市场经济体制的转变，必然要求政府部门及其职能相应进行调整。这一调整并非一蹴而就，而是不断持续进行，一直持续到现在。第二个时期是 2003—2011 年。这一时期，从中共十六大开始，更加重视公共部门的监督管理，提升公共服务的效率与水平。第三个时期是 2012 年至今。在此阶段，以中共十八大为开端，十八大报告中对于行政体制改革的要求是“进一步深入推进政企分开、政资分开、政事分开、政社分开”，并且提出“深化行政审批制度改革，继续简政放权，推动政府职能向创造良好发展环境、提供优质公共服务、维护社会公平正义转变”。这将更加有利于中国政府职能的转变。

（五）事业单位改革

自改革开放以来，中国事业单位改革大致可以分为四个时期。第一个时期为 1978—1992 年。这一阶段，中国在科技、教育、卫生等事业单位进行了有序的改革。第二时期是 1992—2002 年。这一阶段，中央提出了事业单位要实现政事分开以及社会化改革。第三个时期是 2002—2012 年，这一时期的改革重点是实施事业单位分类改革。第四个时期是 2012 年至今。2012 年 4 月，中国公开发布了一个有关事业单位改革的重要指导文件——《中共中央国务院关于分类推进事业单位改革的指导意见》，文件明确了改革的指导思想、基本原则和总体目标，提出了清理规范现有事业单位，划分现有事业单位类别，细分从事公益服务的事业单位。同时提出要推进承担行政职能事业单位改革，推进从事生产经营和推进从事公益服务事业单位改革，构建公益服务新格局和完善支持公益事业发展的财政政策等改革重点。

经过40年改革实践，中国公共部门取得了巨大成就，政府部门的职能得以优化调整，公共服务能力和水平显著提升，逐步建立起适应社会主义市场经济需要的公共部门体系，为经济社会发展和人们生活水平提高做出了巨大贡献。总体而言，中国公共部门改革的基本经验主要包括以下几个方面。

（1）采取渐进式改革路径，以问题为导向，紧扣改革重点。中国的经济社会发展与转型，是由计划经济向市场经济转变中引发的经济社会结构的一种整体、根本性的变革，也是各系统之间相互作用、相互影响、相互促进和制约的过程。改革开放是前无古人的崭新事业，其他社会主义国家也没有干过，只能通过实践、认识、再实践、再认识的反复过程，从实践中获得真知。为了减少改革风险，中国公共部门的改革选择的是渐进式改革路径。“摸着石头过河”是渐进式改革方略在初始阶段的形象表述。采取渐进式的改革方式，可以对公共部门改革的实施情况进行不断的检验和反思，便于根据实际情况及时调整，提高改革的科学性，减少和避免改革对经济社会发展的不利影响，降低改革的成本和风险。发展中面临的严峻形势和突出问题，使中国公共部门走向改革之路，改革的每一次推进，都是对现实问题的回应，以解决现实中的困难与矛盾为主要任务。

（2）理顺政府与市场、社会的关系，优化公共服务供给方式。政府与市场、社会的关系，是公共部门改革中需要正确处理的核心问题。中国公共部门改革的顺利推进，与正确处理三者的关系密切相关。在经济领域，政府的边界不是简单的定位于“市场失灵”范围。政府与市场的有机联系以及其作用边界应从社会再生产和社会发展的整体中去理解。政府与市场“两者融合”于社会再生产和社会发展之中，二者之间呈现多种关系组合。需要依据形势的变化，及时调整政府与市场关系的形式和内容，使其保持一种动态平衡。不同的发展阶段，政府与市场、社会的关系是不同的；发展阶段的变化，也必然带来政府关系的变化和调整。从公共服务供给来看，政府、市场和社会都可以参与提供公共服务（公共产品），但三者各有其优缺点，应充分发挥政府、市场和社会三者的综合作用，提升公共服务的供给水平。

（3）推动从“全能型政府”到“服务型政府”转变，系统推进“放管服”改革。经济社会转型，本身就是对政府的一个考验，首先需要政府自身实现转型。由于转型是一个新旧交替的过程，经济社会结构、功能的分化与变动，必然要求政府的结构、功能以及作用方式和领域等随之而变化、调整，以解决在与市场、社会关系中出现的“越位”和“缺位”问题。如果变化、调整不能随之到位，就可能出现功能性障碍，也就是政府权力的调整与现实需求相脱节，制约政府功能的有效发挥。为此，在中国公共部门改革中，始终把转变政府职能作为一个重要环节去抓，实现从“全能型政府”到“服务型政府”转变，即：把服务作为管理的出发点和归宿，将现代政府为全社会和全体人民服务的核心理念贯穿渗透到政府经济管理的整个系统之中，最终落实和体现在政府经济管理的各部门、各层次、各环节的具体实践与行动上。

（4）实行政企分开，建立现代企业制度，推进国有企业功能导向型改革。国有企业与政府的关系集中于政企是否分开，如何分开；政企分开的核心是所有权与经营权能否分离，如何分离。这是国有企业改革克服传统体制弊端所要解决的主要问题。为增强企业的市场活力，政府采取了“放权让利”的做法。由于所有权与经营权混为一谈，在向企业下放经营权的同时，往往将所有权一并下放，为企业内部人控制一切提供了条件。当发现企业失控时，政府又倾向于上收权力。在上收所有权的同时，往往又将经营权一并上收，将企业管死。这种循环往复的过程，使国有企业改革处于两难的境地。公司制度恰恰提供了一种科学、可行的所有权与经营权分离的制度安排，将其移植到国有企业，可以较好地解决长期困扰政府与企业——所有权与经营权关系问题，从而使公有制、国有企业与市场经济能否有效结合的制度难题得以基本解决。中国改革的实践表明，国有大中型企业的公司制改革中最重要的环节，是建立和完善公司法人治理结构。法人治理结构一旦被扭曲，就不能实现公司制改制的初衷。只有公司法人治理结构建立起来和正常运行了，现代企业制度才可以说是建立起来了。

（5）防范腐败和管理风险，提高国有企业发展质量和运行效率。在国有企业改革中，中国始终把防范腐败和管理风险、提高国有企业发展质量和运行效率放在重要位置去抓，出台了一系列的制度和管理措施。一是加强国企党建工作，探索坚持党的领导与完善公司法人治理结构相结合的有效途径。二是建设阳光国企，打造立体监管模式，形成监管合力。三是严格落实管党治党主体责任，坚持不懈抓好党风廉政建设和反腐败工作。四是加强制度建设，强化制度约束，有效防止国有资产流失。

（6）从管资产到管资本，有序推进国有资产管理体制改革。中国的国企改革是先经历政企分开、放权让利的时期，此后又进行了政资分开的改革，而政资分开避免了行政部门对企业的直接干预，有利于国有资产管理体系的完善。然而，对于随后形成的国资委，国家授予其管资产的权力，但是其管理模式依然具备政府行政部门的特点，这就催生了政企未能真正实现分离，政资不能完全分开以及阻碍企业所有权和经营权分离等问题，并且国资委把控企业的资本投资权，这本不应该属于其职责范围，最终就形成了“国资委调节市场，市场又引导国资委的悖论”。因此，要解决上述问题就要积极推进国有资产管理体制改革，并且要真正实现从管资产到管资本的转变。

（7）坚持政事分开、事企分开，不断推进事业单位分类改革。事业单位分类改革具有重要的意义。虽然改革的过程中存有一些问题，但是改革的方向是明确且正确的。因此，事业单位分类改革之所以在正确的道路上继续前行，主要是做到了以下几点：一是坚持政事分开、事企分开和管办分离的原则，按照《中共中央国务院〈关于分类推进事业单位改革的指导意见〉》的要求，对于承担行政职能、从事生产经营活动和从事公益服务的事业单位继续进行分类改革。二是在原有法律体系的基础上，进一步出台与事业单位改革相关的法律，不断增强法律法规之间的协调配合。三是打破行政垄断，实现事业单位的合理分工，提升公共服务的供给效率。

（8）坚持软件、硬件两手抓，加强电子政务信息化体系建设。在网络不断进步与发展的年代，中国电子政务的发展，使中国公共部门的建设更加完善，并且提高了服务效率与服务水平。纵观中国电子政务的发展，主要还是从内外两方面进行改革与完善。具体讲，就是要坚持从政府部门本身的管理以及与外部网络信息部门的协同配合两方面下足功夫。政府部门电子政务的主攻方向是：一是要简化工作流程，推动政务信息系统的互联互通以及信息共享，提升公共服务的供给效率。二是进一步加强网络安全保障建设，确保电子政务信息的安全性与可靠性。三是要积极推动网络公司等信息化平台与政府公共部门的协同配合，展开深入的交流与合作，提升政府部门的硬件与软件的服务效率。最终向管理服务型的方向发展，拉近公共部门与人民群众的距离，为提供更加优质的服务、满足人民美好生活的需要打下坚实的基础。

七、推动可持续发展的城市化和市政服务

改革开放以来，中国的城市化发展迅速。1978 年中国的城镇人口比重为 17.92%，到 2017 年底则增长到 58.52%，明显快于全球城镇化平均水平。总的来看中国的城市化呈现出如下特点：第一，城市化进程发展速度快、规模大，城市人口和城市数量均实现快速增长；第二，城镇人口和城区建设面积均表现出快速扩张，并且后者增长速度更快；第三，工业发展对城市化进程具有较强

的拉动作用；第四，不同省份城镇化差异较大，城镇化差异由改革开放初期的“南北差异”逐渐演变为当前的“东西差异”。根据城市化发展的程度，可以大致将中国城市化发展分为如下几个阶段：第一阶段：改革开放至 1995 年，这一阶段城镇化水平低于 30%，发展速度较慢，城镇化的扩张主要依赖粗放式发展；第二阶段：1996—2013 年，由原有的粗放式发展转变为内涵式发展，城镇化的速度有所加快；第三阶段：2014 年至今，中国进入新型城镇化建设阶段。在城市可持续发展方面，中国城镇居民生活水平逐步改善，主要体现在城镇居民收入逐年提高和恩格尔系数逐年下降。

公共服务方面，城镇教育和医疗等公共服务持续改善，供给逐年增加；市政建设方面，各类市政设施供给规模快速增长，为城市可持续发展奠定了坚实的基础。历年来，中国政府系统性地采取了多项政策措施，不断完善市政服务，支持中国城市的可持续发展。下面从道路交通，供水、供气、供电和供热（管网建设），河道堤岸，污水和垃圾处理，绿化园林和其他市政公共配套设施六个方面分别介绍具体政策并分析政策效果。

（1）促进城市道路交通发展的政策主要包括国务院发布的《“十二五”综合交通运输体系规划》、交通运输部发布的《加快推进绿色循环低碳交通运输发展指导意见》、环保部发布的《关于做好城市轨道交通项目环境影响评价工作的通知》、国家发展改革委和交通运输部发布的《推进“互联网 +”便捷交通 促进智能交通发展的实施方案》、交通运输部发布的《城市公共交通“十三五”发展纲要》等。在相关政策的推动下，政府加强了轨道交通建设阶段安全风险控制，优先发展公共交通，加快推进绿色循环低碳交通运输发展，促进智能交通发展。当前中国公共汽电车运营车辆规模逐年提高，城市客运总量稳步攀升，城市公交运营路线逐年增长。但由于城市公共交通分担率低、公交服务水平不佳、公交基础设施缺乏统一规划、公共交通网络规划不合理等城市公共交通拥堵问题依旧突出。

（2）促进城市供水、供气、供电和供热（管网建设）发展的政策主要包括国务院发布的《关于加强城市基础设施建设的意见》、财政部发布的《关于开展中央财政支持地下综合管廊试点工作的通知》、国家发展改革委办公厅发布的《关于印发城市地下综合管廊建设专项债券发行指引》、国务院办公厅发布的《关于推进城市地下综合管廊建设的指导意见》、住房城乡建设部联合国家能源局发布的《关于推进电力管线纳入城市地下综合管廊的意见》等。在相关政策的推动下，不断加强城市地下管线建设管理，中央财政支持地下综合管廊试点，城市地下综合管廊实行有偿使用制度，推进海绵城市建设，规范了城市地下综合管廊的建设区域，统筹了建设规模，明确了入廊要求，践行了有偿使用原则，明确实施主体，拓宽融资方式，规范技术标准。但仍存在各部门协调有待完善，管网信息不健全，古建筑保护与新项目推进之间存在矛盾，管廊单位在非政策性强制入廊的情况下入廊意愿低，具体的管廊政策、管理条例仍未确立等问题。

（3）加强城市河道堤岸管理的政策主要包括水利部发布的《关于加强河湖管理工作的指导意见》《入河排污口监督管理办法》《水资源税改革试点暂行办法》、国务院发布的《中华人民共和国河道管理条例》等。在相关政策的推动下，河湖管理工作、中小河流治理项目质量管理得到加强，河长制、湖长制得以落实，水资源税通过增加用水成本让企业加快节能环保的步伐，河道整治效果明显。但仍存在泥沙淤积、水质污染、河岸景观设计不合理、水陆生态系统遭到破坏等问题。

（4）促进城市污水和垃圾处理的政策主要包括国家计委、建设部、环保总局发布的《关于推进城市污水、垃圾处理产业化发展意见》、国务院发布的《排污费征收使用管理条例》、财政部发布的《城镇污水处理设施配套管网以奖代补资金管理暂行办法》《中华人民共和国环境保护税法》、发改委发布的《关于创新和完善促进绿色发展价格机制的意见》等。在相关政策的推动下，城市污水、垃圾处理产业化发展，当前中国污水及垃圾处理成效显著，工业用水重复利用量、节约用水量、生活垃圾清运量逐年增加，但仍存在人们对城市污水和垃圾处理的市场化问题的认识存在一定的偏差，相关的法律法规不完善，行政管理体制较为混乱等问题。

（5）促进城市绿化园林发展的政策主要包括国务院发布的《城市绿化条例》、建设部发布的《城市绿化规划建设指标的规定》《中华人民共和国招标投标法》等。在相关政策的推动下，各地园林绿化建设成效明显，人均公园绿地面积、建成区绿化覆盖率和建成区绿地率逐年增加。但仍存在园林绿化与城市建设规划不协调，城市园林绿化建设缺乏科学规划，城市园林绿化违背植物生长的自然规律等问题。

（6）其他市政公用配套设施选取了排水、防洪、照明、医疗与教育公共服务方面。排水防洪方面的政策主要包括：国务院发布的《城镇排水与污水处理条例》、住房和城乡建设部发布的《城镇污水排入排水管网许可管理办法》、国务院发布的《水土保持工作条例》《中华人民共和国水法》《中华人民共和国防洪法》、水利部发布的《关于蓄滞洪区安全与建设指导纲要》等。在相关政策的推动下，城市排水防洪能力不断增强，防洪排涝管理体制不断完善。但仍存在，城市防洪排涝基础设施薄弱、现状标准低，防洪排涝设施建设规划滞后、技术标准不完善，灾害预测预报预警能力不足、城市防洪排涝体系建设管理体制不统一、城市防洪排涝管理工作存在诸多薄弱环节等问题。照明方面的政策主要包括：国家经贸委发布的《中国绿色照明工程实施方案》、建设部发布的《关于加强城市照明管理促进节约用电工作的意见》、国务院发布的《关于加强节能工作的决定》《“十一五”城市绿色照明工程规划纲要》和《“十二五”城市绿色照明工程规划纲要》等。在相关政策的推动下，道路照明与景观照明高速发展，在大型活动事件上得到成功运用。但仍存在城市照明节能缺少纲领性指导，道路照明水平不均衡，照明工程重装饰轻功能，只抓节日、忽视平日夜景照明等问题。医疗保障方面的政策主要包括国务院发布的《城镇职工基本医疗保障制度的决定》、中共中央、国务院发布的《关于进一步加强农村卫生工作的决定》、国务院发布的《关于开展城镇居民基本医疗保险试点的指导意见》。公共教育方面的政策主要包括教育部发布的《关于师范院校布局结构调整的几点意见》《中华人民共和国教师法》、国务院发布的《教师资格条例》、国务院颁发的 2010—2020 年度《国家中长期教育改革和发展规划纲要》、教育部发布的《关于大力加强中小学教师培训工作的意见》。教育医疗事关民生大计，其体系的形成与政策的颁布密切相关。中国从 20 世纪 80 年代开始实行医疗保障制度改革，逐步建立了包括社会医疗保险、公费医疗、城市医疗救助制度等多种形式并存的城市医疗保障体制。当前，参加城镇医疗保险人数稳步提升；城镇居民基本医疗保险制度、新型农村合作医疗覆盖面不断扩大；城乡医疗救助制度及多种形式的补充医疗保险城乡医疗救助不断发展。改革开放 30 年来中国教育事业发展十分迅速，义务教育普及成果得到进一步巩固，进城务工人员随迁子女接受义务教育权利得到保障，职业教育迅速发展，教师整体素质水平不断提高。但仍存在医疗体系治理结构混乱，统筹层次较低等问题，管理和保障水平有待提高；城乡教育发展不均等，职业教育吸引力不足等问题。

以中国首都北京为例。作为中国的首都，北京在城市化建设和市政建设方面积累了丰富经验，为全国起了示范作用。第一，交通建设方面，北京市通过扩大交通建设投资、严控交通需求、发展智能交通、打造绿色交通，交通承载能力得到有效加强，初步建立起了高效、多样化的公共交通体系，综合交通体系运营管理服务水平得到大幅提升。第二，管网建设主要包括供水、供气、供电、供热管网的建设：供水建设方面，北京市一方面完善水务政策法规体系，另一方面不断创新完善水务投融资体制机制，城乡供水安全水平、污水处理及再生水利用能力得到大幅度提高；供气建设方面，北京市通过完善输配系统，大力推进“煤改气”等惠民工程、提高精细化管理水平，取得了显著成效，天然气用户总数和用气量位居全国各大城市之首、城市燃气普及率达到100%；供电建设方面，北京市坚持把建成安全、可靠、绿色、高效的智能电网作为发展目标，提高外受电通道能力、完善本地电源支撑、优化主干电网结构、建设高可靠性配网、实施农网升级改造、努力开发利用清洁能源。目前已形成东南西北多向送电、500 千伏双环网主网架格局，外输通道能力达到 3 500 万千瓦左右；供热建设方面，北京市通过建立供热行业标准化体系、试点热费改革制度，创新供热管理体制，已初步形成了集中供热为主导，多种能源、多种供热方式相结合的新的供热局面。第三，市容卫生建设主要包括城市河道建设、园林绿化建设、污水和垃圾处理等方面。在河道建设中，北京市坚持生态治水的思想，结合河道的防洪排涝功能、生态环境保护功能和景观协调性能，加强对河道的综合治理，城市河流生态环境得到有效改善；在园林绿化建设上，北京市充分发挥科技在城市建设中的作用，积极在绿化设计、养护中运用新材料，新技术，形成节水、节能、节地型城市园林绿化建设模式；在污水垃圾处理中，北京市一方面制定和完善了相关的政策、法规和标准，形成长效监管机制；另一方面鼓励通过政府与社会资本合作（PPP）方式，引入了市场化机制。初步形成以多元化投资和特许经营为主体的建设、经营管理模式，也提高了城市治污工作水平。此外，北京市在可持续城市的建设中，也十分注重城市建设的公共安全，以技术创新和机制创新为手段，加强城市排涝工程和防灾体系的建设，促进医疗与教育的公共服务水平。

中国城镇化发展的经验主要包括：第一，形成政府主导、市场带动和民间参与的城镇化道路。通过这三种推进城镇化的动力发挥各自的作用，相互促进以提高城镇化发展的效率。这样既避免了城镇化进程滞后的现象，又防止城镇化发展的过度现象，保证城镇化的健康发展，进而促进社会经济的协调发展。第二，走城镇化和工业化相适应的城镇化道路。城镇化和工业化协调发展对社会经济的平衡发展至关重要，还有利于逐步解决城乡二元经济的局面，能够促进产业结构的合理发展。第三，走小城镇和大中小城市协调发展的城镇化道路。以大城市为依托，重点发展中小城市和小城镇，形成辐射带动功能强大的城市体系，大中城市和小城镇、小城市在规模、数量、空间区位上结构合理，逐步形成城镇体系的网络化，城市与城市之间，城乡之间的经济联系就会加强，带动社会经济的整体发展。第四，走建设资金来源多渠道的城镇化道路。除政府投入的财政资金外，允许民间的资金投资参与到城镇化的建设当中，也可以通过资本市场筹措城镇化建设的资金。

中国市政建设的经验主要包括：第一，注重城市规划，有着明确城市市政服务的发展目标、发展规模和空间格局统筹，将市政服务纳入到城市的发展规划之中，使市政建设有序进行，保证城市的可持续发展能力。第二，注重市政建设方面的投资，保障市政建设有足够资金来源。为了保证市政服务有足够的建设资金，除了来源于政府的财政资金以外，地方政府还成立了地方投融资平台，融资用于城市基础设施的投资建设。第三，注重市政建设的运营和风险管理，保障市政设施高效运行。运营管理方面，通过市政建设配套费和冠名权拍卖等方式获取资金以维持市政设施的正常运行；风险管理方面，严格管理市政建设质量和安全，按照市政工程建设的程序按部就班的施行建设。

八、中国扶贫政策

贫困是世界各国面临的共同问题。中国人口超过 14 亿人，其中农村人口占比达到 50%，农村扶贫工作是中国扶贫减贫工作的重中之重。1949 年新中国成立以来，中国政府对农村的扶贫工作从未间断过，尤其是 1978 年改革开放之后，中国的扶贫领域明确了扶贫开发战略，取得了巨大成就。经过 40 年的不懈努力，中国基本解决了温饱问题，贫困发生率和贫困人口数量均大幅降低。

2008 年世界银行制定了两条贫困线标准：一条用于普通国家和小康社会，日收入 2 美元；另一条则用于 20 余个世界上最贫穷的国家，日收入 1. 25 美元，2015 年 10 月，此标准进一步上调至 1. 9 美元。2000 年以前，中国农村扶贫标准一直采用的是 1986 年制定的 206 元的贫困线，这一农村贫困标准，即为贫困者维持生存最低的“绝对贫困”线。2011 年，国家农村扶贫标准大幅提高到 2 300元。

在改革开放、加入 WTO 等一系列重大举措实施以来，中国经济保持高速、持续增长，对外开放劳动力需求不断扩大，从而有力推动了农村减贫工作的开展。中国 GDP 从 1980 年的 4 587. 6 亿元增长至 2016 年的 744 127. 2 亿元，中国贫困发生率持续下降。2011 年中国制定了《中国农村扶贫开发纲要（2011—2020 年）》，中国的扶贫开发工作进入一个新阶段，更加注重解决可持续的发展问题，从内容上看更加注重巩固温饱成果，改善生态环境，提高发展能力以及缩小发展差距。按现行国家农村贫困标准测算，2010 年全国农村贫困人口规模为 1.66 亿人，贫困发生率为 17.2%；2016 年全国农村贫困人口规模为 0.43 亿人，贫困发生率为 4.5%。与 2010 年相比，6 年来全国农村贫困人口共减少 1.22 亿人，平均年减贫人口规模 2 039 万人；贫困发生率下降 12.7 个百分点，年均下降 2.1 个百分点。

当前中国农村贫困人口分布有三个特征：第一个特征是农村贫困人口仍主要集中在西部地区。第二个特征是贫困发生的省份存在较强的异质性。经统计测算，有 6 个省农村贫困人口在 300 万以上，5 个省农村贫困发生率在 10% 以上。第三个特征是集中连片特困地区、少数民族地区、边疆等地区贫困人口多、贫困程度深，区域性整体贫困问题突出。

党中央、国务院继续加大政策倾斜和投入力度，大力破除贫困地区发展瓶颈制约，贫困地区贫困发生率显著下降，贫困人口规模大量减少。贫困地区农村贫困发生率年均下降 3.3 个百分点。作为扶贫开发的重点区域和主战场，中国农村贫困人口六成以上集中在贫困地区。2012 年，贫困地区农村贫困发生率为 23.2%，较全国农村平均水平高 13.0 个百分点。2016 年贫困地区农村贫困发生率下降至 10.1%，总计下降 13.1 个百分点，平均下降 3.3 个百分点。

改革开放后，通过体制改革，中国农村经济逐渐形成了以家庭联产承包制为中心的新的生产经营模式，从此中国开始了大规模、有计划的扶贫开发战略。1978 年至今，中国扶贫开发大致经历了五个阶段。第一阶段是 1978—1985 年的体制改革推动扶贫阶段；第二阶段是 1986—1993 年的大规模开发式扶贫阶段；第三阶段是 1994—2000 年的国家“八七”扶贫攻坚计划阶段；第四阶段是 2001—2012 年的扶贫瞄准机制的“县到村”阶段；第五阶段是 2013 年至今的精准扶贫及脱贫攻坚计划阶段。党的十八大以来，党中央、国务院以前所未有的力度抓扶贫，取得了历史成就。在脱贫攻坚计划实施的现阶段，中国在《“十三五”脱贫攻坚规划》中明确指出：到 2020 年，稳定实现现行标准下农村贫困人口不愁吃、不愁穿，义务教育、基本医疗和住房安全有保障，简称为“两不愁，三保障”。贫困地区农民人均可支配收入比 2010 年翻一番以上，增长幅度高于全国平均水平，基本公共服务主要领域指标接近全国平均水平。确保中国现行标准下农村贫困人口实现脱贫，贫困县全部摘帽，解决区域性整体贫困。

改革开放后，中国不断加大财政投入的专项扶贫。政府扶持是中国扶贫政策体系中的核心，一般通过财政手段和金融工具发挥作用，而政府扶贫的主导力量的核心是公共财政。现阶段，根据国家统计局按照资金来源的统计口径，中国扶贫资金主要包括政府财政扶贫资金、国际扶贫资金和其他扶贫资金投入三个来源。2013—2017 年，中央财政累计安排补助地方专项扶贫资金 2 786. 88 亿元，年均增长 22. 7% 。其中财政专项扶贫资金靶向“易地扶贫”搬迁、“整村推进”扶贫、“以工代赈”扶贫三个项目。

同时，中国还开展了发挥部门优势的行业扶贫。行业部门主要包括十项内容：产业扶贫、就业扶贫、教育扶贫、科技扶贫、基础设施扶贫、健康扶贫、社会保障制度扶贫、资产收益扶贫、网络扶贫以及生态保护扶贫。

除此之外，中国还开展了多元主体参与的社会扶贫。一是定点扶贫。截至 1993 年年底，已有 81 个中央机关和中央企事业单位加入，在 2002 年国家定点扶贫工作会议以后，参与单位总数达到 272 个，定点帮扶 481 个扶贫工作定点县。二是东西扶贫协作。2011—2016 年，东部共向西部无偿援助 86. 2 亿元，年均增长率为 49. 64% ；援建学校 1 917 所，年均增长率为 86. 39% ；卫生机构 48 所，年均增长率为 19. 50% 。三是企业、社会组织和个人扶贫。

中国扶贫政策成效主要有以下三个。

第一，贫困地区农村居民收入稳步增长。贫困地区农村居民收入保持快速增长，增速持续快于全国农村平均水平。2016 年，贫困地区农村居民人均可支配收入 8 452 元，其水平是 2012 年的 1. 6 倍；扣除价格因素，实际水平是 2012 年的 1. 5 倍。

第二，贫困地区农村居民生活消费不断提高。贫困地区农村居民生活消费水平持续提高，质量不断改善。党的十八大以来，贫困地区农村居民消费逐渐由生存型向发展型升级，各项消费支出持续增长，消费结构优化，居住条件不断改善，耐用消费品数量增加，产品升级换代，生活消费水平明显提高。

第三，贫困地区农村基础设施和基本公共服务明显改善。家庭联产承包责任制实施以后，农民对基础设施的要求不断增加，政府则不断增加对“三农”的财政投入，保证农村基础设施，统筹城乡发展，不断缩小城乡之间的基本公共服务差距。尤其是党的十八大以来，中央和地方政府不断加大对水、电、路、网等基础设施和公共服务的建设投资力度，“四通”覆盖面不断扩大，教育文化卫生设施获得明显提升，生产生活条件得到进一步改善，贫困地区农村面貌换新颜。在近 40 年的探索和创新过程中，中国走出了一条中国特色的扶贫开发道路，创造了宝贵经验。

第一，促进经济增长，巩固农业基础。改革开放以来，中国国民经济平稳快速增长，综合国力不断增强，工业化、城镇化快速发展。经济高速增长提供了大量农转非就业机会。同时，农业的基础地位不断加强，为解决贫困人口温饱、调节贫困地区经济结构创造了条件，为缓解农村贫困奠定了坚实的物质基础。

第二，广泛动员社会参与，加强国际合作。组织协调 272 个中央党政机关、民主党派、社会团体和大型国有企业定点帮扶 481 个重点县。2001—2010 年，直接投入资金和物资 90.9 亿元，到重点县挂职干部 3 559 人，为重点县培养各类人员 168.4 万人次。组织东部 6 个省、3 个直辖市和 6 个计划单列市对口帮扶西部 11 个省区市。2001—2010 年，东部省市各级政府无偿援助西部 44.4 亿元，企业投入约 2 500 亿元，技术培训各类人员 22.6 万人次。组织非公有制经济参与扶贫事业，充分调动非政府组织参与扶贫开发的积极性。与有关多边机构、双边机构和国内外非政府组织合作，联合实施多种形式的扶贫项目，积极开展减贫交流。据不完全统计，2000 年以来，中国扶贫领域利用各类外资 5.6 亿美元。

第三，实施开发式扶贫，强调发挥基层组织的作用。发动群众，依靠群众，让贫困人口直接参与扶贫开发项目与资金使用的决策，促进贫困人口素质提升和能力建设，切实提高自我发展能力。坚持开发式扶贫方针，帮助贫困地区开展基础设施建设，实现通路、通电、通邮、通广播电视；通过农田水利基本建设，提高土地生产能力；支持贫困农户发展种植业、养殖业和小型加工业项目。

第四，统筹城乡区域，促进科学发展。全面推行农村税费改革，取消农业税、牧业税、特产税种等其他不合理的税费，减轻农民负担。建立农业补贴制度，对农民实行粮食直补、良种补贴、农机具购置补贴和农业生产资料综合补贴，鼓励农业生产。明确提出建设社会主义新农村的任务，加大对农村水、电、路、气、房等基础设施的投入力度，积极推进农村危房改造试点。实施西部大开发和中部崛起战略，加大对中西部地区的财政转移支付力度，通过退耕还林还草政策改善西部自然条件恶劣地区的生态环境，增加当地农民的收入。全面发展农村社会事业。改革农村义务教育管理体制，实施新型农村合作医疗制度，出台相关措施对困难群众实施医疗救助。

子报告1：贸易政策与贸易便利化

第一节　中国外贸规模倍增，结构持续优化

中国改革开放40年，对外贸易方面取得了惊人的成就。贸易伙伴更趋多元，市场主体更加活跃，动力转换和结构调整也在加快，中国从贸易大国迈向贸易强国的步伐更加坚定。总量方面，以规模倍增与高增速为主要特征，中国快速成为国际贸易的中流砥柱；结构方面，高附加值商品占对外贸易总额的比重大幅提高，服务贸易占比近20%，有了可喜的进步。贸易伙伴多元化加强了中国与世界各国的联系，增进彼此之间的经济合作。此外，贸易方式与贸易工具的创新升级，给对外贸易带来了低成本与便利化，加速了对外贸易的发展；对外直接投资快速增长表明中国企业开始放眼世界，寻求更多的投资与贸易机会，同时也带动了其他国家的经济发展。展望未来，中国将发挥大国风范，深度参与国际规则的制定，追求包容开放的国际经济与贸易新秩序，继续鼓励中国企业勇敢地"走出去"，维持对外投资高增长态势，借助"一带一路"等战略契机，继续与贸易和投资伙伴加深合作，共同分享中国经济增长的红利。

一、外贸规模快速增长

截至2017年，以1978年为基数，中国对外贸易进出口总额在40年间增长了781.88倍，其中进口总额增长了663.9倍，出口总额增长了913.79倍，特别的，2000年之后，中国对外贸易规模进入高速增长模式（见图1－1）。不仅有力推动了中国的现代化建设，而且给世界带来了巨大的投资和合作机会，作为第二大经济体，中国也以更多的进口额和更深入的国际经济合作反

哺世界。

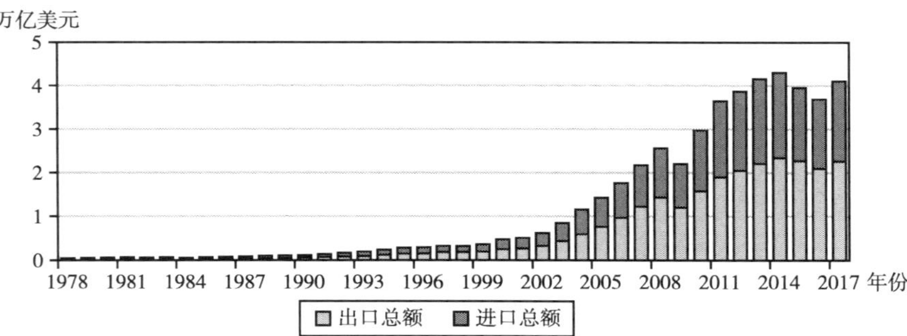

图 1－1　改革开放 40 年中国对外贸易进出口额

数据来源：中华人民共和国国家统计局，wind 资讯。

增速方面，40 年来中国对外贸易总额增速大多为两位数，年均增速 15.9%（见图 1－2）。1994 年之前，中国进口总额增速与出口总额增速处于相互接替高位的情况，增速差值较大，中国在对外贸易政策与措施方面还在摸索阶段，抗外部风险能力不足；1994 年之后，二者增速差值少见出现较大差距的现象，说明中国对于对外贸易方面的摸索逐渐成熟和稳定。

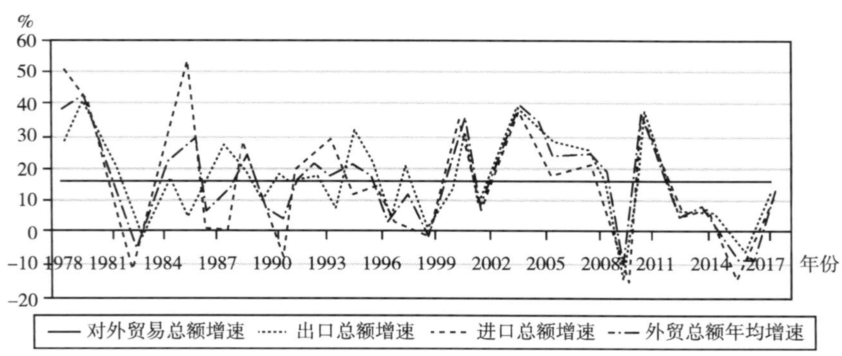

图 1－2　改革开放 40 年中国对外贸易进出口增速

数据来源：中国国家统计局，wind 资讯。

放眼全球，从 1978 年对外贸易出口总额和进口总额分别占全球出口总额与进口总额的 0.75%、0.8% 到 2017 年的 12.77%、10.21%，中国在对外贸易方面的成就举世瞩目（见图 1－3）。

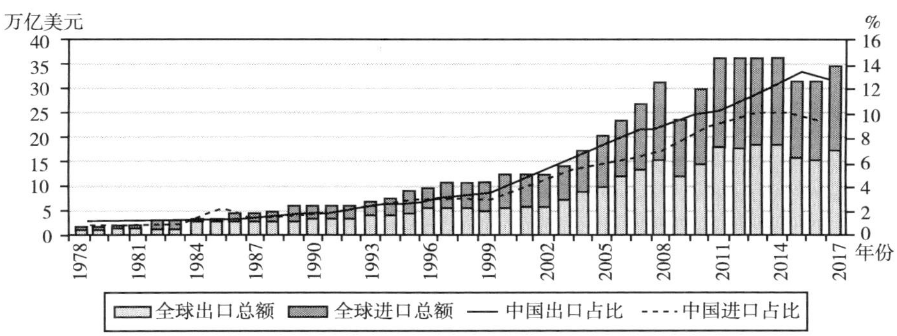

图 1-3　改革开放 40 年中国进出口占世界比重

数据来源：word bank，wind 资讯。

二、结构不断优化

中国对外贸易结构不断升级。具体表现为高附加值商品贸易比重提高、服务贸易比重增大以及对外贸易伙伴多元化。

以高新技术产品和机电产品为例。可以看出，二者均在 2009 年前后达到各自相对于进出口总额的占比高峰，此后一直维持在 30% 和 50% 上下，总量上也在不断攀升（见图 1-4）。相较于改革开放初期重点发展低附加值的劳动力密集型加工业，中国对外贸易结构经历了一个快速升级的过程，有了一个质的飞跃。

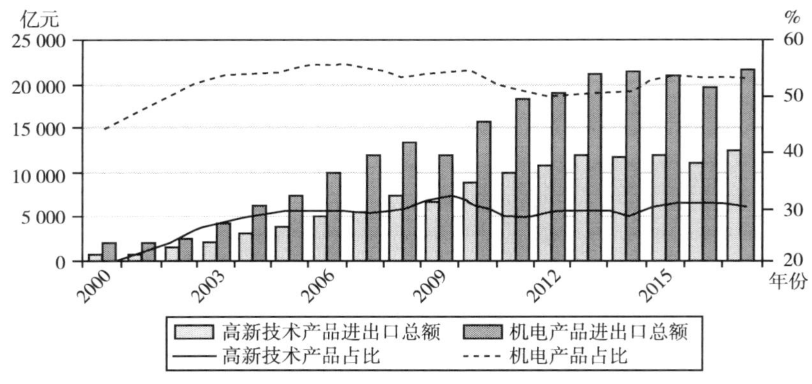

图 1-4　部分高附加值类产品进出口总额及占比

数据来源：中华人民共和国海关总署，wind 资讯。

分别来看两类高附加值产品。高新技术产品进出口增速除在部分月份出现明显增速为负的情况，其余月份增速绝大部分都处在5%以上，月均出口增速为21.35%，进口增速为17.33%；机电产品除部分月份出现明显增速为负情况，绝大部分月份增速都高于10%，月均出口增速17.81%，进口增速14.93%（见图1－5）。高的对外贸易增速使得高附加值产品贸易占比不断攀升，进而推动了中国对外贸易结构的优化升级。

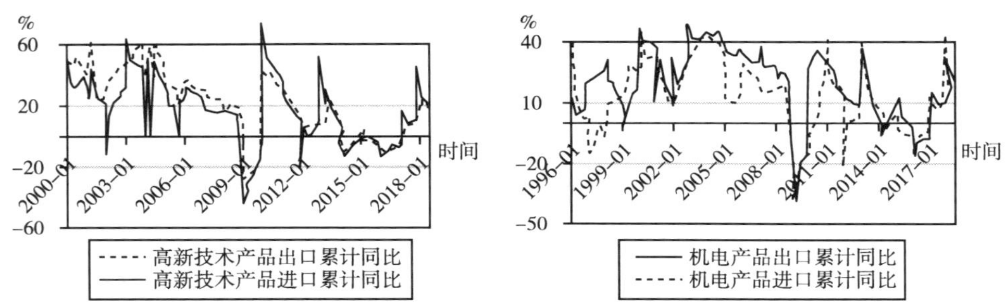

图1－5　部分高附加值类产品进出口同比增速

数据来源：中华人民共和国海关总署，wind资讯。

服务贸易占比增大是中国对外贸易结构优化的另一个重要体现。两个数据说明了该现象：一是中国对外贸易中的服务贸易进出口总额由1985年的56万美元上升至2017年的6 957万美元，年均增速385.1%，占对外贸易总额的比重也由8.26%上升至16.95%，32年间增长了一倍；二是服务贸易进出口总额占世界比重由1983年的0.71%上升至2013年的6%，30年间增长了7.45倍（见图1－6）。

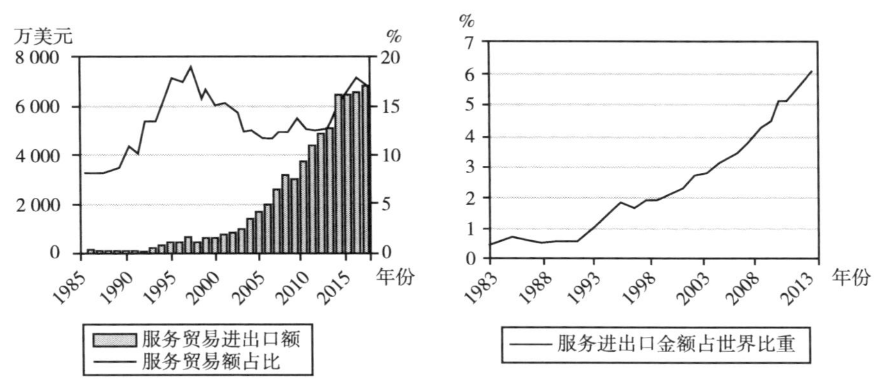

图1－6　中国服务贸易发展情况

数据来源：中华人民共和国海关总署，中华人民共和国商务部，wind资讯。

从结构来看，以 1997 年为基数。出口方面，除旅游服务大幅下降 18.33 个百分点之外，其他服务均呈上升趋势。其中，咨询服务上升 18.57 个百分点，计算机和信息服务上升 11.94 个百分点。金融咨询类、高科技类、基建类服务在 30 年间增长迅速，由原来的旅游服务单一支柱转变为金融咨询、旅游、高科技、物流、基建多元支柱结构，服务贸易出口结构明显优化（见表 1－1）。

表 1－1　　中国对外服务贸易出口结构　　单位：%

年份	运输	旅游	建筑	保险	金融	计算机和信息	专利和特许费	咨询	广告和宣传	其他
升降	+7.62	－18.33	+8.79	+1.24	+1.54	+11.94	+1.94	+18.57	+1.58	+4.51
1997	8.64	35.30	1.73	0.51	0.08	0.25	0.16	1.01	0.70	22.45
1998	9.17	50.21	2.37	1.53	0.11	0.53	0.25	2.06	0.84	24.75
1999	8.23	47.95	3.35	0.69	0.38	0.90	0.26	0.95	0.75	23.50
2000	10.49	46.37	1.72	0.31	0.22	1.02	0.23	1.02	0.64	20.24
2001	11.82	45.39	2.12	0.58	0.25	1.18	0.28	2.27	0.71	18.58
2002	12.38	44.12	2.70	0.45	0.11	1.38	0.29	2.78	0.81	18.96
2003	15.41	33.93	2.51	0.61	0.30	2.15	0.21	3.67	0.95	29.35
2004	16.64	35.50	2.02	0.53	0.13	2.26	0.33	4.35	1.17	22.00
2005	18.30	34.75	3.08	0.65	0.17	2.18	0.19	6.31	1.28	20.03
2006	20.40	32.96	2.67	0.53	0.14	2.87	0.20	7.61	1.40	19.12
2007	23.15	27.52	3.97	0.67	0.17	3.21	0.25	8.56	1.41	19.89
2008	23.53	25.01	6.33	0.85	0.19	3.83	0.35	11.11	1.35	15.93
2009	16.41	27.63	6.59	1.11	0.30	4.53	0.30	12.97	1.61	17.19
2010	19.19	25.69	8.13	0.97	0.75	5.19	0.47	12.77	1.62	19.96
2011	17.71	24.13	7.31	1.49	0.40	6.92	0.35	14.12	2.00	28.06
2012	19.30	24.80	6.05	1.64	0.94	8.04	0.50	16.59	2.36	25.30
2013	18.16	24.98	5.17	1.93	1.55	8.26	0.43	19.58	2.37	27.63
2014	17.43	20.08	7.03	2.10	2.05	9.22	0.32	19.58	2.28	31.45
2015	17.66	20.59	7.64	2.29	1.05	11.80	0.50	—	—	26.72
2016	16.13	21.19	6.06	2.00	1.53	12.65	0.57	—	—	27.64
2017	16.26	16.97	10.52	1.75	1.62	12.19	2.10	—	—	26.96

数据来源：中华人民共和国商务部，wind 资讯。

进口方面，旅游服务上升25.45个百分点，咨询服务上升4.41个百分点，专有权利使用费和特许费上升4.18个百分点，运输服务下降15.64个百分点。到2017年，旅游服务进口占服务贸易比例已超过50%，成为中国对外服务贸易的支柱，也说明了中国居民生活水平的巨大提升以及中国国际地位的大幅提高。交通运输类、基建类和金融类服务占比的下降，反映了中国国内相应行业的逐步成长（见表1－2）。

表1－2　　中国对外服务贸易进口结构　　单位：%

年份	运输	旅游	建筑	保险	金融	计算机和信息	专利和特许费	咨询	广告和宣传	其他
升降	－15.64	＋25.45	－2.48	－1.52	－0.82	＋3.28	＋4.18	＋4.41	＋0.02	－9.59
1997	35.51	29.04	4.32	3.74	1.16	0.83	1.94	1.67	0.86	18.76
1998	25.24	34.35	4.18	6.56	0.61	1.24	1.57	2.83	0.99	20.28
1999	24.91	34.27	4.86	6.06	0.53	0.71	2.50	1.65	0.69	20.79
2000	28.72	36.23	2.75	6.83	0.27	0.73	3.54	1.77	0.56	16.90
2001	28.81	35.39	2.16	6.90	0.20	0.88	4.93	3.82	0.66	14.62
2002	29.27	33.11	2.07	6.98	0.19	2.44	6.70	5.66	0.85	10.61
2003	32.97	27.46	2.14	8.25	0.42	1.87	6.42	6.24	0.83	11.69
2004	33.76	26.34	1.84	8.42	0.19	1.72	6.19	6.51	0.96	11.66
2005	33.87	25.90	1.93	8.57	0.19	1.93	6.33	7.36	0.85	11.18
2006	34.10	24.13	2.03	8.76	0.88	1.73	6.58	8.32	0.95	11.17
2007	33.26	22.89	2.24	8.20	0.43	1.70	6.30	8.34	1.03	14.02
2008	31.67	22.75	2.75	8.02	0.36	1.99	6.49	8.52	1.22	14.55
2009	29.31	27.50	3.69	7.12	0.46	2.03	6.96	8.44	1.23	11.81
2010	32.71	28.38	2.62	8.15	0.72	1.53	6.74	7.80	1.05	8.88
2011	32.45	29.30	1.49	7.95	0.28	2.02	5.93	7.50	1.12	19.85
2012	30.54	36.26	1.28	7.32	0.68	1.96	6.29	7.12	0.98	15.07
2013	28.52	38.90	1.18	6.68	1.12	2.30	6.35	7.13	0.95	14.31
2014	22.22	52.51	1.13	5.20	1.13	2.47	5.22	6.08	0.88	9.40
2015	19.59	57.36	2.34	2.02	0.60	2.57	5.05	—	—	9.07
2016	17.83	57.75	1.84	2.85	0.44	2.79	5.31	—	—	9.60
2017	19.87	54.49	1.84	2.22	0.34	4.11	6.12	—	—	9.17

数据来源：中华人民共和国商务部，wind资讯。

贸易伙伴的多元化是中国对外贸易结构优化最明显的一个特征。分地区来看，1995—2017 年中国对外贸易进出口总额在亚洲地区降低了 9%，而在拉丁美洲、非洲、大洋洲占比分别提升 4%、3%、2%（见图 1－7）。

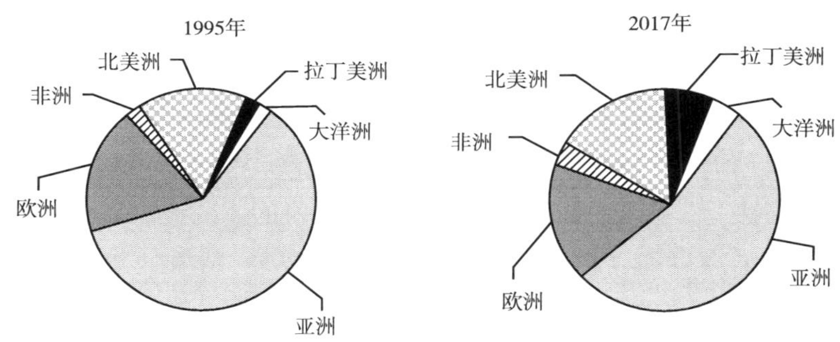

图 1－7　中国对外贸易伙伴多元化

数据来源：中华人民共和国海关总署，wind 资讯。

中国与 CAREC 成员国贸易总额占中国对外贸易总额百分比由 1995 年的 0.68%上升到 2017 年的 1.58%，总量上由 1995 年的 20.08 亿攀升至 2017 年的 649.33 亿，22 年间实现了 31.34 倍增长（见图 1－8）。借助“一带一路”倡议指引的契机，中国与 CAREC 成员国的贸易将迈入更深层次的合作，不论是在总量还是结构上，都会有一个新的突破。

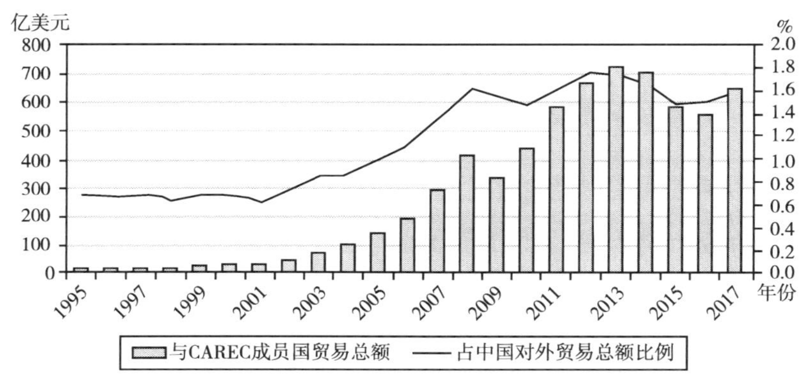

图 1－8　中国与 CAREC 成员国开展对外贸易情况

数据来源：中华人民共和国海关总署，wind 资讯。

三、贸易方式的创新升级

近几年，随着全球特别是中国在大数据统计应用、云计算、互联网与物联网等领域取得的突破性发展，传统的国际贸易模式正在逐渐改变，电子贸易作为跨境电子商务的一环，也成为WTO的核心议题。

中国政府也在致力于不断改善跨境电子商务的发展环境。2015年，国务院相继发布《国务院关于积极推进“互联网+”行动的指导意见》、《关于促进跨境电子商务健康快速发展的指导意见》，提出通过鼓励跨境电子商务的发展，促进对外贸易的转型升级。2015年3月，国务院批准中国（杭州）跨境电子商务综合试点区建立，进一步积累可复制的电子商务跨境发展经验，通过制度创新、管理创新和服务创新来实现电子商务跨境贸易。2016年1月，中国建立了包括上海和重庆等城市在内的12个新跨境电子商务综合试验区。自试点启动以来，与跨境电子商务服务、海关、港口管理相关的政府各方，都采取了一系列的政策措施，支持健康有序的跨境电子商务快速发展。

2015年，《国务院关于加快培育外贸竞争新优势的若干意见》（国发〔2015〕9号）提出，大力推动跨境电子商务发展，积极开展跨境电子商务综合改革试点工作，抓紧研究制订促进跨境电子商务发展的指导意见。2016年3月23日博鳌亚洲论坛上，阿里巴巴集团董事局主席马云首次提出“世界电子贸易平台（eWTP）”概念。2017年5月14—15日，“一带一路”国际合作高峰论坛上，“eWTP”也引起了各国的关注。未来，电子贸易将助力“一带一路”发展建设，给中国与“一带一路”成员国特别是各国内中小企业带来新的发展机会。

四、对外直接投资快速增长

2003—2016年，中国对外直接投资净值13年间增长了67.73倍，由2003年的28.54亿美元飙升至2016年的1 961.48亿美元（见图1－9）。越来越多的中国企业在政府的鼓励下“走出去”，与世界各国进行交流，寻求优质投资机会。

从对外投资的结构来看，租赁和商务服务业依旧是对外投资的首选。此外，信息传输、计算机服务和软件业，科学研究、技术服务和地质勘查业等高科技产业的对外直接投资在13年间迅速崛起，分别增长54.7倍和185.18倍，且总量排名也居于对外直接投资行业的上游，说明中国对外投资结构不断优化（见表1－3）。与此同时，中国还积极向世界宣传中国文化，文化、体育和娱乐业对外直接投资增长了1 591倍，体量也接近80亿美元。

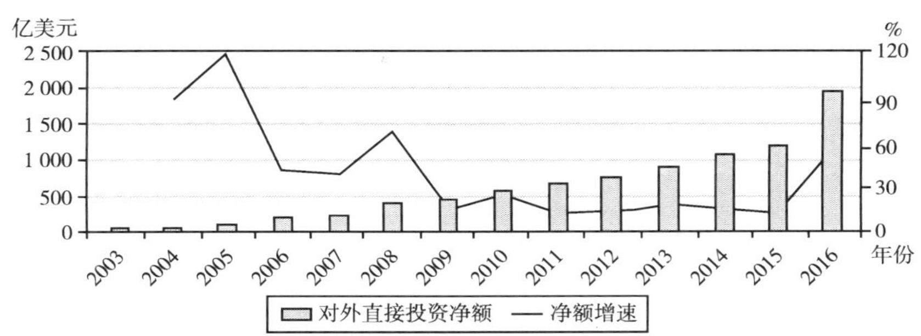

图1－9　中国对外直接投资净额及增速

数据来源：word bank，wind资讯。

表1－3　　中国对外投资构成（部分）

项目	2003（百万美元）	2016（百万美元）	增长倍数
水利、环境和公共设施管理业	910	3 575	2.93
交通运输、仓储和邮政业	3 752	41 422	10.04
居民服务和其他服务业	1 005	16 902	15.82
批发和零售业	7 044	169 168	23.02
农、林、牧、渔业	546	14 885	26.28
制造业	3 783	108 113	27.58
租赁和商务服务业	15 696	473 994	29.20
采矿业	4 151	152 370	35.71
建筑业	770	32 420	41.13
信息传输、计算机服务和软件业	1 162	64 802	54.77
电力、燃气及水的生产和供应业	141	22 821	160.65
科学研究、技术服务和地质勘查业	106	19 720	185.18
住宿和餐饮业	19	4 194	222.33
文化、体育和娱乐业	5	7 913	1 591.12
卫生、社会保障和社会福利业	0.21	921	4 386.48
教育	—	724	—

数据来源：中华人民共和国国家统计局，wind资讯。

五、中国未来外贸发展

展望未来，中国对外贸易发展将迎来机遇与挑战共存的时期。第一，中国将发挥大国风范，深度参与国际规则的制定，追求包容开放的国际经济与贸易新秩序；第二，政府将继续鼓励中国企业勇敢地“走出去”，维持对外投资的高增长态势；第三，努力促进对外贸易多元化，巩固和提高应对外部贸易风险的能力；最后，借助“一带一路”等战略契机，继续与更多的贸易和投资伙伴加深合作，共同分享中国经济增长带来的红利。

第二节　中国对外贸易体制与政策

一、历史演进

改革开放40年来，GDP从1978年的3 593亿元人民币到2017年的785 770亿元人民币，年均增长率9.6%，中国式经济增长举世瞩目（见图1－10）。结合中国经济发展的历史演进与全球经济发展进程，可将中国经济发展分为四个阶段。

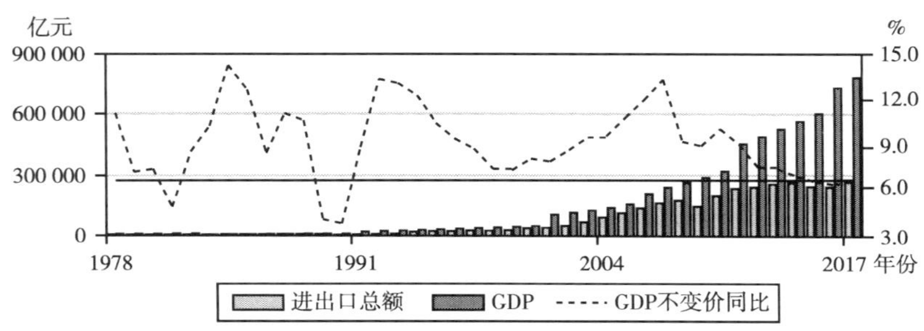

图1－10　改革开放40年中国经济发展简况

数据来源：中华人民共和国国家统计局，wind资讯。

第一阶段，1978—1996年，中国经济快速增长阶段。在这一阶段，改革开放带来资本的激增与生产技术的进步，加之人口红利的逐步释放，使中国GDP快速增长，年均增速达到10.1%，经济形势向好，增长动力充足。

第二阶段，1997—2007年，经历亚洲金融危机，中国经济继续快速增长阶段。这一阶段，改革开放前20年积累的巨大资本存量开始发挥作用，加之“科教兴国”战略迎来第一批成果释放，生产力大幅提高，弥补了人口红利即将消失带来的劳动力成本上升，GDP年均增速高达9.9%，中国经济增长依然势头强劲。

第三阶段，2008—2014年，美国次贷危机引发全球经济危机，中国经济高速增长阶段。这一阶段，GDP年均增速8.9%。中国经济进入由数量向质量转化过渡的初级阶段。一方面，强调提高抗风险能力，强化对外部金融经济风险的

“抗性”，稳定经济。另一方面，强调提高生产效率，转变生产方式，由粗放型向集约型转变。同时，强调经济发展的可持续性、环境保护的重要性和代际发展的公平性。

第四阶段，2015 年以后，经济结构调整的平衡发展阶段，中国经济进入中高速增长。这一阶段，结构调整与健康发展成为中国经济发展的核心主题，经济的结构性改革进入深水区。2015 年、2016 年、2017 年，GDP 增长率分别为 6.9%、6.7%、6.9%，经济增长放缓的同时经济结构改革进入提速期。第一，实施供给侧结构性改革。第二，防范系统性金融风险。一国对外贸易政策是建立在国内国际形势相结合基础上的经济政策。制定对外贸易政策，开展对外贸易活动，首要目标是促进国家经济发展与稳定，其次是完善经济体制和争取有利于己方的国际经济环境。中国作为一个新兴发展中国家，曾被贴上经济落后国的标签。既要发展经济、完善社会主义市场经济体制，又要提高防范外部风险能力、应对国际政治经济环境的挑战，中国对外贸易战略、体制、政策的设计和开展，有其特殊的使命和价值。结合经济发展的四个阶段，中国对外贸易政策在不同时期有着不同的表现。

（一）经济快速增长阶段的贸易政策（1978—1996 年）

1978—1996 年的近 20 年间，中国对外贸易呈现爆发式增长，对外贸易进出口总额从 1978 年改革开放初期的 355 亿元人民币，一路飙升至 1997 年亚洲金融危机之前的 24 133.8 亿元人民币，年均增速 27.78%，1985 年和 1994 年更是分别出现了 72.08% 和 80.83% 的超级增速（见图 1－11）。

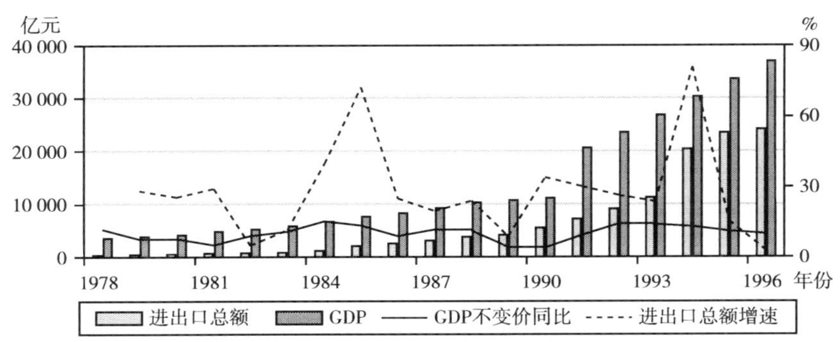

图 1－11　1978—1996 年中国经济发展简况

数据来源：中华人民共和国国家统计局，wind 资讯。

这一时期，中国的对外贸易经历了由计划向市场、由相对封闭向相对开放、由部分开放到开放程度加深的过程。主要政策目标是出口创汇、引进资本和经验技术、完善社会主义市场经济体制，最终达到促进国内经济快速增长的目的。

对外贸易在中国经济发展中地位的转变始于1978年底的中国共产党十一届三中全会，会议确定了市场经济改革与对外开放的总基调，明确了对外贸易在“改革开放”进程中的战略地位；1982年初，中国共产党中央书记处会议确定了对外经济工作的理论基础和指导思想；1986年“七五”计划明确提出了对外贸易战略与体制改革的方向。

十一届三中全会至“七五”计划之间的9年，可以视作中国对外贸易的定调分工和权责下放的过渡时期，而1987—1992年“南方谈话”之间的6年，是中国对外贸易基础配套政策措施集中落地实施的时期，从9年定调到6年新对外贸易体制的初步搭建完成，整个决策和行动过程无疑是加速的。1992年，中国进入社会主义市场经济阶段，对外贸易政策开始进行广泛改革。从1992年到1997年亚洲金融危机之前的5年，正是中国对外贸易发展的黄金时期，也是中国经济体制改革的起步时期，对外贸易的发展为中国市场经济改革贡献了巨大的力量（见表1－4，表1－5）。

表1－4　　1978—1996年中国外贸体制改革方向

时期	外贸体制作用/改革方向	主要涉及部门
1978—1986	党中央和国务院牵头 确定对外贸易各方主体 明晰权责	对外贸易部、对外经济联络部 进出口管理委员会、外国投资管理委员会 （四者于1982年合并为对外经济贸易部）
1987—1992	外汇、税收及贸易配套服务的确立与实行	对外经济贸易部、财政部 中央人民银行、外汇管理局
1992—1996	配合国内市场经济改革，进一步扩大对外开放	对外经济贸易合作部等多部门合作 （1993年对外经济贸易部更名）

表1－5　　1978—1996年中国主要外贸政策措施与相关法律法规

日期	政策措施	相关法律法规
1979年	外汇留成制度	《关于外贸体制改革意见的报告》（1984）
1981—1984年	双重汇率制度	—
1980—1984年	下放对外贸易经营权	—
1984年	试点工贸结合	—
1984—1985年	简化对外贸易计划	—

续表

日期	政策措施	相关法律法规
1985 年	出口退税制度	《关于进一步改革和完善对外贸易体制若干问题的规定》
1987—1988 年	出口承包经营责任制度	《关于加快和深化对外贸易体制改革若干问题的规定》
1989 年	—	《中华人民共和国进出口商品检验法》
1990 年	取消外贸财政补贴 改革外汇留成制度 改革进出口管理制度	《关于进一步改革和完善对外贸易体制若干问题的决定》
1993 年	完善出口退税制度	《消费税暂行条例》《增值税暂行条例》
1994 年	取消外汇留成制度	《国务院关于进一步改革外汇管理体制的通知》 《中国人民银行关于进一步改革外汇管理体制的公告》
1994 年	对外贸易法制化	《中华人民共和国对外贸易法》
1995 年	—	《外商投资产业指导目录》

这一阶段，中国的对外贸易政策实施效果达到了预期目标：（1）外汇储备快速上升，总量不断扩大。中国官方外汇储备由 1978 年 12 月的 1. 67 亿美元迅速增至 1996 年 12 月的 1 050. 49 亿美元，1996 年也被视作中国外汇储备“四位数时代”的元年；（2）生产力的发展。与改革开放之前相比，承接国外产业转移使得中国在各项产业尤其是制造业方面的生产技术得到提高，充沛的劳动力资源得到利用，生产力得到发展；（3）社会主义市场经济建设逐渐起步。

同时，我们也看到，这一时期的对外贸易政策也有其特殊的历史局限性。巨大的发展惯性使得产品附加值较低的产业一直存在，而加工贸易的盛行也在一定程度上增加了日后外贸发展方式转型升级的难度。

这一时期，中国对外贸易政策最成功的经验在于：充分利用了资源禀赋，形成并成功发挥比较优势，带动了对外贸易的发展，实现了诸多产业的初步升级，直接促进了国内各行业生产力的发展。具体表现为大力发展加工贸易等劳动密集型产业，宽松的土地政策和前所未有的税收与信贷优惠政策。

（二）两次金融危机之间的贸易政策（1997—2007 年）

1997 年 7 月，亚洲金融危机爆发，此后两年间，中国经济增长速度下滑，2000 年后，中国经济增速再次高速上扬。1997—2007 年，中国对外贸易呈现加速增长趋势，对外贸易进出口总额从 1997 年的 26 967. 2 亿元人民币上升至 2008 年之前的 166 863. 7 亿元人民币，年均增速 19. 75%，2000 年、2003 年和 2004 年分别出现超过 30% 的高增速（见图 1 – 12）。

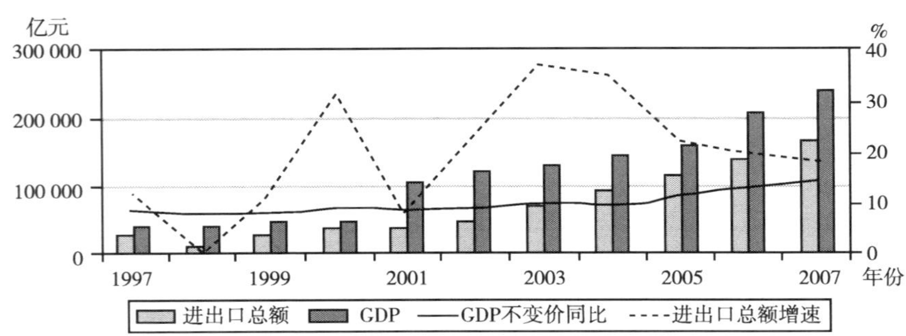

图 1-12　1997—2007 年中国经济发展简况

数据来源：中华人民共和国国家统计局，wind 资讯。

亚洲金融危机爆发后，中国经济与贸易通过国际贸易、金融等渠道影响着亚洲特别是东亚各国及世界经济与贸易的发展。作为贸易大国的中国在这次金融风暴中，以持续健康、稳定有力的经济增长支持了地区经济的稳定，赢得了国际社会的广泛赞誉。不论是进出口形势还是经济增长形势，都在 1998 年触底后迅速反弹。

2000 年之后，通过各种形式的国际经济及贸易合作，中国对外贸易在经历了亚洲金融危机之后，又一次得到了极大的发展。2001 年 4 月"东盟 10+3"合作机制建立，中国的积极参与使其与东盟这一主要贸易伙伴的经济合作更加深入。2001 年 6 月上海合作组织成立，中国积极在上合组织范围内推进经济和贸易合作，进一步扩宽中国对外贸易的发展空间。2001 年 11 月，中国加入 WTO，迈出了中国对外贸易史乃至经济发展史上重要的一步，这一事件不仅使得中国的对外经济和贸易得到迅速发展，而且也对全球的贸易做出了巨大的贡献。2003 年，中国内地先后与香港和澳门特区签订了建立更紧密的经贸关系的协议，充分发挥香港与澳门优越的地域优势和经济发展的历史地位作用，促进对外贸易的加速发展（见表 1-6）。

表 1-6　　1997—2007 年中国外贸体制改革方向

时期	外贸体制作用/改革方向	主要涉及部门
1997—2000 年	消化金融危机的冲击 建立和完善适应 WTO 规则的外贸体制	对外经济贸易合作部 中国人民银行、财政部
2001—2007 年	建立和完善适应 WTO 规则的外贸体制	撤销外经贸部和国家经贸委，组建商务部 成立国家质量监督检验检疫总局

这一时期，中国的对外贸易不仅从外需持续下降的国际经济环境中顺利生

存下来，还提高了在亚洲地区的贸易竞争力，以良好的经贸基础对接 2000 年之后对外贸易政策的广泛改革，实现对外贸易与国内经济的双重高速增长。该阶段中国对外贸易的主要政策目标是进一步对外开放、提升中国在国际贸易中的竞争力、增强外部风险防范能力、建立和完善适应国际经济通则的综合配套改革体系，最终促进对外贸易与对外经济合作的共同发展（见表 1 – 7）。

表 1 – 7　　1997—2007 年中国主要外贸政策措施与相关法律法规

日期	政策措施	相关法律法规
2001 年	规范货物进出口行为	《货物进出口管理条例》
2002 年	鼓励外商直接投资	《指导外商投资方向规定》
2002 年	给予中小企业信贷支持（涉及外贸方面）	《中华人民共和国中小企业促进法》
2004 年	—	《中华人民共和国进出口货物原产地条例》

这一阶段，中国的对外贸易政策实施效果达到预期目标。第一，经济迅速恢复，GDP 与对外贸易呈现双高增长现象。GDP 年均增速 9.9%，外贸总额年均增速 19.75%，远高于 GDP 增速，国内经济迅速恢复，对外贸易经受住了第一次金融危机的冲击，抗外部风险能力增强；第二，建立并完善适应 WTO 规则的外贸体制。进入 21 世纪之前，中国就开始为进入 WTO 做准备，最显著措施就是大范围实质性降低关税和推进与外贸有关的立法。1992—2001 年中国关税总水平由 43.2% 大幅下降至 15.3%，以 1994 年的《中华人民共和国对外贸易法》制定和实施为标志，外贸相关法律的制定和实施也进入了集中期。

（三）危机过后高增长阶段的贸易政策（2008—2014 年）

2008 年，美国次贷危机爆发，受此影响，全球经济进入低谷期，中国经济的增长模式也开始由追求数量向追求质量进行过渡，经济增长放缓，结构逐渐优化。2008—2014 年的 7 年间，中国对外贸易呈现平稳增长趋势，对外贸易进出口总额从 2008 年的 179 921.47 亿元人民币上升至 2014 年的 264 334.58亿元人民币，年均增速 7.72%，2010 年出现了 33.9% 的高增速（见图 1 – 13）。

全球金融危机爆发后，世界各国经济和国际贸易都受到了不同程度的打击。很多国家的外贸企业因为外需锐减倒闭，中国对外贸易增长率也出现下降的情

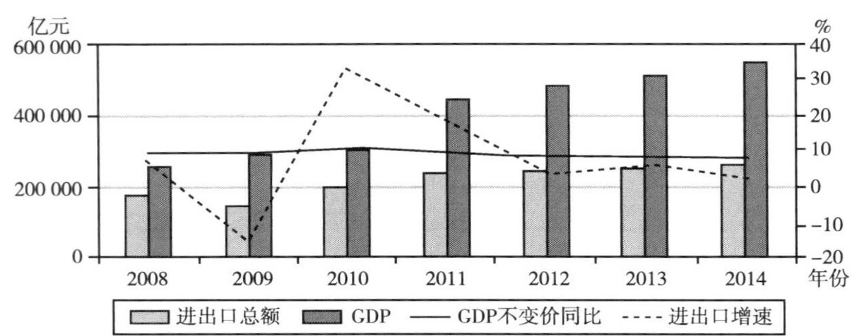

图 1－13　2008—2014 年中国经济发展简况

数据来源：中华人民共和国国家统计局，wind 资讯。

况，除了受到金融危机的影响以外，也与中国劳动力成本上升有密不可分的关系。这使得中国原来较低生产成本的比较优势渐渐消失。因此，需要不断地进行体制改革和转变对外贸易发展方式，来促进中国对外贸易的持续稳定增长。

这一时期，中国通过不断调整和完善对外贸易制度和政策，一方面缓释金融危机所带来的消极影响，提高包括对金融危机、贸易保护主义等外部风险的应对能力；一方面配合国内转变生产方式，经济发展由粗放型向集约型转变。促使中国在保持对外贸易总体发展战略不变的前提下，转变对外贸易发展方式，重视进出口贸易的总量平衡和结构优化，最终提升中国对外贸易的国际竞争力（见表 1－8）。

表 1－8　2008—2014 年中国外贸体制改革方向

时期	外贸体制作用/改革方向
2008—2012 年	缓释金融危机风险、转变外贸发展方式
2012—2014 年	转变外贸发展方式

（四）新常态下平衡发展阶段的贸易政策（2015—2018 年）

2015 年，随着全球经济进入低迷期，加之中国经济结构性改革开始逐渐迈入深水区，中国的经济增长速度放缓，结构进一步优化。2015—2017 年，贸易保护主义逐渐抬头，国际经济贸易环境逐渐恶化，中国进出口总额增速更加平缓，对外贸易呈现稳中有增趋势，对外贸易进出口总额从 2015 年的 245 849 亿元人民币上升至 2017 年的 277 920.92 亿元人民币，年均增速 2.07%，2017 年达到 14.21% 的增长（见图 1－14）。

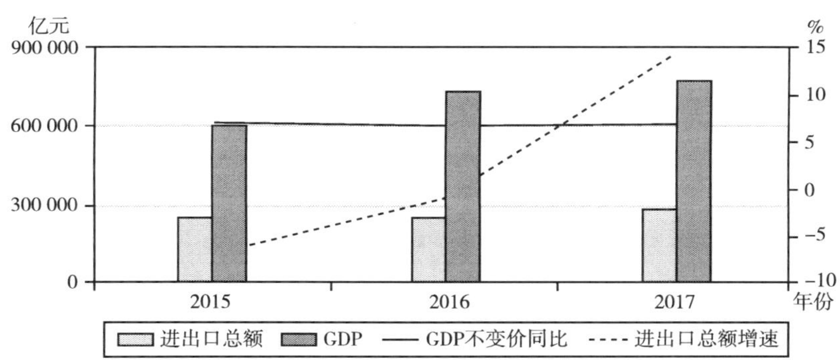

图 1-14　2015—2018 年中国经济发展简况

数据来源：中华人民共和国国家统计局，wind 资讯。

这一时期，中国对外贸易面临着“内忧”和“外患”的双重压力。“内忧”是指中国经济的结构性改革程度加深、难度加大，对外贸易领域配合经济改革的难度也相应增加；“外患”是指国际经济、贸易环境日益严峻。世界经济疲软，直接导致了外需的长期下降，甚至个别时期出现外需锐减现象。而阻碍正常自由贸易的贸易保护主义近年来有抬头的趋势，各种形式的贸易保护措施层出不穷，使得外需下降的情况雪上加霜。因此，该阶段以及今后的几年，中国对外贸易政策的主要目标是进一步转变对外贸易发展方式，更加侧重对外贸易的结构性健康，注重知识产权的保护，提高出口产品附加值。防范和应对外部经济贸易风险和贸易保护主义，注重贸易伙伴的多元化发展。更加开放，强调合作共赢，加强与发展中国家的经济合作，共同度过全球经济疲软期。

这一阶段，中国的对外贸易政策更加注重对外贸易的结构改革，转变对外贸易发展方式，更加注重国际经济合作。具体体现在鼓励服务贸易的发展、鼓励高端制造业对外贸易、注重知识产权保护。同时，我们可以清晰地看到，这一时期的对外贸易政策面临着国际经济贸易环境急剧恶化的严峻挑战。

这一时期，中国对外贸易政策最成功的经验在于：积极与发展中国家开展经济贸易合作，优势互补，集合各方力量共同应对恶化的国际经济贸易环境。最典型的就是 2013 年下半年提出、2015 年上半年开始全面实施的“一带一路”倡议。

“一带一路”倡议提出 5 年来，各方面工作取得了显著成效，不仅带动了沿线国家的经济发展，也间接地促进了中国经济社会的发展和对外开放。截至目前，中国已与 100 多个国家和国际组织签署了共建“一带一路”合作文件。共建“一带一路”倡议及其核心理念被纳入联合国、二十国集团、亚太经合组织、上合组织等重要国际机制成果文件。“一带一路”倡议持续凝聚国际合作共识，在国际社会形成了共建“一带一路”的良好氛围。在经贸投资合作上，“一带一路”成效明显。中国与沿线国家的贸易和投资合作不断扩大，形成了互利共赢的良好局面。2018 年上半年，中国与沿线国家货物贸易进出口额达6 050.2 亿美元，增长 18.8%；对沿线国家非金融类直接投资达 74 亿美元，增长 12%。目前，中国与沿线国家已建设80 多个境外经贸合作区，为当地创造了24.4 万个就业岗位。中白工业园等成为双边合作的典范，中国—老挝跨境经济合作区、中哈霍尔果斯国际边境合作中心等一大批合作园区也在加快建设；除此之外，“一带一路”政策也使得金融服务体系不断完善。中国通过加强金融合作，促进货币流通和资金融通，为“一带一路”建设创造稳定的融资环境，积极引导各类资本参与实体经济发展和价值链创造，推动世界经济健康发展。截至 2018 年 6 月，中国已在 7 个沿线国家建立了人民币清算安排制度。已有 11 家中资银行在 27 个沿线国家设立了 71 家一级机构。

（五）小结

回顾中国从“一穷二白”一路走来的历史，改革开放的力量是无穷的。中国与世界越来越频繁的交流促进了包括劳动力、土地、市场、资本、自然资源、科学技术等要素的加速流动与迭代升级。对外贸易作为对外交流最重要的一部分，在中国经济崛起的这 40 年中功不可没。借鉴中国对外贸易发展的经验，我们可以得到以下启示：

注重适时性和前瞻性的“顶层设计”。中国的改革开放，始于改革开放总设计师邓小平的“南方谈话”，当时的国际环境是苏联解体，中国处于发展迷茫期和国际政治经济环境严峻期，政府看到了“必须开放”发展经济，适应了之后 40 年和平与发展的国际发展趋势；改革开放中期，中共十六大上确定了“引进来，走出去”的发展战略，指出中国要对外开放，要发展对外贸易，不仅要引进外资和先进技术，还要走向世界，整合资源，提升中国产品和品牌的竞争力；2015 年，在区域经济合作加深的大背景下，习近平总书记提出“一带一路”倡议，顺应经济全球化的大趋势，为中国和参与“一带一路”计划的国家带来了巨大的福利。

摸清自身禀赋，发挥比较优势。从大力发展加工贸易、出口劳动力密集型产品，到鼓励开展服务贸易、要求提高产品附加值、发展高端装备制造业，中国在对外贸易方式和贸易行业及产品选择上充分揭示了比较优势这一经典的国际贸易理论真谛。只有不断认清自身资源禀赋的构成及其变化，适时顺势改变自己的贸易方式和产业产品定位，以己之长补他人之短，才能持续地在对外贸易中占据优势。

提高资源利用效率是抵御外部风险的最有效方法。无论多么丰富的资源禀赋，无论多么具有比较优势的行业，也逃不出经济周期的桎梏。贸易伙伴多元化、本币结算等措施都可以一定程度抵御外部风险，但是最有效的做法还是不断提升企业核心竞争力，提升资源利用率。

注重引进资本和技术的质量。获取外汇和引进先进技术无疑可以缩短发展的时间。但必须要注重对外贸易和外商直接投资的质量，否则会造成对外贸易方式单一以及禀赋相对优势丧失后的资本撤离等后果。

在对外开放区域中提供高效率的行政和经济管理体制。这是贯穿于中国整个改革开放 40 年的成功对外贸易发展经验。最经典的就是改革开放前期中国政府设立并经过不断改良仍沿用至今的"经济特区管委会""经济开发区管委会"。通过更高级别政府直接授权，削减信息传递路径层级，极大地提高了行政决策和政策实施的效率。这类垂直管理的政策措施不仅可以在对外贸易和招商引资初期以最快的速度建设基础和配套设施，而且也为进一步吸引外贸合作以及外国投资提供了良好快捷的营商环境。

坚持进口与出口并重的平衡发展政策。对外贸易的发展不仅仅是外汇创收，相较于出口，进口同样重要。在稳定出口国际市场份额的基础上，应当充分发挥进口对提升消费、调整结构、发展经济、扩大开放的重要作用。对发展中国家来说，生产技术和生产工具的缺乏严重地制约了生产力发展，如果适时适当地结合临时关税、协定关税等进口优惠措施，促进对国内较为紧缺资源或产品的进口，有利于调节内需结构和生产结构。

二、产业政策

（一）农业

1980—2016 年，中国农产品进出口金额在几次增速的大起大落后有所增长，进出口金额分别由 1980 年的 64. 76 亿美元、43. 84 亿美元增长到 2016 年的 1 548. 85亿美元、754. 95 亿美元（见图 1 – 15）。

中国农业对外贸易体制与政策的建立和完善以加入世贸组织和适应贸易组织规则为时间节点，大致分为三个阶段：第一阶段，1978—2000 年，中国在这一阶段的农业对外贸易体制和政策主要按照计划经济原则制定，基于农产品贸易保护目的的关税较高，非关税措施种类繁复；第二阶段，2001—2004 年，中

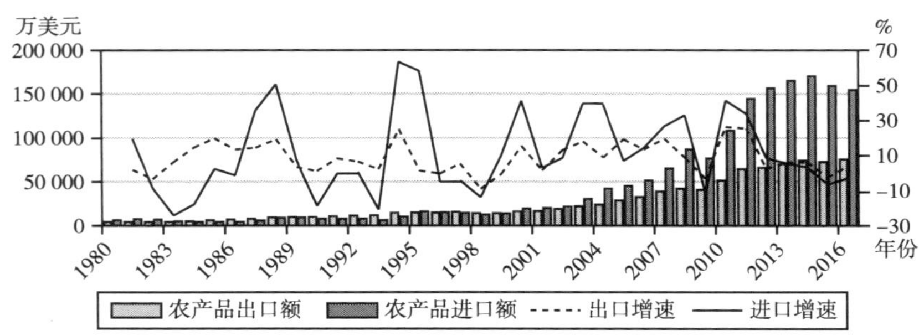

图1－15 历年中国农产品进出口情况

数据来源：WTO，wind 资讯。

国在这一阶段的农业对外贸易体制和政策主要按照世贸组织多边贸易协定的精神与原则进行改革，涉及到关税、配额、出口补贴、外贸主体等方面；第三阶段，2005 年至今，中国农业对外贸易体制和政策经过四五年的调整，已基本适应了世贸组织要求。然而，在这一阶段，受日渐复杂的国际经济与贸易环境影响，农产品国际价格波动较大，风险加剧。

总结改革开放 40 年来的农业对外贸易政策的变化，中国主要围绕提高农业生产效率、农产品品质和国际竞争力发展目标进行发力，以期在中国农产品进出口贸易与世界联系越来越紧密的情况下，结合国内农业产业结构调整、农业科技研发和农业生产合作模式的创新，在优化国内农业产业结构、推动解决“三农”问题的同时，进一步提高中国农业和农产品企业应对国际贸易风险的能力，增强农产品在国际市场上的竞争力。

目前，中国农业对外贸易政策主要落实在提高农业自身体质和辅助农业发展两大方向上（见表1－9）。

表1－9　　中国农业对外贸易相关产业政策

政策方向	具体政策
提高农业自身体质	建立农业保险体系，减少农产品价格支持（进行中）
	加大农业基础设施建设和农业科研支持力度
	配合国内农业供给侧改革和结构调整总体布局，适度增加国内紧缺农产品和有利于提升农业竞争力的农资、农机等产品进口
辅助农业发展	完善农产品关税保护制度，农产品配额关税化（进行中）
	免征农业税
	梳理调整和利用国内农业支持政策

大宗农产品一直是中国在对外贸易中处于劣势地位的产品，对待这一类具有“命脉”性质的农产品，多元化的外贸对象也在一定程度上与国内农业政策进行呼应。以提高农业自身竞争力为主的农业产业政策使得中国农产品在国际市场上具有了竞争力，且还在不断得到强化。

未来，全球农产品对外贸易环境将日渐复杂，中国农产品面临的外部风险日益增大，农产品对外贸易条件不容乐观。中国将在继续支持国内农业产业结构调整的同时，密切关注农产品国际价格的波动，做好风险的防范工作，发挥农产品贸易大国的优势，积极参与国际农产品贸易规则的制定，推动有序、公平、公正的国际农业贸易秩序的建立。

（二）制造业

1980—2016 年，中国制造业进出口金额增速由波动到稳定，进出口金额分别由 1980 年的 122.04 亿美元、87.12 亿美元增加到 2016 年的 10 300.55 亿美元、19 656.93 亿美元（见图 1－16）。

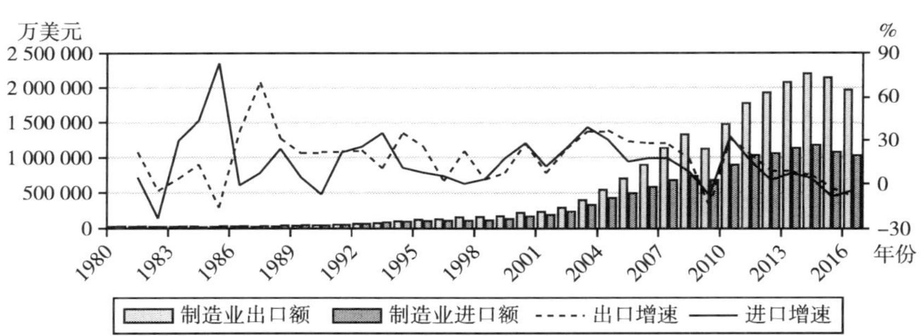

图 1－16　历年中国制造业进出口情况

数据来源：WTO，wind 资讯。

改革开放 40 年来，中国制造完成了从无到有的转变。1980—2017 年，中国制造业增加值占全球比重由不到 2% 上升至 25%。改革开放初期，中国在制造业上具有劳动力、土地、原材料和市场的综合优势，从产业链最低端的加工制造开始，一步一步做大。目前，中国制造业需要的是“做强”，也即实现制造业的转型升级，加快迈向全球价值链中高端，打造国际竞争的新优势。

伴随着世界各国贸易、金融、经济的联系加深，制造业全球化趋势增强，中国制造业发展 40 年的过程中，“以市场换技术”的策略推动了技术水平提升，但一些行业并没有达到预期效果。中国制造的自主创新特别是原始创新能力仍然不强，科技成果转化效率不高，基础研究经费支出占研发支出的比重较低。

同时，作为核心产业的制造业供给侧结构性矛盾不断凸显。上述问题都严重削弱了中国制造业在国际上的竞争力。发展高端制造业，成为中国国内制造业转型升级以及参与国际竞争的客观要求。

高新技术产品和附加值较高的机电产品作为高端制造业的代表，2000—2017 年间，在出口方面取得了总量上的巨大成就。高新技术产品出口总额 18 年间增长了 17 倍，达到 6 304.01 亿美元，生命科学、光电等产业出口份额增加，出口结构优化；机电产品出口总额 18 年间增长了 11.5 倍，达到 13 214.63 亿美元，体量增长巨大（见表 1－10，表 1－11）。

表 1－10　　高新技术产品出口结构（%）

指标 年份	总值 （亿美元）	生命 科学	光电	计算机与 通信	电子	计算机 集成制造	材料	航空 航天	其他
升降	+6 304.01	+0.46	+2.01	−4.32	+2.10	+0.95	+0.23	−0.78	−0.41
2000	370.43	3.71	2.66	72.91	15.78	1.35	0.86	1.87	0.53
2001	464.57	3.63	2.39	77.97	11.98	1.29	0.64	1.34	0.41
2002	678.65	2.99	1.87	80.35	11.67	1.04	0.33	1.09	0.42
2003	1 103.21	2.27	1.63	83.33	10.35	0.93	0.37	0.68	0.25
2004	1 655.40	1.96	2.30	82.38	11.14	0.90	0.40	0.60	0.18
2005	2 182.48	2.09	3.29	81.15	11.22	0.56	0.40	0.65	0.13
2006	2 814.86	2.25	2.51	79.90	12.79	1.03	0.45	0.87	0.11
2007	3 478.25	2.56	1.01	80.39	13.13	1.42	0.61	0.72	0.08
2008	4 156.11	3.23	5.92	74.20	13.34	1.53	0.87	0.77	0.08
2009	3 769.09	2.93	5.55	74.94	13.55	1.35	0.79	0.71	0.10
2010	4 924.14	2.82	5.81	72.30	15.73	1.57	0.90	0.71	0.09
2011	5 487.88	3.25	5.85	71.60	15.77	1.62	0.86	0.84	0.12
2012	6 011.96	3.48	6.57	69.74	16.89	1.64	0.77	0.74	0.10
2013	6 603.30	3.42	5.96	66.50	20.72	1.66	0.78	0.77	0.11
2014	6 605.34	3.62	5.49	69.45	17.34	1.96	0.92	0.99	0.11
2015	6 552.12	3.75	5.45	67.44	19.15	1.91	0.95	1.12	0.12
2016	6 038.73	4.10	5.08	67.75	18.40	2.20	1.04	1.19	0.13
2017	6 674.44	4.18	4.67	68.59	17.88	2.30	1.09	1.08	0.12

数据来源：中华人民共和国海关总署，wind 资讯。

表 1－11　　机电产品出口结构（%）

指标 年份	总值 （亿美元）	金属制品	机械设备	电器及 电子产品	运输工具	仪器仪表	其他
升降	+12 161.5	－1.88	+3.56	+1.55	－0.87	－0.66	－1.71
2000	1 053.13	8.84	25.47	43.74	8.80	6.00	7.16
2001	1 187.87	8.64	28.27	43.19	7.90	5.43	6.57
2002	1 570.78	8.00	32.35	41.46	6.71	4.69	6.79
2003	2 274.57	6.99	36.70	39.12	6.86	4.64	5.69
2004	3 234.04	6.93	36.53	40.09	6.49	5.02	4.93
2005	4 267.47	6.91	35.08	40.38	6.66	5.97	5.00
2006	5 494.34	7.06	33.97	41.40	6.99	5.94	4.65
2007	7 011.71	7.07	32.60	42.83	7.84	5.29	4.36
2008	8 229.30	7.19	32.64	41.56	8.60	5.27	4.74
2009	7 131.13	6.36	33.10	42.22	8.43	5.46	4.43
2010	9 334.34	6.14	33.19	41.65	9.52	5.58	3.91
2011	10 855.89	6.60	32.59	41.06	10.06	5.59	4.10
2012	11 794.21	6.71	31.87	41.32	9.19	6.16	4.75
2013	12 655.27	6.66	30.28	44.37	7.94	5.90	4.84
2014	13 109.04	7.06	30.58	43.56	7.99	5.65	5.16
2015	13 107.15	7.29	27.80	45.36	8.18	5.63	5.74
2016	12 093.97	6.91	28.43	45.76	7.68	5.59	5.63
2017	13 214.63	6.96	29.03	45.30	7.93	5.34	5.44

数据来源：中华人民共和国海关总署，wind 资讯。

高端制造业与传统制造业的最大区别在于：传统制造业技术水平不高，劳动效率不高，劳动强度大，大多属于劳动力密集型产业。而高端制造业依靠的是高新技术和高端装备的竞争优势。高端制造业对传统制造业予以改造和提升，是制造业发展的必然过程。

2010 年之后，支持高端制造业发展成为了中国制造业转型的一项最重要的内容，制造业产品的对外竞争力随着高端制造业的成长得到了加强，中国从制造业“大国”向制造业“强国”转变的步伐逐渐加快。

中国制造业的发展，繁荣于传统制造业，转折于高端制造业。产业政策亦是如此，从极大发挥劳动力优势到积极引进高端制造业技术，再到大力培育和鼓励国内高端制造业技术的研发与创新。在制造业这一极其重要的产业领域，中国的产业政策总是具有灵敏的嗅觉和睿智的眼光，先于产业发展的趋势而动，这也为中国制造业的转型扫清了不少制度、环境、资本等方面的障碍，使得制造业的升级道路更加通畅，高端制造业的国际竞争力更加强大（见表1－12）。

表1－12　发展高端制造业政策梳理

年份	具体政策	法律法规、文件
2010年5月	提高利用外资质量。鼓励外资投向高端制造业、高新技术产业、现代服务业、新能源和节能环保产业	《国家发展改革委关于做好外商投资项目下放核准权限工作的通知》
2011年7月	优化出口产品结构、优化出口市场结构、优化出口经营主体结构、逐步形成新的机电产品出口竞争优势	《关于“十二五”期间促进机电产品出口持续健康发展的意见》
2014年12月	推进中国制造强国战略	《关于加大重大技术装备融资支持力度的若干意见》
2018年7月	增加有助于转型发展的技术装备进口	《商务部等部门关于扩大进口促进对外贸易平衡发展意见的通知》

（三）服务业

1982—2017年中国服务业进出口金额由1982年的18.65亿美元、24.8亿美元分别升高至2017年的4 641.33亿美元、2 263.89亿美元。保持着进口年均增速19.27%和出口年均增速14.66%的惊人增长（见图1－17）。

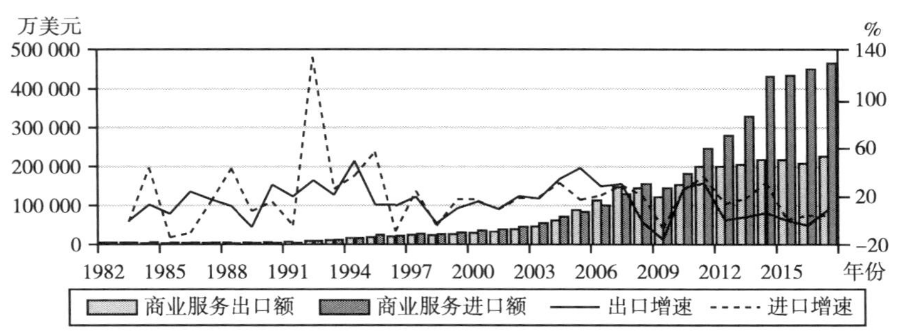

图1－17　历年中国商业服务进出口情况

数据来源：WTO，wind资讯。

中国对外开放40年，服务贸易在总量和结构上都取得了巨大进步。进口方面，由原来的旅游服务单一支柱转变为金融咨询、旅游、高科技等多元支柱结构，服务贸易进口结构明显优化；出口方面，到 2017 年，旅游服务进口占服务贸易比例已超过 50%，成为中国对外服务贸易的中流砥柱，运输服务以 19.87% 的占比位列第二位。交通运输类、基建类和金融类服务占比的下降，反映了中国国内相应行业的逐步成长。

在服务贸易日益重要的今天，贸易总额上的增长已经不能完全代表中国对外服务贸易的发展，结构上，高科技服务的进步说明了中国对外服务贸易结构的优化，也从侧面说明了国内高新技术的进步（见表 1－13）。其中，计算机和信息服务贸易的快速增长值得一提。

表 1－13　近年中国促进服务贸易相关政策

年份	外贸相关政策	法律法规、文件
2014 年 10 月	大力发展服务贸易进口。积极扩大国内急需的咨询、研发设计、节能环保、环境服务等知识、技术密集型生产性服务进口和旅游进口。	《国务院办公厅关于加强进口的若干意见》
2018 年 6 月	持续推进服务业开放。取消或放宽交通运输、商贸物流、专业服务等领域外资准入限制。加大自由贸易试验区范围内电信、文化、旅游等领域对外开放压力测试力度。	《国务院关于积极有效利用外资推动经济高质量发展若干措施的通知》
2018 年 7 月	积极发展服务贸易。调整《鼓励进口服务目录》。	《商务部等部门关于扩大进口促进对外贸易平衡发展意见的通知》

随着中国计算机产业的发展和大数据统计应用、云计算、互联网等技术领域的进步，中国计算机和信息服务贸易发展迅速，进出口贸易规模持续扩大，2000 年中国计算机和信息服务进出口贸易规模为 6.2 亿美元，国际市场占有率仅 0.8%，到 2014 年贸易规模增至 269 亿美元，2011—2016 年，中国计算机和信息服务进出口额均保持年均超过 20% 的增长。

国际贸易离不开国际金融，而金融服务贸易作为对外贸易中特殊的一项支撑性和功能性贸易，是 WTO《服务贸易总协定》中极为重要的组成部分。

改革开放 40 年来，中国金融服务贸易的发展经历了 4 个阶段。

第一阶段是 1979—1985 年。金融服务贸易对外开放的主要推动原因是中国实行改革开放，需要利用大量外资进行经济建设，需要加强与世界各国的经济贸易合作，而中国国内银行国际业务发展不充分，需要借助国外银行的力量促进国际经济与贸易的合作，最早进入中国的外资金融机构就是外资银行，也是国外金融机构进入中国的唯一通道。

第二阶段是1986—2000年。这一阶段中国金融服务贸易进一步开放，保险行业和证券行业也加入了开放行列。截至2000年，32家外资银行被批准进行人民币业务，18家中外合资保险公司和外资保险分公司被批准设立，外资证券公司和投资银行也可参与B股、H股的发行交易活动。

第三阶段是2001—2017年。2001年中国银行业全面放开外汇业务，2002年QFII制度实行，2005年第三季度，中国开始实行以市场供求为基础、参考一篮子货币进行调节、有管理的浮动汇率制度，2011年底，RQFII制度实行，2014年底"沪港通""港股通"开始运行，2015年第三季度中港基金互认，2015年底人民币加入SDR，2016年底，"深港通"开始运行（见表1－14）。加入世贸组织使得中国金融服务贸易踏上了一个历史新台阶，金融服务贸易迎来新发展。

表1－14　近年中国金融对外开放主要政策事件一览

主要政策与事件	时间
外汇业务全面开放	2001年
QFII制度实行	2002年
市场供求为基础、盯住一篮子货币的浮动汇率制度	2005年7月
RQFII	2011年底
沪港通运行、港股通运行	2014年底
中港基金互认	2015年7月
人民币加入SDR	2015年底
深港通运行	2016年底

第四阶段是2017年以后，金融对外开放深度提速。2017年11月国新办吹风会上，财政部原副部长朱光耀首次透露中国放宽银行、证券、保险行业外资持股比限制的具体规定。2018年4月，国家主席习近平在博鳌开幕式演讲中提及大幅度放宽市场准入。具体包括：确保放宽银行、证券、保险行业外资股比限制，同时加大开放力度，加快保险行业开放进程，放宽外资金融机构设立限制，扩大外资金融机构在华业务范围，拓宽中外金融市场合作领域。随后，新任中国人民银行行长易纲表示，中国金融开放将有12大具体举措，全部在年内落实（见表1－15）。

表 1－15　　2018 年中国金融对外开放重大举措

落实进度	具体措施
2018 年上半年落实	1. 取消银行和金融资产管理公司的外资持股比例限制，内外资银行一视同仁，允许外国银行在中国境内同时设立分行和子行
	2. 将证券公司、基金管理公司、期货公司、人身险公司的外资持股比例上限放宽至 51%，三年以后不再设限
	3. 不再要求合资证券公司境内股东至少有一家证券公司
	4. 2018 年 5 月 1 日起互联互通每日额度扩大 4 倍
	5. 允许符合条件的外国投资者来华经营保险代理业务和保险公租业务
	6. 放开外资保险经纪公司经营范围，与中资机构一致
2018 年下半年落实	7. 鼓励在信托、金融租赁、汽车金融、货币经纪、消费金融等银行业金融领域引入外资
	8. 对商业银行新发起设立的金融资产投资公司和理财公司的外资持股比例不设上限
	9. 大幅度扩大外资银行业务范围
	10. 不再对合资证券公司业务范围单独设限，内外资一致
	11. 全面取消外资保险公司设立前需开设两年代表处的要求

40 年来，中国金融的对外开放脚步从未停止，更加具有开放性的产业政策营造了越来越积极的外资投资环境，使得越来越多的外资金融机构在中国进行经营活动，这对中国贸易和金融的对外开放大有裨益，也促使中国国内金融行业从理念到技术不断更新换代。扩展广度、探索深度，中国金融业将在对外开放的道路上继续坚定不移地走下去。

三、中小企业政策

中国中小企业经营范围十分广泛，第一、第二和第三产业的各个行业均有分布，特别是劳动密集型行业和传统行业。《2017—2022 年中国企业经营项目行业市场深度调研及投资战略研究分析报告》表明，目前中国中小企业有 4 000万家，占企业总数的 99%，贡献了中国 60% 的 GDP、50% 的税收和 80% 的城镇就业，是促进就业、改善民生、稳定社会、发展经济、推动创新的基础力量，是构成市场经济主体中数量最大、最具活力的企业群体。中国发明专利的 65%、企业技术创新的 75% 以上和新产品开发的 80% 以上都是由中小企业完成的。

（一）主要政策与措施

新中国成立时推行“国营贸易”等以国有大型企业为依托的外贸方式，随着改革开放进程的推进，贸易、经济全球化大趋势下，中国的中小企业在积累了一定实力之后，也纷纷将目光转向国际市场，开展国际贸易和对外直接投资。

随着经济全球化与中国经济发展，中国关于中小企业对外贸易的政策导向，完成了由多位保护向贸易扶持再向完善企业竞争能力的发展过程。

支持中小企业进行对外贸易和直接投资的政策中，影响力较大、覆盖范围较广、带来更多发展机会的，无疑是中国正在推行的“一带一路”建设（见表1－16）。

表1－16　促进中小企业外贸发展政策措施一览

年份	具体政策	法律、法规、文件	主要涉及部门
1952年5月	为中小企业提供信息、咨询服务，帮助企业走向市场，促进了外贸经营主体的多元化	—	中国国际贸易促进委员会（成立）
2001年	中小企业国际市场开拓资金	《中小企业国际市场开拓资金管理（试行）办法》 《中小企业国际市场开拓资金管理办法实施细则（暂行）》	外经贸部（现商务部）、财政部
2002年6月	给予中小企业信贷支持（涉及外贸方面）	《中小企业促进法》	全国人大
2006年4月	完善服务功能，提升中国中小企业国际竞争力，实现互利共赢	—	中小企业外贸促进中心（成立）
2007年1月	注重中小企业在对外贸易中的重要地位与作用，加强中小企业对外贸易服务体系的建立与完善	《公共商务信息服务体系建设“十一”发展规划》	商务部
2017年7月	促进中小企业走向“一带一路”沿线国家和地区，打造“利益共同体”和“命运共同体”	《中小企业“一带一路”同行计划》	工业和信息化部
2017年8月	支持中小企业“走出去”、“引进来”	《关于开展支持中小企业参与“一带一路”建设专项行动的通知》	工业和信息化部 中国国际贸易促进委员会

“一带一路”倡议将沿线国家的生产要素结合起来，在基础设施、金融、技术等各方面实现优势互补、利益共享，全面加深合作。其中，支持中小企业发展也已成为各国政府的共识。中小企业参与“一带一路”建设具有得天独厚的优势。首先，中小企业能够适应国际市场上技术更新快的特点，其提供的产品和服务往往更加贴近市场需求。其次，中小企业的规模相对较小，对市场变化

的反应敏锐，应对灵活，能够根据国际市场环境的改变及时做出相应调整。第三，支持中小企业依靠市场化力量推动“一带一路”建设，有利于充分发挥市场在资源配置中的决定性作用，实现供需双向的良性互动。

与此同时，中国中小企业参与“一带一路”建设也会面临很多困难和问题。一是中小企业普遍缺乏国际化经验，在国际市场竞争中往往处于弱势地位。二是难以有效识别“一带一路”沿线国家政治、经济、社会、环境、安全等方面存在的潜在风险。三是中国大部分中小企业在全球产业链中处于价值链的低端，缺乏品牌和国际销售渠道，国际竞争能力弱。

中国政府已经开始针对中小企业在参与“一带一路”建设的过程中面临的困难和问题，通过完善中小企业双边和多边合作机制，聚集服务资源，构建支持中小企业国际化发展的服务体系，深化中小企业与“一带一路”沿线国家在贸易投资、科技创新、产能合作、基础设施建设等领域的交流与合作，充分发挥中小企业在“一带一路”建设中的重要作用。

（二）成功案例经验

作为实施“一带一路”建设的重要节点，中国陕西省与丝路沿线国家和地区在经济、科技、文化等领域开展的交流和合作，也给省内中小企业带来了参与“一带一路”的机遇。依托核心技术，不少知名企业和优势产能“走出去”步伐加快，产业链不断延伸至“一带一路”沿线。

从交流平台的搭建、物流设施的更新、国际产业合作聚集区的设立，到财税措施的便利和信贷利率的优惠。陕西省在中小企业参与“一带一路”建设中取得较好的成就，离不开其制定的一系列促进中小企业对外贸易的相关政策措施（见表1-17）。

表1-17　陕西省促进中小企业发展相关政策文件

时间	相关政策文件
2018年8月	《陕西省标准联通共建“一带一路”行动计划（2018—2020年）》
2018年7月	《陕西省优化提升营商环境工作三年行动计划（2018—2020年）》
2018年3月	《陕西省“一带一路”建设2018年行动计划》
2018年1月	《陕西省人民政府办公厅关于支持实体经济发展若干财税措施的意见》 《进一步推进中国（陕西）自由贸易试验区外汇管理改革试点实施细则》
2017年12月	《中国（陕西）自由贸易试验区管理办法》 《陕西省人民政府关于加快推动创业投资发展的实施意见》

续表

时间	相关政策文件
2017年10月	《陕西省人民政府关于扩大对外开放积极利用外资的实施意见》
2017年7月	《关于促进民营经济加快发展的若干意见》
2017年6月	《关于推动交通物流融合发展的实施方案》
2017年4月	《陕西省"一带一路"建设2017年行动计划》
2017年2月	《陕西省推进建设丝绸之路经济带和21世纪海上丝绸之路实施方案（2015—2020年)》
2016年10月	《陕西省人民政府关于促进民营经济加快发展的若干意见》
2016年5月	《陕西省"一带一路"建设2016年行动计划》
2015年11月	《陕西省人民政府关于扶持小型微型企业健康发展的实施意见》
2015年6月	《陕西省"一带一路"建设2015年行动计划》
2012年8月	《关于支持小型微型企业健康发展的实施意见》
2010年	《陕西省人民政府关于进一步促进中小企业发展的实施意见》

"一带一路"政策给陕西省的民营企业带来了实质性变化。随着"一带一路"建设深入推进，陕西省积极融入发展战略，大力发展对外贸易，鼓励本省企业走出去，扩大对外投资规模和领域。截至2015年，陕西共有239个境内主体设立了355家境外企业和境外机构，累计对外投资总额31亿美元；陕西省66个境外投资项目中，61个是民营企业，占全省境外投资总额的6成。2016年一季度，陕西省与"一带一路"沿线国家进出口总值达到63.6亿元人民币，增长9.54%。其中出口51.3亿元人民币，增长35%。民营企业成为陕西农产品、纺织品、轻工医药品等的出口主体。

未来，陕西省还将进一步积极引导和促进中小企业"走出去"，主动融入"一带一路"建设，拓展中小企业潜力空间，在信息和资金方面给予一定程度的支持，使得中小企业可以更好地分享"一带一路"建设带来的发展红利。

第三节　中国贸易便利化的发展与成就

一、中国贸易便利化取得的发展成就

在时代要求下，中国在贸易便利化方面不断努力，取得了一系列成就。在

《中国与世界贸易组织》白皮书中，明确指出中国过去 40 年的经济发展是在开放条件下取得的，未来中国经济实现高质量发展也将在更加开放条件下进行。中国将继续坚持对外开放基本国策，以更加积极的姿态融入经济全球化，实施更高水平的贸易和投资自由化与便利化政策，与各国构建彼此相互依存的命运共同体。

近年来，中国在贸易便利化领域进行了多次改革，取得显著进展。

2001 年中国政府明确提出实行“大通关”制度。

2006 年包括海关总署在内的国务院 12 个部委联合启动电子口岸，使得监管部门可以进行跨部门、跨行业的联网数据核查，企业可以通过电子口岸在线办理海关申报、外汇结算等各种进出口业务。

2009 年在部分进口口岸及所有出口口岸试行分类通关改革。

2012 年加速推进了分类通关、通关无纸化、“属地申报、口岸验放”、企业分类管理等改革。

2013 年又决定尽快实施“一次申报、一次查验、一次放行”改革方案，并分步在全国口岸实行。

2015 年进一步确定全面推进贸易便利化的改革，由“推进试点”向“全面推进”开展，改善贸易融资服务，加快出口退税进度，适时扩大融资租赁货物和出口退税试点范围。

2018 年 3 月，海关总署会同口岸管理各相关部门出台《提升中国跨境贸易便利化水平的措施（试行)》，提出 18 条针对性举措，进一步优化口岸营商环境，提升中国跨境贸易便利化水平。

此外，中国海关自 2008 年建立 AEO（Authorized Economic Operator，经认证的经营者）制度以来，发展迅速，已步入 AEO 制度及互认工作的先进国家行列。截至目前，中国海关已与 34 个国家和地区达成 AEO 互认安排，包括与欧盟、新加坡、韩国、瑞士、新西兰、以色列等的互认以及内地与香港的互认。据统计，中国 AEO 企业货物出口到上述互认国家（地区）时，查验率降低了 60%—80%，通关时间和通关成本降低了 50% 以上。当前，中国海关正在与俄罗斯、哈萨克斯坦、马来西亚、土耳其、蒙古等“一带一路”重要节点国家以及美国、日本等重要贸易国家海关开展 AEO 互认磋商，力争 2020 年前完成与“一带一路”沿线所有同中国有 AEO 合作意愿国家的互认。

总体看，在积极推进贸易投资自由化便利化方面，中国采取了以下措施。

（1）全面参与多哈回合各项议题谈判。中国提出和联署谈判建议百份以上，推动贸易便利化、农业出口竞争等多项议题达成协议，推动多边贸易体制不断完善。2015 年，中国成为接受《贸易便利化协定》议定书的第 16 个世贸组织成员。2016 年中国担任二十国集团主席国期间，推动多国完成《贸易便利化协定》的国内批准程序，为协定早日生效做出了积极贡献。

（2）积极推动诸边贸易自由化进程。作为发展中成员，中国积极参与多边自由化倡议，并为谈判做出了重要贡献。中国在加入世贸组织时参加了《信息技术协定》，在此基础上深入参与该协定扩围谈判，推动各方就取消 201 项信息技术产品的关税达成协议。中国是《环境产品协定》谈判的发起方之一，始终以积极建设性态度参与磋商，在二十国集团领导人杭州峰会期间推动谈判达成重要共识。中国于 2007 年启动加入《政府采购协定》谈判，为加入该协定做出了积极努力。

（3）有力促进世贸组织新议题讨论。中国推动世贸组织积极回应投资便利化、中小微企业、电子商务等世贸组织成员普遍关注的新议题并开展相关讨论。发起成立“投资便利化之友”，引导 70 多个成员达成《关于投资便利化的部长联合声明》。加入“中小微企业之友”，推介中国在世贸组织相关提案中关于支持中小微企业的内容。加入“电子商务发展之友”，积极推动世贸组织电子商务议题多边讨论，分享经验做法，帮助发展中成员国从发展电子商务中受益。

（4）切实履行《贸易便利化协定》。作为发展中成员，中国积极推动实施《贸易便利化协定》。中国组建了国家贸易便利化委员会，各有关部门通力协作，提高贸易便利化水平。截至 2017 年，各省（自治区、直辖市）已经建立了贸易便利化工作联席会议制度，积极做好本地区贸易便利化相关工作。在履行该协定方面，中国的 A 类措施（协定生效后立即实施）所占比重达到 94.5%，目前仅保留 4 项 B 类措施（协定生效后经过一定过渡期后实施）。中国将严格履行承诺，在 3 年过渡期后如期实施 B 类措施。

尽管中国在贸易便利化方面取得了巨大成就，但是，与先进国家相比，中国在贸易便利化水平上仍与先进国家存在较明显差距。根据 OECD 测算的贸易便利化指数，中国在整体上虽略高于中高收入国家和亚洲地区的平均水平，但却明显落后于全球的“最佳表现”（最高四分位值）。

二、中国贸易便利化的推进历程

关于贸易便利化的定义不同组织有不同的说法，但核心内容均包括各类贸易程序的简化和协调、成本的降低、加速要素流通以促进贸易更好的发生，且都认为贸易便利化将会给各国带来益处。贸易便利化指标体系中除了各项基础设施之外的所有指标均与海关相关。从狭义角度来讲，贸易便利化指的是港口及海关管理效能、程序及物流等有关进出口程序的效率的提高。可以说，海关在贸易便利化的推行中具有核心地位。中国贸易便利化的推进历程，可以说就是中国海关政策不断推进的历程。

中国海关贸易便利化政策可以分为两大政策类别：海关通关监管政策和海关内部治理政策，两类政策相辅相成共同推进贸易便利化。

（一）海关通关监管政策

1. 分类通关政策

2009 年，在国际金融危机爆发、中国进出口企业尤其是中小企业经营困难的背景下，中国海关正式推出了分类通关改革政策（政策实施过程见表 1－18）。

表 1－18　　分类通关政策实施进程

时间	措施
2009 年	全国 15 个试点海关关区进行出口海运和空运货物的分类通关改革，同时，上海、黄埔海关试点进行进口分类通关改革。
2010 年	海关总署发布《关于深化分类通关改革工作实施方案》，出口分类通关扩展到全国所有直属海关，并将进口分类通关扩大到 15 个直属海关。
2012 年	试点工作完成，逐渐向全国推行。

2. 区域通关一体化政策

随着经济全球化和区域经济一体化趋势的加强，生产要素及商品的自由流动成了必然趋势，并呈逐步加快的态势，海关原有的分区域、分块管理模式已经无法适应区域经济一体化的发展要求，无法满足广大进出口企业的需求，为此，中国海关从 2005 年底开始实行区域通关一体化政策。目前，中国正致力于内陆同沿海沿边的通关协作，力求实现全国层面的通关一体化（政策实施过程见表 1－19）。

表 1－19　　区域通关一体化政策实施进程

时间	措施
2006 年	“属地申报、口岸验收”，即按照企业的信用等级，对信用等级高的企业，实行跨关区的通关方式，允许企业在属地海关办理申报、征税手续，由口岸海关直接办理验放手续，不需要按照转关运输实施监管。
2013 年	在信用等级最高的 AA 类企业中实行“属地申报、属地验放”。

续表

时间	措施
2014 年	“属地申报、属地验收”的适用条件，从 AA 类企业扩大到了 A 类企业；在京津冀、长江经济带、“泛珠”四省、丝绸之路经济带和东北地区等不同区域海关建立通关中心，打造了统一的申报、审单、现场作业及风险防控平台。
2015 年	《海关全面改革总体方案》提出了构建全国一体化通关管理格局、促进贸易便利和安全一系列改革措施。

3. 无纸化通关政策

随着中国经济的发展，中国各地从事进出口贸易的公司及报关行业对中国海关实行 EDI（Electronic Data Interchange，电子数据交换）无纸化报关系统的需求越来越强烈。1992 年，中国正式开始 EDI 无纸化报关系统工程并完成相关软件的设计（政策实施过程见表 1 -20）。

表 1 -20　　无纸化通关政策实施进程

时间	措施
1993 年	提出“金关工程”，以推动海关报关业务无纸化为契机，在对外经济贸易领域建设起一项全国性的电子信息应用工程。
1994 年	北京首都机场海关和上海浦东外高桥保税区海关试行无纸化报关系统并投入使用，并逐渐推广到全国多家海关和企业。
2001 年	“金关工程”正式施行；开发了 H2000 通关管理系统，建立全国集中的业务数据库，并逐渐将系统应用到各个关区。
2012 年	北京海关等 12 个海关的部分业务现场和部分业务领域进行试点，以高级认证企业为试点企业，开始推行通关作业无纸化。
2013 年	试点范围扩大，12 个海关的全部业务现场和全部业务领域均推行无纸化通关，试点企业也扩大到一般信用企业。
2014 年	将无纸化通关改革推广至全国海关所有通关业务现场和业务领域，实现了内外部的无纸化通关及随附单证的进一步简化。

4. 单一窗口及内部边境机构协作政策

进出口活动除了受海关部门监管之外，还需要检验检疫、工商、税务、商务等不同行政部门协同管理。因此，实现贸易的便利化需要各相关行政部门进行统一协调，降低由管理不协调所带来的成本和阻碍。在各国际组织的推动倡导下，单一窗口的建设应运而生。目前，很多发达国家及一些发展中国家都建立了单一窗口，但真正成为单一窗口的还不是很多。

中国海关目前也在大力建设单一窗口，中国单一窗口的建设是在电子口岸基础上进行的。近几年来，中国一直致力于电子口岸工作的恢复和建设发展。迄今为止，中国正式上线运行单一窗口的有上海、天津、山东、福建和辽宁 5 个省市，广东、浙江、江苏等口岸的单一窗口也在建设中。单一窗口大大节省了企业的申报时间和企业成本，提高了申报效率和监管效能，同时也使透明度得到提高，并节约了人力成本（见表 1 –21）。

表 1 –21　单一窗口及内部边境机构协作政策实施进程

时间	措施
2012 年	海关总署开始了金关工程第二期的申请工作，旨在在第一期金关工程的基础上，进一步利用物联网、云计算等先进技术进行资源的整合，建立起包括企业信用管理系统、物流监控系统在内的海关监控指挥系统。
2014 年	中国海关正式依托上海的电子口岸平台，在上海洋山保税港区开始单一窗口试点，试行企业通过单一窗口一次申报并办理所有流程，相关监管部门通过信息共享按照相应的规则进行联合监管，并将监管结果及放行信息通过单一窗口平台及时反馈给企业。
2015 年	国务院发布《关于改进口岸工作支持外贸发展的若干意见》，指出要“积极推进国际贸易‘单一窗口’建设，按照 2015 年底在沿海口岸、2017 年在全国所有口岸建成‘单一窗口’的目标，加快推广上海自贸试验区‘单一窗口’建设试点经验。”

5. 海关国际合作政策

中国海关积极参与 WTO、WCO 及其他区域性组织推进贸易便利化的议题和行动，并通过履行贸易便利化相关协议提升国际海关的能力建设，在国家海关组织中的影响力也在不断扩大。2005 年，中国签署并承诺实施《全球贸易安全与便利标准框架》，参照里面的 AEO 制度，修订了中国的海关企业分类管理办法，规定 AA 类企业为中国的 AEO。2001 年，中国加入 WTO，随后便开始全面实施各项 WTO 的协定，如 GATT 的第 5 条、第 8 条和第 10 条及《海关估价协议》《原产地规则协议》等，并积极参与贸易便利化谈判，提交了风险管理和海关审计的两项提案。

AEO 制度在各国的推行，为各国 AEO 企业开展互认提供了可能。中国海关在努力与国际海关 AEO 制度接轨的同时，积极推进 AEO 互认的开展。2008 年，中国海关与美国海关签署了《中美联合验证试点声明》，AEO 互认迈入了观摩期；2012 年，与新加坡海关签署了 AEO 互认协定；2014 年和韩国海关签署了 AEO 互认协定。

除 AEO 互认以外，跨境监管程序的协调及口岸工作的国际合作等区域及双边贸易便利化合作，也是中国海关参与国际海关合作的重要努力方向。目前，中国海关以“监管互认、执法互助、信息互换”的“三互”海关模式（以下简称“三互”）为核心开展区域海关合作，与毗邻国家和地区签署、修订了双边政府间边境口岸开放及其管理制度协定，逐步建立起口岸协作和交流机制，合作范围更加广泛。

（二）海关内部治理政策

1. 透明度提升政策

中国在申请加入 WTO 的过程中，便开始就透明度的提升推行了一系列的政策与改革。2007 年 1 月，经修改的《政府信息公开条例》明确规定政府部门的规章和法规自通过起 20 天内必须公告。2007 年 9 月，中国海关总署发布了修订后的《中华人民共和国海关关务公开办法》，细化和明确了中国各级海关在依法履行各项职责过程中需要对相关人公开的信息。2014 年 2 月，海关总署又进一步公布了《中华人民共和国海关政府信息公开办法》，取代了《中华人民共和国海关关务公开办法》，扩大了海关信息公开的范围，规定了海关信息公开的渠道，并明确规定公民、法人及组织可以根据需要向海关申请获取相关信息，海关人员应及时予以答复，违反信息公开规定的人员要承担相应的法律责任。目前，中国海关采取了通过海关总署官方网站、12360 热线及微信公众服务平台等，对海关重大政策及规章、公告进行公布与解读，且在这些平台上可以查询到海关机构设置、海关关于进出口贸易的统计资料、审批事项及收费标准等内容，并开通了互动版块，鼓励公众及进出口主体对海关工作建言献策，这些对重大法律法规、政策及相关事项的公开措施都有力地提升了海关的透明度，便利了企业对有效信息的及时获取。

2. 规范收费政策

从 2009 年开始，海关总署开始大力清理并规范费用的征收。2009 年 1 月 1 日起，取消海关监管手续费，取消纸质报关单证明联及出口报关单退税打印联的费用、报关单条码费、ATA 单证册调整费及货物行李物品报关费等收费项目。2014 年 9 月 25 日发布，海关行政事业性收费仅有进口货物滞报金和知识产权海关保护备案费两项。2015 年 12 月 24 日，海关总署在新闻发布会上提出，海关已清理完所有行政事业性收费，目前已无行政事业性费用，并已压缩了 60% 的进出口环节收费。

现阶段，海关总署将清理规范进出口环节的收费作为一项专门重点工作继续加以推动，并推行正面清单管理。

3. 管理体制完善政策

由于海关职能的多样性和特殊性，对系统学习过海关业务知识和技能的专门人才需求较多。目前，上海海关学院是中国海关总署直属的一所专门培养海关专业人才的学校。除了上海海关学院，位于秦皇岛的海关总署秦皇岛培训学校也是海关总署直属的学校之一，该学校主要承担了海关在职人员和管理干部的进修和培训工作。除了这两所总署直属专业院校外，中国目前有很多高校也开设了海关管理专业及海关课程。但是，随着中国对外贸易的不断发展及对贸易便利化要求的提高，海关监管任务的增长与人力资源短缺的矛盾也越来越明显，人力资源的合理配置与优化也越来越迫切。

三、中国贸易便利化的主要措施

（一）一般措施

根据 ADB 相关文献界定，贸易便利化措施主要包括以下四个维度和五个领域。四个维度指透明度（Transparency）、简单化（Simplification）、和谐化（Harmonization）、标准化（Standardization）；五个领域涉及与贸易有关的公共和行政政策、关于进出口的规则和程序、产品标准和一致性、与贸易有关的基础设施和服务、运送中的商品。结合上述对相关政策的梳理，可以发现中国为推进贸易便利化所采取的举措也离不开这四个维度和五个领域。

第一，透明度是贸易便利化的基本原则。中国为推动透明度增长，出台了一系列相关政策法规，包括《政府信息公开条例》《中华人民共和国海关政府信息公开办法》，并运用现有网络电子技术，积极搭建网络服务平台，以尽可能实现信息公开和增加信息交流途径。

第二，简单化是贸易便利化的核心。程序、规则的简单化，是减少交易成本、行政成本、协调成本的基础。为此，中国推行了区域通关一体化政策、分类通关政策、无纸化通关政策、单一窗口政策等，以尽可能减少通关及贸易流程，减轻海关现场作业压力，促进效率提高。

第三，和谐化是国际贸易发展的有效催化剂。为此，中国积极出台海关国际合作政策，签订了一系列相关国际公约，推行 AEO 制度。且尤为重视多边合作，创造性地提出了“一带一路”倡议，它的基本任务就是互联互通和贸易便利化，顺应了后危机时代世界经济的趋势，致力于推进自由贸易进程，加快了货物的通行速度和效率，降低了贸易成本。

第四，标准化为贸易便利化提供了基本支持。中国近年来对标准化的重视程度越来越高，可以体现在贸易便利化所涉及的五个领域的各个方面，如规范收费程序、培养专业化标准作业人才、网站一站式标准服务等措施。

可以说，中国贸易便利化的一般举措无不包含在上述四个维度五个领域当中。

（二）促进中小企业贸易便利化措施

中小外贸或跨境电商企业整体实力较弱，进出口环节用的成本在整个企业经营成本中占有较大比重，阻碍了中小企业的快速发展。国际贸易通关的便利化可以为中小跨境电商企业带来发展红利，也为普通大众带来物美价廉的进口产品。

海关总署要求全国海关落实好新修订的海关对企业分类标准，使更多进出口业务量较小的中小型企业评定为 AA、A 类企业，并为 AA 类中小企业提供“担保验放”“集中申报”“24 小时预约通关”和不实行加工贸易保证金台账制度等便利通关措施。同时，扩大“属地申报，口岸验放”通关模式适用范围，使符合条件的中小企业享受更便捷的通关便利。同时简化加工贸易内销手续，并制定相应的海关操作规定，落实好国家中小企业公共技术服务示范平台进口税收优惠政策等。国家中小企业公共服务示范平台是由国家部委认定，为中小企业提供质量、标准、计量、检验检测等各类公共服务，具有示范带动作用的服务平台。入选该平台的企业可以享受国家优惠政策支持。

（三）促进制造业发展的贸易便利化措施

比较突出的促进制造业发展的贸易便利化举措有：

为建设高端装备制造业基地，广州海关提供了政策预咨询、快速审批、加急通关等“一揽子”服务，切实解决问题。同时，为帮扶企业渡过难关，海关创新船舶制造业监管模式，采取“分段备案、项号管理、滚动核销、周转量控制”的方式，适应了造船行业生产周期长、订单变化多、通关时效要求高的实际情况，方便了企业。海关还提供手册备案、变更、核销一条龙服务，主动上门验核保税料件，实地监管加工成品，多方位促进制造业贸易便利化。

2014 年，黄埔海关驻沙田办事处在东莞保税物流中心推出了“一次申报、分批进出”的通关服务，为当地中心园区的大型设备进出口提供了便利。

中国也极其注重“一带一路”项目相关物资的进出口便利化。2016 年，对于一批价值高达 9.5 万美元的、需要从上海吴淞口岸搭船前往巴基斯坦的“一带一路”货物——水平定向钻机设备，上海吴淞海关积极发挥“关企联络员”

作用，提前掌握项目设备到港时间及出运计划，协同港区作业，制定科学的监管预案和个性化的服务措施。针对该项目出口设备种类多、数量大、物流安全要求高等特点，吴淞海关安排专岗专人受理，同时积极采取分段查验、非侵入式查验、车船直装、视频监装等便利举措，做到海关监管流程与货物物流紧密配合，在保障监管到位的同时，为企业节约通关时间及物流成本。吴淞海关还专门建立了“关港企”三方联络协调机制，及时获知企业需求，及时开通绿色通道，为项目货物按时依规出运保驾护航。

除了“一带一路”倡议，中国海关为响应“中国制造 2025”，也推出了一系列的政策。2018 年，在支持宁波“中国制造 2025”试点示范城市建设 16 条措施基础上，宁波检验检疫局、宁波市经信委联合再次推出支持“中国制造 2025”试点示范城市建设重点企业和重点项目发展 10 项贸易便利化措施。其中主要涉及政策支持、技术帮扶、质量升级、能力提升四个方面。

（四）促进服务贸易便利化措施

随着跨境贸易的发展和全球价值链的形成，对信息技术、金融服务领域贸易便利化的需求不断升高。中国也在积极采取措施，为相关服务贸易提供便利。

2018 年，中国人民银行和国家外汇管理局推出了一系列对外开放的政策，推动少数不可兑换项目的开放，提高可兑换项目的便利程度，提高交易环节的对外开放程度。

为进一步优化口岸营商环境，提升中国跨境贸易便利化水平，国家口岸办会同口岸管理相关部门研究制定提升跨境贸易便利化水平的措施。其中，包括：实现海运集装箱货物进出口业务及港口提箱作业信息电子化流转；推进口岸物流信息电子化，在海运集装箱货物申报、查验、放行等通关环节推动口岸查验单位和港航企业之间应用集装箱运输电子数据交换报文标准；简化自动进口许可证申请办理流程，推进货物自动进口许可无纸化，进一步完善国际贸易“单一窗口”中自动进口许可证的申请、查询、签发、核销等功能；应用电子委托代理，取代纸质报关报检委托协议书等。

此外，一些便利化措施在局部地区正试点施行，其中较为典型的试点举措有：

在国家政策支持下，中行北京市分行为北京地区多家“走出去”企业、大型跨国公司量身打造了跨境综合金融服务方案。到 2018 年 5 月，中行北京市分行已累计为北京地区数千家企业办理了经常项下货物贸易、服务贸易、经常转移等跨境结算，有效助推了北京地区贸易便利化。同时，中行北京市分行依托国际化、多元化业务优势，通过与中行海外分支机构加强业务联动，为跨国企业提供了从境外到境内的专业金融服务。此外，中行北京市分行积极宣传人民币跨境资金池政策的便利性，为跨国企业集团客户使用跨境双向人民币资金池业务的统筹管理提供服务，为包括全球500强企业在内的多个客户提供了全球化一揽子服务方案，解决了企业资金融通问题，有效降低了资金运营成本，助力跨国企业实现了全球化经营。

中国（浙江）自贸试验区围绕“油品全产业链”为核心推动大宗商品投资贸易便利化。2017年11月1日，人民银行杭州中心支行出台《关于金融支持中国（浙江）自由贸易试验区建设的指导意见》，围绕促进自贸试验区大宗商品贸易和投融资便利化、支持自贸试验区实体经济发展，聚焦促进贸易、投资与融资便利化，提升资金运用效率与规避汇率波动风险，支持油品全产业链建设，推进人民币国际化战略，防范金融风险等五大方面提出了意见与举措。

四、中国贸易便利化的基本经验总结

自入世以来，作为贸易大国，中国一直严格遵守并执行《贸易便利化协定》及相关规则，同时也致力于加强与双边、区域以及多边的合作交流，推动贸易便利化发展，并采取了一些有效措施和行动，对贸易便利化的重视程度明显加强。

首先，中国积极参与到全球的贸易活动中，参与谈判并签订了众多贸易协定，极大地提高了贸易伙伴国间的便利程度。2001年中国加入世贸组织以来，不断完善社会主义市场经济体制，全面加强同多边贸易规则的对接，切实履行货物和服务开放承诺，强化知识产权保护，对外开放政策的稳定性、透明度、可预见性显著提高，为多边贸易体制有效运转做出了积极贡献。同时注重发挥自身优势，建立有中国特色的“一带一路”贸易便利化举措，推动区域经济合作。

其次，中国不断出台各类与贸易便利化相关的政策，为外贸高效、便利发展提供了法律保障。第一，为加强对海关的监督管理并最终优化商业环境，中国制定完善了有关海关及贸易相关法律、法规及程序。入世后，对《中华人民共和国对外贸易法》进行修订，又相继颁布了《中华人民共和国反垄断法》和《中华人民共和国反不正当竞争法》。在商品、货物以及人员进出口管理方面也采取了一系列措施。同时在惩治与贸易有关的腐败方面采取了强有力的措施，在规制环境方面取得很大的突破。虽然，中国在与贸易相关的立法以及对已有法律的修订方面做了很多努力，但是依然存在明显的不足和需要改进的空间。如长期以来知识产权制度存在漏洞，民众的知识产权保护意识以及法律对企业的约束力依然较弱。第二，为提升口岸通关效率，简化通关手续，加快货物进出口进程，优化海关环境，中国颁布了一系列政策，实施“大通关”计划，落实“三互”推进大通关改革方案，进行“单一窗口”建设。然而，中国海关通关程序仍存在所需时间长、流程烦琐、正确率低、通关模式不明确等问题，导致贸易便利化难以从本质上实现。第三，信息和通信服务在国际贸易中发挥着越来越重要的作用，它可以加快海关清关速度，大大提高贸易双方的通信效率。

虽然，中国近几年在贸易便利化方面做出了很大努力，但水平仍落后于发达国家。在货物领域，中国目前进出口货物清关全流程电子化处理仍有进一步优化的空间。在电子商务领域，中国目前在电子安全支付方面需要进一步完善。

第四节　自由贸易港的建设及思考

一、中国自贸区的发展与现状

（一）历史演进

中国自由贸易区是指在国境内外设立的，以优惠税收和海关特殊监管政策为主要手段，以贸易自由化、便利化为主要目的的多功能经济性特区。其核心是营造一个符合国际惯例的，具有国际竞争力的国际商业环境。

世界经济特区的发展类型在形式上有：自由港、自由贸易区、保税区、出口加工区、自由边境区和综合性经济特区。改革开放初期，广东由于其毗邻香港的地理位置，先行一步推动了深圳经济特区的建立。深圳经济特区凭借其率先开放、优惠政策等优势，带动了区域经济的快速发展。

然而，改革开放以来，中国内地的海关特殊监管区实行的仍是“境内关内”政策，而国际通行的自由贸易园区则实行“境内关外”政策，即放开一线（国境线），管住二线（与非自由贸易园区的连接线），在区内免除海关通常监管。随着时间的推移，对相关领域进行改革的呼声渐增。近年来，受国际金融危机影响，全球经济尚未完全复苏，中国也面临着外需下滑、贸易保护主义抬头等一系列挑战。在此背景下，为了进一步适应国际经济发展趋势，顺应国际经济新格局的转变，中国推动了自由贸易实验园区的创新试点工作，实施真正的"境内关外"政策。中国（上海）自由贸易试验区作为首个试点园区，于2013年9月率先设立，后于2015年4月21日扩容。同年，商务部加快实施自贸区战略，积极推进自贸区建设，完善自贸区整体布局，第二批自贸区于当年5月挂牌成立。2016年8月，又有7个省市作为第三批自贸区被批准成立。至此，中国自贸区的布局初现形态。

在顶层设计方面，中国中央政府提出"实施自由贸易区战略"，"以周边为基础加快实施自由贸易区战略，形成面向全球的高标准自贸区网络"，将发展自贸区上升为国家战略，以更加积极有为的行动，推进更好水平的对外开放，加快构建开放型经济新体制，以对外开放的主动赢得经济发展的主动、赢得国际竞争的主动。2015年12月，国务院出台《关于加快实施自由贸易区战略的若干意见》，提出近期与中长期目标任务，优化自由贸易区建设布局。

（二）发展现状与成效

目前中国已批准设立的自由贸易区包括：

2013年9月27日，国务院批复成立中国（上海）自由贸易试验区。

2015年4月20日，国务院决定扩展中国（天津）自由贸易试验区实施范围。

2015年4月20日，国务院批复成立中国（广东）自由贸易试验区、中国（天津）自由贸易试验区、中国（福建）自由贸易试验区3个自贸区。

2017年3月31日，国务院批复成立中国（辽宁）自由贸易试验区、中国（浙江）自由贸易试验区、中国（河南）自由贸易试验区、中国（湖北）自由贸易试验区、中国（重庆）自由贸易试验区、中国（四川）自由贸易试验区、中国（陕西）自由贸易试验区7个自贸区。

2018年4月13日，中共中央总书记、国家主席、中共中央军委主席习近平宣布，党中央决定支持海南全岛建设自由贸易试验区，支持海南逐步探索、稳步推进中国特色自由贸易港建设。

在对外协定方面，截至2018年6月底，中国共签署了16个自贸协定，涉及24个国家和地区，分别是中国与澳大利亚、韩国、瑞士、冰岛、哥斯达黎加、秘鲁、新加坡、新西兰、智利、巴基斯坦、格鲁吉亚、马尔代夫的双边自贸协定（FTA），中国与东盟10+1自贸协定，内地与香港、澳门达成的两个《关于建立更紧密经贸关系的安排》（CEPA），以及大陆与台湾的《两岸经济合作框架协议》（ECFA）。

自贸伙伴已成为中国重要的出口市场、进口来源地和投资合作对象，这大大拓展了中国经济发展的新空间。据商务部研究院的统计，中国在 2016 年签署协定的自贸区经济规模占全球的 10. 3%，加上自身 14. 9% 的份额，已形成占世界经济 25. 2% 的大市场，如果加上正在谈判的自贸区，这一份额可达到 43. 3%。通过签署自贸协定，中国与自贸伙伴实现了比 WTO 水平更高的相互开放。此外，根据商务部研究院发布的《2016 中国自由贸易区发展报告》，中国已签署的自贸协定在货物贸易方面，零关税产品税目占比以及零关税产品进口额占比基本都在 90% 以上。其中，对港澳地区的全部产品均已实现零关税，对智利、新西兰、新加坡、哥斯达黎加、冰岛、澳大利亚等国的货物贸易自由化率也达到了 95% 以上。

随着跨境自由贸易区的发展，中国政府也正积极在通过签署《补充协议》或商谈自贸协定升级版的方式进行完善与升级。自贸协定涉及的领域正拓展至知识产权、政府采购、环境保护、劳工权利、电子商务、中小企业等。

二、中国自贸试验区（自由贸易港）采取的主要措施

2015 年 12 月 17 日，中国国务院官方网站公布《关于加快实施自由贸易区战略的若干意见》（以下简称《意见》），提出了中国加快实施自由贸易区战略的总体要求，提出要进一步优化自由贸易区建设布局和加快建设高水平自由贸易区，并就健全保障体系、完善支持机制以及加强组织实施做出具体部署。《意见》要求，通过设立自由贸易试验区试点，完善外商投资法律法规，完善事中事后监管的基础性制度，做好贸易救济工作，研究建立贸易调整援助机制等措施，健全加快实施自由贸易区战略的保障体系。

虽然，各个自贸区的主要目标是一致的，但由于各地的自身特点不同，其发展的侧重点也存在差异。上海自由贸易试验区以金融创新为核心，建立并完善以负面清单管理为核心的投资管理模式，促进金融投资的开放，推动投资的便利化，为其他自贸区的建立提供更多的经验。天津自贸区由于处于京津冀地区，着重于制度创新改革，把握机遇，成为京津冀地区的对外开放平台，发挥协同作用，推动中国的经济转型。广东依托其毗邻港澳的地理位置，作为内地与港澳的连接桥梁，成为粤港澳深度合作示范区，推动现代金融服务创新。福建自贸区作为建设 21 世纪海上丝绸之路核心区，侧重“一带一路”的建设，打

造面向21世纪海上丝绸之路沿线国家和地区开放合作新高地。各地的自贸区通过借鉴上海及其他先行者的经验，结合自身的优势，已经逐步形成特色，为“一带一路”建设及中国企业走出去提供了法规政策的支持，是中国企业强有力的后盾。

三、案例：上海与海南

（一）中国（上海）自由贸易试验区

作为中国第一个自贸区，上海自贸区建设已经进入第五个年头，主要经济指标表现突出。在商事登记、外资准入、贸易便利化和金融创新等领域，取得了较大的进展，相关举措正在全国复制和推广，较为典型。

按照《中国（上海）自由贸易试验区总体方案》的要求，上海自贸区需要在以下五个方面进行改革尝试：加快政府职能转变；扩大投资领域的开放；推进贸易发展方式的转变；深化金融领域的开放创新；完善法制领域的制度保障。目前，上海自贸区已取得的改革进展主要体现在以下几方面①。

商事登记制度。具体包括三个方面：一是注册资本认缴登记制。工商部门登记公司全体股东、发起人认缴的注册资本或认购的股本总额，不登记公司实收资本；二是先照后证制度。企业在领取营业执照后向主管部门申请办理相关许可证或者批准文件，然后开展该项目经营活动；三是企业年报公示制度。试验区内试行企业年度报告公示制度。企业按年度在规定的期限内，通过市场主体信用信息公示系统向登记机关报送年度报告，并向社会公示。

负面清单和准入前国民待遇。负面清单和准入前国民待遇是现代高标准投资协定的最基本的要件。在负面清单上，明确开列不予外商投资准入或有限制要求的领域，清单以外领域则充分开放。准入前国民待遇是指在企业设立、取得、扩大等阶段给予外国投资及其投资不低于本国投资者及其投资的待遇。

新的贸易便利模式。对标国际贸易便利化的最佳实践和通行规则，上海自贸区率先探索国际贸易“单一窗口”改革，覆盖范围从海关和检验检疫两个部门，扩展至涵盖中央和地方的22个部门和单位，企业申报数据项在船舶申报环节缩减65%，在货物申报环节缩减24%。所有这些制度创新，符合联合国《贸

① 依据上海自贸区官网：http：//www. china - shftz. gov. cn/Homepage. aspx；2017年9月12日上海市政府新闻发布会提供的信息。

易便利化建议书》和 WTO《贸易便利化协定》的要求，提高了企业办事和政府监管的效率。

金融创新业务。上海自贸区创设的自由贸易账户体系，建立了“一线审慎监管、二线有限渗透”的资金跨境流动管理基础性制度，对跨境资金流动进行实时监测。以自由贸易账户为基础，提供了资本项目可兑换、利率市场化、金融市场开放、人民币国际化等核心领域金融改革的制度安排和操作路径。

（二）中国（海南）自由贸易试验区（港）

中国中央政府在庆祝海南建省办经济特区 30 周年大会上宣布，决定支持海南岛全岛建设自由贸易试验区，支持海南逐步探索、稳步推进中国特色自由贸易港建设，分步骤、分阶段建立自由贸易港政策和制度体系。首先，要求高标准高质量建设自由贸易试验区。以现有自由贸易试验区试点内容为主体，结合海南特点，建设中国（海南）自由贸易试验区，实施范围为海南岛全岛。主要包括实行高水平的贸易和投资自由化便利化政策，对外贸全面实行准入前国民待遇加负面清单管理制度，围绕种业、医疗、教育、体育、电信、互联网、文化、维修、金融、航运等重点领域，深化现代农业、高新技术产业、现代服务业对外开放，推动服务贸易加快发展，保护外商投资合法权益，推进航运逐步开放。发挥海南岛全岛试点的整体优势，加强改革系统集成，力争取得更多制度创新成果。其次，要根据国家发展需要建设中国特色自由贸易港。要求海南自由贸易港建设要体现中国特色，符合海南发展定位，学习借鉴国际自由贸易港建设经验，不以转口贸易和加工制造为重点，而以发展旅游业、现代服务业和高新技术产业为主导，更加强调通过人的全面发展，充分激发发展活力和创造力，打造更高层次、更高水平的开放型经济。

四、中国自贸区与“一带一路”

“一带一路”建设顺应了国际区域经济一体化的发展趋势。“一带一路”合作倡议提出后，为中国与沿海国家经贸往来提供了更多的机遇，拓宽了全球贸易投资网络。

第一，“一带一路”建设为供给侧结构性改革拓展了新空间，促进国内企业的经济转型。随着“一带一路”的建设发展，为国内企业开拓了经济市场的范围。国内企业可以利用国际市场的供给来满足国内需求，降低国内资源投入。同时也能将国际需求转化为本地需求，积极打开国际市场，同时推动进出口贸易的发展，发挥国际产能合作的优势。

第二，“一带一路”建设为区域经济发展提供了新视野。“一带一路”倡议是发展区域经济的重要倡议。随着“一带一路”经济的发展，原本中国的西部地区将成为亚欧大陆的中心；中国的西南地区在中南半岛经济走廊中间，成为核心区；中国的东北地区是中蒙俄战略的核心地区。因此，在“一带一路”的框架下，中国整个的区域发展找到一个新的突破口，从而调节原先的区域经济差异性，使得偏远的地区不再偏远，发挥各自经济优势，使每个城市得到广泛的发展机会。

第三，推动人民币国际化进程。“一带一路”的发展，将会更大地推动中国的对外进出口贸易，沿线国家的经济贸易活动，可以有效推行人民币结算，这样有利于进一步促进人民币国际化规模的形成，同时为人民币国际化提供了便利。

然而，在“一带一路”建设给中国带来更多机遇的同时，我们不能光靠发挥区域优势来推动经济发展，更要在政策法规上取得新的突破，为中国的国际贸易提供新的契机。这就提升了对自贸区的建设与完善的要求，同时也对中国的制度改革与创新提出了更高的要求。

第一，降低技术性贸易壁垒对经济发展的影响。在中国企业走出去的过程中，经常会遇到不了解、不熟悉当地市场对于相关产品质量的技术要求而产生经济损失的情况。因此，上海自贸试验区在此背景下，创新设立了“一带一路”技术贸易措施企业服务中心，不仅对走出去企业的产品质量进行把关监督，更为这些企业提供专业全面的技术帮助，打造互联互通监管合作的新模式。随后，其他各地也纷纷借鉴其经验，提供政府指导，帮助中国的企业在国际市场上找到突破口，为占领国际市场份额打下坚实的基础。

第二，逐步扩大国内自贸区设立的范围，实行全方位、多层次、多领域的战略部署。中国已从设立上海自由贸易试验园区开始，逐步扩大自由贸易区设立范围。自贸区自设立的5年以来，上海自贸试验区已经在投资、贸易等方面获得了诸多成果，政府也实施了一系列的金融改革措施，为全国自贸区设立与政府职能改革累计了相当多的实际经验，也取得了丰富的成果。在上海获得的经验成果基础上，带动多地自贸区的建设与发展，帮助各地在自贸区的建设中找到各自的优势，让多个自贸区做到相互协助相互补充。逐步将自贸区的设立推广至全国所有省市，以全面推动中国对外开放。

第三，将自贸区的实际经验扩大化，进一步推动中国对外开放的步伐。

2017年6月，中国的A股正式被纳入MSCI新兴市场指数，这意味着中国金融市场对外开放迈出了实质性的一步。

综上，“一带一路”建设与自贸区建设有着相互联系、彼此促进的重大意义。“一带一路”的建设为中国经济带来了新的方向，而自贸区建设又为中国走出去提供了更多的便利与支持。共同推动，共同发展对中国自身的结构性改革，形成全面开放的新格局，并适应经济全球化新趋势有着重要的推动作用。“一带一路”的建设发展推动了自贸区的建设，同时为中国对外开放提供了良好的基石。

五、总结及建议

作为政策的试验地，自贸区与以往的经济特区不同，并不旨在靠税收优惠来吸引国内外的投资贸易，其主要目的是简化行政审批手续，促进贸易便利化。目前为止，中国的自贸区和自贸港在整体上均服务于国家制度创新的总目标，同时每个自贸区各有侧重。多个自贸区本身也担负着直接与“一带一路”建设进行对接的任务。可以说自贸区不是税收的洼地，而是政策的高地。“负面清单”是自贸区成立的一个巨大贡献，其贡献在于一种观念的转变，是“法不禁止皆可为”的典型代表，使更多的行政管理规定和改革可以通过自贸区试行的形式先开一个口子，进而更好地打开市场。可以说自贸区的设立给政策提供了一个更加广阔和相对自由的施展空间和舞台。

在具体措施方面，根据商务部在2015年年底印发的自由贸易试验区的“最佳实践案例”文件，各自贸区在贸易便利化方面均做了一系列探索和实践，其中典型的可取经验有：（1）上海自贸区：建立了由上海市口岸办牵头，包括海关、检验检疫、海事、边检、发改、商务、交通、经信、金融、邮政、民航、外汇、税务、食药监、林业（濒管办）、机场、港务17个参与建设部门的国际贸易“单一窗口”；（2）福建自贸区：建立了由政府主导，海关、检验检疫、海事、边检共同建设，30多个相关部门参与的国际贸易“单一窗口”；（3）天津自贸区：通过京津冀三地检验检疫局的协作建立的京津冀区域检验检疫一体化新模式；（4）广东自贸区：由广东自贸区境内海关、检验检疫部门牵头，会同商务、发展改革等部门，积极构建事前备案、事中采信、事后追溯的跨境电商监管新模式。这些探索和实践对于全国各地的贸易便利化探索有着很好的示范作用，使得各地区的贸易便利化探索和决策有着更强的针对性。

总体而言，中国在自贸区的开放进程中呈现出“先行先试、由点及面、梯度开放、循序渐进”的特点。在开放对象上，采取了先发展中国家、后发达国家的开放次序。在开放产业上，优先开放中国具有比较优势的产业，对较为弱势的产业给予适当保护，安排了一定的过渡期。因此，中国推进自贸区战略需要经历一个过程。

根据中国目前自贸区发展现状，第一，可结合“一带一路”，打造更加强势的自贸区网络。在新形势与新背景下，中国应对主动权进行积极把握，在扮演制定国际经贸规则参与者角色的同时真正成为规则的引领者，面向全国构建高标准自贸区网络，落实“以周边为基础”的自贸区战略，真正实现对亚太自贸区建设的推动。同时在建设自贸区过程中，强化与“一带一路”重要支点国家的协商，以自身优势为立足点推动与沿线国家的经贸往来，深化经济的对外开放，使区域经济实现共同发展。第二，创新相关制度，以优惠政策的实施支撑自贸区发展。对于中国各大自贸区而言，使命与核心竞争力的所在都是制度创新。第三，承认临时仲裁制度，完善自贸区争端解决方式。中国各自贸区可将仲裁规则的适用范围扩大至投资仲裁，先试先行，向自贸区扩大投资开放，向“一带一路”沿线国家投资提供有效的仲裁保障，加速中国仲裁规则的国际化进程。第四，摆脱行政束缚，实施区域经济发展新引擎。中国自贸区建设在布局上应打破以省、直辖市为单位的行政藩篱，在经济中心及附有特殊功能的区域进行布局，实施区域经济发展的新引擎，差异化安排各项功能，准确定位，充分发挥对经济转型升级的积极作用。第五，扩大产业开放规模，以高标准统筹各方利益。

参考文献

［1］TRADEPOLICYREVIEW—REPORTBYTHESECRETARIAT：China［R］. WordBank，15-June2016：1－164.

［2］中华人民共和国商务部．中国与世界贸易组织白皮书［R］. 2018－06－28.

［3］金泽虎．中国对外经济贸易政策分析［M］. 北京：中国人民大学出版社，2016.

［4］周晔，郭春丽．中国高端制造业发展研究［J］. 开发研究，2012（01）：27－31.

［5］许畔，刘林．制度环境对中国与“一带一路”沿线国家高端制造业贸易的影响［J］. 改革与战略，2018（04）：86－92.

［6］杨汝岱，朱诗娥．中国对外贸易结构与竞争力研究：1978—2006［J］. 财贸经济，2008（02）：112－119，128.

［7］盛斌．WTO《贸易便利化协定》评估及对中国的影响研究［J］. 国际贸易，2016（01）：4－13.

［8］郜媛莹．中国海关推进贸易便利化的政策研究［D］．对外经济贸易大学，2017.

［9］张韵．自贸区是政策高地和制度创新突破口——专访上海交通大学凯原法学院教授、亚洲法律中心主任胡加祥［J］．西部大开发，2018：75－77.

［10］朱妮娜．自贸区对推动中国贸易便利化发展进程的研究［J］．对外经贸，2017（12）：4－8.

子报告 2：中国促进中小企业发展的政策与实践

第一节　中国中小企业发展及促进政策概况

针对中国中小企业发展过程中面临的突出问题和困难，以财税支持、融资促进和社会化服务为“三大支柱”的中小企业发展促进政策体系逐步构建起来。伴随着《中华人民共和国中小企业促进法》的颁布和修订，中国中小企业发展促进政策体系逐步完善和趋于成熟。中小企业受益于此，发展成绩斐然。

一、中国中小企业发展历程及现状

改革开放前，中国曾先后按照职工人数和固定资产价值划分企业规模。1978 年，中国将基本建设项目分为工业建设项目和非工业建设项目，工业建设项目按年综合生产能力划分，非工业建设项目主要按总投资规模划分。1998 年改为主要按企业的生产能力，并辅之以按固定资产（原值），将工业企业划分为特大型、大型（包括大型一档、大型二档）、中型（包括中型一档、中型二档）和小型四类。2003 年印发的标准根据企业职工人数、销售额、资产总额等指标，结合行业特点制定。中国现行标准为工信部于 2011 年印发的《中小企业划型标准规定》，中小企业划分为中型、小型、微型三种类型，具体标准根据企业从业人员、营业收入、资产总额等指标，结合各行业特点分别制定。

1978 年，中国进入改革开放的新时代，中小企业迅速发展，全国乡以上中小工业企业由 1978 年的 34.7 万个发展为 1994 年的 52.7 万个，增长了 52%。但由于这一时期几乎没有中小企业发展促进政策，中小企业发展困难重重。20 世纪90年代中后期和21世纪初，多项中小企业发展促进政策相继出台。1995年，中小企业户均资产为2 752.1万元、户均营业收入为2 005万元。2000年，中小企业户均资产和户均营业收入分别提升至4 885.2万元和3 034万元。尽管如此，这一时期的中小企业发展促进政策零散，尚未形成体系。《中华人民共和国中小企业促进法》于2003年的出台实施使中国中小企业发展促进工作进入法制化轨道，政策体系才初步建立。《中华人民共和国中小企业促进法》实施后，促进中小企业发展的全国指导性文件相继出台实施，中小企业发展促进政策体系不断细化、完善和成熟。同时，相关负责部门也密集出台落实配套政策。在不断完善的中小企业发展促进政策体系支持下，中国中小企业迅猛发展，成绩斐然。

目前，中小企业已逐渐成为中国企业中数量最多、经济活力最强、吸纳就业人数最多、创新能力最突出的企业群体，对维护社会和谐稳定发挥着不可替代的作用。截至2016年末，中国中小企业数量占中国全部企业数量的90%以上；中小企业创造的产值占国内生产总值的60%，纳税额约占国家税收总额的50%；中小企业提供了80%以上的城镇就业岗位；中小企业发明专利占全国发明专利总数的65%以上，75%以上的新产品开发是由中小企业完成的（历年规模以上中小工业企业情况见表2－1）。基于15年的中小企业发展促进工作经验积累，《中华人民共和国中小企业促进法》于2017年进行了修订，中国已经摸索出一套较为完善的、符合中国国情的中小企业发展促进政策体系。

表2－1　2001—2013年中国规模以上中小工业企业主要经济指标

年份	企业数量（家）	占比	从业人员（万人）	占比	税金（亿元）	占比	总产值（亿元）	占比	出口交货值（亿元）	占比
2001	162 667	95%	3 490.4	64%	—	—	50 633	53%	10 014.4	62%
2002	172 805	95%	3 615.1	66%	—	—	59 648.2	54%	12 277	61%
2003	194 238	99%	4 441.9	77%	4 294.5	57%	93 357	66%	18 374.7	68%
2004	274 339	99%	5 243.8	79%	—	—	—	—	—	—
2005	269 332	99%	5 313.5	77%	—	—	—	—	—	—
2006	299 276	99%	5 636.2	77%	7 930.5	55%	204 250	65%	36 563.4	60%
2007	333 858	99%	6 052.1	77%	10 127	55%	264 319.1	65%	43 032.4	59%
2008	422 925	99%	6 867.1	78%	14 253.3	60%	337 981.1	67%	47 728.3	59%
2009	431 110	99%	6 787.7	77%	14 849.1	56%	372 498.9	68%	41 519.0	58%

续表

年份	企业数量（家）	占比	从业人员（万人）	占比	税金（亿元）	占比	总产值（亿元）	占比	出口交货值（亿元）	占比
2010	449 130	99%	7 236. 9	76%	18 176. 2	54%	468 643. 3	67%	49 194. 9	55%
2011	316 498	97%	5 935. 7	65%	17 872. 9	45%	492 761. 5	58%	41 417. 9	42%
2012	334 321	97%	—	—	20 817. 9	47%	542 298. 8	60%	44 229. 7	42%
2013	343 136	97%	—	—	22 364. 1	49%	—	—	48 628. 1	43%

注："占比"指规模以上中小工业企业经济指标占全部规模以上工业企业相应经济指标比重；"—"表示数据缺失。

资料来源：根据2001—2013年各年《中国中小企业发展年鉴》、《中国中小企业年鉴》计算整理。

2002年，企业调查总队课题组通过问卷调查归纳了当时中国中小企业面临的主要问题。其中，企业资金不足位列首位，然后依次是市场需求不足、企业管理水平低和人才匮乏、市场机制不健全、社会负担繁重及政府公共服务不完善等问题。2016年，工信部中小企业局通过问卷调查归纳了当前中国中小企业发展面临的主要困难和问题。其中，中小企业融资难依然是突出问题，此外还包括税费和社保负担重等社会负担问题，上游生产要素成本高及中小企业市场需求低迷且竞争激烈等市场问题，以及人才缺乏、创新转型困难、制度性交易成本高等需要政府公共服务进一步完善的问题。可见，资金不足问题始终是困扰中小企业发展的重大难题，中小企业也因此对社会负担和生产要素成本变动十分敏感，此外，政府社会化服务也需要不断完善。中国促进中小企业发展的政策体系正是基于这些问题而构建的。

二、中国促进中小企业发展的政策法规体系

2003年实施的《中华人民共和国中小企业促进法》初步明确了中国促进中小企业发展的政策体系，包括资金支持、创业扶持、技术创新、市场开拓和社会服务五个方面。

2005年，国务院印发《关于鼓励支持和引导个体私营等非公有制经济发展的若干意见》，明确提出加大对非公有制经济的财税金融支持和完善对非公有制经济的社会服务，前者包括加大财税支持力度、加大信贷支持力度、拓宽直接融资渠道、鼓励金融服务创新、建立健全信用担保体系；后者包括大力发展社会中介服务、积极开展创业服务、支持开展企业经营者和员工培训、加强科技创新服务、支持企业开拓国内外市场、推进企业信用制度建设。由于中国的非公有制经济以中小企业为主，该意见无疑是中国中小企业发展促进政策的重要指导性文件。

2009年，国务院印发的《关于进一步促进中小企业发展的若干意见》要求，通过全面落实支持小企业发展的金融政策、加强和改善对中小企业的金融服务、进一步拓宽中小企业融资渠道、完善中小企业信用担保体系、发挥信用信息服务在中小企业融资中的作用以切实缓解中小企业融资困难；通过加大财政资金支持力度、落实和完善税收优惠政策、进一步减轻中小企业社会负担以加大对中小企业的财税扶持力度；进一步营造有利于中小企业发展的良好环境、加快中小企业技术进步和结构调整、支持中小企业开拓市场、努力改进对中小企业的服务、提高中小企业经营管理水平等。

2012年，国务院印发《关于进一步支持小型微型企业健康发展的意见》，提出了进一步加大对小型微型企业的财税支持力度、努力缓解小型微型企业融资困难、进一步推动小型微型企业创新发展和结构调整、加大支持小型微型企业开拓市场的力度、切实帮助小型微型企业提高经营管理水平、促进小型微型企业集聚发展、加强对小型微型企业的公共服务7项意见。

2014年，国务院印发《关于扶持小型微型企业健康发展的意见》，提出了10项意见，包括充分发挥现有中小企业专项资金的引导作用，鼓励地方中小企业扶持资金将小型微型企业纳入支持范围；认真落实已经出台的支持小型微型企业税收优惠政策，根据形势发展的需要研究出台继续支持的政策；加大中小企业专项资金对小企业创业基地（微型企业孵化园、科技孵化器、商贸企业集聚区等）建设的支持力度；对小型微型企业吸纳就业困难人员就业的，按照规定给予社会保险补贴；鼓励各级政府设立的创业投资引导基金积极支持小型微型企业；进一步完善小型微型企业融资担保政策；鼓励各类金融机构加强中小企业信贷支持；高校毕业生到小型微型企业就业的，其档案可由当地市、县一级的公共就业人才服务机构免费保管；建立支持小型微型企业发展的信息互联互通机制；大力推进小型微型企业公共服务平台建设，加大政府购买服务力度，为小型微型企业免费提供管理指导、技能培训、市场开拓、标准咨询、检验检测认证等服务。

2017年修订的《中华人民共和国中小企业促进法》进一步完善了中国促进中小企业发展的政策体系，包括财税支持、融资促进、创业扶持、创新支持、市场开拓、服务措施和权益保护等方面内容。

不难发现，中国促进中小企业发展的政策体系主要包括专项财政资金和基金支持、税收优惠、涉企收费清理、运用政府采购等财税支持政策；信贷支持、发展小金融机构、拓宽融资渠道、鼓励金融服务创新、建立健全中小企业信用担保体系等融资促进政策；开展培训服务、创业服务、科技创新服务、市场开拓服务、企业信用制度建设、信息互联互通机制建设、公共服务平台建设、支持社会中介服务中小企业等社会化服务政策。财税支持、融资促进、社会化服务构成了中国中小企业发展促进政策体系的三大支柱。

第二节　中国促进中小企业发展的财税政策与实践

中国通过安排规模不断扩大、种类不断丰富、支持方式不断优化的中小企业财政专项资金、设立市场化原则运作的中小企业发展基金、大力度运用政府采购和探索性利用 PPP 模式多种方式有力促进了中小企业发展。此外，中国对中小企业实行增值税、营业税和企业所得税的多项普适性优惠，对中小企业融资、技术创新以及为中小企业提供社会化服务方面实施了多项税收优惠政策，并通过力度不断增强的清费降费措施减轻中小企业负担。

一、财政专项资金

中小企业财政专项资金是落实国家中小企业促进政策的财力保障。中国最早设立的中小企业财政专项资金包括科技型中小企业技术创新基金、中小企业国际市场开拓资金和农业科技成果转化资金。2003 年实施的《中华人民共和国中小企业促进法》（以下简称《促进法》）规定，中央财政预算应当设立中小企业科目，安排扶持中小企业发展专项资金。地方人民政府（县级以上）应当根据实际情况为中小企业提供财政支持。为贯彻落实《促进法》等政策法规，中国又先后设立了中小企业服务体系专项补助资金、中小企业发展专项资金、科技型中小企业创业投资引导基金、中小企业信用担保资金等中小企业财政专项资金。2014 年，中小企业财政专项资金被整合至中小企业发展专项资金，并于 2015 年改革了专项资金的支持方式。

（一）主要财政专项资金简介

1. 科技型中小企业技术创新基金

科技型中小企业技术创新基金于 1999 年 5 月被批准设立，是中国首个中小企业财政专项资金，创新基金资金来源于中央财政预算拨款，用于支持科技型中小企业技术创新、促进科技成果转化。创新基金主要通过无偿资助、贷款贴息和资本金（股本金）投入等方式对中小企业进行支持。其中，无偿资助主要用于科技型中小企业技术创新活动中新技术、新产品研究开发及中试放大等阶段的必要补助；贷款贴息主要用于支持产品具有一定水平、规模和效益，银行已经贷款或有贷款意向的项目；资本金（股本金）投入主要用于支持技术起点高、具有较广创新内涵、较高创新水平并有后续创新潜力，预计投产后具有较大市场需求、有望形成新兴产业的项目。

2. 中小企业国际市场开拓资金

中小企业国际市场开拓资金设立于 2000 年，用于支持中小企业和为中小企业服务的企、事业单位和社会团体组织中小企业开拓国际市场的活动。中小企业国际市场开拓资金实行部分支持方式，即提供开拓市场所需的部分支持，其余由企业承担，包括无偿支持和风险支持两种方式。其中，风险支持是指，由中小企业国际市场开拓资金承担开拓市场可能出现的部分风险，企业如未取得开拓市场成效则可获得风险支持，如取得成效则不能获得支持。

3. 中小企业服务体系专项补助资金

《中华人民共和国中小企业促进法》实施的同年，中央财政设立了中小企业预算科目，开始安排中小企业服务体系专项补助资金。补助资金以无偿资助方式按培训服务、信用服务、创业服务、管理咨询服务等业务支出类别对中小企业服务机构实施补助。

4. 中小企业发展专项资金

根据 2003 年实施的《中华人民共和国中小企业促进法》，中央财政预算于 2004 年开始安排中小企业发展专项资金，专项资金起初主要用于支持中小企业专业化发展、与大企业协作配套、技术创新、新产品开发、新技术推广等方面。专项资金的支持方式包括无偿资助和贷款贴息两种，企业以自有资金为主投资的项目主要通过无偿资助的方式支持，企业以银行贷款为主投资的项目主要通过贷款贴息的方式支持。中小企业发展专项资金的管理办法分别于 2006 年、2008 年、2012 年、2014 年、2015 年、2016 年进行了六次修订。随着管理办法的不断修订，专项资金的支持方式不断丰富、用途不断扩大、与国家战略的协同性不断增强。

5. 科技型中小企业创业投资引导基金

为贯彻《国务院实施〈国家中长期科学和技术发展规划纲要（2006—2020 年）〉若干配套政策》，国家于 2007 年开始设立科技型中小企业创业投资引导基金，引导基金的资金主要来源于中小企业技术创新基金，专项用于引导创业投资机构向初创期科技型中小企业投资。引导基金的引导方式为阶段参股、跟进投资、风险补助和投资保障。其中，阶段参股是指引导基金向创业投资企业进行股权投资，并在约定的期限内退出，主要支持发起设立新的创业投资企业；

跟进投资是指对创业投资机构选定投资的初创期科技型中小企业，引导基金与创业投资机构共同投资；风险补助是指引导基金对已投资于初创期科技型中小企业的创业投资机构予以一定的补助；投资保障是指创业投资机构将正在进行高新技术研发、有投资潜力的初创期科技型中小企业确定为“辅导企业”后，引导基金对“辅导企业”给予资助。

6. 中小企业信用担保资金

根据《中华人民共和国中小企业促进法》《国务院关于进一步促进中小企业发展的若干意见》，中央财政预算于2010年开始制度性安排中小企业信用担保资金，用于支持中小企业信用担保机构、中小企业信用再担保机构增强业务能力，扩大中小企业担保业务，改善中小企业融资环境。担保资金采取业务补助的方式鼓励担保机构和再担保机构为中小企业特别是小企业提供融资担保（再担保）服务；采取保费补助的方式鼓励担保机构为中小企业提供低费率担保服务；采取资本金投入的方式鼓励担保机构扩大资本规模，提高信用水平，增强业务能力等。2012年后，中小企业信用担保资金开始向小微企业和中西部地区倾斜。

逐年增加的中小企业财政专项资金有力促进了中国中小企业的发展。其中，2011年中央共安排中小企业财政专项资金128.7亿元，主要资金资助情况详见表2－2。

表2－2　　2011年中国主要中小企业财政专项资金资助情况

<table>
<tr><th>资金名称</th><th colspan="2">支持项目</th><th>项目数（个）</th><th>资助额（万元）</th></tr>
<tr><td rowspan="7">中小企业发展专项资金</td><td rowspan="5">固定资产建设类</td><td>初创企业建设项目</td><td>85</td><td>7 557</td></tr>
<tr><td>服务环境改善项目</td><td>216</td><td>24 750</td></tr>
<tr><td>结构调整项目</td><td>497</td><td>42 050</td></tr>
<tr><td>增加就业岗位项目</td><td>306</td><td>28 200</td></tr>
<tr><td>小计</td><td>1 104</td><td>102 557</td></tr>
<tr><td>中小企业信用担保体系建设类</td><td>担保（再担保）业务补助项目</td><td>540</td><td>140 000</td></tr>
<tr><td>公共服务和市场开拓类</td><td>企业提高素质活动补助和中博会补助项目</td><td>566</td><td>49 443</td></tr>
<tr><td colspan="3">总计</td><td>2 210</td><td>292 000</td></tr>
<tr><td rowspan="2">中小企业服务体系发展专项资金</td><td colspan="2">平台网络建设项目</td><td>—</td><td>30 000</td></tr>
<tr><td colspan="2">服务业务补助项目</td><td>—</td><td>5 000</td></tr>
<tr><td colspan="3">总计</td><td>—</td><td>35 000</td></tr>
</table>

续表

<table>
<tr><th>资金名称</th><th>支持项目</th><th>项目数（个）</th><th>资助额（万元）</th></tr>
<tr><td rowspan="3">科技型中小企业技术创新基金</td><td>创新项目</td><td>5 803</td><td>—</td></tr>
<tr><td>重点项目</td><td>211</td><td>—</td></tr>
<tr><td>补助资金项目</td><td>912</td><td>—</td></tr>
<tr><td colspan="2">总计</td><td>6 926</td><td>380 000</td></tr>
<tr><td>中小企业国际市场开拓资金</td><td>中小企业境外参展、产品认证、国际市场考察、开展电子商务活动、商标注册、企业培训、境外并购等</td><td>—</td><td>200 000</td></tr>
</table>

注：“—”表示数据缺失。

资料来源：根据《中国中小企业年鉴（2012）》整理。

（二）财政专项资金的整合

中小企业发展专项资金的管理办法于2014年进行了重大修订，中小企业发展专项资金的功能被极大丰富，与修订后的中小企业发展专项资金功能重复的相关财政专项资金同时废止，中小企业财政专项资金完成了整合。2015年后，中小企业发展专项资金的支持方式由项目支持转变为对小微企业创业创新基地示范城市的整体支持。截至2017年8月末，中国首批15个小微企业创业创新基地示范城市已投入财政资金430多亿元，撬动社会资本1 800多亿元，惠及小微企业300多万户。

二、中小企业发展基金

《中华人民共和国中小企业促进法》《国务院关于进一步促进中小企业发展的若干意见》《国务院关于进一步支持小型微型企业健康发展的意见》都要求设立国家中小企业发展基金。2015年9月1日，国家中小企业发展基金经国务院批准正式设立。国家中小企业发展基金由中央财政通过整合资金出资150亿元，同时创新机制发挥杠杆作用和乘数效应，吸引民营和国有企业、金融机构、地方政府等共同参与，最终建立总规模为600亿元的发展基金。通过设立母基金、直投基金等，用市场化的办法，重点支持种子期、初创期成长型中小企业发展。基金原则上采取有限合伙制，其募资、设立、管理、收益分配、到期退出等均按市场化原则操作。修订后的《中华人民共和国中小企业促进法》规定，“国家设立中小企业发展基金。国家中小企业发展基金应当遵循政策性导向和市场化运作原则，主要用于引导和带动社会资金支持初创期中小企业，促进创业创新。

县级以上地方各级人民政府可以设立中小企业发展基金。中小企业发展基金的设立和使用管理办法由国务院规定。”

2015 年 12 月 2 日，国家中小企业发展基金理事会成立。2015 年 12 月 24 日，国家中小企业发展基金理事会公布深圳市创新投资集团有限公司成功中标国家中小企业发展基金首支实体基金。国家中小企业发展基金首支实体基金“中小企业发展基金（深圳有限合伙）”于次日在广东深圳完成注册。该基金由财政部直接出资 15 亿元，深圳市政府、金融机构、大型民营企业及其他社会资本出资 45 亿元。截至 2017 年年底，已有四支实体基金相继设立并投入运营，基金总规模达 195 亿元。截至 2017 年 12 月底，四支实体基金已完成投资项目 130 个，投资金额 38. 24 亿元。所投项目涵盖高技术领域和战略性新兴产业，所投项目区域分布华东、华南、华中、东北、华北及西部地区，充分发挥了基金支持面向全国、面向全行业的政策导向。值得一提的是，中小企业发展基金（深圳有限合伙）于 2017 年 9 月完成了首个项目的退出，短短一年时间，中小企业发展基金（深圳有限合伙）在首个退出项目上获得了超过 3 倍的回报，中小企业、财政资金和市场资金都因此受益。此外，河北、四川、甘肃、青海、河南等省份也按照国家中小企业发展基金的设立和运营模式相继设立并运营了省级中小企业发展基金。

三、政府采购

《中华人民共和国政府采购法》《中华人民共和国中小企业促进法》都明确地将政府采购作为促进中小企业发展的重要手段。2009 年印发的《国务院关于进一步促进中小企业发展的若干意见》要求完善政府采购支持中小企业的有关制度。为贯彻落实《国务院关于进一步促进中小企业发展的若干意见》，根据《中华人民共和国政府采购法》《中华人民共和国中小企业促进法》，财政部、工业和信息化部于 2011 年制定并于次年实施了《政府采购促进中小企业发展暂行办法》，对促进中小企业发展的政府采购政策做出了具体规定，财政部还于同年印发了《关于开展政府采购信用担保试点工作的通知》。2012 年出台的《国务院关于进一步支持小型微型企业健康发展的意见》强调了政府采购支持小型微型企业健康发展的要求。

《政府采购促进中小企业发展暂行办法》规定，负有编制部门预算职责的各部门，在满足机构自身运转和提供公共服务基本需求的前提下，应当预留本部门年度政府采购项目预算总额的 30% 以上，专门面向中小企业采购，其中，预留给小型和微型企业的比例不低于60%；对于非专门面向中小企业的项目，对小型和微型企业产品的价格给予6%—10%的扣除；大中型企业和其他自然人、法人或者其他组织与不存在投资关系的小型、微型企业组成联合体共同参加非专门面向中小企业的政府采购活动时，小型、微型企业的协议合同金额占到联合体协议合同总金额30%以上的，可给予联合体2%—3%的价格扣除。同时鼓励采购人允许获得政府采购合同的大型企业依法向中小企业分包，分包的金额计入面向中小企业采购的统计数额，同时规定获得政府采购合同的小型、微型企业不得分包或转包给大型、中型企业，中型企业不得分包或转包给大型企业；鼓励采购人在与中小企业签订政府采购合同时，在履约保证金、付款期限、付款方式等方面给予中小企业适当支持。鼓励在政府采购活动中引入信用担保手段，为中小企业在融资、投标保证、履约保证等方面提供专业化的担保服务等一系列支持措施。

根据《关于开展政府采购信用担保试点工作的通知》，为缓解中小企业在参与政府采购活动中的资金困难，财政部决定自2012年1月1日至2013年12月31日在中央本级和北京、黑龙江、广东、江苏、湖南、河南、山东、陕西等省（市）开展政府采购信用担保试点工作。政府采购信用担保，是将信用担保作为政策工具引入政府采购领域，由专业担保机构为供应商向采购人、代理机构、金融机构提供的保证，主要包括投标担保、履约担保、融资担保三种形式。试点期间，仅北京市的融资担保额就高达21.2亿元。

四、政府和社会资本合作

自2015年国务院办公厅转发财政部、发展改革委、人民银行《关于在公共服务领域推广政府和社会资本合作模式指导意见的通知》以来，中国政府和社会资本合作（PPP）事业迅猛发展。虽然《通知》中明确提出要给予中小企业更多参与PPP模式的机会，但由于没有进一步出台具体的支持政策，中国参与PPP模式的主要是大型企业，中小企业参与的并不多。即便如此，通过少数中小企业参与PPP模式的案例可以看出，利用PPP模式促进中小企业发展的潜力巨大。

张家口市桥西区集中供热项目全部为政府主导建设，项目公司——张家口市桥西区恒峰热力有限公司的管理层也是从政府各部门抽调组建而成。张家口市桥西区恒峰热力有限公司曾连年亏损，经营陷入困境。随着国家PPP政策出台，区政府逐渐开始对张家口市桥西区集中供热项目采用PPP模式进行改革。

经过两轮报价，北京源通热力有限公司（根据2011年出台实施的《中小企业划型标准规定》，北京源通热力有限公司属于中小企业）成功中标，PPP协议签订后，区政府与北京源通热力有限公司共同出资成立了张家口源通华盛热力有限公司。依靠北京源通热力有限公司先进的科技和经营管理，截至2016年底，张家口源通华盛热力有限公司实现扭亏为盈，走向了良性发展道路。从此案例可以看出，存量PPP项目的实施，可以同时实现国有中小企业的改革和民营中小企业的发展。原张家口市桥西区恒峰热力有限公司和北京源通热力有限公司两家中小企业都在此次合作中获益。因此，应进一步落实出台PPP模式促进中小企业发展的具体政策，挖掘PPP模式促进中小企业发展的巨大潜力。

五、税收优惠

2003年实施的《中华人民共和国中小企业促进法》规定，国家在有关税收政策上支持和鼓励中小企业的创立和发展。2009年印发的《国务院关于进一步促进中小企业发展的若干意见》要求进一步落实和完善促进中小企业发展的税收优惠政策。根据《国务院关于进一步支持小型微型企业健康发展的意见》和《国务院关于扶持小型微型企业健康发展的意见》，税收优惠政策开始向小微企业倾斜。修订后的《中华人民共和国中小企业促进法》规定，国家实行有利于小型微型企业发展的税收政策，对符合条件的小型微型企业按照规定实行缓征、减征、免征企业所得税、增值税等措施，简化税收征管程序，减轻小型微型企业税收负担；高等学校毕业生、退役军人和失业人员、残疾人员等创办小型微型企业，按照国家规定享受税收优惠和收费减免；国家采取措施支持社会资金参与投资中小企业。创业投资企业和个人投资者投资初创期科技创新企业的，按照国家规定享受税收优惠。

中国出台了诸多促进中小企业发展的营业税、增值税和企业所得税税收优惠政策，以及以促进中小企业融资、创新和公共服务为目的的税收优惠政策。

（一）营业税和增值税税收优惠

1993年颁布的《中华人民共和国增值税暂行条例》将小规模纳税人销售货物或者应税劳务的征收率定为6%，低于一般纳税人17%和13%的增值税税率。2008年又将小规模纳税人增值税征收率降至3%，并随后修改了小规模纳税人的认定标准。2011年修订的《中华人民共和国增值税暂行条例实施细则》和《中华人民共和国营业税暂行条例实施细则》大幅度上调了增值税和营业税的起征点，增值税和营业税起征点的上调无疑对中小企业，尤其是小微企业的优惠效果最为明显。2013 年 8 月 1 日，中国拉开了小规模纳税人免征增值税和营业税的序幕，对增值税小规模纳税人中月销售额和营业税纳税人中月营业额不超过 2 万元的企业或非企业性单位，暂免征收增值税和营业税。自 2014 年 10 月 1 日起，月销售额 2 万元（含本数，下同）至 3 万元的增值税小规模纳税人和月营业额 2 万元至 3 万元的营业税纳税人也被纳入免征增值税和营业税的范围。全面推开“营改增”试点后，自 2018 年 1 月 1 日起，继续对月销售额 2 万元（含本数）至 3 万元的增值税小规模纳税人免征增值税。此外，2016 年 5 月 1 日，“营改增”试点在全国范围内全面推开，服务业营业税重复征税问题就此得以解决。2016 年 5—11 月，全国建筑业、房地产业、金融业、生活服务业四大行业新纳入“营改增”的 934 万户小规模纳税人税负平均下降了 26.7%。

（二）企业所得税税收优惠

2007 年颁布的《中华人民共和国企业所得税法》规定，符合条件的小型微利企业，减按 20% 的税率征收企业所得税，低于一般纳税人 25% 的企业所得税税率。2010 年 1 月 1 日，中国拉开了小型微利企业所得税减半征收的序幕，对年应纳税所得额低于 3 万元（含 3 万元）的小型微利企业，其所得减按 50% 计入应纳税所得额，按 20% 的税率缴纳企业所得税。此后 10 多年间从未间断此项税收优惠政策，并逐步扩大了小型微利企业认定范围。2018 年，认定小型微利企业的年应纳税所得额上限已提高至 100 万元。

（三）促进中小企业融资的税收优惠政策

一是对金融机构与小型微型企业签订借款合同免征印花税。二是实施一系列支持农村金融的税收优惠政策。包括对实行改革试点的农村信用社暂免或减半征收企业所得税，以及按 3% 的税率征收营业税；对金融机构农户小额贷款的利息收入，免征营业税，在计算应纳税所得额时，按 90% 计入收入总额等；对农村信用社、村镇银行、农村资金互助社、由银行业机构全资发起设立的贷款公司、法人机构所在地在县（含县级市、区、旗）及县以下地区的农村合作银行和农村商业银行的金融保险业收入减按 3% 的税率征收营业税；对金融机构向农户、小型企业、微型企业及个体工商户发放小额贷款取得的利息收入，免征增值税。三是对金融企业涉农贷款和中小企业贷款进行风险分类后，按照不同比例计提的贷款损失专项准备金，准予在计算应纳税所得额时扣除。四是中小企业信用担保机构有关准备金税前扣除。五是对纳入全国试点范围的非营利性中小企业信用担保、再担保机构，可由地方政府确定，对其从事担保业务收入，

3 年内免征营业税。

（四）促进中小企业技术创新的税收优惠政策

一是企业研究开发费用的税前加计扣除。二是固定资产加速折旧。三是针对科技企业孵化器和国家大学科技园的房产税、城镇土地使用税、营业税和企业所得税税收优惠。四是对符合条件的国家中小企业公共服务示范平台中的技术类服务平台纳入现行科技开发用品进口税收优惠政策范围。

此外，其他税收优惠政策，如中小企业投资国家鼓励类项目，除《国内投资项目不予免税的进口商品目录》所列商品外，所需的进口自用设备以及按照合同随设备进口的技术及配套件、备件，免征进口关税；中小企业缴纳城镇土地使用税确有困难的，可按有关规定向省级财税部门或省级人民政府提出减免税申请。中小企业因有特殊困难不能按期纳税的，可依法申请在三个月内延期缴纳；小型微型企业从事国家鼓励发展的投资项目，进口项目自用且为国内不能生产的先进设备，按照有关规定免征关税等，都有效减轻了中小企业的发展负担。

六、降费清费

中国降费清费可分为整治“三乱”、清理规范涉企行政事业性收费、简政放权和普遍性降费四个时期。各时期都出台了诸多政策，中小企业社会负担不断降低。

（一）整治“三乱”时期

早在 1997 年，中共中央、国务院就要求坚决取缔各项行政事业性收费、罚款、集资、基金的“三乱”项目。2003 年实施的《中华人民共和国中小企业促进法》规定，任何单位不得违反法律、法规向中小企业收费和罚款，不得向中小企业摊派财物。2009 年印发的《国务院关于进一步促进中小企业发展的若干意见》要求进一步减轻中小企业社会负担。凡未按规定权限和程序批准的行政事业性收费项目和政府性基金项目，一律取消。全面清理整顿涉及中小企业的收费，重点是行政许可和强制准入的中介服务收费、具有垄断性的经营服务收费，能免则免，能减则减，能缓则缓。严格执行收费项目公示制度，公开前置性审批项目、程序和收费标准，严禁地方和部门越权设立行政事业性收费项目，不得擅自将行政事业性收费转为经营服务性收费。进一步规范执收行为，全面实行中小企业缴费登记卡制度，设立各级政府中小企业负担举报电话。健全各级政府中小企业负担监督制度，严肃查处乱收费、乱罚款及各种摊派行为。任何部门和单位不得通过强制中小企业购买产品、接受指定服务等手段牟利。

（二）清理规范涉企行政事业性收费时期

2010 年，发改委联合 14 个部门决定在全国范围内开展治理和规范涉企收费工作。2011 年，国家决定取消和免征 326 项行事业性收费和 4 项政府性基金，其中包括专门针对中小企业免征的 22 项管理类、登记类和证照类行政事业性收费，小微企业每年可减轻负担约 50 亿元。2012 年出台的《国务院关于进一步支持小型微型企业健康发展的意见》进一步要求，继续减免部分涉企收费并清理取消各种不合规收费。切实取消中央和省级财政、价格主管部门已公布取消的行政事业性收费。清理取消一批各省（区、市）设立的涉企行政事业性收费。规范涉及行政许可和强制准入的经营服务性收费。继续做好收费公路专项清理工作，降低企业物流成本等。

（三）简政放权时期

根据《国务院办公厅关于实施〈国务院机构改革和职能转变方案〉任务分工的通知》要求，财政部、国家发展改革委先后印发了三项文件，规定自 2013 年 8 月 1 日起，在全国统一取消和免征 33 项行政事业性收费；自 2013 年 10 月 1 日起，降低 14 个部门 20 个行政事业性收费项目的收费标准；自 2013 年 11 月 1 日起，取消 314 项各省（区、市）设立的行政事业性收费。为进一步推进简政放权，建立权力清单制度，激发企业特别是小微企业的活力，国务院办公厅于 2014 年 6 月印发了《国务院办公厅关于进一步加强涉企收费管理减轻企业负担的通知》，提出建立和实施涉企收费目录清单制度、从严审批涉企行政事业性收费和政府性基金项目、切实规范行政审批前置服务项目及收费、坚决查处各种侵害企业合法权益的违规行为和全面深化涉企收费制度改革五大有关事项。按照《通知》要求，财政部、国家发展改革委于 2014 年 8 月印发《关于进一步完善行政事业性收费项目目录公开制度的通知》，明确财政部和省级财政部门按照收费项目审批管理权限，分级编制并公布收费目录清单，从源头上防范乱收费，不让已“瘦身”的制度性交易成本反弹。

（四）普遍性降费时期

国务院总理李克强于 2014 年 11 月 15 日主持召开国务院常务会议，决定实施普遍性降费，进一步为企业特别是小微企业减负添力。会议决定，自 2015 年 1 月 1 日起，一是取消或暂停征收依法合规设立、但属于政府提供普遍公共服务或体现一般性管理职能的收费，包括企业、个体工商户注册登记费等 12 项收费。二是对小微企业免征组织机构代码证书费等 42 项行政事业性收费。2016 年

1月1日至2017年底，对月销售额或营业额不超过3万元的小微企业，自登记注册之日起3年内免征教育费附加、文化事业建设费等5项政府性基金。三是对安排残疾人就业未达到规定比例、在职职工总数不超过20人的小微企业，自登记注册之日起3年内免征残疾人就业保障金。四是对养老和医疗服务机构建设减免土地复垦费、房屋所有权登记费等7项收费。继续对高校毕业生、登记失业人员、残疾人和复转军人自主择业创业，免收管理、登记和证照类行政事业性收费。实施上述措施，每年将减轻企业和个人负担400多亿元。相关部门随后根据会议决定要求印发了具体规定。

随后几年，中国先后取消、停征、暂停、降低、调整、整合、规范了多项行政事业性收费和政府性基金收费，中小企业受益范围和程度因此进一步扩大和加深。

第三节　中国促进中小企业发展的金融政策与实践

中国促进中小企业发展的金融政策包括间接融资政策和直接融资政策。在间接融资方面，中国十分注重根据中小企业信贷特点构建专营机构体系和监管体系，十分注重中小企业融资服务创新，并积极出台政策确保中小企业信贷融资规模和结构不断扩大和优化。此外，中国循序渐进地建立了全国中小企业信用担保体系，并通过发展贷款保证保险和信用保险促进中小企业间接融资。在直接融资方面，中国建设完成了由中小板、创业板、“新三板”和区域性股权交易市场组成的多层次资本市场，并积极鼓励中小企业通过私募股权投资、创业投资、融资租赁等其他股权融资渠道融资，同时针对中小企业特点，设立了种类丰富的中小企业债券，促进中小企业直接融资。

一、间接融资

（一）构建符合中小企业信贷特点的经营和监管体系

基于小企业贷款业务的特殊性，中国银行业监督管理委员会于2005年提出银行业金融机构开展小企业贷款要重点建立和完善的“六项机制”。一是利率的风险定价机制，以实现小企业贷款业务商业性的可持续发展；二是独立核算机制，以独立考察小企业贷款业务的经营管理业绩；三是高效的贷款审批机制，以适应小企业贷款业务“短、小、频、急”的特点；四是激励约束机制，以充分调动小企业信贷人员工作积极性；五是专业化的人员培训机制，以提高信贷人员的专业素质；六是违约信息通报机制，以防范风险和改善信用环境。中国银行业监督管理委员会随后印发三项文件，以丰富和完善“六项机制”为主线，将小微企业金融服务的尽职免责、风险容忍等问题制度化。中国人民银行等四部委于2010年印发《关于进一步做好中小企业金融服务工作的若干意见》，要求小企业金融服务专营机构进一步落实小企业金融服务“四单原则”，即单列信贷计划、单独配置人力资源和财务资源、单独客户认定与信贷评审、单独会计核算，构建专业化的经营与考核体系。

国务院于2012年印发《关于进一步支持小型微型企业健康发展的意见》，鼓励金融机构建立科学合理的小型微型企业贷款定价机制，在合法、合规和风险可控前提下，由商业银行自主确定贷款利率，对创新型和创业型小型微型企业可优先予以支持。建立小企业信贷奖励考核制度，落实已出台的小型微型企业金融服务的差异化监管政策，适当提高对小型微型企业贷款不良率的容忍度。2014年印发的《国务院关于扶持小型微型企业健康发展的意见》进一步要求，各银行业金融机构在商业可持续和有效控制风险的前提下，单列小型微型企业信贷计划。《2017年政府工作报告》提出，鼓励大中型商业银行设立普惠金融事业部，国有大型银行要率先做到，实行差别化考核评价办法和支持政策，有效缓解中小微企业融资难、融资贵问题。“国务院银行业监督管理机构对金融机构开展小型微型企业金融服务应当制定差异化监管政策，采取合理提高小型微型企业不良贷款容忍度等措施，引导金融机构增加对小型微型企业投资规模和比重，提高金融服务水平。”被写进了修订后的《中华人民共和国中小企业促进法》。

（二）建立和完善小企业金融服务专营机构体系

国务院及相关部门自2008年起印发了诸多文件，要求鼓励银行从自身实际情况出发，探索建立多种形式、灵活有效的小企业金融服务专营机构；建立健全多层次、多元化中小企业金融服务组织体系，并在加强监管和防范风险的前提下，鼓励民间资本、外资、国际组织资金参与建设；引导小金融机构增加服务网点，向老少边穷地区、县域、乡镇等金融服务薄弱区域，以及批发市场、商贸集市等小微企业集中地区延伸等。“国家推进和支持普惠金融体系建设，推动中小银行、非存款类放贷机构和互联网金融有序健康发展，引导银行业金融机构向县域和乡镇等小型微型企业金融服务薄弱地区延伸网点和业务。国有大型商业银行应当设立普惠金融机构，为小型微型企业提供金融服务。国家推动其他银行业金融机构设立小型微型企业金融服务专营机构。地区性中小银行应当积极为其所在地的小型微型企业提供金融服务，促进实体经济发展。”被写进了修订后的《中华人民共和国中小企业促进法》。在以上政策法规的支持下，中国银行业金融机构改制和发展较为成功，中小企业金融服务专营机构体系不断优化完善（详见表2－3）。

表2－3　中国银行业金融机构改制和发展情况　单位：家

年份	2006	2008	2010	2012	2014	2016
政策性银行及国开行	3	3	3	3	3	3
邮政储蓄银行	1	1	1	1	1	1
大型商业银行	5	5	5	5	5	5
股份制商业银行	12	12	12	12	12	12
城市商业银行	113	136	147	144	133	134
城市信用社	78	22	0	0	0	0
农村信用社	19 348	4 965	2 646	1 927	1 596	1 125
农村商业银行	13	22	85	337	665	1 114
农村合作银行	80	163	223	147	89	40
农村资金互助社	0	10	37	49	49	48
村镇银行	0	91	349	800	1 153	1 443
民营银行	0	0	0	0	0	8
金融资产管理公司	4	4	4	4	4	4
信托公司	54	54	63	67	68	68
企业集团财务公司	70	84	107	150	196	236
金融租赁公司	6	12	17	20	30	56
货币经纪公司	1	3	4	5	5	5
汽车金融公司	7	9	13	16	18	25
消费金融公司	0	0	4	4	6	18
贷款公司	0	6	9	14	14	13
外资法人金融机构	14	32	40	42	41	39
中德住房储蓄银行	0	0	0	0	1	1

资料来源：根据2006年、2008年、2010年、2012年、2014年、2016年《中国银行业监督管理委员会年报》整理。

（三）加大中小企业信贷融资规模并优化结构

2003年实施的《中华人民共和国中小企业促进法》规定，中国人民银行应当加强对中小金融机构的支持力度，鼓励商业银行调整信贷结构，加大对中小企业的信贷支持。2008年，中国银监会提出“两个不低于”原则，即要以小企业信贷投放增速不低于全部贷款增速、增量不低于上年为原则。此后，相关部门不断出台文件，在确保“两个不低于”的基础上坚持“有保有压”，将符合国家产业和环保政策、有利于扩大就业、有偿还意愿和偿还能力、具有商业可持续性的小企业，以及科技型中小企业确定为重点支持对象。以2011年为例，中小企业贷款余额21.77万亿元，同比增长18.6%，中小企业新增贷款占全部企业新增贷款的68.0%。2012年，国务院进一步要求确保小型微型企业贷款的“两个不低于”，对达到要求的小金融机构执行较低存款准备金率。中国小微企业贷款情况见表2-4。

表2-4　2012—2017年中国小微企业贷款情况　单位：万亿元

年份	小微企业贷款余额	余额占比	余额增速	高于大型企业贷款增速百分点	高于中型企业贷款增速百分点	小微企业贷款增量	增量占比
2012	11.58	28.6%	16.6%	8	1	1.64	34.6%
2013	13.21	29.4%	14.2%	3.9	4	2	43.5%
2014	15.26	30.4%	15.5%	6.1	4.8	2.13	41.9%
2015	17.39	31.2%	13.9%	2.7	5.3	2.11	38.1%
2016	20.84	32.1%	16%	7.2	9.1	3	49.1%
2017	24.3	33%	16.4%	3.8	5.8	3.4	39.9%

注：“余额占比”指小微企业贷款余额占全部企业贷款余额的百分比；“增量占比”指小微企业贷款增量占全部企业贷款增量的百分比。

资料来源：根据2012—2017年各年《金融机构贷款投向统计报告》整理。

（四）加强中小企业融资服务创新

早在2003年，《中华人民共和国中小企业促进法》便要求各类金融机构扩展服务领域，采取多种形式，为中小企业提供金融服务。2009年印发的《国务院关于进一步促进中小企业发展的若干意见》进一步提出创新金融产品和服务方式。完善财产抵押制度和贷款抵押物认定办法，采取动产、应收账款、仓单、股权和知识产权质押等方式，缓解中小企业贷款抵质押不足的矛盾。2012年，商务部同意在天津滨海新区、上海浦东新区开展商业保理试点。2013年印发的《国务院办公厅关于金融支持小微企业发展的实施意见》要求，加快丰富和创新小微企业金融服务方式。积极鼓励金融机构为小微企业全面提供开户、结算、理财、咨询等基础性、综合性金融服务；大力发展产业链融资、商业圈融资和企业群融资，积极开展知识产权质押、应收账款质押、动产质押、股权质押、订单质押、仓单质押、保单质押等抵质押贷款业务；推动开办商业保理、金融租赁和定向信托等融资服务。鼓励保险机构创新资金运用安排，通过投资企业股权、基金、债权、资产支持计划等多种形式，为小微企业发展提供资金支持。充分利用互联网等新技术、新工具，不断创新网络金融服务模式。2015 年，十部委印发的《关于促进互联网金融健康发展的指导意见》（下文简称《指导意见》）充分肯定了互联网金融对促进小微企业发展不可替代的积极作用。《指导意见》按照“鼓励创新、防范风险、趋利避害、健康发展”的总体要求，提出了一系列鼓励创新、支持互联网金融稳步发展的政策措施。“国家鼓励各类金融机构开发和提供适合中小企业特点的金融产品和服务。国家政策性金融机构应当在其业务经营范围内，采取多种形式，为中小企业提供金融服务。国家完善担保融资制度，支持金融机构为中小企业提供以应收账款、知识产权、存货、机器设备等为担保品的担保融资。”被写进修订后的《中华人民共和国中小企业促进法》。

以 2016 年为例，新增专利质押融资额达 436 亿元，在质押专利项目融资金额达到 1 045 亿元。应收账款融资服务平台促成融资成交 6. 6 万笔，成交金额近 4 万亿元，7 成资金流入中小企业，在提高中小企业融资可获得性、降低融资成本方面发挥了积极作用。

（五）建设健全全国中小企业信用担保体系

1. 全国中小企业信用担保体系建设的试点

1998 年 10 月，全国中小企业信用担保体系建设试点陆续在镇江、济南、北京等地展开。1999 年 6 月，中小企业信用担保体系试点工作正式启动。中小企业信用担保机构创办初期不以营利为主要目的，其担保资金和业务经费以政府预算资助和资产划拨为主，担保费收入为辅。试点阶段中小企业信用担保的重点为中小企业短期银行贷款；中小企业信用担保体系由城市、省、国家三级机构组成，其业务由担保与再担保两部分构成，担保以地市为基础，再担保以省为基础。同时，为防范担保风险，试点期间，暂不设立全国性中小企业信用担保机构。此外，将从事中小企业担保业务的商业担保机构和企业互助担保机构作为中小企业信用担保体系的补充。2001 年 3 月，对列入全国中小企业信用担保体系的担保机构应具备的基本条件和试点机构范围做出了规定。2003 年实施的《中华人民共和国中小企业促进法》规定，县级以上人民政府和有关部门应当推进和组织建立中小企业信用担保体系，推动对中小企业的信用担保，为中小企业融资创造条件。这一时期，担保机构从最初的政府出资、运作为主逐渐向市场出资、运作为主转变。

2. 全国中小企业信用担保体系建设支持政策的完善

2006 年印发的《关于加强中小企业信用担保体系建设的意见》提出，通过建立健全担保机构的风险补偿机制、完善担保机构税收优惠等支持政策、推进担保机构与金融机构的互利合作、切实为担保机构开展业务创造有利条件和加强对担保机构的指导与服务五项措施，解决担保机构总体规模较小、实力较弱、抵御风险能力不强和行业管理不完善等问题。2009 年印发的《国务院关于进一步促进中小企业发展的若干意见》进一步要求，各级财政要加大支持力度，综合运用资本注入、风险补偿和奖励补助等方式，提高担保机构对中小企业的融资担保能力。落实好对符合条件的中小企业信用担保机构免征营业税、准备金提取和代偿损失税前扣除的政策。国土资源、住房城乡建设、金融、工商等部门要为中小企业和担保机构开展抵押物和出质的登记、确权、转让等提供优质服务。鼓励保险机构积极开发为中小企业服务的保险产品。2015 年，国务院印发《国务院关于促进融资担保行业加快发展的意见》，提出完善银担合作模式，建立健全融资担保业务风险分散机制等要求。中央财政中小企业信用担保专项资金从 2006 年的 5 000 万元增至 2012 年的 14 亿元，累计安排担保专项资金已达 59. 38 亿元，共计扶持 3 328 家/次中小企业信用担保（再担保）机构，政策扶持的担保机构已累计为中小企业提供 1. 71 万亿元贷款担保服务。2001 年至 2012 年底，全国共计 11 批 1 963 家/次中小企业信用担保机构享受营业税减免政策。在全国中小企业信用担保体系建设支持政策不断完善、力度不断增强的背景下，全国信用担保机构注册资本和担保额不断增加，担保体系建设的市场主体地位进一步加强，业务水平不断提升。

3. 全国中小企业信用担保支持向小微企业倾斜

2012 年，国务院印发《国务院关于进一步支持小型微型企业健康发展的意见》，要求加强对小型微型企业的信用担保服务。鼓励担保机构提高小型微型企业担保业务规模，降低对小型微型企业的担保收费。引导外资设立面向小型微型企业的担保机构，加快推进利用外资设立担保公司试点工作。改善信用保险服务，定制符合小型微型企业需求的保险产品，扩大服务覆盖面。并提出推进政府采购信用担保试点，鼓励为小型微型企业参与政府采购提供投标担保、履约担保和融资担保等服务。国务院于 2014 年印发《国务院关于扶持小型微型企业健康发展的意见》，要求进一步加大对小型微型企业融资担保的财政支持力度。2015 年，国务院印发《国务院关于促进融资担保行业加快发展的意见》提出，小微企业和“三农”融资担保业务较快增长、融资担保费率保持较低水平，小微企业和“三农”融资担保在保户数占比五年内达到不低于60%的目标；持续加大政策扶持力度，形成以小微企业和“三农”融资担保业务为导向的政策扶持体系。以 2012 年为例，全国中小企业信用担保机构服务新增受保企业 63.5 万户，其中小微企业 25.1 万户，新增担保总额 1.7 万亿元，其中小微企业新增担保额 1 万亿元。

4. 全国中小企业信用担保体系的优化升级

国务院于 2015 年印发《国务院关于促进融资担保行业加快发展的意见》要求，坚持政策扶持与市场主导相结合和坚持发展与规范并重为基本原则，推进融资担保机构“减量增质”、做精做强，培育一批有较强实力和影响力的融资担保机构，基本形成数量适中、结构合理、竞争有序、稳健运行的机构体系。2016 年，担保机构数量较 2015 年同比下降 15.7%，但户均注册资本同比增加 14.8%，注册资本亿元以上担保机构数量占比达 67.7%。2000—2012 年全国中小信用担保机构发展情况见表 2－5。

表 2－5　2000—2012 年全国（中小）信用担保机构发展情况

年份	全国（中小）信用担保机构数（家）	累计担保企业（万户）	累计担保额（万亿元）
2000	203	—	—
2001	582	—	—
2002	848	—	—
2003	966	4.8	0.12
2004	—	—	—
2005	2 914	26.4	0.47
2006	3 366	38	0.81
2007	3 729	70	1.35
2008	4 247	90.7	1.75
2009	5 547	112	2.51
2010	4 817	134	3.49
2011	4 439	172	5.05
2012	4 374	235.5	6.75

注：2000—2007 年，统计口径为全国信用担保机构。2008—2012 年，统计口径为全国中小信用担保机构；除 2003 年为 6 月底数据外，其余年份皆为年底数据；“—”表示数据缺失。

资料来源：根据 2004—2005 年、2006 年至 2013 年各年《中国中小企业年鉴》计算整理。

（六）发展贷款保证保险和信用保险

2012年印发的《国务院关于进一步支持小型微型企业健康发展的意见》要求，积极发展小型微型企业贷款保证保险和信用保险。改善信用保险服务，定制符合小型微型企业需求的保险产品，扩大服务覆盖面。2014年印发的《国务院办公厅关于多措并举着力缓解企业融资成本高问题的指导意见》要求，积极发挥保险的功能和作用。大力发展相关保险产品，支持小微企业、个体工商户获得短期小额贷款。2015年，保监会等五部委联合印发《关于大力发展信用保证保险服务和支持小微企业的指导意见》要求，运用保险特有的增信融资功能支持小微企业发展。提出创新发展方式、提高服务能力、营造政策环境等要求。其中，创新发展方式包括创新保险产品、创新经营模式、创新资金运用三项内容。“国家推动保险机构开展中小企业贷款保证保险和信用保险业务，开发适应中小企业分散风险、补偿损失需求的保险产品。”被写进修订后的《中华人民共和国中小企业促进法》。

二、直接融资

修订后的《中华人民共和国中小企业促进法》规定，国家健全多层次资本市场体系，多渠道推动股权融资，发展并规范债券市场，促进中小企业利用多种方式直接融资。中国中小企业直接融资主要包括股权融资和债券融资两种形式。国务院于2009年、2012年、2013年先后印发重要文件，要求大力拓展中小微企业直接和间接融资渠道。

（一）股权融资

1. 上市融资方面

2004年5月，经国务院批准，中国证监会批复同意深圳证券交易所在主板市场内设立中小企业板块（发展情况见表2-6），以满足成长型和科技型中小企业上市需求。2009年，中国启动创业板（又称二板市场；发展情况见表2-7），作为主板市场的重要补充，满足创业型企业、中小企业和高科技产业企业的融资需求。

表2-6　　中国中小企业板市场发展情况

年份	股票数目	总股本（亿股）	总市值（亿元）
2004	38	32.23	413.43
2005	50	56.14	481.55
2006	102	143.21	2 015.30

续表

年份	股票数目	总股本（亿股）	总市值（亿元）
2007	202	339. 64	10 646. 84
2008	273	591. 60	6 269. 68
2009	327	794. 13	16 872. 55
2010	531	1 366. 74	35 364. 61
2011	646	1 943. 50	27 429. 32
2012	701	2 410. 25	28 804. 03
2013	701	2 818. 48	37 163. 74
2014	732	3 470. 59	51 058. 20
2015	776	4 853. 94	103 950. 47
2016	822	6 423. 69	98 113. 98
2017	903	7 612. 24	103 992. 02

资料来源：根据《深圳证券交易所市场统计年鉴（2010）》《深圳证券交易所市场统计年鉴（2018）》整理。

表 2 -7　　中国创业板市场发展情况

年份	股票数目	总股本（亿股）	总市值（亿元）
2009	36	34. 60	1 610. 88
2010	153	175. 06	7 365. 22
2011	281	399. 53	7 433. 79
2012	355	600. 89	8 731. 20
2013	355	761. 56	15 091. 98
2014	406	1 077. 26	21 850. 95
2015	492	1 840. 45	55 916. 43
2016	570	2 630. 61	52 254. 50
2017	710	3 258. 49	51 288. 81

资料来源：根据《深圳证券交易所市场统计年鉴（2010）》《深圳证券交易所市场统计年鉴（2018）》整理。

2. 场外交易方面

2006 年，中关村科技园区非上市股份公司进入代办转让系统进行股份报价转让，俗称“老三板”。2012 年，经国务院批准，决定扩大非上市股份公司股份转让试点，首批扩大试点新增上海张江高新技术产业开发区、武汉东湖新技术产业开发区和天津滨海高新区。2013 年 1 月，经国务院批准，全国中小企业股份转让系统设立（发展情况见表 2 – 8），2013 年 12 月 31 日起股转系统面向全国接收企业挂牌申请。全国中小企业股份转让系统（俗称“新三板”）是经国务院批准，依据证券法设立的继上交所、深交所之后第三家全国性证券交易场所，也是中国第一家公司制运营的证券交易场所。此外，截至 2018 年 3 月底，全国 36 个省、自治区、直辖市、计划单列市中，除云南省外都已相继设立区域性股权市场。区域性股权交易市场是为特定区域内的企业提供股权、债券的转让和融资服务的私募市场，是中国多层次资本市场的重要组成部分，对促进中小微企业股权交易和融资具有积极作用。除由中小板、创业板、“新三板”和区域性股权交易市场组成的多层次资本市场外，私募股权投资、创业投资、融资租赁等也是中国中小企业股权融资的重要渠道。

表 2 – 8　　中国“新三板”市场发展情况

年份	挂牌公司数量（家）	总股本（亿股）	总市值（亿元）
2012	200	55. 27	336. 10
2013	356	97. 17	553. 06
2014	1 572	658. 35	4 591. 42
2015	5 129	2 959. 51	24 584. 42
2016	10 163	5 851. 55	40 558. 11
2017	11 630	6 756. 73	49 404. 56

资料来源：根据 2014 年、2017 年《全国中小企业股份转让系统统计快报》整理。

（二）债券融资

除短期融资券、中期票据外，针对中小企业债券融资，中国于 2007 年推出中小企业集合债券、2009 年推出中小企业集合票据、2011 年推出中小企业区域集优票据、2012 年推出中小企业私募债券和小企业金融债券、2013 年推出小微企业增信集合债券等多个品种。其中，中小企业集合债券是指通过牵头人的组织（通常是政府部门），以多个具有法人资格的中小企业构成的集合为发债主体，发行企业各自确定发行额度并分别负债，使用统一的债券名称，统收统付，向投资者发行的约定到期还本付息的一种债务性融资工具；中小企业集合票据是指 2 个（含）以上、10 个（含）以下具有法人资格的企业，在银行间债券市场以统一产品设计、统一券种冠名、统一信用增进、统一发行注册方式共同发行的，约定在一定期限还本付息的债务融资工具；中小企业区域集优票据是指一定区域内具有核心技术、产品，具有良好市场前景的中小非金融企业，通过政府专项风险缓释措施的支持，在银行间债券市场发行中小企业集合票据的债务融资方式；中小企业私募债券是中国中小微企业在境内市场以非公开方式发行的，发行利率不超过同期银行贷款基准利率的3倍，期限在1年（含）以上，对发行人没有净资产和盈利能力的门槛要求，完全市场化的公司债券；小企业金融债券指符合条件的银行金融机构发行专项用于小微企业的金融债券；小微企业增信集合债券指由国有企业或城投公司发行的债券，其募集资金用于通过商业银行转贷管理，扩大支持小微企业的覆盖面。

以2012年为例，中小企业累计发行集合票据71亿元，中小企业区域集优票据29亿元。2012年5月，沪深两交易所启动中小企业私募债券业务试点，截至2012年底，两所共有81只中小企业私募债完成发行，募集资金90.83亿元。截至2012年5月初，人民银行共批准兴业银行、杭州银行等8家商业银行发行小企业金融债券1 580亿元。此外，首批四期小微企业增信集合债券于2013年3月面世，共募集资金35亿元人民币。

第四节　建立健全中小企业社会化服务体系

中国十分注重中小企业社会化服务体系建设，并不断丰富中小企业社会化服务种类、创新中小企业社会化服务手段、改革中小企业社会化服务方式。为中小企业提供不断优化的人才培训服务、信息资讯服务、创业创新服务、信用信息服务、市场开拓服务等社会化服务，并改革了商事制度，为中小企业提供便利。

一、指导性政策

1999年，党的十五届四中全会首次提出培育中小企业服务体系。为贯彻全会精神，原国家经贸委于2000年提出培育服务体系应侧重的领域，并明确了服务体系由综合服务组织和专业服务组织两个层次构成，随后进一步要求给予中小企业服务体系建设必要的资金及政策支持。2000年6月起，原国家经贸委在全国东中西部地区选择了10个城市进行中小企业服务体系建设试点。2003年实施的《中华人民共和国中小企业促进法》规定，国家鼓励社会各方面力量，建立健全中小企业服务体系，为中小企业提供服务。按照《促进法》规定，中央财政自2003年开始安排专项资金，用于中小企业服务机构对中小企业重点服务的补助。

2011年12月，工信部等五部门联合提出中小企业服务体系的建设目标：到“十二五”末，在各省（自治区、直辖市、计划单列市）基本建立中小企业公共服务平台网络，树立百家国家中小企业公共服务示范平台，培育千家中小企业公共服务平台和小企业创业基地，带动万家以上专业服务机构，形成服务功能完善、特色鲜明、运营规范、方便快捷、社会影响力大和品牌知名度高的服务体系。2012年，国务院提出，到2015年，支持建立和完善4 000个为小型微型企业服务的公共服务平台，重点培育认定500个国家中小企业公共服务示范平台等要求。截至2016年底，中小企业服务体系建设核心目标全面完成。工信部于2013年先后印发文件，提出鼓励中介机构、行业协会、大学和科研机构等各类社会服务资源，为中小企业“专精特新”发展提供各类服务，促进“专精特新”技术和产品的产业化等意见。2014年，国务院要求加大中小企业专项资金对小企业创业基地（微型企业孵化园、科技孵化器、商贸企业集聚区等）建设的支持力度。鼓励大中型企业带动产业链上的小型微型企业，实现产业集聚和抱团发展；建立支持小型微型企业发展的信息互联互通机制；大力推进小型微型企业公共服务平台建设。工信部还于2015年印发了《国家小型微型企业创业示范基地建设管理办法》。

专栏2.1　中小企业“专精特新”发展

中小企业“专精特新”发展是指，通过增强企业技术创新能力、实施中小企业知识产权战略、提高信息化应用水平、提升产品质量和创建品牌、提高经营管理水平、促进产业协作配套等重点任务，以及加大财税金融扶持、建立和完善服务体系、组织市场开拓活动、加强培育和推进工作、建立协同工作机制等推进措施的实施，促进中小企业走专业化、精细化、特色化、新颖化发展之路。其中：

“专”指引导中小企业专注核心业务，提高专业化生产、服务和协作配套的能力，为大企业、大项目和产业链提供零部件、元器件、配套产品和配套服务；

“精”指引导中小企业精细化生产、精细化管理、精细化服务，以美誉度高、性价比好、品质精良的产品和服务在细分市场中占据优势；

“特”指引导中小企业利用特色资源，弘扬传统技艺和地域文化，采用独特工艺、技术、配方或原料，研制生产具有地方或企业特色的产品；

“新”指引导中小企业开展技术创新、管理创新和商业模式创新，培育新的增长点，形成新的竞争优势。

资料来源：《关于促进中小企业中小企业“专精特新”发展的指导意见》，工业和信息化部，2013 年 7 月 16 日。

2015 年 6 月 11 日，国务院印发《关于大力推进大众创业万众创新若干政策措施的意见》，提出加快发展创业孵化服务、大力发展第三方专业服务、发展“互联网 +”创业服务、研究探索创业券、创新券等公共服务新模式以发展创业服务，构建创业生态；打造创业创新公共平台、用好创业创新技术平台、发展创业创新区域平台以建设创业创新平台，增强支撑作用。国务院随后印发《关于加快构建大众创业万众创新支撑平台的指导意见》，具体部署大力推进大众创业万众创新和推动实施“互联网 +”行动，系统性指导加快推动众创、众包、众扶、众筹等新模式、新业态发展。国务院办公厅于 2016 年印发《关于建设大众创业万众创新示范基地的实施意见》，提出建设一批双创示范基地、扶持一批双创支撑平台、突破一批阻碍双创发展的政策障碍、形成一批可复制可推广的双创模式和典型经验，重点围绕创业创新重点改革领域开展试点示范。工信部于 2016 年印发了《国家小型微型企业创业创新示范基地建设管理办法》。随后，工业和信息化部会同国家发展和改革委员会、财政部等部门联合印发《关于推动小型微型企业创业创新基地发展的指导意见》，提出到“十三五”末，公告 300 个国家小型微型企业创业创新示范基地，推动地方培育和建设 3 000 个省级小型微型企业创业创新基地，形成一批特色鲜明、成果显著的小微企业双创基地的目标。修订后的《中华人民共和国中小企业促进法》第七章对中小企业社会化服务体系建设做了全面规定。

专栏 2.2　上海市科技创新券

科技创新券，简称“创新券”，是由政府部门发行的、带有普惠性特征的一种优惠券。符合条件的企业可向相关部门申请，经过审批后，可用科技创新券向科技服务机构等购买规定范围内的科技创新服务等，最终由承担科技服务的机构持券到有关部门兑现。

上海市科技创新券的发放对象包括中小微企业和创业团队两类主体，使用范围为加盟上海研发公共服务平台的大型科学仪器设施、研发实验服务机构和上海市技术创新服务平台、上海市专业技术服务平台，在沪国家级、市级重点实验室及工程技术研究中心提供的研发服务，包括测试检测、合作研发、委托开发、研发设计、技术解决方案、知识产权、文献情报等。

上海市科技创新券为电子券形式，采用事前申请、事后补助的方式。每个企业或创业团队2017—2018年度最高可申请10万元的科技创新券额度。符合要求的技术服务金额在5万元及以下的部分按照50%的比例核定支持；超过5万元的部分按照最高不超过15%的比例核定支持。

资料来源：赵卿，伏兴艳．让企业用好“创新券”［N/OL］．大众日报，2018－1－24. http：//paper. dzwww. com/dzrb/content/20180124/Articel10004MT. htm；上海市科学技术委员会．关于开展2017－2018年度上海市科技创新券工作的通知［EB/OL］．2017－6－30.

二、具体措施

（一）人才培训服务

为提高中小企业的整体素质，中国于2003年8月启动了“国家中小企业银河培训工程”，对创业者开展创业知识和创业技能培训；对小企业经营管理及专业技术人员开展工商管理基础知识、法律法规、产业政策和企业信息化建设等培训；对中小企业服务机构从业人员开展专业知识和服务技能培训；对各级政府部门中直接从事中小企业管理工作的人员开展法律法规和相关促进中小企业发展政策措施培训等。2009年印发的《国务院关于进一步促进中小企业发展的若干意见》提出，大力开展对中小企业各类人员的培训，实施中小企业银河培训工程。在3年内选择100万家成长型中小企业，对其经营管理者实施全面培训。《国家中长期人才发展规划纲要（2010—2020年）》将国家中小企业银河培训工程列入规划。工业和信息化部随后制定了《国家中小企业银河培训工程实施方案》，明确了主要目标：2010年至2020年每年培训不少于50万名中小企业经营管理者。到2020年完成500万中小企业经营管理人才的培训任务。2010年，企业经营管理人才素质提升工程被列为《国家中长期人才发展规划纲要（2010—2020年）》部署的12项国家重大人才工程之一，中央财政随后设立企业经营管理人才素质提升工程专项资金，各部委也相继印发相关落实文件。

（二）信息服务

中国中小企业信息网于2001年8月7日开通，信息网通过先进的技术手段，提供中小企业政务信息服务和其他相关服务，支持各级政府中小企业管理部门、各类中介组织开展中小企业相关工作，促进和支持中小企业健康发展。中国中小企业信息网是建立和完善中小企业社会化服务体系的重要基础工作。“十二五”期间，中小企业网将建设重点放在“两个平台、一个中心”上，即电子政务平台、企业服务平台和中小企业网协同服务及数据资源中心。根据中小企业的需求，中国中小企业信息网开通和建设了各类分平台，并通过集成、联合、采购等多种方式，汇集金融、法律、税务、评估、知识产权、设计、培训、技术、管理咨询等各方面的服务机构进入上述平台开展服务，促进供需对接。

自2005年起，中国开始按照“政府扶持中介、中介服务企业”的思路和“政府倡导、企业主体、社会参与”的原则实施“中小企业信息化推进工程”。2008年，国家发展改革委提出强化政府对中小企业信息化的公共服务和完善中小企业信息化社会服务体系的具体做法。2013年，工信部印发了《中小企业信息化发展指南》，为中小企业信息化发展提供参考。2016年，工信部印发《关于进一步推进中小企业信息化的指导意见》，提出到2020年中小企业信息化水平显著提升的主要目标。

（三）创业创新服务

2003年，国家中小企业发展专项资金对6个试点市开展的创业辅导服务予以资助。2005年又增加了7个试点市区。2015年起，中小企业发展专项资金对中小企业的支持方式由对中小企业的项目支持，转变为对小微企业创业创新基地示范城市的整体支持，以整合政策资源聚集服务要素，缩短政策流程提高效率，探索建立政府扶持小微企业发展的新机制。

2006年，国务院印发《国务院关于实施〈国家中长期科学和技术发展规划纲要（2006—2020年）若干配套政策的通知〉》，多项政策涉及中小企业，尤其是科技型中小企业。国家发展改革委会同科技部、国家知识产权局同年共同组织实施了“专利服务中小企业行动”。2007年，国家发展改革委、财政部、科技部等十三个部委联合印发改革开放以来首个支持中小企业技术创新的指导性文件——《关于支持中小企业技术创新的若干政策》，要求激励企业自主创新、加强投融资对技术创新的支持。提出建立技术创新服务体系，包括加大创业服务、培育技术中介服务机构、建立公共技术支持平台、开放科研设施、加强技术信息服务、加强知识产权服务与管理、加强新产品认定和标准化服务、营造公平的人才发展环境诸项措施。

（四）信用服务

为引导中小企业增强信用观念，原国家经贸委于 2001 年印发了《关于加强中小企业信用管理工作的若干意见》。2003 年，国家发改委决定在北京等五座城市开展中小企业信用信息征集、信用等级评价、诚实信用活动、建立中小企业信用档案等中小企业信用服务业务试点工作，并在 2005 年将试点范围扩大至内蒙古自治区、江苏省和广东省。《中华人民共和国中小企业促进法》实施后，推进中小企业信用制度建设的相关政策文件密集出台，政策体系不断完善。2014 年印发的《国务院关于扶持小型微型企业健康发展的意见》要求，依托工商行政管理部门的企业信用信息公示系统，在企业自愿申报的基础上建立小型微型企业名录，集中公开各类扶持政策及企业享受扶持政策的信息。通过统一的信用信息平台，汇集工商注册登记、行政许可、税收缴纳、社保缴费等信息，推进小型微型企业信用信息共享，促进小型微型企业信用体系建设。

（五）建设中小企业公共服务平台

中小企业公共服务平台是指按照开放性和资源共享性原则，为区域和行业中小企业提供信息查询、技术创新、质量检测、法规标准、管理咨询、创业辅导、市场开拓、人员培训、设备共享等服务的法人实体。服务平台在解决中小企业共性需求，畅通信息渠道，改善经营管理，提高发展质量，增强市场竞争力，实现创新发展等方面发挥着重要支撑作用。中国中小企业公共服务平台建设起始于 2004 年，是中小企业公共服务体系的重要载体和组成部分。例如，在技术创新方面，国家发展改革委于 2006 年制定了《关于支持中小企业技术创新的工作方案》，提出建立千家公共技术服务平台的目标。2007 年，国家发展改革委等十二个部门联合印发的《关于支持中小企业技术创新的若干政策》提出，重点支持在中小企业相对集中的产业集群或具有产业优势的地区，建立为中小企业服务的公共技术支持平台。鼓励企业和社会各方面积极参与中小企业公共技术平台建设。国家有关部门应加大对公共技术平台的政策支持。又如，在知识产权方面，2010 年，工业和信息化部与国家知识产权局联合确定 32 个城市作为“中小企业知识产权战略推进工程”首批实施城市，搭建知识产权专业服务平台，支持中小企业创造、运用和保护知识产权。再如，2009 年印发的《国务院关于进一步促进中小企业发展的若干意见》提出，通过引导社会投资、财政资金支持等多种方式，重点支持在轻工、纺织、电子信息等领域建设一批产品研发、检验检测、技术推广等公共服务平台。2011 年 3 月，工业和信息化部向社会公布了首批 99 家国家中小企业公共服务示范平台，此后，国家中小企业公共服务示范平台数量逐年增加，国家中小企业公共服务示范平台管理工作不断加强。同时，地方也高度重视中小企业公共服务平台建设。“十二五”时期，工信部和财政部提出推动形成互联互通、资源共享的中小企业公共服务平台网络建设。2011 年起，中央财政安排专项资金支持试点省市开展平台网络建设工程。工业和信息化部于 2013 年先后印发了《中小企业公共服务平台网络共享数据指标目录和设计细则（2013 版）》和《关于中小企业公共服务平台网络建设互联互通基本要求的通知》。

（六）助力中小企业开拓市场

中国积极建立有利于促进中小企业开拓市场的展览展销平台，包括“中国国际中小企业博览会”“APEC 中小企业技术交流暨展览会”“中国国际中小企业交易会”，以及如“中国（江苏）装备产业配套对接洽谈会”“中国（沈阳）国际中小企业大会”“中国（无锡）民营企业高新技术洽谈会”“东西部中小企业合作项目推介会”“中国中小企业节”等区域展览展销平台。此外，中国积极参加并组织有利于促进中小企业开拓市场的重大外交活动，包括每年举行一次的“APEC 中小企业部长会议”和每年举行两次的“APEC 中小企业工作组会议”。其中，“APEC 第八次中小企业部长会议”于 2001 年在中国上海举办，期间，中国倡议成立了中小企业服务联盟，并启动 APEC 中小企业服务联盟委员会会议暨论坛，“APEC 第 21 次中小企业部长会议”于 2014 年在中国南京举办。中国还以非成员身份积极参加四年一次的“OECD 中小企业部长会议”。

中国积极开展有利于促进中小企业开拓市场的政府间中小企业双边和多边合作。中国积极与德国、韩国、美国、克罗地亚、法国、意大利、越南、英国、日本、瑞典、赞比亚、阿拉伯国家、中东欧国家、金砖国家等国家和台湾地区，以及 APEC、欧盟、东盟等国际组织签署政府间中小企业合作协议或谅解备忘录、建立中小企业定期磋商机制、开展中小企业合作项目、举办中小企业合作论坛、政策对话会议和合作研讨会、建设中小企业合作示范区等双多边交流与合作。

（七）改革商事制度

2013 年 2 月 28 日，中国共产党十八届二中全会决定改革工商登记制度，放宽工商登记条件。2014 年，实施“先照后证”改革，即先申领营业执照后再办理有关许可证。2015 年 10 月，在全国范围实施了企业工商营业执照、组织机构代码证和税务登记证“三证合一、一照一码”登记制度改革。2016 年 10 月，在“三证合一”的基础上，又整合了社会保险登记证和统计登记证，实施了企业“五证合一、一照一码”改革，12 月又实施了个体工商户营业执照和税务登记证的“两证整合”。2017 年 5 月，国务院办公厅印发《关于加快推进“多证合一”改革的指导意见》，“多证合一”改革在全国范围内启动。

第五节　案例分析

本节选取 2016 年上海市中小企业发展专项资金资助项目的具体情况，以及浙江精工科技股份有限公司获得政府扶持的具体情况，旨在从政府和企业两个视角列举中国中小企业促进政策的具体执行情况。

一、上海市中小企业发展专项资金支持项目

2016 年，上海市中小企业发展专项资金共支出 9 999 万元，扶持项目 247 个。其中包括：信用担保体系项目 9 个，资助对象皆为融资担保公司，其中，上海创业接力融资担保有限公司获得 195 万元资助，为获得资助额最高的融资担保公司，获得资助额最低的上海杨浦融资担保有限公司也获得 49 万元的项目资助。改制上市培育项目 23 个，23 家企业获得的资助金额皆为 25 万元，资助对象行业分布广泛，但以科技企业为主。集合信托项目 1 个，上海创业接力企业服务有限公司获得了 78 万元的集合信托项目资助。技术和设备改造、研发、产业化、服务平台建设等能力提升项目 60 个，如低谐波高效永磁同步调速电机技术改造项目、年产 7 万套全封闭式户外隔离开关设备改造项目、智能车联远程服务终端的研发与产业化项目、高导磁性汽车电机定子研发与产业化项目、面向小微企业财税云服务创新管理共享平台项目、智能电网用户端能源管理解决方案的提升项目等。其中，提升飞雕电器产品智能制造水平技术改造项目获得 188 万元资助，为获得资助额最高的项目，获得资助额最低的医用非晶硅 X 射线动态平板探测器的研发项目和 Web3DVR 空间设计商务服务平台项目也分别获得了 18 万元的项目资助。服务体系项目高达 144 个，获得资助的对象涵盖孵化器、创业投资、科技服务、信息服务、科技成果转化、环境保护、科技咨询、财务咨询、法律咨询、企业管理咨询、教育培训等诸多领域，资助金额分为 30

万元、20 万元、10 万元三个层级，如上海同济科技园孵化器有限公司服务体系项目获得 30 万元资助、上海铭心科技服务有限公司服务体系项目获得 20 万项目资助、上海东方华银律师事务所服务体系项目获得 10 万元项目资助。此外，上海市中小企业发展专项资金还资助了上海市中小企业市场开拓项目，如支出第十三届中国中小企业博览会上海展团展位费 20.5 万元、第九届 APEC 中小企业技术交流暨展览会上海展团展品运输、布展（含场地管理费、水电费）、会刊制作费 30.9 万元等。

二、支持中小板上市公司

浙江精功科技股份有限公司主要从事太阳能光伏专用装备、碳纤维复合材料装备、新型建筑节能专用设备、轻纺专用设备、机器人智能装备等高新技术产品的研制开发、生产、销售和技术服务。浙江精功科技股份有限公司于 2004 年在深圳证券交易所中小企业板上市，上市后，公司发展迅猛（见表 2－9）。值得一提的是，中国建设银行—中小企业板交易型开放式指数基金于 2006 年成为了浙江精功科技股份有限公司的第五大股东，当年持股比例 2.47%。

表 2－9　浙江精功科技股份有限公司总资产变动情况　单位：亿元

年份	2003	2005	2007	2009	2011	2013	2015	2017
总资产	2.43	9.4	10.54	13.32	26.96	20.14	15.62	17.82

资料来源：根据 2003 年、2005 年、2007 年、2009 年、2011 年、2013 年、2015 年、2017 年《浙江精功科技股份有限公司年度报告》整理。

2004 年，浙江精功科技股份有限公司获得科技型中小企业技术创新基金 68 万元的贷款贴息支持，以及浙江省科技型中小企业技术创新项目补助经费 21.25 万元的贷款贴息支持。浙江精功科技股份有限公司高产率太阳电池用多晶硅片项目于 2006 年成为科技型中小企业技术创新基金支持项目，并于 2010 年获得 12 万元项目资助。2010 年，科技部科技型中小企业技术创新基金管理中心、浙江省科学技术厅与浙江精功科技股份有限公司签订合同，无偿资助浙江精功科技股份有限公司大型多晶硅铸锭炉开发项目 120 万元，其中，科技部科技型中小企业技术创新基金管理中心资助该项目 90 万元；浙江省科学技术厅资助该项目 30 万元。2011 年，大型多晶硅铸锭炉开发项目获得科技型中小企业技术创新基金 94 万元资助。此外，2007 年至 2012 年，浙江精功科技股份有限公司连年获得中小企业国际市场开拓补助资金资助（见表 2－10）。

表 2－10　　精功科技获中小企业国际市场开拓补助资金资助情况　　单位：万元

年　份	2007	2008	2009	2010	2011	2012
中小企业国际市场开拓补助资金	5. 75	3. 5	1. 5	7. 45	8. 25	11. 3

资料来源：根据 2007—2012 年各年《浙江精功科技股份有限公司年度报告》整理。

除中小企业支持政策外，浙江精功科技股份有限公司还获得了诸多其他政府政策支持。例如在税收优惠方面，浙江精功科技股份有限公司通过高新技术企业复审，企业所得税自 2011 年 1 月 1 日至 2013 年 12 月 31 日减按 15% 的税率计缴；子公司杭州精功机电研究所有限公司通过高新技术企业复审，资格有效期 3 年，企业所得税自 2012 年 1 月 1 日至 2014 年 12 月 31 日减按 15% 的税率计缴；子公司杭州专用汽车有限公司被认定为浙江省 2010 年第二批高新技术企业，企业所得税自 2010 年 1 月 1 日至 2012 年 12 月 31 日减按 15% 的税率计缴。此外，浙江精功科技股份有限公司补贴收入较高（见表 2－11），政府补助项目较多（见表 2－12）。

表 2－11　　浙江精功科技股份有限公司获得政府补助金额情况　　单位：万元

年份	2007	2008	2009	2010	2011	2012	2013	2014	2015	2016
补助金额	541. 8	368. 52	531. 31	240. 48	797. 68	1 161. 52	1 336. 76	785. 2	274. 49	372. 39

资料来源：根据 2007—2016 年各年《浙江精功科技股份有限公司年度报告》整理。

表 2－12　　2011 年浙江精功科技股份有限公司获得政府补助明细　　单位：万元

项　　目	金额
绍兴县 2008 年度政策奖励款	43. 2
2010 年度科技奖励	18. 72
县拨 2010 年度品牌大县建设奖励款	5
科技强县政策奖励经费	52
十大科技明星奖励	10
发明专利授权奖励	3
开放型经济奖励补助资金	14
2010 年外智项目资助	2. 5
2011 年度中小企业国际市场开拓资金	0. 78
浙江省国内发明专利补助	0. 4
上市公司综合考评优胜企业奖励	5
省级高新技术研究开发中心	15

续表

项　　目	金额
2010 年度第二批中小企业国际市场开拓资金	7.45
聚氨酯岩棉复合板连续生产线的研发	30
人才开发专项资金	5.7
2011 年省级外智项目资助	3
预拌砂浆运输车、背罐车、预拌砂浆储存罐研发及生产	60
促进就业专项补助	1.89
2010 年区级产学研合作项目资助	4
2010 年度区经济政策奖励	71.2
先进集体奖励	0.3
专利授权资助	0.3
用工补助	0.96
品牌奖励	5
专利资助	0.2
举升式混砂浆运输车的研发	8
举升式预拌砂浆运输车研发及生产	60
2010 年度绍兴县开放型经济奖励补助资金	20
扶持企业发展资金	56
2010 年行业龙头企业政策奖励款	36.2
2011 年度中央财政进口产品贴息资金	37.07
人力开发专项资金	1.35
2010 年度科技奖励	2.3
2010 年科技强县政策奖	5
金太阳示范工程中央补助资金	33.83
1 000KWP 屋顶光伏发电项目	3.33
太阳能多晶硅结晶炉的自主开发与产业化补助资金	30
500KG 级多晶硅铸锭炉的研发与产业化项目补助	100
500KG 级多晶硅铸锭炉的研发与产业化项目补助	25
HKV204 空气变形机的开发	20
共　　计	797.68

资料来源：根据 2011 年《浙江精功科技股份有限公司年度报告》整理。

第六节　中国中小企业促进政策的经验启示

中国中小企业促进政策体系并非一次性建立完成，而是基于中小企业发展过程中出现的问题而不断完善建立的，财税支持、融资支持和社会化服务三大政策支柱相互协调形成了“1+1+1>3”的合力。伴随着中国中小企业群体由弱到强，以及中国特色社会主义市场经济体系的不断完善，促进政策也由依靠财税支持为主向更多地依靠社会化服务转变，由政府主导向更多地依靠市场和社会力量转变。同时，促进政策与国家顶层设计高度契合，确保了促进政策正确的实施方向。

一、促进政策与国家顶层设计高度契合

中国中小企业发展促进政策与国家顶层设计高度契合。如科技型中小企业创业投资引导基金就是为贯彻落实《国务院实施〈国家中长期科学和技术发展规划纲要（2006—2020年）〉若干配套政策》而设立的。党的十八大后，这种契合程度更为密切。十八大报告指出，要支持小微企业特别是科技型小微企业发展。随后，针对小微企业发展促进工作的全国性指导性文件相继出台，中小企业财政专项资金、政府采购政策、税费减免政策、信贷政策、股权融资政策、债券融资政策、社会化服务政策等都逐渐向小微企业倾斜。“大众创业、万众创新”的国家战略提出后，中小企业财政专项资金也相应转变为用于支持小微企业创业创新基地示范城市建设，并鼓励大中型商业银行设立普惠金融事业部等。为落实“中国制造2025”“互联网+”、创新驱动等国家战略，国家中小企业发展基金于2015年设立，并紧紧围绕“中国制造2025”提出的五大工程予以支持，一系列支持互联网金融稳步发展的政策措施也相继提出。此外，还鼓励中小企业参与PPP模式，进一步加强供给侧结构性改革实施力度等。

二、加强各项促进政策的协调配合

促进中小企业发展的财政专项资金自1999年开始设立，此后，中国促进中小企业发展的财政专项资金科目逐年增加，成为中小企业发展促进工作的重要财力保障。中国中小企业不仅享受营业税、增值税和企业所得税的普惠优惠，

还能在融资、科技创新、公共服务等方面获得相应的税收优惠政策支持。除税收优惠政策外，中国早在1997年就开始实施降费清费政策，以进一步降低中小企业的社会负担。2005年后，符合中小企业信贷特点的监管、经营体系逐步建立，小企业金融服务专营机构数量逐年增长、体系逐步完善，中小企业信贷融资规模逐年扩大，中小企业融资服务创新不断增强。1998年，全国中小企业信用担保体系建设试点启动，在中小企业财政专项资金和税收优惠政策的支持下，目前已建立了较为完善的全国中小企业信用担保体系。此外，中国还积极发展针对中小企业的贷款保证保险和信用保险，进一步助力中小企业信贷。除间接融资外，中国还建立了由中小板、创业板、“新三板”和区域性股权交易市场组成的多层次资本市场，形成了私募股权投资、创业投资、融资租赁等直接融资方式，以破解中小企业融资难问题。2000年，中小企业服务体系建设试点启动，2003年，中小企业服务体系专项补助资金设立。在充足的财力保障下，中小企业公共服务体系不断完善。2015年，整合后的中小企业发展专项资金主要用于支持小微企业创业创新基地城市示范、中小企业参加重点展会、中小企业创新活动、融资担保及国内贸易信用保险等，以进一步完善中小企业公共服务体系。目前，中国的小企业服务项目已涵盖创业培训与辅导、知识产权保护、管理咨询、信息咨询、信用服务、市场营销、项目开发、投资融资、财会税务、产权交易、技术支持、人才引进、对外合作、展览展销、法律咨询等。

三、对促进政策进行动态调整

《中华人民共和国中小企业促进法》实施前后，中小企业促进政策以财政专项资金的项目资助和税费减免为主。伴随着中国中小企业的不断发展，中小企业促进政策也逐渐由“授之以鱼”向“授之以渔”转变。符合中小企业特点的监管体系、小企业金融服务专营机构体系、全国中小企业信用担保体系相继建立以促进中小企业间接融资；多层次资本市场建立并不断完善以促进中小企业直接融资。各类中小企业发展专项资金于2014年整合至中小企业发展专项资金，并于2015年转变为主要用于支持小微企业创业创新基地示范城市建设，以完善小微企业公共服务体系。为中小企业提供便利的商事制度改革也于2013年启动。这表明，中国中小企业发展促进政策逐步由财政资助为主的“输血”式支持向完善公共服务体系的“造血”式支持转变。

随着中国中小企业的发展壮大，以及中国特色社会主义市场经济体制的不断完善，中国中小企业发展促进政策开始由政府主导，向更多地依靠社会力量转变。更多社会力量的参与，使得中小企业发展促进政策效率更高，且由于减轻了财政压力，政策可持续性更强。在财税政策方面，中国曾以各类中小企业财政专项资金，以及税收优惠、清费降费政策为主要手段促进中小企业发展。2012 年，中国开始制度化地利用政府采购促进中小企业发展。2015 年，中国设立了资金来源和参与主体多元，且按市场化原则运作的国家中小企业发展基金。并于同年开始尝试通过 PPP 模式促进中小企业发展。中小企业信用担保机构也由最初的政府出资和运作为主转变为市场出资和运作为主，保证保险和信用保险也被鼓励用于支持中小企业信贷。直接融资中，私募股权投资、创业投资的出现和发展，以及种类丰富的中小企业债券也是市场力量更多参与中小企业融资的表现。目前，为中小企业提供各类服务的也主要是社会中介服务机构，政府仅对其业务进行适当的补助以降低中小企业服务成本。

参考文献

［1］包国强．中国中小企业发展年鉴［M］．经济管理出版社，1997.

［2］马向晖等．中国中小企业年鉴（2016）［M］．九州出版社，2017.

［3］人民网．李克强主持召开国务院常务会议［EB/OL］．2015－9－1．http：//politics. people. com. cn/n/2015/0901/c1024－27539113. html.

［4］苏波等．中国中小企业发展年鉴［M］．中国经济出版社，2004.

［5］新华网．中国首批 15 个示范城市投入 400 多亿元支持小微企业“双创”［EB/OL］．2017－8－30. http：//www. xinhuanet. com/politics/2017－08/30/c_1121571507. htm.

［6］新华网．商事制度改革大事记［EB/OL］．2017－9－11. http：//www. xinhuanet. com/fortune/2017－09/11/c_129700885. htm.

［7］王黎明等．中国中小企业年鉴（2008）［M］．经济科学出版社，2008.

［8］王黎明等．中国中小企业年鉴（2009）［M］．经济科学出版社，2009.

［9］王远枝等．中国中小企业发展年鉴（2006）［M］．中国大地出版社，2007.

［10］中国人民银行．2011 年金融机构贷款投向统计报告［R/OL］．2012－1－30. http：//www. pbc. gov. cn/diaochatongjisi/116219/116225/2888491/index. html.

［11］郑昕等．中国中小企业年鉴（2010）［M］．经济科学出版社，2010.

［12］郑昕等．中国中小企业年鉴（2011）［M］．企业管理出版社，2011.

［13］郑昕等．中国中小企业年鉴（2012）［M］．企业管理出版社，2012.

［14］郑昕等．中国中小企业年鉴（2013）［M］．企业管理出版社，2013.

［15］郑昕等．中国中小企业年鉴（2014）［M］．企业管理出版社，2014.

［16］赵晓强．银监会建立完善六项机制推进中小企业贷款工作［EB/OL］．2005－11－26. http：//www. gov. cn/jrzg/2005－11/26/content_109595. htm.

［17］中小企业信息网．中国中小企业信息网简介［EB/OL］．http：//www. sme. gov. cn/cms/news/100000/0000000347/2016/1/22/97d5dd83bbba4ffb8f30aaa1c7-46e1d3. shtml.

［18］卓泳．国家中小企业发展基金完成首个项目退出［EB/OL］．2017－9－15. http：//finance. sina. com. cn/roll/2017－09－15/doc－ifykyfwq7368667. shtml.

［19］坚持“阳光”原则收获“多赢”预期——张家口市桥西区集中供热 PPP 项目开展情况介绍，内部资料，2017 年 7 月．

子报告3：PPP融资促进基础设施建设和发展

第一节　基础设施PPP融资模式的背景

PPP因其有利于充分发挥市场机制作用，提升公共服务的供给质量和效率，实现公共利益最大化，被视为是公共服务供给机制的重大创新。2013年以来，中国国务院和相关部委密集出台了多项政策文件，以推动、引导PPP项目实施，此举得到了各级地方政府的积极响应，并纷纷推出PPP示范、试点项目。PPP模式的大力推广，对于平滑政府债务风险、加快新型城镇化建设、提升国家治理能力、构建现代财政制度具有重要意义。

一、经济新常态下，财政收支面临较大压力

近年来，中国经济发展进入新常态。新常态下，中国经济发展的主要特点是：经济增长速度从高速转向中高速，发展方式从规模速度型转向质量效率型，经济结构调整从增量扩能为主转向调整存量、做优增量并举，发展动力从主要依靠资源和低成本劳动力等要素投入转向创新驱动。由此，财政收入也呈现放缓态势，财政收支面临压力较大。

从图3-1可以看出，进入新世纪以来，中国财政收支一直增加，财政收入从2000年的1.34万亿元增加到2016年的15.96万亿元，收入增长了10倍多。财政支出从2000年的1.59万亿元增长到2016年的18.77万亿元，支出同样增加了10倍多。但是可以看出，中国的收支差额在不断增大，差额从2000年的0.25万亿元增加到2016年的2.81万亿元，支出压力越来越大，其中只有2007年收大于支，其余年份支出都大于收入。

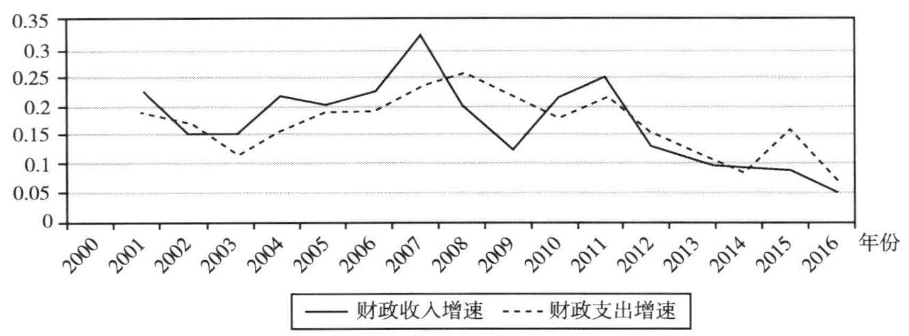

图 3－1　2000 年以来的财政收支变化情况

由图 3－2 可以看出，2000 年以来，中国财政收支增速在波动中逐渐下降，尤其是 2010 年以来，增幅下降更为明显。具体来看，财政收入增长最快是在 2007 年，收入增速一度达到 33.24%，收入增幅最慢是在 2016 年，增速为 4.79%。支出增长最快是在 2008 年，增速为 25.7%，增速最慢是在 2016 年，增速为 6.71%。虽然收支增速都下降，但是从图中也可以看出，收入增速下降趋势更为明显，支出下降趋势弱于收入下降，支出刚性大。

2017 年，全国一般公共预算收入 17.26 万亿元，其中中央一般公共预算收入 8.112 万亿元，地方一般公共预算收入 9.15 万亿元；全国一般公共预算支出 20.31 万亿元，其中中央一般公共预算支出 9.49 万亿元，地方一般公共预算支出 10.82 万亿元。全国一般公共预算收支差额 3.05 万亿元，财政收支压力日渐加大，而政府和社会资本合作可以缓解这一压力，保障基础设施的有效供给。

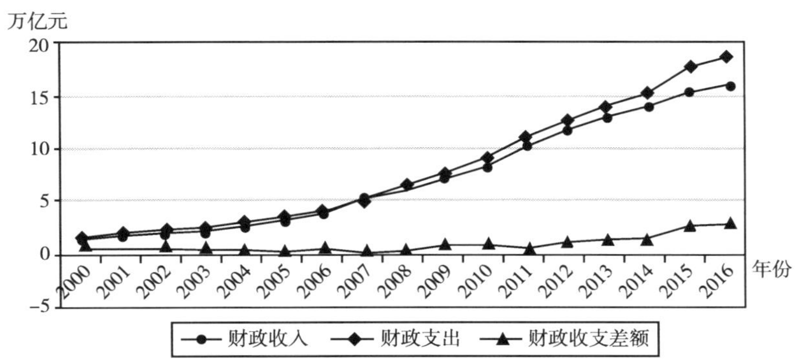

图 3－2　2000 年来中国财政收支增速变化

二、城镇化面临巨大的基础设施投资压力

近年来，虽然中国经济依然保持增长活力，但基础设施等公共产品和公共服务供给不足是中国民生的短板。据统计，目前中国人均公共基础设施资本存量仅为西欧国家的38%，北美国家的23%，城镇化率比发达国家低20多个百分点。当前，中国城镇化与乡村振兴并轨推进，二者进一步要求加大对基础设施的提供。

据国家统计局数据来看，2014年的中国城镇化率为54.77%，2015年的数据为56.10%，2016年的中国城镇化率已达到57.35%，每年的增速均高于1.2%的平均值，国家新型城镇化的发展相对明显。城镇化率年均提高1.2%以上，8 000多万农业转移人口成为城镇居民，新型城镇化的成绩单举世瞩目。也需要指出，中国仍有两亿农民工虽然已经进入城镇并被列为城镇人口，但事实上并未实现市民化。社科院专家指出，城镇化接下来面临的是如何提高城镇化质量和促使大量人口真正融入城市的问题。据测算，今后20年约有两亿多农民需要转移到城镇就业和居住，再加上近年来已经进入城市但并未真正市民化的农民，未来将有4亿多农民需要实现市民化，而实现市民化的成本大约在人均10万元，也就是至少需要投入40万亿元来实现农民市民化。

中国已经进入人口快速流动的动态社会，正在进入城镇化快速发展的时期，教育、医疗、交通、水利、农林牧副渔的进一步发展都要求增加基础设施的有效供给，财政支出也就呈现出刚性特征。实践证明，PPP模式是解决中国面临的财政吃紧、支出刚性的矛盾有力武器。

三、地方政府债务风险依然存在

近年来，中国地方政府债务余额总量大，地方债务规模迅速扩张，债务余额在2013年以前快速增长，2014年回落后维持窄幅震荡。根据国家审计署和财政部数据显示，2008年以前地方债规模仅5.48万亿元，至2010年底猛增到10.72万亿元，两年来增长95.6%。2010年底至2013年6月末，中国地方政府性债务从10.72万亿元增长到17.89万亿元，三年半的时间增长66.9%。2013年是近几年来地方债余额最高的年份，地方政府债务总额占同年全国GDP的33.2%。在2014年10月，国务院首次发文全面规范地方政府债务管理，出台《国务院关于加强地方政府性债务管理的意见》以及启动地方债置换工作，2014—2016年，中国的地方政府性债务分别为15.40万亿元、16.00万亿元、15.32万亿元，总

体保持窄幅震荡（见图3－3）。

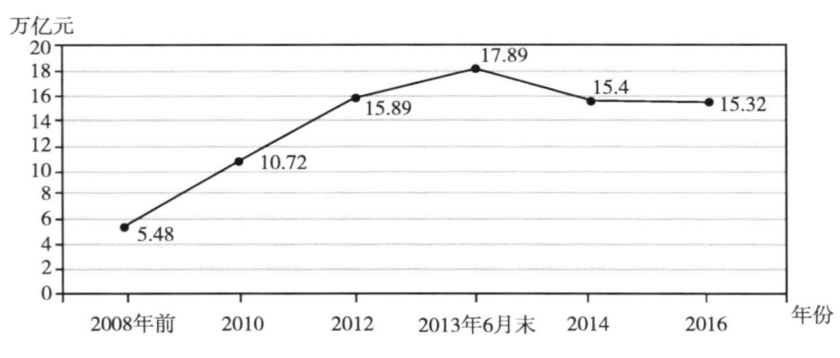

图3－3 全国地方债务余额

2017年，根据预算约束，全国地方政府债务余额限额为18.83万亿元，比2016年末地方政府债务余额（15.32万亿元）新增3.51万亿元，增长22.9%。其中，新增一般债务限额0.83万亿元、专项债务限额0.8万亿元。2017年全国地方政府债务余额决算数为：一般地方政府债务为10.36万亿元，专项政府债务为6.15万亿元。2017年全国一般公共预算收入为17万亿元，全国地方政府一般性债务与专项债务相加大概与全国一般公共预算收入持平。

目前，因为实行了新《预算法》，地方政府债务纳入到预算管理中来，使得地方政府债务总体可控，但风险依然存在，尤其是基层财政严重困难，转换新的思路来提供基础设施是必要的，而PPP的出现为地方政府更好地提供基础设施提供了有效途径。

第二节　基础设施PPP融资模式概述及分类

一、PPP融资模式概述

（一）PPP模式的定义

根据联合国发展计划署（1998年）、欧盟委员会（2003年）、美国PPP国家委员会（2002年）等国际机构对PPP的定义，发改委（2015年）指出，政府和社会资本合作（PPP）模式是指政府为优化公共产品供给的质量和效率，通过特许经营、可行性缺口补贴、股权合作等方式，与社会资本建立的利益共享、风险共担及长期合作关系。财政部（2015年）认为，PPP是一种在基础设施建设及公共服务供给领域建立的长期合作关系。中国各部门对 PPP 的阐述各有侧重点，财政部是从国家体制变革角度阐述其内涵，发改委则是站在项目管理角度，从提高供给效率出发，通过列举 PPP 合作的方式作出定义。

（二）PPP 模式的内涵

1. 基础设施、公共服务和公共资产

基础设施、公共服务和公共资产是 PPP 定义共有的核心词。PPP 项目作用的对象是基础设施（实体），形成了未来能够产生效益的社会资产，目的在于为社会公众提供服务。因此，PPP 不同于传统工程交付模式，提供的不仅是一项资产或设施，而是包含设施的一整套服务。PPP 作为公共产品及服务提供的混合方式，集中反映了政府角色的调整和转变，代表了传统采购模式由关注“物”向关注“人”转变。

2. 公共部门

PPP 中第一个 P（Public）是指政府机构。PPP 提供的是公共产品和服务，而这正是政府的核心功能。PPP 项目中政府由公共服务管理者、提供者转向为监督者、合作者。因此，政府实现了公共产品和服务提供中“划桨”到“掌舵”的变化。当然，这并不意味着政府被边缘化和公共产品提供的私有化。制度不良条件是推广 PPP 的主要障碍，而政府所具有的制度生产优势决定了公共部门的参与是不可替代的。

3. 私营部门

PPP 中第二个 P（Private）是指私营部门。在中国，由于传统上国有企业在基础设施和公共服务领域占据主导地位，民营企业参与基础设施的潜力尚未得到充分发掘。因此，财政部将中国的私营部门扩展为社会资本，既包括境内资本也包括境外资本。其中，境内社会资本既包括民营企业也包括国有企业，只是本级人民政府下属的政府融资平台及其控股的其他国有企业（上市公司除外）不得作为社会资本方参与本级政府辖区内的 PPP 项目。国有企业参与 PPP 项目是中国应用 PPP 的特色，但应创造良好的环境让民营企业更多参与、公平竞争。

4. 伙伴关系

PPP 中第三个 P（Partnership）是指公、私部门间建立的长期合作关系。尽管 PPP 不同定义存在差异，但是伙伴关系始终是核心词汇。PPP 中公、私合作有别于传统采购的一次性购买。PPP 将风险转移给最有能力管理的一方，体现的是合作治理思维。同时，公、私部门基于异质资源的互补优势实现良性互动，公共部门借助于PPP实现“再造政府”，私营部门通过PPP实现“公共化”改造从而拓展新的投资领域并实现壮大发展。这种深层次的合作关系致力于长期合作而非临时交易，可以有效抑制双方的机会主义行为和道德风险，进而提高公共产品/服务供给的效率和质量。

（三）PPP模式的特征

PPP管理模式的运行具有三个重要特征：利益共享、风险分担和激励创新。

1. 利益共享

建立利益共享机制，即政府和社会资本之间共享项目所带来利润的分配机制是PPP项目的第一个基本特征。PPP项目中政府和非政府的市场主体应当在合作协议中确立科学合理的利润调节机制，确保社会资本按照协议规定的方式取得合理的投资回报，避免项目运营中可能出现的问题造成社会资本无法收回投资回报或者使得政府违约。PPP以“风险共担、利益共享、合理利润”为基准优化利益调节机制，表现为价格的利益分配，一般不宜用涨价方式实现必要的利益调整，需要政府综合考虑其他方式（如补助方式）。

2. 风险分担

伙伴关系不仅意味着利益共享，还意味着风险分担。PPP模式中合作双方的风险分担更多是考虑双方风险的最优应对、最佳分担，尽可能做到每一种风险都能由最善于应对该风险的合作方承担，进而达到项目整体风险的最小化。要注重建立风险分担机制、风险分担原则，旨在实现整个项目风险的最小化，要求合理分配项目风险，项目设计、建设、融资、运营维护等商业风险原则上由社会资本承担，政策、法律和最低需求风险等由政府承担。

3. 激励创新

PPP模式代表了基础设施领域的制度变革。首先，通过PPP模式提供基础设施，政府职能更多地转向宏观战略、市场监管和社会管理，切实减少对微观事物的管理和干预，从而促使政府做好顶层设计和制度建设。因此，它不是简单的技术层面和融资模式改变，而是涉及深化财税体制改革、加快转变政府职能、撬动社会资源、消除隐性壁垒的体制机制的创新和改革。其次，PPP关注政府接受服务的质量而非基础设施的采购，可以为私人部门提供更多的机会和激励措施，使他们提供创新的解决方案以满足对公共产品/服务的各种要求。然后，PPP在公、私部门之间可以有各种灵活的安排和广泛的应用领域，也为各方的创新实践提供了广阔空间。再则，PPP带来的不仅是“再造政府”也是“再造企业”革新，双方都需要转变视角、寻求创新方法和培养新的技能来应对公共治理的需要。因此，PPP 的发展和演变过程实质上也是公、私部门共同创新的过程。

（四）PPP 模式的参与主体

1. 政府

这里的政府不仅是指地方政府，还包括国家或省级政府、政府和社会资本合作中心、PPP 项目实施机构。国家或省级政府的作用主要体现在宏观层面，为 PPP 模式提供前提保障，提供政策法律保障，降低政治社会风险，提供一定外在条件支持，如金融支持、政策扶持等。2014 年 12 月，财政部 PPP 中心正式获批，这是国家为推广 PPP 模式专门设立对 PPP 项目行使管理职能的机构。政府指定相关部门实施 PPP 模式，并给予该部门准备、实施、监督、移交、与社会资本协商、谈判，建立合作关系等权限。根据项目情况，政府也可能从中担任购买者、投资者等角色。

2. 社会资本

社会资本是关系到项目成败的 PPP 关键主体，根据有关规定，社会资本必须是已建立现代企业制度的境内外企业法人，且具备雄厚的资金实力和较强的融资能力，以及相应的专业能力、资质和良好的信用。一般有如下类型：（1）外资企业、外商投资企业。（2）民营企业。（3）联合体，即由两个以上法人或者其他组织组成一个联合体。（4）非本级政府所属的国有企业。就现状来看，在中国参与 PPP 项目的社会资本仍然主要是国有企业，因其在基础设施、公共服务领域积累了大量经验与技术，具有足够的实力和资质。

3. 金融机构

金融机构如银行、保险公司、证券公司和信托公司等，在 PPP 模式中主要起资金支持作用，因 PPP 项目耗资巨大，几乎都需要依靠金融机构各种形式的融资支持。金融机构参与 PPP 项目，主要有两种途径：作为社会资本直接投资 PPP 项目，或作为资金提供方为项目提供资金支持。

4. 其他参与主体

在一个完整的 PPP 项目中，除上述 3 类主体外，还有承包商、分包商、专业运营商、咨询公司和律师事务所等，它们都在 PPP 项目中发挥了重要作用。如项目在进行财政承受能力论证中，有时就需要专业的第三方咨询公司进行项目咨询与论证，一方面出于专业性，同时也出于公平性。

二、分类型基础设施项目适用 PPP 融资模式分析

（一）按照项目体量的不同划分

1. 单体项目

单体项目是指对区域内各单体项目分别采用 PPP 模式招商的项目，是目前 PPP 模式在区域开发中应用最广泛、易操作的一种方式。根据基础设施类型的不同，对单体项目可以采取不同的 PPP 模式。依据《国家发展改革委关于开展政府和社会资本合作的指导意见》《关于推广运用政府和社会资本合作模式有关问题的通知》和《政府和社会资本合作模式操作指南》，单体基础设施项目可采用的 PPP 模式主要包含以下四种：建设—运营—移交（BOT），转让—运营—移交（TOT），转让—运营—移交（ROT）和建设—拥有—运营（BOO）。此外，其他的 PPP 模式还包括还有委托运营（O&M）、管理合同（MC）、租赁—运营—移交（LOT）、建设—拥有—运营—移交（BOOT）等模式。

2. 打包项目

为解决基础设施领域民间资本单一项目投资兴趣不高，企业“游牧式”经营资源浪费等问题，各地逐渐探索创新出一种新型 PPP 基础设施项目打包模式，即对区域内公益性较强、没有收益的基础设施类项目，与经营性较强、收益较高的基础设施项目进行打包组合开发，用前者的较高利润预期带动后者的建设运营，使区域整体的项目利润处于合理水平。不同类型的基础设施项目分别适用的 BOT、TOT、BOO、ROT 等模式也不尽相同。打包项目应该根据所打包集中的项目类型选择不同的 PPP 模式，而且在一个打包项目中通常包含不同类型的子项目，所以打包项目一般是多种 PPP 模式的组合应用。

（二）按照项目存续时间划分

1. 存量项目

存量项目是指已经建成的基础设施项目。对存量项目可以通过转让—运营—移交（TOT）、改建—运营—移交（ROT）等 PPP 运作模式进行转换。有收费补偿机制的存量项目适用于 TOT 模式，政府部门希望通过经营权转让套现，化解地方政府性债务。需要扩建、改建的存量项目适用于 ROT 模式，解决政府缺乏扩建工程资金的问题，同时又与原有建设的运营管理相结合。

从化解债务的角度出发，将具备条件的政府融资平台公司存量生态服务项

目转型为 PPP 项目，引入社会资本参与改造和运营，可以把原来的政府性债务转换为非政府性债务，可以腾出资金用于重点民生项目建设。对于其他存量资产，如公路和道路修建养护、城市环卫等以及依附于城市冠名权等进行深入挖掘、整合、改造、包装形成 PPP 项目。通过 PPP 模式集中配置这些存量生态项目，有利于吸引社会资本，拓宽城镇化融资渠道，形成多元化、可持续的资金投入机制。

2. 新建项目

新建项目实现的是项目从无到有，对于基础设施项目来说就是通过合理划分风险和收益以引进资本使得项目落地。对于一般有现金流、市场化程度较高的基础设施项目，应该优先考虑适用 PPP 模式。根据新建项目的不同，新建项目可以适用 BOT 模式与 BOO 模式。对于有收费机制的新建基础设施项目，可以适用 BOT 模式，政府对 BOT 项目拥有特许权的监督权利和战略上的最终控制。收益不高，需要给社会资本（投资人）提供更多财务激励的新建基础设施项目可以适用 BOO 模式，要求政府对这些设施的运营服务质量易于监管，监管成本具有合理性、可靠性。

（三）按照项目公共产品属性划分

1. 经营性项目

经营性项目的投资主体最为广泛，通常可以为国有企业，也可以是私营企业、外资企业。经营性项目通常具有明确的收费基础，并且经营收费能够完全覆盖投资成本，可通过政府授予特许经营权，采用建设—运营—移交（BOT）、建设—拥有—运营—移交（BOOT）等模式推进。为了更好实现基础设施领域的市场化进程，应依法放开相关项目的建设、运营市场，积极推动自然垄断行业逐步实行特许经营，鼓励更多社会资本参与进经营性基础设施项目的建设中来，用市场这只看不见的手来实现基础设施建设效益最大化。

2. 准经营性项目

准经营性项目的社会效益突出，外部效应明显，但经济性不足，主要体现在项目直接关乎公众的切身利益，产品或服务的价格由政府决定，往往与其按照社会必要劳动时间计算的价值相背离，通常准经营性项目需要政府的财政支持才能运行。因此，合作制模式作为一个有效缓解政府财政压力的融资与建设管理模式被广泛应用于准经营性项目中来。准经营性项目往往采用建设—运营—移交（BOT）、建设—拥有—运营（BOO）等模式推进。要建立投资、补贴与价格的协同机制，为投资者获得合理回报积极创造条件。

3. 非经营性项目（公益性项目）

非经营性项目的投资主体为政府，资金来源主要依靠政府的财政收入，以“代建制”作为项目的运作模式，由于项目对政府投资依赖性大，因此其权益最终往往归政府所有。然而，非经营性项目中依然存在竞争机制，招投标机制和政府的监管保证政府投资的社会效益。非经营性项目往往缺乏“使用者付费”基础，主要依靠“政府付费”回收投资成本，因此可通过政府购买服务，采用建设—拥有—运营（BOO）、委托运营等市场化模式推进。要合理确定购买内容，把有限的资金用在刀刃上，切实提高资金使用效益。

第三节　中国基础设施建设运用 PPP 模式的发展历程

PPP（Public－Private Partnership）模式最先在欧洲兴起并积累了丰富的经验，相比较而言 PPP 模式在中国的实践时间不长，还处于不断探索和完善的阶段。基于相关的文献资料，中国的 PPP 发展模式大致分为以下五个阶段，具体包括前期探索阶段、试点推广阶段、大力推广阶段、缓慢推广阶段和全面推进阶段。

一、PPP 模式前期试点探索阶段（20 世纪 80 年代中期至 2008 年）

（一）实践背景

1978 年党的十三届三中全会召开，标志着中国改革开放历史时期的开始，中国政府允许外国资本投资国内，同时也迫切需要利用外资推动经济发展。1992 年中国共产党第十四次全国人民代表大会提出建立社会主义市场经济体制，开始了投融资体制改革。从 1995 年开始，在原国家计委的主导之下，国家出台了一系列政策推动和指导 PPP 项目发展，地方政府也积极推广 PPP 试点项目。这一阶段，中国政府着重关注 PPP 项目的融资职能，忽略了 PPP 在政府职能转变、创新预算体制、优化资源配置和维护市场统一的作用。主要融资模式是 BOT 模式，投资领域主要集中在交通、能源、水务和垃圾处理领域。由于当时国内的私有资本力量薄弱，在支持现金流上存在一定的风险，合作中的社会资本方主要来自外商投资，因此更多的 PPP 项目体现为外资项目。

（二）政策法规

在这一阶段，国务院及相关部委发布的早期文件均与引进和引导外商投资相关，其内容多以政策宣示为主，文件的权威性、效力等级和各文件内容的相互协调性明显不足。这一时期具有代表性的文件有《关于试办外商投资特许权项目审批管理有关问题的通知》（计外资〔1995〕1208号）、《对外贸易经济合作部关于以BOT方式吸收外商投资有关问题的通知》（〔1994〕外经贸法函字第89号）、《国家计委关于加强国有基础设施资产权益转让管理的通知》（计外资〔1999〕1684号）、《城市市政公用事业利用外资暂行规定》（建综〔2000〕118号）、《国务院办公厅关于妥善处理现有保证外方投资固定回报项目有关问题的通知》（国办发〔2002〕43号）等。这几个部委相关文件的出台标志着中国PPP模式试点推广阶段的完成。虽然这一阶段的PPP项目并不是全部都成功完成，但是随着试点项目的推广，国家对PPP模式已经有了初步认识，并通过颁布法律法规开展制度性探索。PPP支持性法律法规主要包括：《中华人民共和国土地管理法》（1986）、《中华人民共和国公司法》（1993）、《中华人民共和国城市房地产管理法》（1994）、《中华人民共和国商业银行法》（1995）、《中华人民共和国担保法》（1995）、《中华人民共和国建筑法》（1997）、《中华人民共和国价格法》（1997）、《中华人民共和国合同法》（1999）、《中华人民共和国招标投标法》（1999）、《中华人民共和国政府采购法》（2002）等。

原建设部在2002年发布了《关于加快市政公用行业市场化进程的意见》（建成〔2002〕272号），该文件明确“鼓励社会资金、外国资本采取独资、合资、合作等多种形式，参与市政公用设施的建设，形成多元化的投资结构”。2004年5月1日，原建设部发布的《市政公用事业特许经营管理办法》（建设部令第126号），全面规范了特许经营活动的项目筹备、市场准入、合同结构、政府监管与运营评估等，为开展PPP项目提供了具体政策依据。2005年2月，国务院发布的《国务院关于鼓励支持和引导个体私营等非公有制经济发展的若干意见》（国发〔2005〕3号），鼓励“非公有资本进入公用事业和基础设施领域”，同年原建设部还发布了《关于加强市政公用事业监管的意见》，为建设公共事业提出了具体要求和办法。PPP支持性法律法规主要包括：《中华人民共和国港口法》（2003）、《中华人民共和国行政许可法》（2003）、《中华人民共和国公路法》（2004）、《中华人民共和国城乡规划法》（2007）、《中华人民共和国物权法》（2007）、《中华人民共和国企业国有资产法》（2008）。以上法律法规及相关政策为PPP模式在各地市政公用领域开展起到了积极推动作用，同时也标志着中国社会资本大规模参与公共基础设施投资的开始。

（三）代表项目

1984年，香港合和电力（中国）有限公司和深圳特区电力开发公司采取BOT

方式建设了沙角B电厂，成为中国批准的首个BOT试点项目，标志着中国PPP模式的开始。在10年运营期满之后，沙角B电厂成功移交给政府，成为中国第一个成功兴建、成功移交的BOT项目。之后，为了满足经济发展对电力的需要，广西壮族自治区人民政府通过国际招标，与法国电力集团和原来的GECR组成的EDF联合体起草项目特许权协议，随后广西政府与EDF联合体共同成立广西来宾法资发电有限公司，与广西政府签署了“特许权协议”，建设广西来宾B电厂。

这一阶段的主要经验是，政府这一阶段扮演的监管与合作的角色非常重要，政府的合作意识和行政效率有所提升。PPP模式全面竞争机制在这一阶段形成，这种适度竞争机制有利于完善市场秩序，提高项目整体的建设和运营水平。同时，国内私有资本的投资潜力被挖掘，有效引导国内资本参与PPP项目。但是，这一阶段也存在一些教训：政府将资金缺乏和不善于做的公共产品推向尚未成熟的PPP市场，导致公共产品或服务的交付效率、风险管控、社会和经济效益常常不是政府部门和投资人的关注焦点，即使有外部的专业顾问提出意见也不被项目方完全理解和采纳，违约风险逐渐积累，出现了大量成功和不成功的实践案例。但这一阶段正反两方面的经验推动了中国PPP理论的研究和实践的探索，从而推进了政策法规、项目结构与合同范式的进一步完善。

二、PPP模式缓慢推进阶段（2009—2013年）

（一）发展背景

2008年，美国次贷危机引发的金融危机对中国的经济产生巨大的负面影响，为了应对出口减少和消费疲软带来的经济衰退风险，中国实施积极的财政政策，中央政府出台了4万亿大规模经济刺激计划，扩大了基础设施建设的资金供给，加速推进了城镇化。这一阶段各地公共基础设施项目的投融资主要由地方政府主导，地方政府投融资平台以地方财政为依托，代替地方政府履行举债融资职能，成为这一阶段基础设施投融资的主体，导致社会资本在基础设施建设中的参与度减少，一定程度上产生了政府投资对社会资本的挤出效应。

（二）政策法规

为了激励社会资本参与基础设施建设，2010年国务院发布了《关于鼓励和引导民间投资健康发展的若干意见》（国发〔2010〕13号），2012年财政部、国家税务总局联合发布了《关于公共基础设施项目和环境保护、节能节水项目企业所得税优惠政策问题的通知》（财税〔2012〕10号），国家发改委和财政部也在同年发布了《关于安排政府性资金对民间投资主体同等对待的通知》（发改投资〔2012〕1580号）。PPP支持性法律法规主要包括《中华人民共和国保险法》（2009）等。尽管如此，社会资本的参与热情并不高。

（三）代表项目

这一阶段的PPP项目并不多。2012年3月，北京地铁14号线的启动标志着PPP模式的重启。在经历了前期论证、实施方案编制和报批、竞争性招商实施、协议谈判等阶段后，该项目于2012年11月与北京京港地铁有限公司签署特许经营协议，确定了运营商的权利和义务。该项目采用PPP融资模式，由北京基础设施投资有限公司具体负责引资工作。2014年11月底，《北京地铁十四号线项目特许协议》正式签署，京港地铁公司正式获得地铁14号线的特许经营权。

三、PPP模式全面推广阶段（2013年至今）

（一）发展背景

中国的经济发展已经进入了中高速增长的新常态，中高速增长的经济决定了财政收入中低速增长。一方面，在中高速发展背景下，中国的财政支出刚性强，财政收支难以平衡，加之房地产市场逐步归于理性，卖地收入等土地财政不再是财政收入的重要来源，土地财政模式难以持续，依赖土地财政政策提供政府财力支持的模式需要转型，为PPP模式的全面推进提供了机会。另一方面，地方政府的债务规模庞大，大部分的政府举债用于基础设施建设，而PPP模式可以缩减城市基础设施建设的资金缺口。同时，由于过去中国公共服务提供存在垄断，基础设施建设一般由政府出资建设，政府部门普遍缺乏降低成本及提高质量的动力，导致基础设施的建设和运营效率低下，使得基础建设事业长期处于亏损状态，这种现实状况迫使政府通过引进PPP模式来改变基础建设垄断供给的低效状况。

（二）法律法规

在中央政策层面，2013年11月，党的十八届三中全会通过《中共中央关于全面深化改革若干重大问题的决定》指出，“允许社会资本通过特许经营等方式参与城市基础设施投资和运营”。

在法律法规层面，主要包括国发〔2014〕43号、国发〔2014〕45号、国发〔2014〕60号、国办发〔2015〕40号、国办发〔2015〕42号。财政部和发改委也下发了一系列文件。财政部发布的关于PPP的政策文件主要包括财税〔2014〕55号、财金〔2014〕76号、财金〔2014〕112号、财金〔2014〕113号、财金

〔2014〕156 号、财库〔2014〕215 号、财建〔2015〕29 号、财金〔2015〕21 号、财金〔2015〕158 号、财金〔2015〕166 号、财金〔2015〕167 号、财建〔2016〕453 号、财建〔2016〕495 号、财金〔2016〕92 号、财金〔2016〕144 号、财金〔2017〕1 号、财金〔2017〕8 号、财金〔2017〕50 号、财金〔2017〕55 号、财金〔2017〕76 号、财预〔2017〕35 号、财建〔2017〕455 号、财办金〔2017〕92 号、财金〔2018〕54 号。发改委颁发的关于 PPP 的政策文件主要包括发改投资〔2014〕2724 号、《政府和社会资本合作项目通用合同指南》（2014 年版）、交政研发〔2015〕26 号、发改投资〔2015〕445 号、发改投资〔2015〕445 号、发改农经〔2015〕488 号、发改基础〔2015〕1788 号、发改投资〔2016〕1744 号、发改投资〔2016〕2231 号、发改投资〔2016〕2698 号、发改农经〔2016〕2455 号、发改农经〔2016〕2574 号、发改投资〔2017〕328 号、发改投资〔2017〕1266 号、发改投资〔2017〕2059 号。此外，国家还颁布了一系列支持性法律法规，从法律法规角度对 PPP 项目实施的大框架、某一环节或某些具体行业起到重要支持作用，主要包括：《中共中央关于全面深化改革若干重大问题的决定》（2013）、《中华人民共和国环境保护法》（2014）、《中华人民共和国预算法》（2015 年）、《中华人民共和国政府采购法》（2015 年）、《中华人民共和国政府采购法实施条例》（2015）和《关于适用〈中华人民共和国行政诉讼法〉若干问题的解释》（2015）等。

各部委在核心法律法规的基础上发布了一系列规范性文件和示范性文本，全面规范实施细节，是便于操作和推广的落实性文件，主要包括相关的条例、决定、办法、规定和示范文本等。但各政府部门颁发的规范性文件和文本的侧重点不同，如财政部出台了关于 PPP 项目的《地方政府存量债务纳入预算管理清理甄别办法》（财预〔2014〕351 号），旨在规范资金分配和地方财政使用。国家发改委制定了《政府核准投资项目管理办法》（2014 年发展改革委令第 11 号），明确了准入机制。住建部发布了《城市污水处理特许经营协议示范文本》和《城镇供热特许经营协议示范文本》。同时，原银监会、交通部、国资委和国土资源部等都有相应的与自身业务有关的办法与条例。各部门颁发的以上文件和文本为中国 PPP 项目实施提供了基本规范。与此同时，各地政府也相应出台了推进 PPP 模式的有关政策。

（三）主要措施

在这一阶段，国务院及其职能部门从重点领域投融资机制的创新，PPP 工作机制的健全，以及强化政策、制度保障等方面全面推进 PPP 模式。2014 年 11

月，国务院发布了《国务院关于创新重点领域投融资机制鼓励社会投资的指导意见》（国发〔2014〕60 号），提出了进一步开放市场准入、创新投资运营机制、优化投资主体、推进投资主体多元化、完善价格形成机制等创新措施。为建立和健全 PPP 工作机制，还成立了 PPP 工作领导小组，以及政府与社会资本合作中心，从组织上保障了 PPP 模式的推进，为推进 PPP 工作提供了组织保证，促进了 PPP 规范健康发展。此外，中国为 PPP 发展提供资金支持，设立中国 PPP 融资支持基金，用“以奖代补”的方式引导和鼓励地方融资平台存量项目向 PPP 转型，并对运用 PPP 的项目予以财政支持。为了强化政策，保障制度顺利执行，国家发改委出台的《国家发展改革委关于开展政府和社会资本合作的指导意见》（发改投资〔2014〕2724 号），在完善投资回报机制、加强政府投资引导、加快项目前期工作和做好综合金融服务等方面进行了规范。最后，为了积极推进示范项目，国家发改委和财政部分别发布了《关于开展政府和社会资本合作的指导意见》（发改投资〔2014〕2724 号）和《政府和社会资本合作模式操作指南（试行）》（财金〔2014〕113 号），分别从政策上和实际操作上对 PPP 项目予以指导。财政部印发的《财政部关于政府和社会资本合作示范项目实施有关问题的通知》（财金〔2014〕112 号）和《关于进一步做好政府和社会资本合作项目示范工作的通知》（财金〔2015〕57 号），明确了形成可推广的示范项目、总结经典案例、组织推广交流以及推进 PPP 示范项目发展的要求。

第四节　中国基础设施建设运用 PPP 模式的发展现状

一、国家示范项目基本情况

在 PPP 项目实施起步阶段，由于还在摸索前进过程中，获批的全国 PPP 示范项目数量不多。全国首批 PPP 示范项目只有 30 个，并且项目涉及的行业领域大多集中在污水处理和轨道交通，在地域上集中在 15 个省市和直辖市。从第二批开始，全国 PPP 示范项目增加到 206 个，涉及的行业领域也扩充到市政建设、交通运输、生态建设和环境保护等，项目分布也扩充到 30 个省、市和直辖市。根据数据显示，第三批有 1 174 个项目申报国家示范项目，这比第一批和第二批申报项目个数的总和还要多，最后通过审批的项目是 516 个，通过率为 44%。第四批共有 37 个省、自治区、直辖市、计划单列市、新疆生产建设兵团和中央部委申报了 1 226 个项目，涉及总投资 2. 12 万亿元。经过评审确定北京市新机场北线高速公路（北京段）PPP 项目等 396 个项目作为第四批 PPP 示范项目，占全部申报项目的 32%，涉及投资额 7 588. 44 亿元。由此可见，虽然申报示范项目的数量每年都在递增（如图 3 –4、图 3 –5、图 3 –6 所示），但是审批通过的示范数量并没有相应增加，说明政府对 PPP 示范项目的质量和规范性有严格要求。

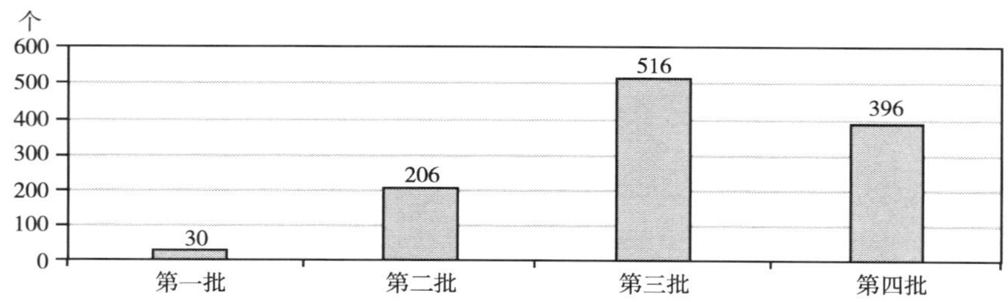

图 3 –4　首批至第四批入选 PPP 示范项目数量对比

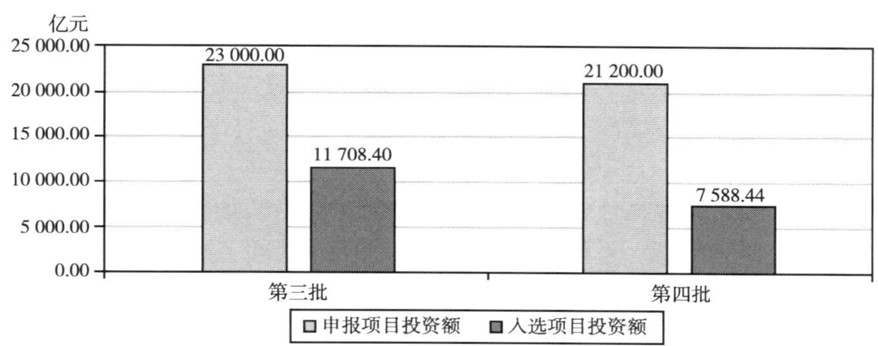

图 3 –5　第三、四批申报和入选示范项目对比

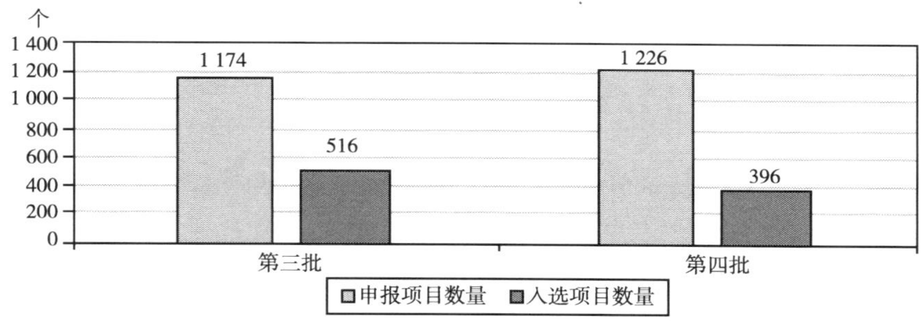

图 3 –6　第三、四批申报和入选示范项目对比

从图 3 –7 中可以看出，第三批和第四批 PPP 项目投资额位于 1 亿—5 亿元的项目个数最多，第三批有 168 个项目，第四批有 134 个项目。其次是 5 亿—10 亿元区间，第三批有 111 个项目，第四批有 80 个项目。第三批投资额小于 1 亿元的项目有 18 个，第四批有 23 个。第三批投资额大于 100 亿元的项目有 21 个，第四批有 17 个。除了小于 1 亿元投资额区间，第三批在各项目规模投资区间里的项目数量都多于或者等于第四批。

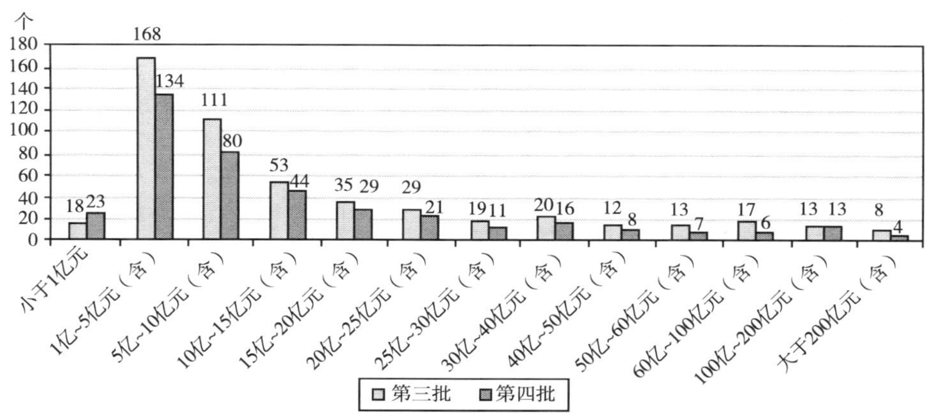

图 3–7　第三、四批 PPP 示范项目投资规模分布图

（一）各地区 PPP 示范项目的数量和投资额

图 3–8 是首批至第四批 PPP 示范项目数量地域分布情况。从项目数量总数来看，有 6 个省份总数超过 60 个，其中云南入选项目最多，为 94 个，占比 8.2%；其次是河南省，总项目数为 92 个，占全国总数比为 8%；山东省位于第三，总项目数为 84 个，占全国总数比为 7.3%。

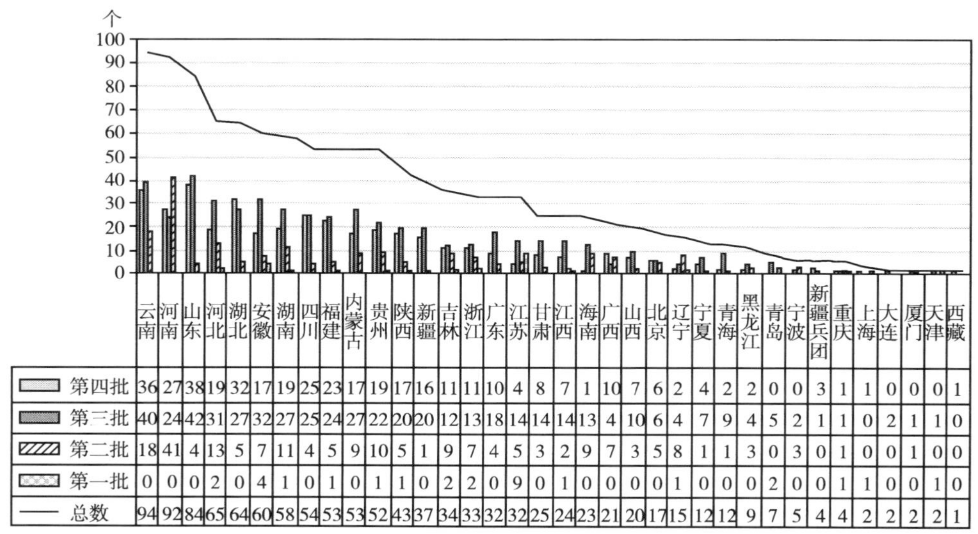

	云南	河南	山东	河北	湖北	安徽	湖南	四川	福建	内蒙古	贵州	陕西	新疆	吉林	浙江	广东	江苏	甘肃
第四批	36	27	38	19	32	17	19	25	23	17	19	17	16	11	11	10	4	8
第三批	40	24	42	31	27	32	27	25	24	27	22	20	20	12	13	18	14	14
第二批	18	41	4	13	5	7	11	4	5	9	10	5	1	9	7	4	5	3
第一批	0	0	0	2	0	4	1	0	1	0	1	1	0	2	2	0	9	0
总数	94	92	84	65	64	60	58	54	53	53	52	43	37	34	33	32	32	25

	江西	海南	广西	山西	北京	辽宁	宁夏	青海	黑龙江	青岛	宁波	新疆兵团	重庆	上海	大连	厦门	天津	西藏
第四批	7	1	10	7	6	2	4	2	2	0	0	3	1	1	0	0	0	1
第三批	14	13	4	10	6	4	7	9	4	5	2	1	1	0	2	1	1	0
第二批	2	9	7	3	5	8	1	1	3	0	3	0	1	0	0	1	0	0
第一批	1	0	0	0	0	1	0	0	0	2	0	0	1	1	0	0	1	0
总数	24	23	21	20	17	15	12	12	9	7	5	4	4	2	2	2	2	1

图 3–8　首批至第四批项目数量地域分布

图 3－9 是第二批至第四批示范项目地区分布的投资额情况。从投资规模总数上看，云南、河北、北京、河南、浙江和湖北位居前六，分别为 3 176 亿元、2 815 亿元、1 844 亿元、1 571 亿元、1 129 亿元和 1 128 亿元，合计占项目总投资额的 46%。

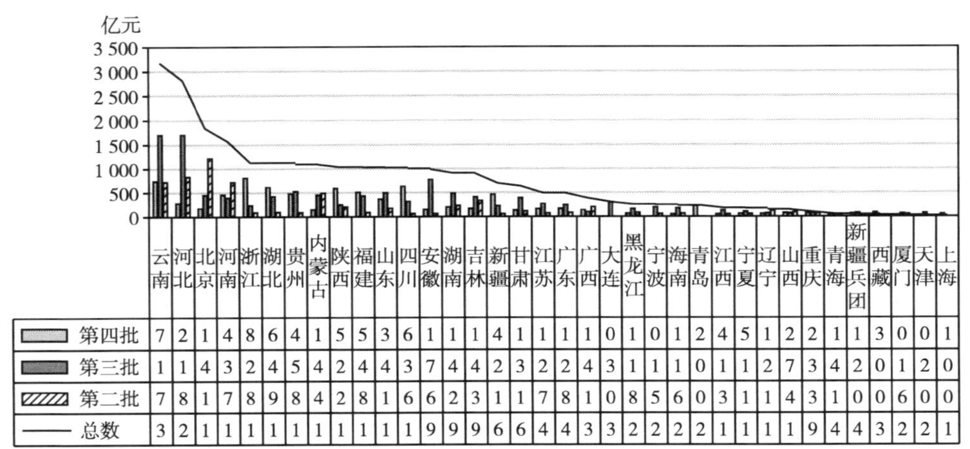

	云南	河北	北京	河南	浙江	湖北	贵州	内蒙古	陕西	福建	山东	四川	安徽	湖南	吉林	新疆	甘肃	江苏
第四批	7	2	1	4	8	6	4	1	5	5	3	6	1	1	1	4	1	1
第三批	1	1	4	3	2	4	5	4	2	4	4	3	7	4	4	2	3	2
第二批	7	8	1	7	8	9	8	4	2	8	1	6	6	2	3	1	1	7
总数	3	2	1	1	1	1	1	1	1	1	1	1	9	9	9	6	6	4

	广东	广西	大连	黑龙江	宁波	海南	青岛	江西	宁夏	辽宁	山西	重庆	青海	新疆兵团	西藏	厦门	天津	上海
第四批	1	1	0	1	0	1	2	4	5	1	2	2	1	1	3	0	0	1
第三批	2	4	3	1	1	1	0	1	1	2	7	3	4	2	0	1	2	0
第二批	8	1	0	8	5	6	0	3	1	1	4	3	1	0	0	6	0	0
总数	4	3	3	2	2	2	2	1	1	1	1	9	4	4	3	2	2	1

图 3－9　第二批至第四批示范项目投资金额地区分布

（二）一级行业项目的数量和投资额

图 3－10 及图 3－11 显示了第一批至第四批项目行业数量情况，有 5 个行业领域入选项目在总数上超过 50 个。其中，市政工程领域项目数量最多，为 468 个，占比 41%；其次是交通运输领域，为 123 个，占比 10%；第三是生态建设和环境保护领域，为 96 个，占比 9%。

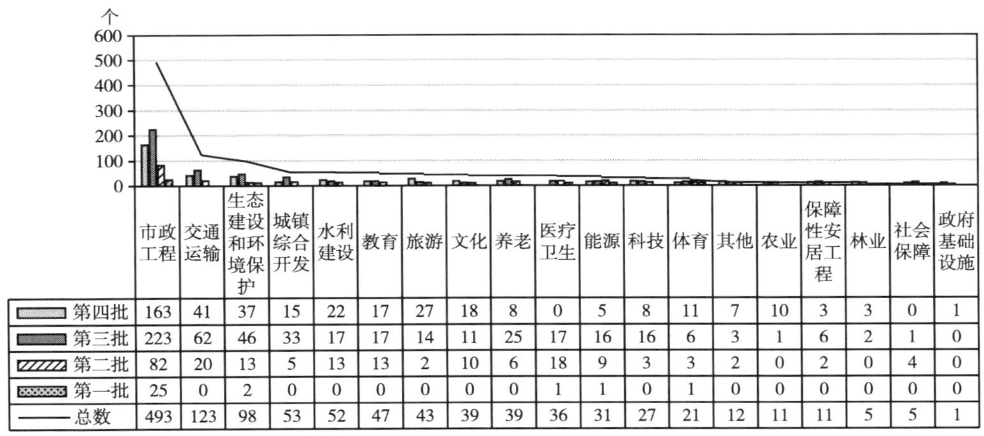

	市政工程	交通运输	生态建设和环境保护	城镇综合开发	水利建设	教育	旅游	文化	养老	医疗卫生	能源	科技	体育	其他	农业	保障性安居工程	林业	社会保障	政府基础设施
第四批	163	41	37	15	22	17	27	18	8	0	5	8	11	7	10	3	3	0	1
第三批	223	62	46	33	17	17	14	11	25	17	16	16	6	3	1	6	2	1	0
第二批	82	20	13	5	13	13	2	10	6	18	9	3	3	2	0	2	0	4	0
第一批	25	0	2	0	0	0	0	0	0	1	1	0	1	0	0	0	0	0	0
总数	493	123	98	53	52	47	43	39	39	36	31	27	21	12	11	11	5	5	1

图 3－10　首批至第四批项目数量行业分布

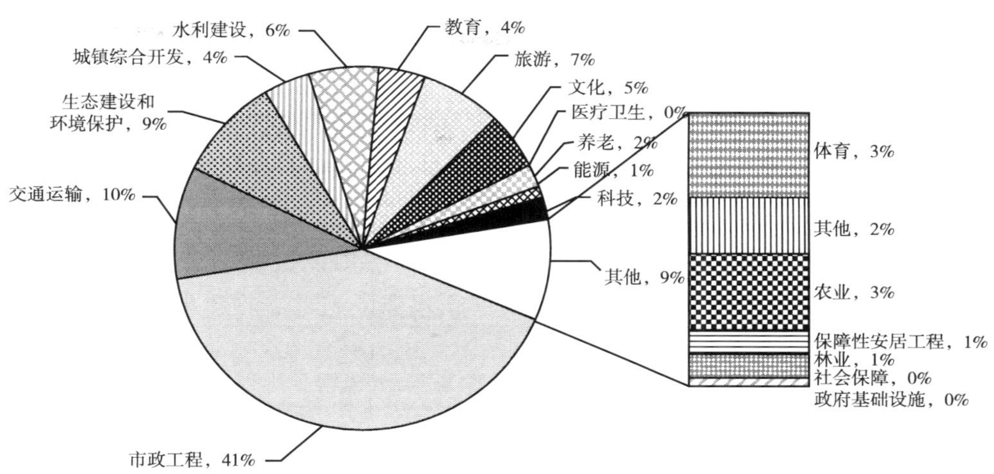

图3－11　首批至第四批项目数量行业分布和行业占比

图3－12显示了第二至第四批示范项目一级行业投资额分布情况。从第二批至第四批投资总金额上看，市政工程和交通运输总投资规模超过8 000亿元，两者占比超过66%。其次为城镇综合开发，总投资额超过2 000亿元。与第二批和第三批相比，第四批示范项目中旅游、林业、体育、农业项目的投资金额大幅提升。市政工程、交通运输、城镇综合开发、生态建设和环境保护、水利建设、科技、能源和保障性安居工程项目投资金额有所减少，体现出对重点领域的政策扶持导向。

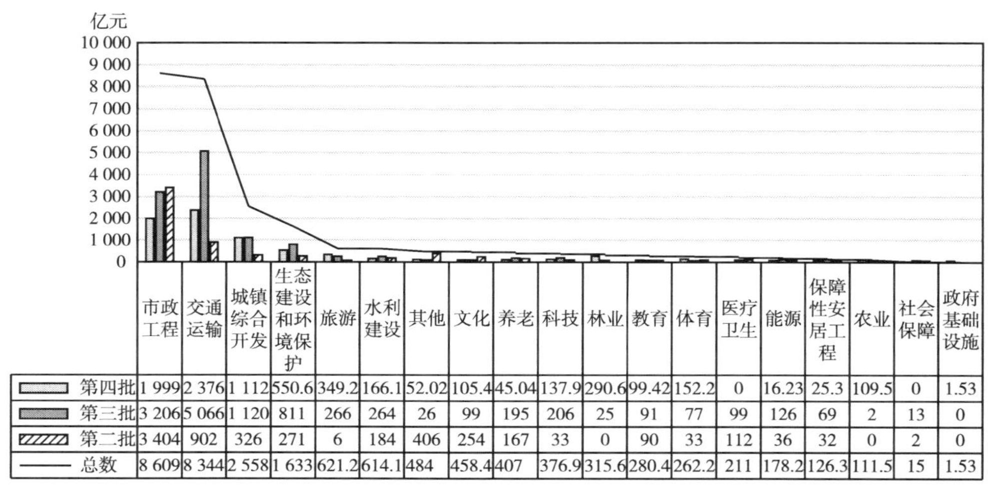

	市政工程	交通运输	城镇综合开发	生态建设和环境保护	旅游	水利建设	其他	文化	养老	科技	林业	教育	体育	医疗卫生	能源	保障性安居工程	农业	社会保障	政府基础设施
第四批	1 999	2 376	1 112	550.6	349.2	166.1	52.02	105.4	45.04	137.9	290.6	99.42	152.2	0	16.23	25.3	109.5	0	1.53
第三批	3 206	5 066	1 120	811	266	264	26	99	195	206	25	91	77	99	126	69	2	13	0
第二批	3 404	902	326	271	6	184	406	254	167	33	0	90	33	112	36	32	0	2	0
总数	8 609	8 344	2 558	1 633	621.2	614.1	484	458.4	407	376.9	315.6	280.4	262.2	211	178.2	126.3	111.5	15	1.53

图3－12　第二批至第四批示范项目一级行业投资额分布

（三）重点领域入选项目情况

1. 市政工程类

根据首批至第四批示范项目数据显示，市政工程类项目总计468个，投资总额8 609.27亿元，项目数量占比42%，投资总额占比34%。

如图3－13及图3－14所示，对应二级行业项目总数前5位分别是污水处理项目103个，占比21%；垃圾处理项目65个，占比13%；管网项目64个，占比13%；市政道路项目56个，占比11%；供水项目47个，占比9%。前5位项目总数占比67%。

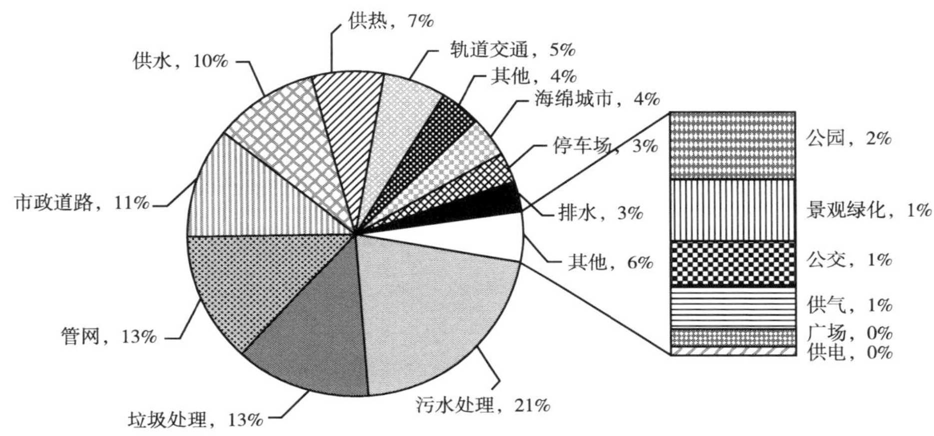

图3－13　首批至第四批市政工程类二级行业的项目比例

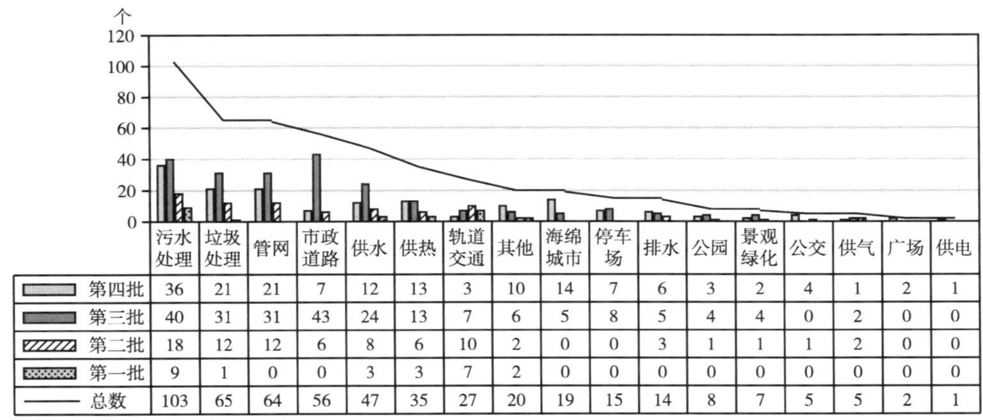

	污水处理	垃圾处理	管网	市政道路	供水	供热	轨道交通	其他	海绵城市	停车场	排水	公园	景观绿化	公交	供气	广场	供电
第四批	36	21	21	7	12	13	3	10	14	7	6	3	2	4	1	2	1
第三批	40	31	31	43	24	13	7	6	5	8	5	4	4	0	2	0	0
第二批	18	12	12	6	8	6	10	2	0	0	3	1	1	1	2	0	0
第一批	9	1	0	0	3	3	7	2	0	0	0	0	0	0	0	0	0
总数	103	65	64	56	47	35	27	20	19	15	14	8	7	5	5	2	1

图3－14　首批至第四批市政工程类项目二级项目数量

如图 3－15、3－16 所示，投资总额前 5 位分别是轨道交通项目 3 640.6 亿元，占比 42%；管网项目 1 734.6 亿元，占比 20%；市政道路项目 849.39 亿，占比 10.0%；污水处理项目 533.23 亿，占比 6%；海绵城市项目 431.55 亿，占比 5%。前 5 位投资总额占比 83%。与前三批示范项目相比，第四批海绵城市项目新增数目较多，为 9 个；广场类和供电类项目均实现了“零的突破”，其中广场类项目新增 2 个，供电类项目新增 1 个。

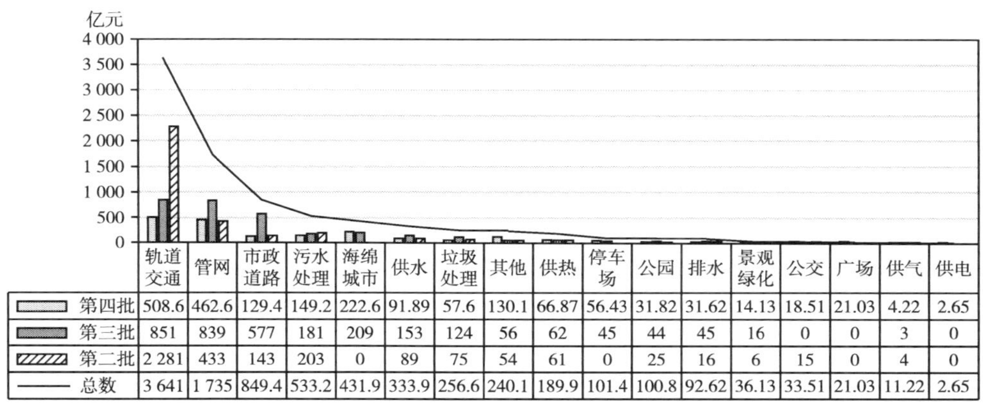

	轨道交通	管网	市政道路	污水处理	海绵城市	供水	垃圾处理	其他	供热	停车场	公园	排水	景观绿化	公交	广场	供气	供电
第四批	508.6	462.6	129.4	149.2	222.6	91.89	57.6	130.1	66.87	56.43	31.82	31.62	14.13	18.51	21.03	4.22	2.65
第三批	851	839	577	181	209	153	124	56	62	45	44	45	16	0	0	3	0
第二批	2 281	433	143	203	0	89	75	54	61	0	25	16	6	15	0	4	0
总数	3 641	1 735	849.4	533.2	431.9	333.9	256.6	240.1	189.9	101.4	100.8	92.62	36.13	33.51	21.03	11.22	2.65

图 3－15　第二批至第四批市政工程类二级行业的投资额

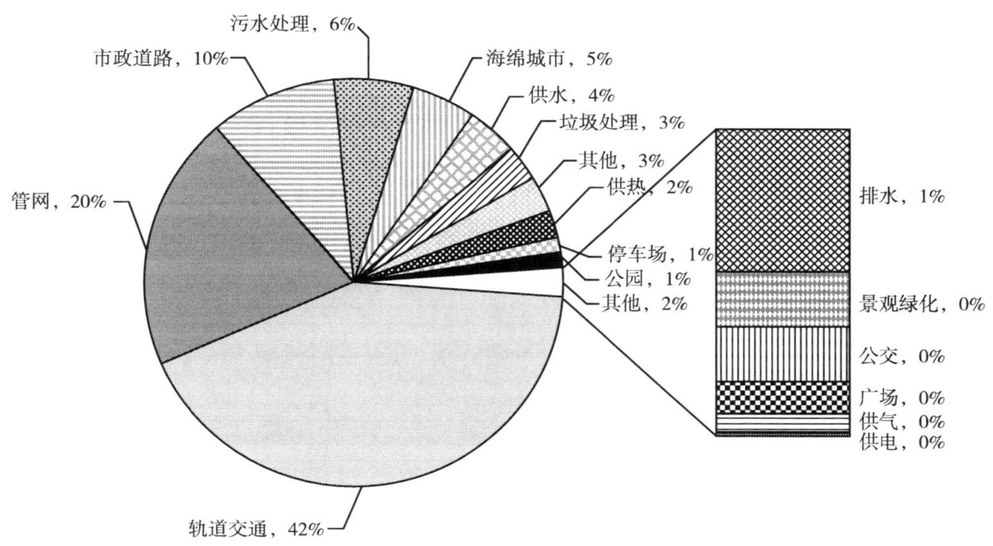

图 3－16　第二批至第四批市政工程类二级行业的投资额比例

2. 交通运输类

根据首批至第四批示范项目数据显示，交通运输类项目共计 123 个，投资总额 8 343. 99 亿元，项目数量占比 10%，投资总额占比 33%。

如图 3－17 及图 3－18 所示，对应二级行业项目数量前 5 位分别是高速公路项目 51 个，占比 42%；一级公路项目 24 个，占比 20%；交通枢纽项目 11 个，占比 9%；其他项目 10 个，各占比 8%。前 4 位项目总数占比 80%。

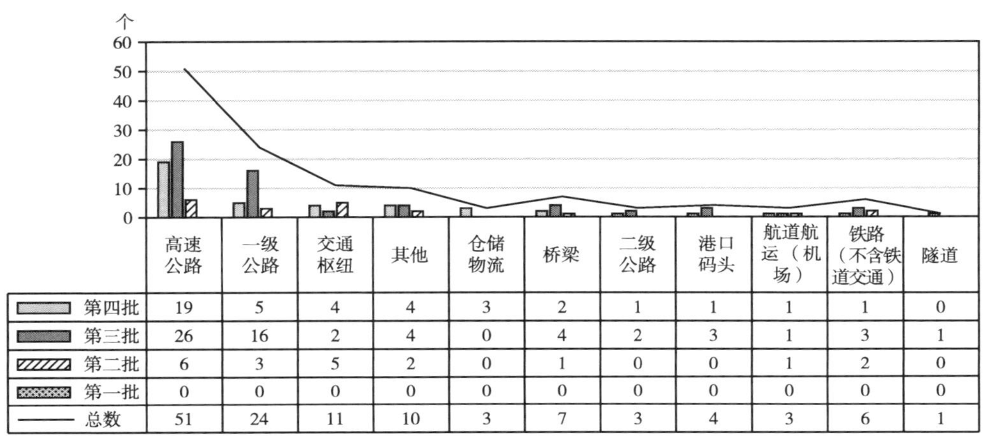

	高速公路	一级公路	交通枢纽	其他	仓储物流	桥梁	二级公路	港口码头	航道航运（机场）	铁路（不含铁道交通）	隧道
第四批	19	5	4	4	3	2	1	1	1	1	0
第三批	26	16	2	4	0	4	2	3	1	3	1
第二批	6	3	5	2	0	1	0	0	1	2	0
第一批	0	0	0	0	0	0	0	0	0	0	0
总数	51	24	11	10	3	7	3	4	3	6	1

图 3－17　首批至第四批交通运输类二级行业的项目总数量

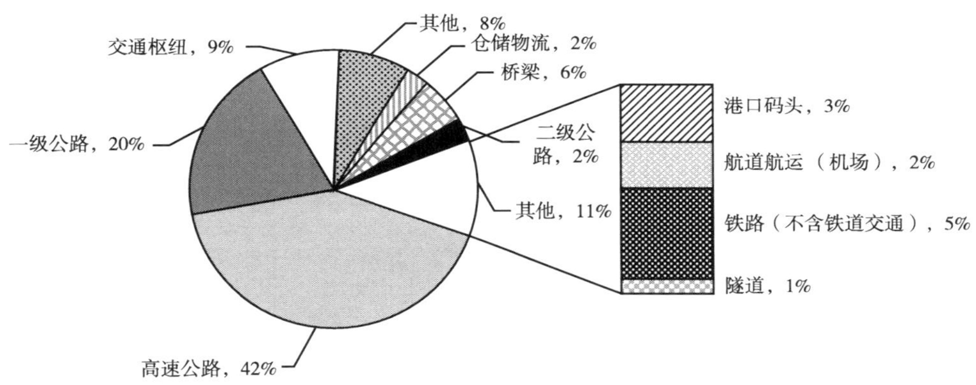

图 3－18　首批至第四批交通运输类二级行业的项目比例

如图 3－19 及图 3－20 所示，第一批至第四批投资总额前 5 位分别是高速公路项目 6 183. 12 亿元，占比 76%；一级公路项目 714. 66 亿元，占比 9%；桥梁项目 436. 02 亿元，占比 5%；航道航运和机场项目 236 亿元，占比 3%；其他项目 229. 49 亿元，占比 3%。前 5 位投资总额占比 96%。

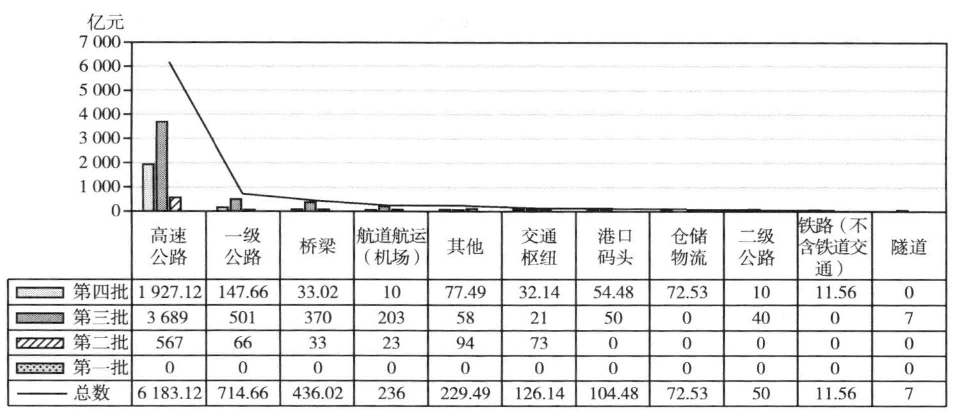

	高速公路	一级公路	桥梁	航道航运（机场）	其他	交通枢纽	港口码头	仓储物流	二级公路	铁路（不含铁道交通）	隧道
第四批	1 927.12	147.66	33.02	10	77.49	32.14	54.48	72.53	10	11.56	0
第三批	3 689	501	370	203	58	21	50	0	40	0	7
第二批	567	66	33	23	94	73	0	0	0	0	0
第一批	0	0	0	0	0	0	0	0	0	0	0
总数	6 183.12	714.66	436.02	236	229.49	126.14	104.48	72.53	50	11.56	7

图3－19　首批至第四批交通运输类二级行业的项目投资额

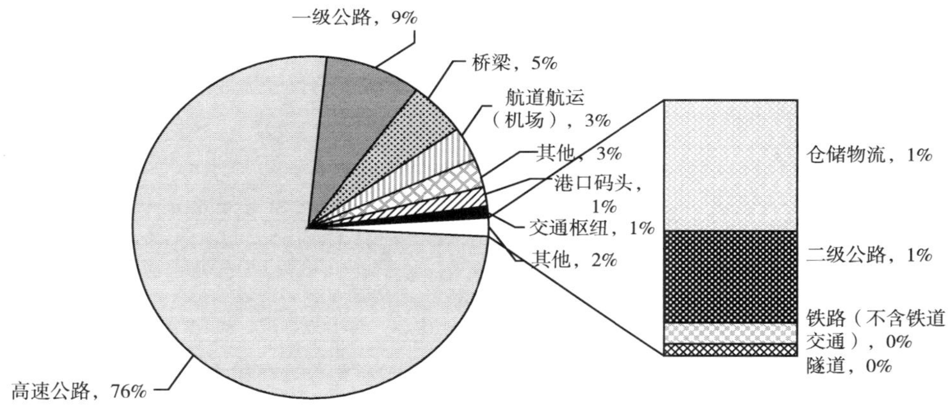

图3－20　首批至第四批交通运输类二级行业的项目投资额占比

3. 生态建设和环境保护

首批至第四批示范项目中生态建设和环境保护项目共有98个，占比8.5%；投资额1 632.62亿元，占比6.3%。具体涵盖综合治理、湿地保护和其他3个二级行业。

图3－21显示了生态建设和环境保护项目涵盖二级行业的项目数量，其中综合治理项目82个，湿地项目6个。图3－22显示了生态建设和环境保护项目涵盖二级行业的投资额，其中第二批至第四批综合治理项目投资总额1 395.66亿元，湿地项目投资总额97.09亿元。

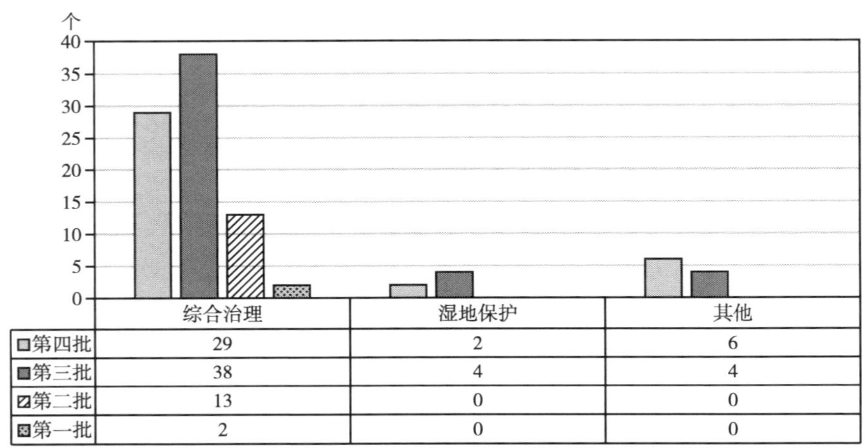

	综合治理	湿地保护	其他
第四批	29	2	6
第三批	38	4	4
第二批	13	0	0
第一批	2	0	0

图 3－21　首批至第四批生态建设和环境保护类二级行业的项目个数

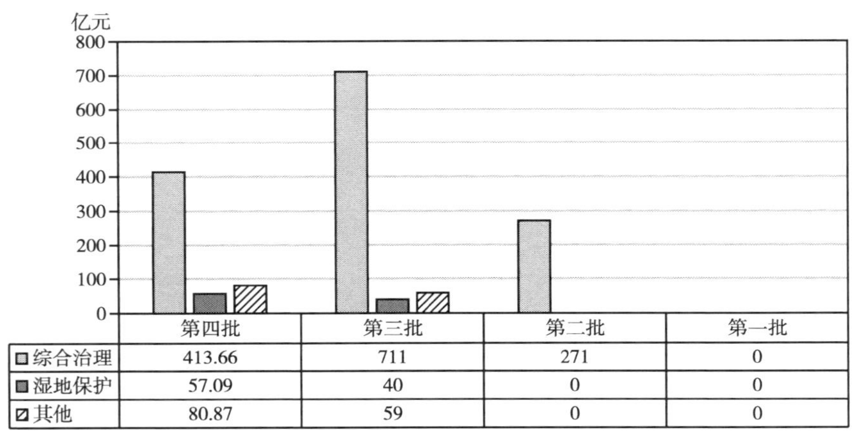

	第四批	第三批	第二批	第一批
综合治理	413.66	711	271	0
湿地保护	57.09	40	0	0
其他	80.87	59	0	0

图 3－22　首批至第四批生态建设和环境保护类二级行业的项目投资额

二、全国入库项目基本情况

项目管理库是指准备、采购、执行和移交阶段项目，已完成物有所值评价和财政承受能力论证的审核。

截至 2018 年第三季度，全国政府和社会资本合作（PPP）综合信息平台项目管理库显示的信息摘要如下：

项目执行情况：管理库累计项目数 8 289 个、投资额 12.3 万亿元。

落地项目，累计已开工项目总数 1 860 个、投资额 2.6 万亿元，开工率 45.5%。

地区方面，累计项目总数前三位是山东（含青岛）、河南、贵州，分别为729个、642个、498个；累计投资额前三位是贵州、云南、浙江，分别为9 724亿元、9 463亿元、9 005亿元。

行业方面，管理库累计项目总数前三位是市政工程、交通运输、生态建设和环境保护，合计占管理库项目总数的62.3%；累计投资额前三位是市政工程、交通运输、城镇综合开发，合计占管理库总投资额的72.2%。

民企参与方面，4 089个落地项目中社会资本所有制信息完善的项目共4 018个，涉及社会资本共6 753家，其中民企占35.3%；民资背景项目1 711个、投资额2.1万亿元，分别占4 018个社会资本所有制信息完善的落地项目的44.8%和34.0%。

回报机制方面，管理库累计使用者付费类项目623个、投资额9 150亿元；累计可行性缺口补助（即政府市场混合付费）类项目4 407个、投资额8.0万亿元；累计政府付费类项目3 259个、投资额3.4万亿元。

三、取得的初步成效

PPP改革不仅是公共服务供给机制变革，也是国家治理方式的重大变革，改革推进5年来，取得了积极成效。落地PPP项目数量和规模均增长迅速，覆盖地区及行业进一步扩大，民企参与度稳步提升，发展环境不断改善。同时，制度建设、宣传培训、基金投资、基础管理等方面也取得积极进展。

一是全面深化改革的制度红利。自20世纪80年代末开始，PPP的一些初级形式逐步引入我国，主要目的是解决政府市场融资问题，因为管理上简单分散分治，没有形成整体规模优势。直到2014年，把PPP模式丰富提升为一项体制机制改革，从机制上解决了政府转变职能、放宽准予、打破垄断等制约，鼓励各种社会资本公平竞争，充分释放了市场活力，实现了市场新动能的转换，PPP市场生机勃勃。

二是统一化、标准化、透明化市场建设。首先，由相关部委牵头建立的一套包括法律、政策、指南、合同、标准等五个层次的制度体系，统一了市场顶层规则设计，并做到路径明确、流程顺畅、节点可控、可操作可执行，为全国统一大市场建设打牢了基础。其次，通过对PPP项目进行全生命周期公开透明管理，促进信息对称、公平竞争和市场出清等，提高了市场效率。

三是稳定社会资本长期投资信心。PPP是一种社会资本先期投入分期收回的长期投资模式，诚信政府对社会资本至关重要。2015年财政部出台政策，把政府在 PPP 合同的承诺纳入财政中期规划和年度预算管理，从机制上保障了投资人合法权益不受政府换人换届之影响，让他们放心和政府长期合作。

四是平滑政府债务风险。在政府和社会资本合作模式下，政府以运营补贴等作为社会资本提供公共服务的对价，以绩效评价结果作为对价支付依据，并纳入预算管理、财政中期规划和政府财务报告，能够在当代人和后代人之间公平地分担公共资金投入，符合代际公平原则，有效弥补当期财政投入不足，有利于减轻当期财政支出压力，平滑年度间财政支出波动，防范和化解政府性债务风险。

五是改革综合效应初步显现。对政府而言，PPP 改革加快了法治政府、信用政府、服务政府建设。对市场来说，PPP 市场催生了各类社会资本公平竞争，增加了改革发展的市场新动能。对公众而言，通过全生命周期标准化和公开透明管理，在公共服务领域行使参与权、监督权和发言权有了更多渠道和手段。

第五节　中国基础设施建设运用 PPP 模式案例分析

在此，我们选取中国在基础设施领域较为典型的 PPP 项目，云南大理洱海环湖截污治理 PPP 项目作案例分析。

一、云南大理洱海环湖截污治理 PPP 项目

云南省大理州委、州政府高度重视、精心谋划，运用 PPP 模式实施洱海环湖截污项目，取得了显著成效。政府成立专门机构、开展市场测试、加强专业论证、完善合作方式、加强公共监管，充分体现 PPP 的初衷，即调动优秀的社会投资人与政府共同为社会公众提供优质高效的环境治理服务。调研组梳理了云南大理洱海环湖截污工程的基本情况和运作模式，分析了项目实施的经验做法和启示，如重视前期准备工作、发挥专业团队技术优势、加强部门协调、完善政府与社会合作方之间的投资收益分配机制和项目监管机制等。

（一）项目概况

洱海，云南省九大高原淡水湖泊之一，流域面积 2 565 平方公里，入湖河流 117 条，涉及大理市、洱源县 16 个乡镇（约 83.3 万人）。洱海是大理人民的“母亲湖”，是大理主要饮用水源地，是苍山洱海国家级自然保护区的重要组成部分。

1. 建设背景

洱海曾先后于 1996 年、2003 年、2013 年三次暴发蓝藻，水质急剧恶化，洱海水环境与生态功能遭受严重破坏，一次次敲响了洱海保护治理的警钟。随着城镇化进程不断加快，旅游业快速发展，洱海流域产生的生活污水、垃圾和农业面源污染控制难度逐年加大，洱海的水质及环境承载力呈不断下降的趋势，目前正处于关键的、敏感的、可逆的营养状态转型时期。2015 年 1 月 20 日，习近平总书记亲赴云南大理洱海，叮嘱当地干部一定要改善好洱海水质，“立此存照，过几年再来，希望水更干净清澈。”2012 年 5 月，李克强总理对洱海生态环境保护试点工作做出重要批示：“控制农村面源污染，使洱海重现一泓清水，相关经验注意总结，以资借鉴。”

为贯彻落实中央领导同志重要指示精神，保护洱海生态环境，推动区域经济发展，2014 年以来，大理州委州政府、大理市委市政府积极推进“大理洱海环湖截污工程”项目。各级领导高度重视，将其作为洱海保护治理核心工程、重点建设工程、投融资体制创新标志性工程，在地方财力有限的情况下，通过 PPP 模式引入社会资本投入项目建设，先后两次向财政部申报项目最终获得批准。

2. 目标任务

洱海环湖截污工程包含新建污水处理厂 6 座，设计总规模为日处理 11.8 万立方米，一期建设污水处理厂总规模为日处理 5.4 万立方米；新建截污干管（渠）320.3 公里，其中含十八溪河道截污管道 211 公里，干渠 8.1 公里；新建提升泵站 12 座，总规模为每秒 8.2 立方米；配套新建混合调蓄池 15 座，总规模为 8.66 万立方米，计划 2017 年完工投入运营。

该项目总投资 34.68 亿元，政府出资占 10%，社会资本占 90%，由中国水环境集团投资、建设、运营，该公司是中信产业基金旗下的水环境专业治理公司。该项目不仅是云南省 18 个财政部示范项目中最早落地开工的，也是全国的成功案例之一。该工程对于保障大理市人民的生命健康和正常生活秩序、保障大理市社会经济发展、社会稳定和保护环境，都具有巨大的现实作用和深远的历史意义。

（二）运作模式

1. 领导高度重视，工作机制健全，前期充分准备

领导的重视与高效良好的机制至关重要。大理建立了由党委、政府领导亲自挂帅、财政部门牵头、相关部门配合的工作机制，突显了领导重视，明确了

职责分工，形成了各负其责、共同管理的氛围，为顺利开展 PPP 项目奠定了体制机制基础。

洱海截污治理项目不是第一次就申报成功的。大理州政府以不治理好洱海不回头的决心，以扎实做好准备工作的作风，积极投入到项目申报中去。第一次申报虽然没有批准，但是大理州政府注重找问题、转观念、求发展，积极做好第二次申报工作。将前期准备工作作为项目建设的关键环节：

2014 年 11 月，大理市成立大理洱海环湖截污 PPP 项目领导小组，明确该项目采用 PPP 模式进行运作，并决定以大理市为实施主体，组建与社会资本合作的政府方出资平台——大理洱海保护投资建设有限责任公司。为做好前期规划论证，抓好“顶层设计”，委托西南设计院编制《洱海环湖截污工程专项规划》。2015 年 1 月，大理州、大理市成立大理洱海环湖截污 PPP 项目协调工作组，并授权大理市住建局为本项目实施机构。经前期多次接洽，中信水务投资基金管理有限公司、东方园林生态股份有限公司及云南水务投资股份有限公司先后提交关于本项目的合作方案和实施建议。2015 年 2 月，西南设计院根据总体规划，编制了《大理市环湖截污工程可行性研究报告》。同时，为提高项目运行效率，委托上海济邦咨询公司编制了 PPP 实施方案初稿及财务测算报告，包括财政承受能力评价和物有所值评价。之后，组织开展市场测试，10 多家潜在投资人明确表达合作意愿，并针对测试实施方案提交了书面反馈意见，据此济邦咨询公司对实施方案核心内容及时作出修订和完善。2015 年 9 月 25 日，洱海环湖截污项目顺利通过评审，入选财政部第二批 PPP 示范项目，并于 2015 年 10 月 11 日正式开工建设。

积极组织相关部门经过深入调研，并根据财政部《政府和社会资本合作模式操作指南（试行）》的要求，明确了项目 PPP 运作方式。污水处理厂采用 BOT 模式，合作期限 30 年，含 3 年建设期；污水收集干渠、管网、泵站采用 DBFO 模式，合作期限 18 年，含 3 年建设期。项目投运后 15 年内，政府依据项目的可用性和绩效考核结果逐年等额支付服务费。

2. 依托专业咨询团队，发挥专业人才作用

大理州政府依托专业团队，充分发挥专业咨询机构的技术优势，确保了项目实施的科学性、可行性。既为项目论证提供了宝贵的科学的合理合法的各方面方案的智力支持，又高效节约地解决了相关部门人力资源少、业务水平有限的现实困境，既充分发挥了政府与市场的各自优势力量，又有效地明确和维护了各方面主体的权利、义务、责任，形成了合力。通过公开招标，选定上海济

邦投资咨询有限公司，具体负责洱海项目的咨询工作，改变以往以政府部门牵头开展规划论证的模式，形成了以专业团队为主导的工作机制，在为政府节约经费的同时，也提高了项目建设的效率。此外，项目建设初期，大理州提出一个“大而全”的环湖截污项目概念，投资额曾一度上蹿到176亿元。经中信水务、东方园林、云南水务、西南市政设计研究院等社会资本经过多轮调查、研究、谈判，提出了项目按照“依山就势、有缝闭合，管渠结合、分片收处，一次规划、分步实施”的原则建设，规划总投资34.68亿元，仅为项目初期投资规模的三分之一，方案的可行性使该项目具有较大吸引力。

3. 广泛市场测试，提高管理效益

大理州政府组织相关部门面向16家潜在社会投资人开展了市场测试，13家社会投资人作出响应。最终中标的社会资本方是中国水环境集团，该公司是中信产业基金旗下的水环境专业治理公司，在水环境综合治理、供水服务、污水处理、污泥处理、中水回用等领域具有先进的、国际化的管理经验。经过中国水环境集团40余人技术团队历经半年的现场踏勘调研，采集2 000多组数据，与国际、国内专家和团队论证后，比项目招标金额节省了约6亿元，最终的PPP协议签约控制价为29.8亿元，节省投资17%。通过创新的磋商机制，社会资本优化了可研方案，发挥了社会资本的专业优势，节省了项目投资。前期多轮的市场测试，充分利用了社会和市场的智慧，是该项目取得成功的关键。

4. 创新运行机制，强化制度安排

随着经济社会发展，洱海正在承受的环境压力已超过其生态环境功能定位下环境承载力的数倍，其上游及湖域周边农田径流与无组织畜禽养殖粪便造成的农业面源污染，占洱海污染负荷的60%以上。此外，大理近年每年接待旅游人数超过2 000万人次，更增大了生态环境压力。洱海的保护与治理是在今后较长一段时间，政府和社会各界将共同面对并解决的一项复杂、系统而又艰巨的任务。为确保洱海水环境治理取得实效，大理州政府在实施环湖截污项目中积极进行机制创新。

（1）财政压力测试与投融资结构创新。在财政压力测试方面，经充分论证、精确测算，大理州、市政府每年需要付费3.81亿元至3.88亿元，扣除收取的洱海资源保护费（2.91亿元/年）、污水处理费（约2 650万元/年）、上级财政补助（8 000万元/年），财政预算每年需安排6 250万元，占2014年一般财政支出的1.49%，在可承受范围之内。在股权投资资本金构成方面，该项目PPP交易机构中，由代表政府方的大理洱海保护投资建设有限责任公司（以下简称“洱投公司”）与社会资本企业合资组建项目公司。其中洱投公司出资 8 429 万元，占股 10%；社会资本出资 75 864 万元，占股 90%；资本金总额为 84 294 万元，占项目公司投资额度的 30%。在融资结构方面，该项目融资总额约 196 686 万元，占总投资（扣除建设期资源保护费投入 6.58 亿元后）的 70%。采用有限追索权项目融资方式，在项目建设期由项目公司社会资本方股东提供担保。进入运营期后无条件解除股东担保，转为无追索项目融资，采用项目资产抵押、经营收益权质押、保险受益权质押等进行担保。

此外，金融机构可与政府和项目公司签订直接介入协议，当项目出现重大经营或财务风险、威胁或侵害债权人利益时，可要求社会资本改善管理、投入或对其接管。建设期政府补贴优先用于抵减社会资本建设投资，以降低政府总体付费金额。运营期获得的补贴，则由政府统筹用于支付购买服务费用（见图 3 - 23）。

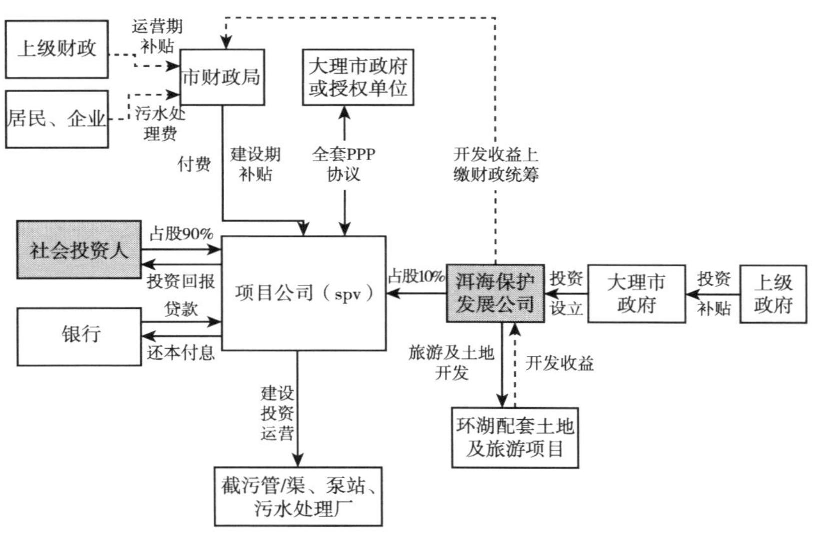

图 3 - 23　项目投资运营结构图

（2）回报机制创新。该项目的回报机制包括项目自身的回报机制以及项目公司股东的回报机制两个层面。根据该项目的资产特点，其回报采用政府付费模式，具体包括：六座污水处理厂在运营期内所产生的污水处理服务费；政府基于项目工程建设的可用性，向项目公司支付的使用性付费（政府年付费金额的 90%，暂定）；政府根据绩效考核标准，针对项目范围内管网泵站的运维绩效向项目公司依效付费（政府年付费金额的 10%，暂定）。上述政府付费的金额及使用性付费与依效付费的比例，最终通过竞争性磋商确定。该项目中，政府出资代表洱投公司将不参与项目公司的利润分配，因此社会资本将享有项目公司全部的利润。

（3）政府监管机制创新。大理州政府加强对项目全生命周期的考核，不仅只关注短期的工程建设质量，更加注重运营期服务质量标准的制定和落实，以检验服务效果。污水处理厂运营绩效主要按照《城镇污水处理厂运行、维护及安全技术规程》（CJJ60－2011）、《云南省城镇污水处理厂运行维护及安全评定标准》（J11993－2012）进行考核。污水处理厂出水水质需符合《城市污水处理厂污染物排放标准》（GB18918－2002）一级A标准。管网泵站运营维护绩效主要根据《城镇排水管渠与泵站维护技术规程》（CJJ68－2007）、《城镇排水管道维护安全技术规程》（CJJ6－2009）和《云南省城镇排水设施运行维护及安全技术规程》（J11991－2012）的规定进行考核。政府根据上述规定和标准，对项目公司管网及泵站运营维护服务评分。

（4）成立专门机构，重视培训

为推动项目顺利进行，州、县财政局作为主管部门，专门组建PPP机构，协调有关部门开展工作，同时，安排精通业务的工作人员参加项目管理。目前，大理州财政系统从事PPP工作的人已经超过30人，为推动PPP项目落地保障必要的人力资源，大理州政府将宣传培训摆上重要日程，让相关部门领导、工作人员和社会机构加深对PPP项目的理解和认识，为相关领导与工作人员提供理论与业务实践方面的培训。

（三）几点启示

通过深入研究洱海截污治理项目，我们认为，该项目具有较强的示范意义，应积极推广“洱海”经验。该项目具有以下几点启示意义：

1. 政府部门加强业务学习，熟悉PPP相关业务知识

针对PPP专业性较强的特点，各级政府部门应进一步加大业务培训力度，使相关工作人员加强学习，熟悉PPP业务知识、操作流程、工作方法、评价体系，不断提升业务水平，更好地促进PPP项目有序运行，从而推动PPP可持续发展。

2. 做好前期准备工作，确保项目有序推进

PPP项目建设是一个系统工程，需要统筹规划、综合评估、充分论证、有序推进。从一定意义上，前期准备工作决定项目成功。因此，在PPP项目建设中，各级政府领导应高度重视前期工作，建立工作机制，加强对项目建设的指导。

应做好前期规划的编制、修改、完善工作，确保规划具有较强的可行性和操作性。应加强对项目规划的评估论证，对于项目建设进程进行预判，提出解决方案，采取有效措施，确保项目有序推进。

3. 做好财政承受能力评估，防止突破财力天花板

PPP 项目能够可持续发展，财政承受能力是重要保障。按照《政府和社会资本合作项目财政承受能力论证指引》（财金〔2015〕21 号）要求，每一年度全部 PPP 项目需要从预算中安排的支出责任，占一般公共预算支出比例应当不超过 10%。科学测算财政承受能力，是对社会资本的担当，也是引导社会资本投入的关键。因此，要对各方面因素予以通盘考量，将可能产生的风险纳入评估范围，对财政承受能力进行客观公正科学的评估，防止突破财政财力天花板，确保 PPP 项目建设可持续发展。

4. 加强部门协调配合

项目建设不是仅仅依靠某个政府部门就可以完成的，需要政府、企业共同努力，也需要政府各部门之间形成合力。因此，要建立政府统一领导、部门责任分工，以财政部门牵头、相关部门协调的工作机制，打破部门之间的限制，发挥各部门作用，全面推动建设。

5. 确定科学合理的项目投资收益分配机制

建立和完善项目投资和收益分配的良好机制是吸引和促进社会资本方参与 PPP 项目的关键利益驱动机制。洱海治理项目在投资收益分配方面积极创新，并且在项目建设期与运营期分别采用有限追索权和无追索融资方式，发挥了较好的作用，具有较强的启示意义。各地要将投资收益分配机制作为 PPP 项目建设的重要内容，结合实际，建立科学、合理的投资收益分配机制，对于建设与运营分别投入与管理的项目，更要科学合理地确定好各方投资主体的收益分配机制，确保项目有序推进、各方共赢，进一步提升公共服务水平。

参考文献

［1］郭建华．中国政府与社会资本合作模式（PPP）有关税收问题研究［J］．财政研究，2016（3）：77－90.

［2］胡改蓉．PPP 模式中公私利益的冲突与协调［J］．法学，2015（11）：30－40.

［3］黄伟．PPP 模式应用于产业新城开发的案例研究［D］．西南交通大学，2017.

［4］廖振中，刘嘉，罗佳意．政府与社会资本合作（PPP）的检视——一个文献综述［J］．财经科学，2018（03）：80－92.

[5] 刘尚希，王朝才．以共治理念推进PPP立法［M］．北京：中国财政经济出版社，2016.

[6] 刘薇．PPP模式理论阐释及其现实例证［J］．改革，2015（01）：78－89.

[7] 楼建波．基础设施公私合作（PPP）项目债权人的介入权研究［J］．社会科学，2018（03）：92－103.

[8] 马蔡琛，袁娇．PPP模式的税收政策与管理［J］．税务研究，2016（09）：3－9.

[9] 王俊豪，金暄暄．PPP模式下政府和民营企业的契约关系及其治理——以中国城市基础设施PPP为例［J］．经济与管理研究，2016（03）：62－68.

[10] 向鹏成，宋贤萍．PPP模式下城市基础设施融资风险评价［J］．工程管理学报，2016（01）：60－65.

[11] 邢钢．PPP项目中政府介入权法律问题研究［J］．比较法研究，2018（02）：173－187.

[12] 邢会强．PPP模式中的政府定位［J］．法学，2015（11）：17－23.

[13] 严晓健．公私合作伙伴关系（PPP）的应用及审计重点探讨［J］．审计研究，2014（05）：45－51.

[14] 杨彬权，王周户．论中国PPP行政法规制框架之构建［J］．河北法学，2018（03）：98－117.

[15] 姚东旻，李军林．条件满足下的效率差异：PPP模式与传统模式比较［J］．改革，2015（02）：34－42.

[16] 喻文光．PPP规制中的立法问题研究——基于法政策学的视角［J］．当代法学，2016（02）：77－91.

[17] 张守文．PPP的公共性及其经济法解析［J］．法学，2015（11）：9－16.

[18] 赵福军，汪海．中国PPP理论与实践研究［M］．北京：中国财政经济出版社，2015.

[19] 中古发展研究基金会．社会资本参与公共服务市场化改革研究［M］．北京：中国发展出版社，2016.

[20] 周延．PPP项目风险评价及内部控制制度研究［D］．安徽财经大学，2017.

[21] 周正祥，张秀芳，张平．新常态下PPP模式应用存在的问题及对策［J］．中国软科学，2015（09）：82－95.

[22] 朱伟铭．基于PPP模式的资产证券化设计研究［D］．浙江大学，2017.

子报告4：中国电子商务政策与实践

第一节　中国电子商务产业发展概况

电子商务是以信息网络技术为手段，以商品交换为中心的商务活动；也可理解为在互联网（Internet）上以电子交易方式进行交易活动和相关服务的活动，是传统商业活动各环节的电子化、网络化、信息化。电子商务按照买卖双方的性质可以分为企业与企业（B2B）、企业与个人（B2C）、个人与个人（C2C）等类别；而按照电子商务企业在交易中的作用和性质，则可以划分为自营电商、平台电商、自营+POP（Platform Open Plan）、线上线下相结合（O2O）等类别。

中国和美国是全球互联网经济体中最耀眼的“双子星座”。据标普资本的数据显示，当今全球互联网10强企业中，美国占6家，中国占4家。目前，美国的电子商务公司与中国的电子商务公司基本上形成了相对称的匹配格局，如亚马逊对京东、Facebook对腾讯、谷歌对阿里巴巴，从自营模式到社交嵌入，从集中式市场到分布式参与。中国已经成为全球电子商务的领先国家，并为全球电子商务的发展和零售业的创新提供最具领先性和可复制性的案例。

一、中国电子商务产业历程与现状

中国电子商务产业自1995年开始萌芽，从作为信息传递的“工具”开始进入到中国商业运行模式之中。1999年，世界级的电子商务产业巨头阿里巴巴开始建立，电子商务开始逐步摆脱“工具”性，而成为中国商品零售的重要“渠道”。2008年，中国超过美国成为“电子商务人口”第一大国，中国电子商务也随之进入到经济运行服务的“平台”和“基础设施”时代。2013年，电子商务在“基础设施”上进一步催生出新的商业生态和新的商业景观，打通了产业资本、商业资本和金融资本基本层级，进一步影响和加速传统产业的“电子商务化”，形成了以流通、信息和金融为核心支柱的“电子商务经济综合体”。

（一）中国电子商务产业的发展历程

中国电子商务从工具、渠道、基础设施到经济综合体的演进，不是简单新旧替代的过程，而是不断进化、扩展和丰富的生态演进过程（见图4－1）。

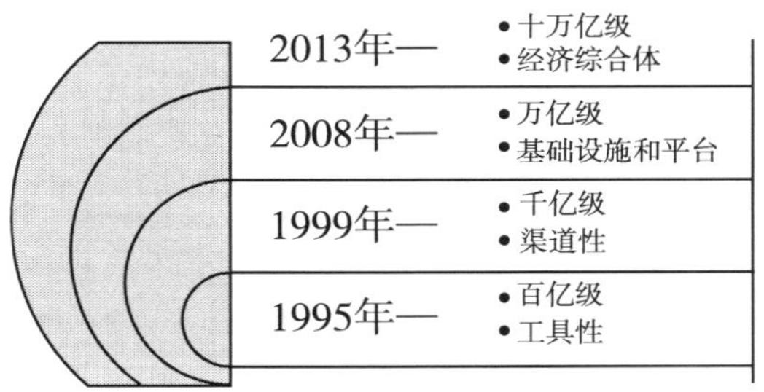

图4－1　中国电子商务演进示意：从工具、渠道、平台到经济综合体

1. 工具阶段（1995—1998年）

这个阶段，是互联网进入中国的探索期、启蒙期。中国电子商务以企业间电子商务模式探索和发展为主。早期，应用电子商务的企业和个人主要把电子商务作为优化业务活动或商业流程的工具，如信息发布、信息搜寻和邮件沟通等，其应用仅局限于某个业务“点”。

从1995年5月9日，马云创办中国黄页，成为最早为企业提供网页创建服务的互联网公司，到1997年垂直网站中国化工网的成立，再到1999年8848、携程网、易趣网、阿里巴巴、当当网等一批电子商务网站先后创立，这个阶段中国的电子商务得到了一定程度的发展，但其特点是辅助性的、工具性的，为中国商业零售信息的传递开辟了新路径。

2. 渠道阶段（1999—2008年）

1999年底，正是互联网高潮来临的时候，国内诞生了370多家从事B2C的网络公司，到2000年，变成了700家，但随着2000年互联网泡沫的破灭和纳斯达克指数的急剧下挫，8848等一批电子商务企业倒闭或重组，至2001年，在市场上仍有一定影响力的只剩下三四家。随后中国的电子商务发展经历了一个比较漫长的“冰河时期”。

但同时，电子商务也在形成新的模式和场景，其应用的领域由企业向个人延伸。2003年，非典的肆虐令许多行业在春天里感受到寒冬的冷意，但却让电子商务时来运转。电子商务界经历了一系列的重大事件，如2003年5月，阿里巴巴集团成立淘宝网，进军 C2C 市场。2003 年 12 月，慧聪网在香港创业板上市，成为国内 B2B 电子商务领域的首家上市公司。2004 年 1 月京东涉足电子商务领域。2007 年 11 月，阿里巴巴网络有限公司成功在香港主板上市。

在这一时期，国家也出台了一系列重大文件，为电子商务发展带来深远影响。2004 年 3 月，国务院常务会议审议通过《中华人民共和国电子签名法（草案）》；2005 年 1 月，国务院办公厅下发《关于加快电子商务发展的若干意见》（国办发〔2005〕2 号）；2007 年 6 月，国家发改委、国务院信息化工作办公室联合发布中国首部电子商务发展规划——《电子商务发展“十一五”规划》，中国首次提出发展电子商务服务业的战略任务；2007 年，商务部先后发布了《关于网上交易的指导意见（暂行）》《商务部关于促进电子商务规范发展的意见》，构筑了电子商务发展的政策生态。

同时，随着网民和电子商务交易的迅速增长，电子商务成为众多企业和个人新的交易渠道。2007 年，中国网络零售交易规模 561 亿元。电子网商随之崛起，并逐步将电子商务延伸至供应链环节，促进了物流快递和网上支付等电子商务支撑服务的兴起。

3. 基础设施阶段（2008—2013 年）

电子商务引发的经济变革使信息这一核心生产要素日益广泛运用于经济活动，加快了信息在商业、工业和农业中的渗透速度，极大地改变了消费行为、企业形态和社会创造价值的方式，有效地降低了社会交易成本，促进了社会分工协作，引爆了社会创新，提高了社会资源的配置效率，深刻地影响着零售业、制造业和物流业等传统行业，成为信息经济重要的基础设施或新的商业基础设施。

2008 年 7 月，中国成为全球“互联网人口”第一大国。据中国互联网络信息中心（CNNIC）统计，截至 2008 年 6 月底，中国网民数量达到了 2. 53 亿人，互联网用户首次超过美国，跃居世界第一位。2010 年，温家宝总理在《政府工作报告》中，明确提出要加强商贸流通体系等基础设施建设，积极发展电子商务，这也是首次在全国两会的政府工作报告中明确提出大力扶持电子商务。2010 年 10 月，麦考林登陆纳斯达克市场，成为中国内地首家 B2C 电子商务概念股。同年 12 月，当当网在美国纽约证券交易所挂牌上市，成为登陆主板市场的 B2C 企业。2011 年，团购网站迅猛发展，上演千团大战局面，中国团购用户数超 4 220 万。2012 年，淘宝商城更名“天猫”独立运营，品牌折扣网站唯品会在纽交所挂牌交易，2012 年度淘宝和天猫的交易额突破 1 万亿元，“双十一”当天交易规模 362 亿元。2013 年，阿里巴巴和银泰集团、复星集团、富春集团、顺丰速运等物流企业组建了“菜鸟”物流，计划在8—10年内建立一张能支撑日均300亿元网络零售额的智能物流骨干网络，让全中国任何一个地区做到24小时内送货必达。

4. 综合经济体阶段（2013年以来）

2013年中国超越美国，成为全球第一大网络零售市场（见图4－2），中国电子商务交易规模突破10万亿元大关，网络零售交易规模达1.85万亿元，相当于社会消费品零售总额的7.8%。2014年2月，中国就业促进会发布《网络创业就业统计和社保研究项目报告》显示，全国网店直接就业总计962万人，间接就业超120万，成为创业就业新的增长点。2014年6月，中国网络购物用户规模达到3.32亿，中国网民使用网络购物的比例为52.5%。2014年4月，聚美优品在纽交所挂牌上市。5月，京东集团在美国纳斯达克正式挂牌上市。9月，阿里巴巴正式在纽交所挂牌交易，发行价每股68美元，成为美国历史上融资额最大规模的IPO。2014年，中国快递业务量接近140亿件，跃居世界第一。中国快递业务量已经连续44个月同比、累计增长平均增幅均超过50%，李克强总理先后五次对快递业点赞。2015年5月，国务院印发了《关于大力发展电子商务加快培育经济新动力的意见》（国发〔2015〕24号），将会进一步促进电子商务在中国的创新发展。2016年，阿里巴巴集团以线上线下融合模式为基础，提出了新零售的概念，并逐步形成了以无人零售、无界零售和无储零售为主要特征的新零售体系。2018年，历经全国人大常委会的四次审查，《中华人民共和国电子商务法》（以下简称《电子商务法》）正式颁布，使中国的电子商务发展进入到法治化、规范化的新阶段。

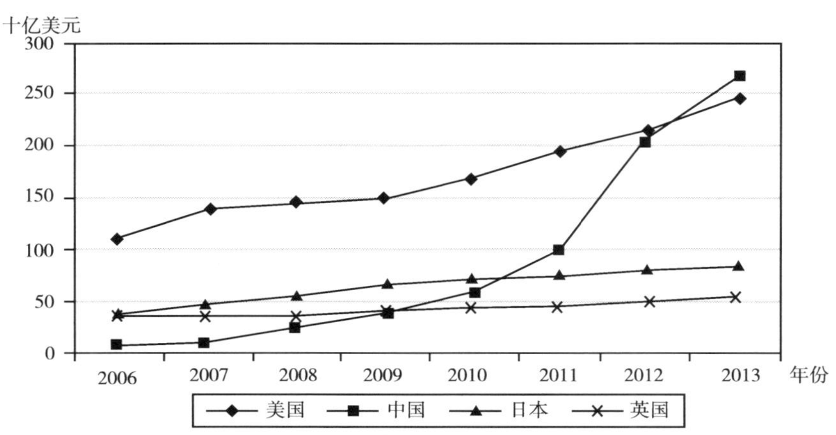

图4－2　相关国家2006—2013年的电子商务销售额

网络零售的蓬勃发展促进了宽带、云计算、IT外包、网络第三方支付、网络营销、网店运营、物流快递、咨询服务等生产性服务业的发展，形成庞大的电子商务生态系统。电子商务基础设施日益完善，电子商务对经济和社会影响日益强劲，电子商务在“基础设施”之上进一步催生出新的商业生态和新的商业景观，进一步影响和加速传统产业的“电子商务化”，促进和带动经济整体转型升级，电子商务综合经济体开始兴起。

（二）中国电子商务的发展现状

当前，中国电子商务在引领数字经济、促进全面开放、推动深化改革、助力乡村振兴、带动创业创新等方面都发挥了重要作用，成为数字经济中发展最活跃、最集中的部分。

以2017年为例，中国电子商务市场结构持续优化，行业发展质量不断提升。电子商务交易额中服务类交易增长迅速，在总交易额中的占比持续提升。电子商务交易中对企业的交易占60.2%，对个人的交易占39.8%，均保持加速增长态势。实物商品网络零售对社会消费品零售总额增长的贡献率达到37.9%，对消费的拉动作用进一步增强。农村网络零售额同比增长39.1%，农产品网络零售额同比增长53.3%，农村电商品平台缓解了农民“卖难”问题，推动农业结构升级。海关验放的跨境电子商务商品的出口增速达41.3%，跨境电子商务出口日益成为中国商品出口的重要通道。具体情况如下：

1. 电子商务交易额持续快速增长

根据中国国家统计局的数据，2017年全国电子商务交易额达29.16万亿元，同比增长11.7%（见图4－3）。其中，商品类电子商务交易额16.87万亿元，

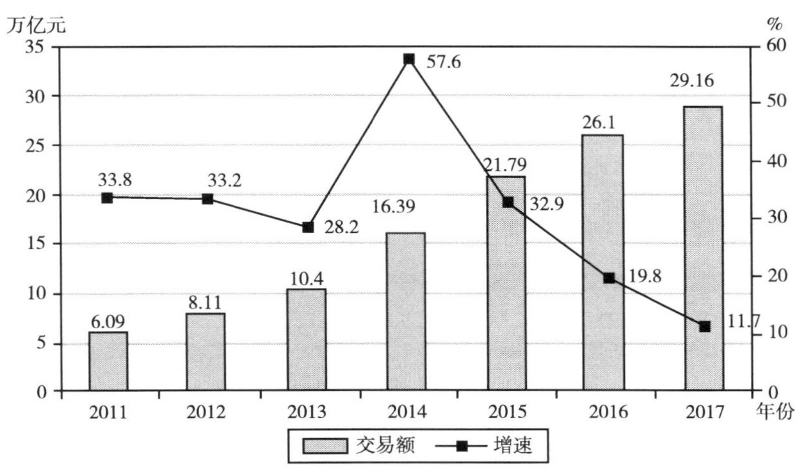

图4－3　2011年以来中国电子商务的增速与规模

资料来源：根据国家统计局、商务部发布的历年《中国电子商务报告》整理。

同比增长21.0%，提高8.7个百分点；服务类电子商务交易额4.96万亿元，同比增长35.1%，提高13.2个百分点。此外，以大宗商品、权益或文化艺术品为交易标的物，以电子合约为交易对象的合约类电子商务交易额为7.33万亿元，同比下降28.7%，与市场大环境的表现基本一致。

2. 网上零售已成为中国最大的零售渠道

国家统计局数据显示，全国网上零售额7.18万亿元，同比增长32.2%，2018年上半年增速仍达到30.1%（见图4－4），为中国消费形势的平稳发展和消费升级做出了重要贡献。在网上零售额中，实物商品网上零售额为5.48万亿元，同比增长28%，占社会消费品零售总额的比重为15%，成为中国零售产业中最大的渠道；在实物商品网上零售额中，吃、穿和用类商品分别增长28.6%、20.3%和30.8%。另据中国互联网络信息中心数据，截至2017年12月，中国网络购物用户规模达5.33亿人，较2016年增长14.3%，占网民总数的69.1%；手机网络购物用户规模达5.06亿人，同比增长14.7，使用比例从63.4%增至67.2%。

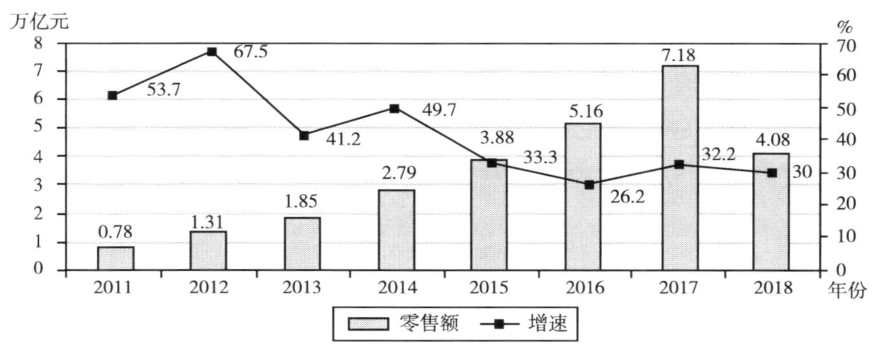

图4－4　2011年以来中国网上零售额的规模和增速

数据来源：根据国家统计局、商务部发布的历年《中国电子商务报告》整理。

3. 农村电商保持高速增长态势

根据商务部的统计，2017年全国农村实现网络零售额达到1.24万亿元，同比增长39.1%（见图4－5）。截至2017年底，农村网店达985.6万家，较2016年增加169.3万家，同比增长20.7%。其中，农村实物类产品网络零售额7 826.6亿元，同比增长35.1%，占农村网络零售总额的62.9%。服装鞋包、家装家饰、食品保健位居前三位，分别达到1 600.3亿元、1 129.5亿元、1 031亿元，同比分别增长30.5%、6.4%和61%。农村服务类产品中，在线旅游、在线餐饮表现尤为突出，对农村网络零售额增长贡献率分别为21%和17.2%。

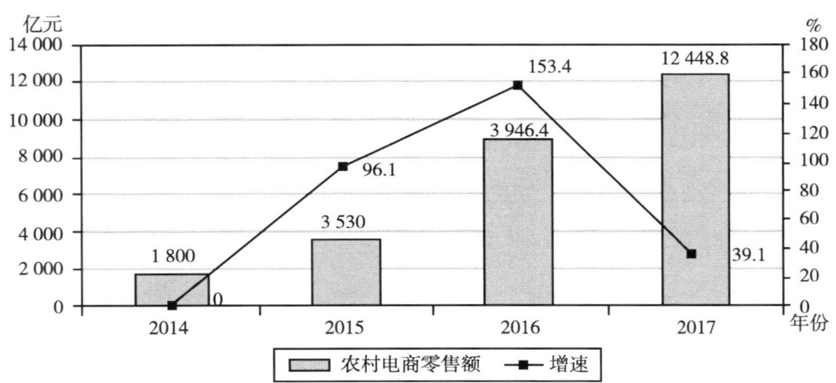

图 4－5　2014 年以来的农村电商零售额及增速

资料来源：根据国家统计局、商务部发布的历年《中国电子商务报告》整理。

4. 跨境电子商务贸易额迅速增长

2017 年，中国跨境电子商务深入发展，不断培育贸易新业态、新模式，释放外贸增长新动力。跨境电子商务在 B2B、B2C 等多个层面呈现出活跃发展态势，产业规模和辐射带动领域不断扩大。2017 年，经中国海关办理的跨境电子商务进出口清单达 6.6 亿票，是进出口货物报关单的 8.4 倍；进出口商品总额为 902.4 亿元，同比增长 80.6%（见图 4－6）。其中，出口为 336.5 亿元，进口为 565.9 亿元，同比分别增长了 41.3% 和 120%。

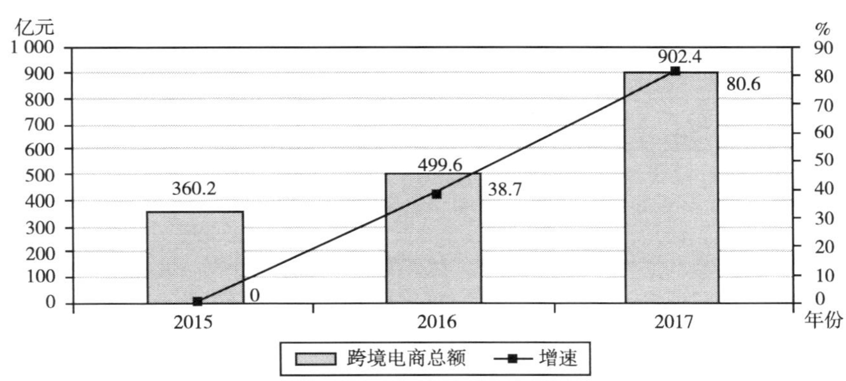

图 4－6　2015 年跨境电商进出口总额和增速

数据来源：海关总署。

5. 电子商务的从业和周边就业人员成为新增就业的主体

电子商务仍然是创业创新的重要选择，灵活、多元、创业式就业更受年轻一代欢迎。电子商务的发展催生了新就业形态，支撑电子商务发展的服务衍生就业发展迅速。电子商务吸收了大量农村剩余劳动力、返乡创业和退伍军人，为城乡残疾人居家就业开辟了新途径。据电子商务交易技术国家工程实验室、中央财经大学中国互联网经济研究院测算，2017年，中国电子商务从业人员和周边就业人员达到4 250万人（见图4－7所示），约占当年新增就业的18%。

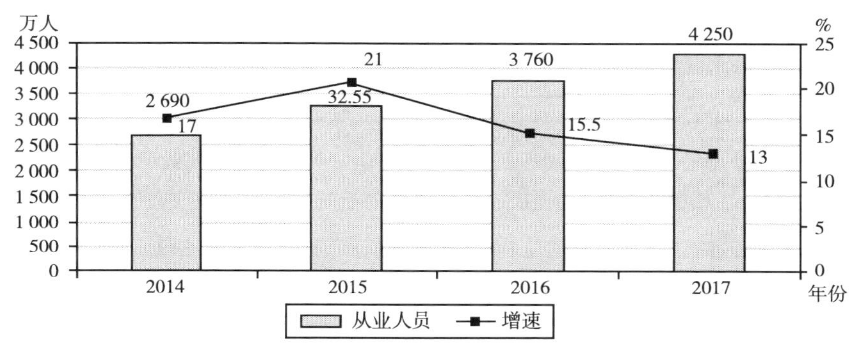

图4－7　2014年以来中国电子商务就业规模及增长率

资料来源：电子商务交易技术国家工程实验室、中央财经大学中国互联网经济研究院测算。

6. 互联网支付系统快速发展

中国互联网信息中心数据显示，截至2017年12月，中国人使用网上支付的用户规模达到5.31亿人，较2016年底增加5 661万人，年增长率为11.9%，使用率达68.8%。其中，手机支付用户规模增长迅速，达到5.27亿人，较2016年底增加5 783万人，年增长率为12.3%，使用率达70.0%。中国人民银行数据显示，2017年，非银行支付机构发生网络支付业务2 867.47亿笔，同比增长74.95%，支付金额达143.26万亿元，同比增长44.32%（见图4－8）。移动端网络支付改变传统支付习惯，渗透到消费者购物、出行、就餐、就医等应用场景。

7. 快递业务量远超美国蝉联第一

根据国家邮政局的统计数据，2017年中国快递业发展态势持续向好，全国快递服务企业业务量累计完成400.6亿件，同比增长28%（见图4－9）。业务收入累计完成4 957.1亿元，同比增长24.7%。其中，同城业务量累计完成92.7亿件，同比增长25%；异地业务量累计完成299.6亿件，同比增长28.9%；国际/港澳台业务量累计完成8.3亿件，同比增长33.8%。

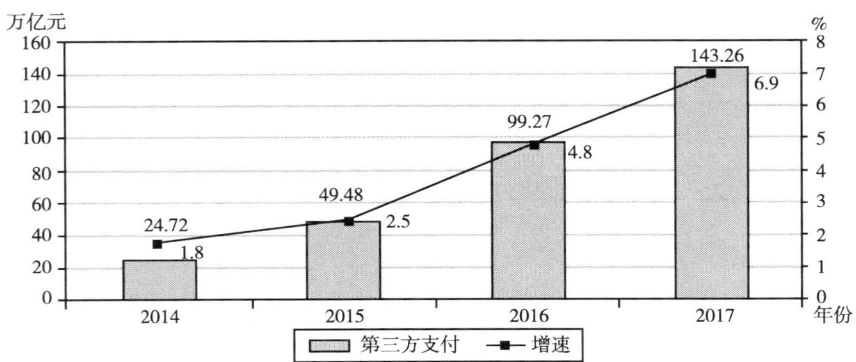

图 4-8　2014 年来网络支付规模及占比

资料来源：中国人民银行。

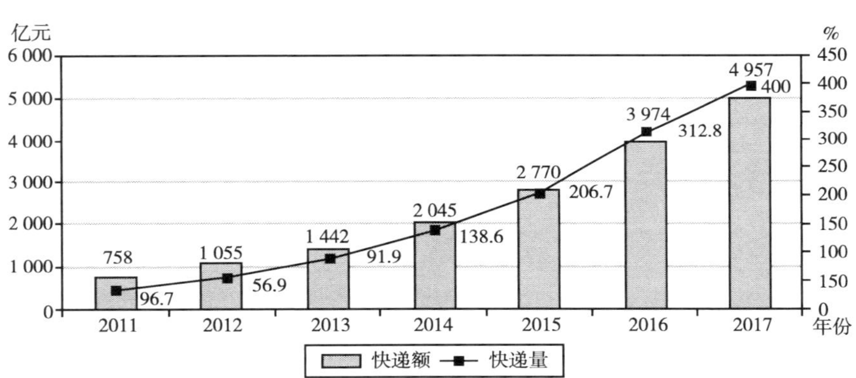

图 4-9　2011 年以来的快递额和快递量

资料来源：根据国家邮政局的资料整理。

二、电子商务企业的基本类型与运营发展

2018 年上半年，中国电子商务企业保持了稳定快速发展。全国网上零售额 40 810 亿元，同比增长 30.1%。其中，实物商品网上零售额 31 277 亿元，增长 29.8%，占社会消费品零售总额的比重为 17.4%；在实物商品网上零售额中，吃、穿和用类商品分别增长 42.3%、24.1% 和 30.7%。网络购物和电子商务的发展，为拓展中国消费渠道、提升产品细分和差异化能力、稳定消费增长态势都具有重要的作用。

（一）自营电商的发展：绕不开的 SKU 短板

SKU 是 Stock Keeping Unit（库存量单位）的简称，即库存进出计量的单位，可以是以件、盒、托盘等为单位。随着电商的发展，已经被引申为单品统一编号的简称，每种单品均对应有唯一的 SKU 号。中国自营电商的企业较多，处于行业前端的主要是京东、苏宁和国美，前期发展很快，目前则遇到了一定程度的问题和压力。当京东、苏宁易购、国美在线这类以自营模式起家的家电 3C 电商平台越做越大后发现：家电复购率低，需要引入复购率高的商品，扩大商品 SKU 势在必行。

但是，光靠自营不能迅速覆盖到非标准类产品，因此，京东商城、苏宁易购、国美在线都急需品牌商家、第三方商户的入驻。值得注意的是，到 2014 年，以自营电商起家的京东，第三方业务增长已超过自营业务。公司董事长刘强东在 2014 年财报分析会上表示，京东自营业务主要集中于标准化品类的产品，而第三方平台服务主要是提供非标准化品类。从市场容量和平均情况来看，非标准品类的数量以及市场销售额都是远远大于标准化品类的，长期来看，第三方平台的 GMV 比例已经超过了 50%。

巨头光环之下，更多电商也选择了"自营 + 第三方入驻"的模式，网易考拉海购和亚马逊也是如此。网易考拉目前有品牌授权直采、合作、自营以及第三方卖家入驻三种模式。在部分商品的详情介绍页，网易考拉海购会附上品牌方的授权书告知消费者商品来源。以网易考拉海购和澳洲保健品品牌 Blackmores（澳佳宝）的战略合作为例，他们从澳洲直采后者的产品放进其位于杭州、宁波等地的保税区仓储中，避开经销商等层层环节，直接面向消费者进行销售。亚马逊同样力推进口商品直采模式，包括澳洲、法国的多个酒庄产品。

网易考拉海购认为，目前平台上仍是自营为主，第三方卖家占比极少，且入驻门槛较高。其目的之一便是为了控制商品源。采用自营不仅能够把控商品源、定价权，仓储、物流、售后等也都由企业自行掌控，但仓储物流体系应向第三方商户开放。

从发展的眼光来看，这种模式之下的商品源相对有保证，但是对于平台方而言，盈利空间就是进销差价，毛利低，利润空间小，对于消费者来说则是商品品类少。往往出现的情况是，同一品牌的不同款式商品，需要在不同平台才可以找到。

（二）平台电商的发展：理不顺的平台服务难题

目前，平台电商领域的两个巨头无疑是阿里系的天猫、淘宝，以及京东的一部分业务。其中，阿里巴巴旗下的淘宝凭借平台模式，在过去 10 年间可以说是顺风顺水、迅速扩张。大平台有一站式购物的优势，所以大平台是以产品数量多、品种丰富作为竞争力，是不可替代的，而且始终是主流。

在这一类平台上，无论个人、企业均可以申请入驻，以个人卖家身份申请入驻淘宝，只需要完成支付宝实名验证以及淘宝开店认证，所需要的有效证件只有身份证。电商平台的新贵拼多多采用的虽然也是平台模式，个人入驻门槛稍高于淘宝，除了电话、身份证、姓名、邮箱等个人基本信息之外，根据售卖商品不同，需要提交 2 000 元至 1 万元不等的保证金。

低门槛入驻的好处在于商品品类的齐全，淘宝因其商品、服务之多，甚至有“万能的淘宝”之称。但这类平台的问题也不少。一方面，商品来源平台方难以把控，例如个人入驻的商家，从商品、运营到销售、快递，都是由商家一手操办，一旦平台方监管不足，货品真假难辨；再者，平台方对于商品价格的把控力度有限，同一商品价格不同已经是很正常的事情。目前平台模式的短板在于平台方对店铺的监管还是存在天花板，平台模式下最大的问题是第三方卖家商品品质难以保证。

（三）电商创新发展：追求新流量红利的零售变革

专门从事互联网研究的 Mary Meeker 在近日发布的《互联网趋势报告》中认为，当前电商零售已经升级为从增量到存量之争，从数量到时间之争。这也正是当下国内电商普遍面临的问题——流量红利枯竭，国内几大电商从去年就已经在强调零售变革。

对于零售变革，苏宁易购总裁侯恩龙指出，自营模式将成为未来电商主流，谁把自营做好谁就拥有电商的未来。靠流量卖广告的模式会遇到挑战。并且，他认为，过去大家都说平台是电商基本的标配，现在大家发现其实都在从平台向自营转变，因为这是一个消费者最关心的痛点。

而按照马云提出的“新零售”，未来电商是线上、线下与物流结合在一起形成的一种新模式。马云认为纯电商已死，大家正在讨论电商未来十年谁会胜出。10 年前电商说苏宁没有互联网基因，但现在线上的企业也迫切需要线下零售的基因。

刘强东也提到了自营和第三方开放式平台（即 POP 平台）的关系。2018 年 4 月，被问及“京东是否对自营平台有更多战略倾向？”时，刘强东表示，自营平台和第三方平台，并没有规划份额，也没有任何利益倾向。因为自营店和 POP 店的净利润率是一样的，自营的毛利率肯定高，但有物流服务、仓储、员工支出，成本也高，所以净利润率二者是一样的。并且因为京东平台获取的商业利润是一样的，所以内部就能确保公平对待，最后让消费者来选择，还鼓励两者之间的竞争，因为双方是彼此促进的模式。

（四）典型案例分析：人人乐的电商合作实践

人人乐超市是中国重要的本土化大型连锁超市，并在华南、华中一带取得了良好的市场份额，具有较大的市场影响。但是，随着电商巨头在在线超市上的发力，受到高租金、高经营风险和高人工成本的影响，人人乐在发展的速度上逐步放缓，并着手以经营利润为导向优化网点布局，调整商品品类，升级顾客服务和主动分析掌握顾客需求。

但是市场并没有留给人人乐太多自我调整的时间，电商巨头开始利用其在线上的巨大资源和资金实力，大规模向线下渗透，并支持线下企业开展带有部分“倾销”特征的市场竞争活动。作为实体零售业的人人乐被迫应战，但是由于电商的跨界补贴，使得这一竞争带有了显著的不公平性和自杀性——竞争的目的不是为了提高效率，而是为了抢占市场份额，形成垄断。

面对市场压力，人人乐超市也在不断提升自己在线部分的商业能力，加大自营电商板块的投入，实现线上实时在线服务。但受到使用习惯、优惠幅度和获客成本等压力，线上板块的总体运行情况并不乐观，仅仅起到了对线下服务的一种补充，而无法实现零售模式的转型和创新，也无法有效的覆盖线上活动的成本。

在此情况下，人人乐超市决定正式与电商巨头接触并开展有效的合作。考虑到合作方式的尝试，人人乐用不同城市的网点与阿里巴巴和京东合作，先后形成了一系列的合作样本。但在合作中，实体零售企业往往会发现理念不兼容的问题，电商巨头以获取流量为方向，并不重视现场的直接销售，而是长期互动社交和黏性消费关系的营造和形成；而这种经营模式长期持续下去，将导致实体零售企业好不容易建立起来的社会形象和经营模式的坍塌，最终变得毫无特色，也无法维持好营造起来的线下购物体验，最终只能变成电商巨头的分销网点和仓储设施。合作了两年多的时间，人人乐最终决定除保留个别样本店外，其他的店铺停止与电商巨头的合作，重新回归线下的经营、竞争模式。

三、新零售的实践探索与模式构建

新零售的开端往往以阿里巴巴集团董事局主席马云先生对纯电商模式的反思和对线上线下结合（O2O）创新突破为标志。随后以O2O模式为基本形态，将互联网思维、大数据理念、差异化竞争和订制性服务有效地结合在一起，将线上的信息便利和对称与线下的消费黏性和体验有效地融合在一起，进而形成新的零售模式和业态表现。从实践情况来看，新零售总体上形成了无人零售、无界零售和无储零售的三种基本形态。

（一）新零售的基本特征

从O2O出发，打通线上与线下，融合线上优势与线下能力，实现互为支撑、互相促进的有效模式。从发展的情况来看，新零售总体表现为如表4－1所示的基本特征。

表4－1　　传统零售与新零售的区别

类别	传统零售	新零售
消费者体验	消费者是上帝（看不见摸不着感受不到），割裂，积分不能打通，参与感/互动性弱	便利，全生命周期个性化管家，无缝自由穿越，懂我，想我所想，想我所未想，比我更懂我；参与感、互动性强
品牌和销售	有营无销，有销无营，品销分离，消费者洞察与连接、代言人，媒体投放等割裂，衰减大	有营有销，有销有营，品销合一；消费者全域高效洞察与连接，漏斗衰减少，全链条更高效触达目标潜客/老客
商品企划	抽样、定性、经验	全域大数据（定性＋定量）支持流行趋势；精准匹配性别、品类、价格带规划
供应链	推式，B2C，期货，以销定产	推拉结合，C2B2C＋C2B2C，期货＋周周新＋周周翻单，快速柔性供应链，以销定产＋产销平衡＋以产促销
线上和线下	线上（电商）/线下是割裂，对立关系	线上线下天地会，你中有我，我中有你，美美与共；线上线下全网全渠道全场景（包括国际化、农村地区等）
人货场	离线的孤岛、相对割裂，受时空限制	在线化、重构和高效精准连接，可识别、可触达、可洞察、可服务，超越时空限制，全生命周期会员/商品管理
物流	供应商仓—总仓—区域仓—门店—消费者间割裂，店比较少扮演物流角色，流转慢，流速低	多级混合正向逆向，货提前布局到需要的地方，店也是仓，就近发货，货通天下，货如轮转
上下内外伙伴	信息割裂、低效、不对称，内耗	授权范围内上下内外端到端透明、高效，合力对外
驱动力	个人经验，差别大，不稳定	经验＋大数据，人工智能，组织智慧（隐性知识显性化，个人知识组织化），大数据驱动，精准匹配

（二）无人零售：技术型的新零售

作为阿里巴巴集团新零售的特征感知和体验的核心要素，无人零售由于其鲜明的特性和耳目一新的购物体验，成为新零售的第一种试水模式。从其实践的情况来看，无人零售主要是将信息管理、数据应用和感知技术、支付技术等融合在一起而形成的零售形态。

无人零售作为无人值守服务中的一大类，主要指的是无人情形下进行的零售消费行为。无人零售是指基于智能技术实现的无导购员和收银员值守的新零售服务。未来，将是基于大数据基础上的物品售卖。

2017 年下半年，无人零售以其超前的购物体验成为新零售最受资本和消费者关注的形态之一。7 月 1 日，F5 未来商店完成 3 000 万元 A + 轮融资；7 月 3 日缤果盒子完成超 1 亿元 A 轮融资；7 月 8 日阿里巴巴无人超市“淘咖啡”落地亮相 2017 年淘宝造物节。较传统零售而言，无人零售更关注垂直人群的垂直场景，即通过对市场进行深度挖掘，寻找被大多数人忽略的消费场景。除去布局在商场、地铁站、机场、车站等人流量大的地点，也开始关注办公室、电梯间、移动车辆等封闭空间的近场需求。这正与以垂直化、人群化、场景化为典型特征的消费升级大趋势相呼应。总的来说，与传统的实体零售相比，以无人零售为代表的新零售不只是对线下门店在形态上的升级改造，更是对包括供应链端、购买流程，直至最终消费场景在内的整个消费链条的全生命周期变革。从买什么、怎么买、在哪买三个层面整合线上线下，打造高效便捷的近场消费入口，实现线上数据和流量的变现。

无人零售成为热点，背后存在多重驱动力。最首要的是线上流量饱和以及人力成本上升的零售业大背景。同时，技术进步赋予无人零售新的可能性：包括人工智能、物联网技术的逐步商用，以及智能手机和移动支付的普及，都为无人零售的实际落地奠定了基础。而持续增长的消费品零售市场则为无人零售的进一步发展布局，白领人群作为消费主力军，乐于尝试新鲜事物，追求更佳的购物体验和生活品质，消费需求也在随之升级。

传统零售和电商由于流量红利渐失，尽管总体市场仍在持续增长，但线上流量增长明显放缓、获客成本渐高，转型迫切。线下流量重回大众视野，成为初创品牌和资本巨头必争之地，办公室货架、自助贩售机、无人便利店等近场入口成为各家获取用户的必争之地。同时，国内人口面临严重老龄化，用工成本和土地铺租成本大幅上升，人口土地红利双双丧失。在此背景下，由于土地成本不会自然降低，传统零售业不得不考虑以无人或少人化的形式来缩减用工成本。

伴随着智能设备终端的逐步普及，4G、5G、WIFI 等技术不断突破，移动支付习惯逐渐养成，支付宝、微信成为主流移动支付方式之一，中国正逐渐迈入

“无现金社会”，这产生的用户基础正是未来无人零售可持续发展的驱动力。发展驱动力线上流量饱和、人力成本上升、技术进步是无人零售发展的驱动力。

（三）无界零售：模式型的新零售

无界零售概念主要来自于京东的创造，从对跨界的思考出发，找准跨界中的核心因子，并与现代互联网思维中的技术和模式进行有效的结合，形成多种模式和场景融合的新零售业态。

2016 年 11 月，刘强东对外宣布了京东未来 12 年的战略规划：全面技术化，大力发展人工智能和机器人自动化技术，将过去 12 年以传统方式构筑的优势全面升级。2017 年 7 月，刘强东再次发表署名长文《第四次零售革命意义将超互联网》，它将打破行业壁垒，让零售渗透到互联网的各个角落。

无界零售的核心，从后端来讲就是供应链一体化，把供应链和产品、库存、货物全部升级成一个系统，减少品牌商的操作难度；而从前端来讲，无界零售的核心就是满足消费者随时随地消费的需求，这两个核心从来没有变过。在国内，通过大量高科技的、新的技术来解决零售问题，可能还需要 5—10 年的时间。但京东已经开始了有关实践，将尽力以最短的时间打造一张包含品牌商、经销商、批发商、终端门店以及消费者在内的完整无界零售图景，并携手行业同伴开启无界零售新征程。

近几年，随着物联网、人工智能、AR/VR 等新一代信息技术应用以及消费升级，消费和零售场景开始变得多元化、碎片化、即时化，不再局限于电商网站、实体商店等特定零售合作伙伴。在不久的将来，人们通过网络社交、媒体、影视作品、智能家居、无人商店，甚至平面广告、实物标签、照片等，都可以随时、随地、随心地触发并达成消费交易，零售将进入无处不在、无时不有的状态，即京东提出的“未来是无界零售”的概念。

从跨界到无界，是一个从量变到质变的过程。改变的不仅仅是零售的形态，还包括零售的业务逻辑、能力要素和价值实现方式，可以说，从形式到内容、从主体到对象、从业务到场景、从企业到个人，都将发生重大变化。无界零售将最大程度上打通线上线下，并融合最前沿的技术，将人们购物的多场景做充分整合，打造更高效、更愉悦的购物体验。

（四）无储零售：管理型的新零售

无储零售即尽可能降低零售商不必要的库存，或使采购的商品与市场的需求基本匹配，从而在设定的时间内基本完成市场出清。新零售思维下的无储零售与日本企业在20世纪提出的“看板管理”存在着本质的区别：第一，无储零售立足于对市场需求的匹配而不是生产能力的适应，目标更不确定，管理难度更大；第二，无储零售的核心是满足即时性、差异化、小批量的需求，而不是标准化、大批量的生产；第三，无储零售的关键需要全渠道、全场景的有效支撑，而不是主要供应商和渠道商的需求能力，即无储是全过程的“无存储”，是直达消费者的，而不是立足于自身的“无存储”，将存货压力转嫁到产业链的上下游。

美国的批发零售业交易效率是中国的1.56倍，未来无储零售竞争成败的关键在于供应链的服务内容和效率。从供应链的观点，国内的时尚产业，无论是服装、鞋履、箱包，从代工开始，国内拥有全世界最完整的生产供应链，最弱的仍是上游的设计和下游的品牌行销。

目前，国内物流的核心痛点是差异化需求分散了运补能力的问题。发货时间不定、发货地点分散、货品类型多样的商户现实，需要优质的供应链系统匹配，因此，以互联网商业为基础进化的“新零售”，一个云处理系统，打通设计、生产、仓储、配送、……等供应链各环节，兼顾服务和效率，才能有效打造新零售所需的供应链系统。

当Farfetch.com以线上购物的方式实现了买手店全球无界的购物形态，亚马逊开始开设线下实体店；线上和线下的消费形态趋势渐趋稳定，消费多样化的选择，形成了小批量、多批次、少量、多样化的物流配送需求。从设计、生产、制造、分销和物流等供应链的“柔性”“弹性”和以消费者需求产生拉动供应链环节的传统模式已经无法适应消费的变化，运用互联网链接每个环节，以“信息”贯穿整个供应链，让信息分享及驱动整个环节迅速反应市场需求的新“互联网+物流”的平台型物流必将成为主流。

在以信息拉动的供应链里，及时掌握终端市场的状况，对于动态的商品企划，包括从商品开发、销售预测、自动补货、采购计划等，都能在一个数字平台系统中统一操作。

沃尔玛在传统模式中成功得靠最具竞争力的价格取胜。进入无储零售时代，沃尔玛发射自己的私人卫星，可在一小时内对全球4 000多家门店完成库存、销售、订单等盘点，并确保从订单到商品进入商店的时间控制在3天内！

未来无储零售的供应链，将逐渐改变传统的靠人、流程、硬件设施的串联，而是借网络和数字技术让供应链变得智能化，包括：电子标签让每一件商品都透过网络，让后台统一管理，整个存、销、补的过程，都同步改变，小至立即调整价格的促销，也可键盘一触之下立即更改。在互联网的时代里，智能化的供应链，是无储零售成功的关键所在。

（五）案例分析：马云无人超市的“无人状态”

不是所有的新零售业态都能够获得市场的热烈追捧，马云推出的首批无人超市便是较为典型的案例。随着互联网和支付宝的发展，很多人在去超市买东西的时候，都不会再带现金，都会使用手机支付，这便是无人超市的重要起因。所谓的无人超市就是没有服务员，也没有营业员，买东西全靠客户自觉，客户在进超市门的时候刷一下支付宝或者淘宝，然后你就可以进去选购东西，等到离开的时候，系统会自动根据买的东西的价格来扣钱。

但可惜的是，无人超市并没有发展起来。尽管马云曾经放下豪言说会在全国建设10万家无人超市，但是，无人超市的发展却受到了阻碍。一开始，很多人因为觉得新鲜，所以很多人都跑去使用无人超市。但是，慢慢地，使用无人超市的人就越来越少了，无人超市“无人”化了。究其原因，大约有以下几个关键要点：

第一，东西没有正常超市多。无人超市里面的商品是有很多，但是，东西其实并不是很完善，种类也没有正常超市的齐全。一般情况下，大家去超市都是要买很多东西的，无人超市的东西不齐全，导致购买需求不能一次性完成，自然影响购物体验。

第二，价格并没有便宜。无人超市从成本的角度来看，相较于一般超市减少了许多人工成本，从而应形成较有竞争力的价格。但是受到投资折旧成本和内需收益率核算的影响，大规模应用现代信息技术的无人超市做不到有效地降低价格。

第三，服务不到位。去正常超市的时候会有服务员帮助挑选东西，如果有什么不懂的，也会得到协助，在一定程度上减少了麻烦，也让我们更加了解商品。但是无人超市里面一个人都没有，你想要买什么都要自己去找，要自己去看商品的说明，在便利性上还是有欠缺。

第四，使用人群有限制。想要使用无人超市，你必须要有一部智能手机，还要有支付宝，然后还要使用。这样便将一部分老年人群体、一部分农民工群体排除在潜在顾客之外了。

因此，无人超市要想真正成为有效的新零售业态，还要积极的融合各个领域、各个渠道、各个模块、各种技术的有效环节，形成真正一体化的有效组合。不能将无人的特征作为必须要坚持的关键点，核心是能否满足消费需求，能否增加消费便利，能否控制流通成本。

第二节　中国促进电子商务发展的政策

电子商务已经发展成为“经济综合体”，涉及互联网思维、分布式组织、创新型模式、新要素新资源、电子商务“赋能”、迭加式集约式发展等内容，是经济发展方式的全面性变革，是新技术、新产品、新业态、新模式的系统性融合。电子商务在中国的落地和发展，看似偶然，是历史的不经意，但实是必然，与中国的经济发展水平、人力资源、创新能力和政策支持等问题紧密相关。本部分以政府的经济政策和社会政策的支持为主要内容展开，并努力形成内容完整、结构清晰、体系完备的促进电子商务发展的政策。

从体系上看，电子商务的落地与发展需要规范的法律、良好的环境、完善的基础设施、高效的要素市场、充裕的发展空间、公平的竞争机制和拓展的开放领域。本文对电子商务发展的政策支持也沿循上述结构展开。

一、电子商务法律法规体系的不断完善是重要的保障

市场经济是法治经济，新时代的经济发展理念又是以创新为基础的新发展理念，法治和创新就成为中国经济社会发展的永恒主题。法治既是创新的环境，也是创新的保障；而创新则为法治的发展和完善提供良好的基础和强劲的动力。电子商务是法治与创新直接融合的载体，既要依法完善规则、强化监管、规范发展，又要拥抱创新、突破限制、形成驱动。这样，电子商务的法律法规体系既是新时代经济发展的重点，也是新时代市场体系完善的难点。

（一）中国电子商务法律法规体系的完善进程

2000年以前，由于电子商务还是新兴事物，内容、模式和形态等方面均处于初级水平，难以有效的界定其内涵、规律和原则。因此，这一时期对电子商务的管理往往是借助现有的民商事法律对电子商务的行为及其后果进行规范和追责。虽然对电子商务起到了一定程度的规范作用，但是针对性和有效性较差，与电子商务的发展规律和应用的前景空间也存在多处的不匹配，针对电子商务的系列专门法规的制定成为当务之急。

2000年12月，全国人大常委会审议通过了《关于维护互联网安全的决定》，开启了电子商务专门立法的进程。

2004年8月，全国人大常委会通过了《中华人民共和国电子签名法》，为电

子商务的正常开展、规范进行和责任确认等工作创造了良好的条件，也真正意义上开启了电子合同、契约和认证时代。

2012 年 12 月，全国人大常委会通过了《关于加强网络信息保护的决定》，明确对信息资源的归属、权益的保障和使用的限制，并对即将开启的大数据时代，在个人隐私保护和数据资源有效利用上提供了有力的保障。

2013 年 12 月 7 日，全国人大常委会在人民大会堂上召开了《电子商务法》第一次起草组的会议，正式启动了《电子商务法》的立法进程。12 月 27 日，全国人大财经委在人民大会堂召开电子商务法起草组成立暨第一次全体会议，正式启动电子商务法立法工作。根据十二届全国人大常委会立法规划，电子商务法被列入第二类立法项目，条件成熟时提请常委会审议的法律草案。

2013 年 12 月 27 日，全国人大财经委召开《电子商务法》起草组成立暨第一次全体会议，首次划定中国电子商务立法的“时间表”。

2014 年 11 月 25 日，全国人大常委会于全国人大会议中心召开电子商务法起草组第二次全体会议，此次会议根据起草组成立至今进行的专题调研和课题研究完成的研究报告形成立法大纲，就电子商务重大问题和立法大纲进行研讨。起草组已经明确提出，《电子商务法》要以促进发展、规范秩序、维护权益为立法的指导思想并于 2015 年 1 月至 2016 年 6 月开展并完成法律草案起草。

2016 年 3 月 10 日，两会期间，全国人大财政经济委员会副主任委员乌日图透露，电子商务立法已列入十二届全国人大常委会五年立法规划，目前法律草案稿已经形成，将尽早提请审议。

2016 年 12 月，《电子商务法（草案）》第一次进入全国人大常委会的立法审查，电商立法进程正式开始。

2017 年 10 月，全国人大常委会对《电子商务法（草案）》进行二审，并对电子商务经营者的范围达成共识，即包括自建网站经营的电子商务经营者、电子商务平台经营者、平台内电子商务经营者等三类。

2018 年 6 月，全国人大常委会对《电子商务法（草案）》进行三审。与其他法律的三审完成立法不同，《电子商务法（草案）》并未获得有效通过，但在以下问题上形成共识，即：第一，在电子商务经营者的范围中，要将通过微信、网络直播等方式销售商品或者提供服务的经营者涵盖在内；第二，在搭售商品或者服务时，应当以显著方式提请消费者注意，不得将搭售商品或者服务作为默认同意的选项；第三，具有市场支配地位的电子商务经营者不得滥用市场支配地位，排除、限制竞争。

2018年8月，全国人大对《电子商务法（草案）》进行四审，相较于电商法草案三审稿，四审稿对平台经营者责任承担方式、电子商务绿色发展、跨境电商法律适用、商品和服务交付有关规定等内容作了修改。四审结束后，全国人大常委会宣布通过《电子商务法（草案）》，《电子商务法》正式完成立法。

（二）《电子商务法》主要内容和要点

2018年8月31日，第十三届全国人大常委会第五次会议通过了《电子商务法》，并于2019年1月1日全国颁行实施。这部法律历时5年完成，全面涵盖了电商市场主体、税务、合同、消费者保护、隐私、网络安全等多方面，在没有任何国际经验作参考的情况下，独立针对电子商务发展的最新动态和模式完成。《电子商务法》的主要内容包括：

1. 除业态创新外，电子商务与其他商业流通业公平竞争

《电子商务法》首先明确：国家鼓励发展电子商务新业态，创新商业模式，促进电子商务技术研发和推广应用，推进电子商务诚信体系建设，营造有利于电子商务创新发展的市场环境。但电子商务，说到底还是市场交易行为，就应该遵守市场规则，不能搞特殊化。因此《电子商务法》规定："国家平等对待线上线下商务活动，促进线上线下融合发展，各级人民政府和有关部门不得采取歧视性的政策措施，不得滥用行政权力排除、限制市场竞争。"如对于电商要不要工商登记、缴税的问题，《电子商务法》明确规定，电子商务经营者应当依法办理市场主体登记，应当依法履行纳税义务，并依法享受税收优惠。

2. 宣传、广告和告知义务要以保障消费者权益为前提

电子商务经营者销售商品或者提供服务，应当依法出具纸质发票或者电子发票等购货凭证或者服务单据；应当符合保障人身、财产安全的要求和环境保护要求。不得销售或者提供法律、行政法规禁止交易的商品或者服务；电子商务经营者向消费者发送广告的，应当遵守《中华人民共和国广告法》的有关规定。

依法需要取得相关行政许可的，应当依法取得行政许可。同时，电子商务经营者应全面、真实、准确、及时地披露商品或者服务信息，保障消费者的知情权和选择权。电子商务经营者不得以虚构交易、编造用户评价等方式进行虚假或者引人误解的商业宣传，欺骗、误导消费者。

3. 严格禁止搭售和影响消费者信息安全的行为

《电子商务法》还特别针对电商自身的新特点，对许多具体事项做出了规定。如电子商务经营者根据消费者的兴趣爱好、消费习惯等特征向其提供商品

或者服务的搜索结果的，应当同时向该消费者提供不针对其个人特征的选项，尊重和平等保护消费者合法权益。电子商务经营者搭售商品或者服务，应当以显著方式提请消费者注意，不得将搭售商品或者服务作为默认同意的选项。电子商务经营者收集、使用其用户的个人信息，应当遵守法律、行政法规有关个人信息保护的规定。

4. 综合多项法律，处理好电商平台与电商的责任

在保护消费者合法权益方面，电商平台与电商的责任如何划分，备受社会关注。《电子商务法》对这一问题也是一再调整，从承担连带责任，到“相应的补充责任”，再到最终稿的“依法承担相应的责任”。即如果电子商务经营者提供的商品或者服务不符合保障人身财产安全的要求，就应当依照《电子商务法》《中华人民共和国侵权责任法》和《中华人民共和国消费者权益保护法》的规定来承担相应的民事责任。

需要进一步说明的是，如果平台未尽到上述义务，应当按照《中华人民共和国侵权责任法》等法律，构成共同侵权的，应与平台内经营者承担连带责任。另外，除了上述的民事责任以外，电子商务法还规定，如果平台有相关的违法行为，还要依法承担行政责任和刑事责任。

总之，和其他法律相比，《电子商务法》很复杂，它的涉及面广、规模大，而且电子商务又是个新生事物，发展日新月异，很多事情一时看不准。本次《电子商务法》也仅仅是该领域立法活动的一次开端，随着实践的不断深入和模式、技术的不断创新，《电子商务法》也将不断完善和提升以匹配和促进实践的发展。

二、营造良好的电子商务发展环境

电子商务环境总体上包括四个方面，即法治环境、竞争环境、安全环境和信用环境，但由于上部分已经对法治环境有了全面的分析和介绍，本处将主要涉及后面的三个构成环境。

（一）以“实际公平”作为公平竞争环境的基本点

电商领域的公平竞争既包括实体商业企业与电商之间的竞争关系，也包括自营电商与平台电商之间的竞争关系。而“实际公平”是指在生产经营过程中，对于商品销售和匹配消费者需求的公平性，消费者不是由于自己需求和偏好之外的原因作出消费决策。

从实体商业企业与电商企业之间的竞争情况来看，主要的不公平体现在税收制度和征管上。据中国人民大学课题组研究，电商公平纳税目前存在以下主

要问题：大部分电商税负略低，C2C 电商模式流失较为严重。具体来说，以 2015 年为例，面向最终消费者的 3.8 万亿元的网络销售额中，2 万亿元行业的电商企业和传统商业企业的税负相比基本相当，略微偏低。而约有 1.8 万亿元的 C2C 电商销售额的税负与其他 2 万亿元销售相比较而言，存在着较低的情况。由于缺乏对电商征管的明朗政策态度以及可操作性强的政策方案，电商征管环境一直不甚理想。

为有效解决这一问题，税务系统也进行了积极的探索。总体上来看，中国对电商征税的工作分为三个阶段，即：对规模以上电商企业征收现行税制，对小微企业无论电商还是实体商业均实施免征，对电商企业根据现行税制设置规范的征收办法。当前已经完成了前两个阶段的工作，如 2013 年开始对大型平台电商和自营电商企业全面依照现行税制征税；2017 年开始将小微企业应纳税所得额的上限由 30 万元提高到 50 万元等等。而对于第三阶段将根据《电子商务法》和美国等国家的征税经验进行展开。

从自营电商和平台电商公平竞争的情况来看，最大的不公平竞争的节点来自于对消费者侵权责任和损害赔偿责任的认定。根据现行的一般法律，自营电商需对商品的真实性、质量性负责，而平台电商则没有对此承担责任的强制规定，从而导致了自营电商企业与平台电商企业在经营风险和商品责任上存在明显的差异。在《电子商务法》出台之前，实践中也通过一系列司法判例进行规范。如 2016 年上海市高级人民法院在 DHC 侵权案例中明确指出，当电商平台上的网店销售的商品或提供的服务构成侵权时，该电商平台的经营者所应承担的义务以及相应的法律责任应以该网店的性质而有所区分。对非自营的第三方网店，根据中国侵权责任法的有关规定，电商平台经营者对此应承担合理必要的义务。而对电商平台上标注“自营”的网店，无论该网店是否实际由该电商平台的经营者经营，均系以电商平台的名义对外销售商品或提供服务，其对此理应承担更高的义务，并因此承担与销售商品或提供服务的网店经营者相同的法律责任。这一判决的基本理念在《电子商务法》中也得到了认同和体现。

（二）以信息安全和产品安全为核心的安全环境

电商的安全环境包括信息安全和产品安全两个主要类别。其中，产品安全是基础和保障，没有良好的产品质量和有效的产品销售管理就不可能有效保障消费者的利益，实现消费预期；信息安全是优势和特征，电子商务将信息作为经济资源和要素进行管理，并形成以信息为核心的新的生产组织方式和商业模式，以此为基础形成一系列经营组织型技术。

电商的产品安全管理遵循产品侵权和产品责任的相关法律。1993 年的《中华人民共和国产品责任法》是该领域的基础性法律。该法明确指出，“销售者应当采取措施，保持销售产品的质量。”应做到：不得销售失效、变质的产品；不得伪造产地，不得伪造或者冒用他人的厂名、厂址；销售者不得伪造或者冒用认证标志、名优标志等；质量标志不得掺杂、掺假，不得以假充真、以次充好，不得以不合格产品冒充合格产品。在此基础上，《电子商务法》区分自营电商和平台电商对产品责任进行了进一步的明确。自营电商按照一般实体零售企业的产品责任进行管理；而对平台电商则要求“对关系消费者生命健康的商品或者服务，电子商务平台经营者对平台内经营者的资质资格未尽到审核义务，或者对消费者未尽到安全保障义务，造成消费者损害的，依法与该平台内经营者承担相应的责任”。同时明确罚则：“电子平台经营者对平台内经营者侵害消费者合法权益行为未采取必要措施，或者对平台内经营者未尽到资质资格审核义务，或者对消费者未尽到安全保障义务的，由市场监督管理部门责令限期改正，可以处 5 万元以上 50 万元以下的罚款；情节严重的，责令停业整顿，并处 50 万元以上 200 万元以下的罚款。”

信息安全的管理能力和安全水平也经历了两个基本阶段的提升。第一阶段的信息安全是指信息传输安全，如何保证信息传递过程中的准确性和即时性，如何防止信息传输过程中的失真，如何保证信息在传输过程中不被别人所获取等。1997 年由公安部颁布实施的《计算机信息网络国际联网安全保护管理办法》是第一阶段信息安全的基础规则，该办法明确指出，“用户的通信自由和通信秘密受法律保护。任何单位和个人不得违反法律规定，利用国际联网侵犯用户的通信自由和通信秘密。”并列举了具体事项，如“未经允许，进入计算机信息网络或者使用计算机信息网络资源的；未经允许，对计算机信息网络功能进行删除、修改或者增加的；未经允许，对计算机信息网络中存储、处理或者传输的数据和应用程序进行删除、修改或者增加的；故意制作、传播计算机病毒等破坏性程序的”等。

第二阶段的信息安全是指信息管理和信息运用安全，主要强调数据在归集使用和市场营销的过程中，不能泄漏消费者信息，不能依据消费者信息的分析采取过度针对性的引导消费的活动。2016 年 11 月颁布的《中华人民共和国网络安全法》是第二阶段信息安全的基础规定。该法指出，“建设、运营网络或者通过网络提供服务，应当依照法律、行政法规的规定和国家标准的强制性要求，采取技术措施和其他必要措施，保障网络安全、稳定运行，有效应对网络安全事件，防范网络违法犯罪活动，维护网络数据的完整性、保密性和可用性。”并要求，“网络产品、服务的提供者应当为其产品、服务持续提供安全维护；在规定或者当事人约定的期限内，不得终止提供安全维护”，且“网络产品、服务具有收集用户信息功能的，其提供者应当向用户明示并取得同意；涉及用户个人信息的，还应当遵守本法和有关法律、行政法规关于个人信息保护的规定。”

（三）以交易信用和行为信用为基础的信用环境

电子商务因为买方和卖方互不见面，也无从考察对方的资信和生产经营情况，对双方来讲，信用问题都成为核心问题。此外，由于电子商务企业侧重于轻资产和精准生产，往往在生产经营过程中并不产生过多的有形资产的积累，对于其线下融资也会产生一定程度的抑制，也需要线上的信息提供有效的支撑。这样，交易信息和行为信用就成为电子商务发展的良好信用环境。

支付宝的产生与发展是中国解决交易信用的伟大实践。与微信和 APPLE-PAY 等模式不同，支付宝并不仅仅是一种支付便利，而是一整套交易解决方案。由支付宝对淘宝、天猫平台的电商企业（卖方）提供代收货款的服务，消费者在向支付宝平台支付货款后，卖方随即安排发货，而买家收到货物无异议的情况下，支付宝平台向卖方放款，而买家有异议的情况下，则根据支付宝的要求，转入争端解决方案以达成一致协议为目标，完成沟通记录和款项管理工作。

支付宝向金融大数据和行为分析层面的拓展是行为信用产生和得到有效管理和运用的基础。随着平台上的电商企业形成了频繁的交易记录和往来评价，支付宝基础上产生的蚂蚁金服公司开始将这些有效的信息进行归类、清洗、整理、运用，并采用合适的算法在聚类的基础上分别进行设计，以寻求规律、发现风险、强化管理和有效推进，并完成基于电商企业行为的信用评价和信用分级。这样，就形成了中国的金融大数据体系、算法体系和模型体系，并形成了基于大数据开展的数据应用服务和对应的金融服务。2014 年开始，蚂蚁金服公司开始全面推开行为信用评价和针对性的金融产品，对小微电商企业的融资起到了良好的支撑作用，对线上资产的有效形成和行为管理的自我强化起到良好的促进作用。仅在 2016 年，蚂蚁金服公司就为 500 万家小微企业提供了 8 000 多亿元的贷款。而根据规划，2018—2020 年，蚂蚁金服将在线上线下为小微企业融资开展服务，并提供至少 1 万亿元的各类融资。

2016 年底，《大数据产业发展规划（2016—2020 年）》颁布实施。该规划明确指出，要“推动重点行业大数据应用”。特别是“推动电信、能源、金融、商贸、农业、食品、文化创意、公共安全等行业领域大数据应用，推进行业数据资源的采集、整合、共享和利用”，并“充分释放大数据在产业发展中的变革作用，加速传统行业经营管理方式变革、服务模式和商业模式创新及产业价值链体系重构”。这一规划与已有的社会实践进行了较好的结合，并为金融大数据的未来发展和完善创造良好的信用环境。

三、完善电子商务基础设施

电子商务总体上包括两个基本环节：一是信息沟通、交流和交易达成环节；二是商品运输、存仓分类和精准投递环节。从当前的情况来看，两个环节不是相互分离的，而是不断融合、不断协同和相互提升的。

（一）建设安全、高速、移动、泛在的信息基础设施

信息基础设施是开始有效信息沟通的基础和前提。中国一直跟随国际信息产业的发展，积极应用和实施最先进的信息技术，也有效推进了高水平的信息网络建设，从模拟信号到数字信号，从 ADSL 到宽带中国，从 2G 到 3G 再到 4G 的移动通讯发展，中国的信息基础设施取得了长足的进步。随着 5G 时代的到来，建设以“安全、高速、移动、泛在”的新一代信息基础设施成为当务之要、之急，并以此为基础，进一步增加电子商务的有效应用场景和模式。

2017 年 11 月，国家发改委印发了《关于组织实施 2018 年新一代信息基础设施建设工程的通知》。通知指出，加快推进“宽带中国”战略实施，有效支撑网络强国、数字中国建设和数字经济发展，实施新一代信息基础设施建设工程。从其重点内容来看，主要包括：

第一，“百兆乡村”示范及配套支撑工程。以中西部地区、参照执行中西部地区有关政策的地区、网络扶贫试点地区为重点，建设“百兆乡村”示范网络，提升乡镇及以下区域光纤宽带渗透率和接入能力，开展城域传输网和 IP 城域网扩容，为提升农村地区宽带用户接入速率和普及水平提供支撑。工程实施区域以县（区、市）为单位选择，要求区域内行政村已全部实现光纤通达，农村宽带接入能力达到 12Mbps，农村光纤到户用户占比大于 50%。

第二，5G 规模组网建设及应用示范工程。以直辖市、省会城市及珠三角、长三角、京津冀区域主要城市等为重点，开展 5G 规模组网建设。5G 网络应至少覆盖复杂城区及室内环境，形成连续覆盖，实现端到端典型应用场景的应用示范。

第三，国家广域量子保密通信骨干网络建设一期工程。以量子保密通信

“京沪干线”和“墨子号”量子科学实验卫星为基础，面向国家战略需求和可持续运营要求，在京津冀、长江经济带等重点区域建设量子保密通信骨干网及城域网，并在若干地区建设卫星地面站，形成量子保密通信骨干环网。同时，构建量子保密通信网络运营服务体系，进一步推进其在信息通信领域及政务、金融、电力等行业的应用。

（二）推进集成式管理和智能化服务的物流基础设施

现代物流（Modern Logistics）指的是将信息、运输、仓储、库存、装卸搬运以及包装等物流活动综合起来的一种新型的集成式管理，其任务是尽可能降低物流的总成本，为顾客提供最好的服务。从应用的角度看，“现代”物流是根据客户的需求，以最经济的费用，将物品从供给地向需求地转移的过程。它主要包括运输、储存、加工、包装、装卸、配送和信息处理等活动。

在经济全球化和电子商务的双重推动下，物流业正在从传统物流向现代物流迅速转型并成为当前物流业发展的必然趋势。在系统工程思想的指导下，以信息技术为核心，强化资源整合和物流全过程优化是现代物流的最本质特征。从产业细分的角度来看，基础物流服务（仓储和运输）增速将仅能达到7%左右的水平。过去 15 年，以简单仓储和普通运输为代表的基础物流业务年均增速约为 10%左右，显示出较低的进入壁垒、技术含量和议价能力。

2016 年，阿里巴巴旗下的菜鸟物流宣布启动智慧物流方案，通过优化物流组织方式和运营模式的方法，将全社会的物流成本降到 GDP 的 5%以下。2017 年、2018 年的国务院政府工作报告，都将降低物流成本纳入落实供给侧结构性改革的核心工作，并作出一系列重要的战略部署。

2018 年 5 月 16 日，国务院召开常务会议，提出进一步降低实体经济物流成本的三项措施：一是从 2018 年 5 月 1 日至 2019 年 12 月 31 日，对物流企业承租的大宗商品仓储设施用地减半征收城镇土地使用税，从今年 7 月 1 日至 2021 年 6 月 30 日，对挂车减半征收车辆购置税。二是在今年年底前，实现货车年审、年检和尾气排放检验“三检合一”，取消 4. 5 吨及以下普通货运从业资格证和车辆营运证。三是推动取消高速公路省界收费站。

此次国务院会议提出的三项降本措施，有减低税收的，有简并或取消车辆营运证照的，也有推动取消高速公路收费站的。按此次会议的测算，通过这些措施的落实，加上增值税率调整后相应下调铁路运价，预计全年可降低物流成本 120 多亿元。这个数字摊到全国，单个物流企业或运输车辆受益是有限的，但整体上的效益却十分可观，物流行业在降成本后可以相应降低运输费用，各行各业由此将获得巨大的收益。政府诚意让利换来整个物流行业成本降低，进而是整个实体经济的减负增效，包括电商在内的商业流通行业的效率提升，这样的改革必将受到全社会的欢迎。

值得一提的是取消高速公路省界收费站的安排。高速公路收费是造成物流成本高昂的重要原因之一，所产生的问题不仅存在于实体经济领域，而且影响了整个社会的效率，并成为电商物流进一步进行整合和一体化全程全网运输的障碍。国务院提出推动取消高速公路省界收费站，表明中央政府决心从这个点切入，加快高速公路收费体制改革，这方面的效益将造福整个社会，大幅度的促进电商的发展。

四、发展电子商务要素市场

电子商务与其他的经济形态一样，生产要素总体上包括劳动者、资本、土地、技术和创新。这样，根据上述要素进行分类，形成对相关要素运行规律的基本总结。

（一）人力资源

中国共产党十九大报告明确指出，要构建现代化经济体系，推进人力资源、科技创新、现代金融和实体经济协调发展的产业体系建设。人力资源是现代化经济体系的重要构成因子，也成为最富活力的电子商务的重要支撑力量。

电子商务的人力资源主要包括电商企业的创业者、电商周边服务的从业者、电子商务技术的创新者和电子商务的管理者。从其形成、培养和提升来看，主要包括鼓励创业、人才培养和权益保障三个基本内容。

1. 鼓励创业的人力资源政策

2014 年，中国决定启动大众创业、万众创新的“双创”工作，以居民资产负债表为支撑，以家庭及家庭组合的模式为基础的创业创新工作成为国家战略的核心构成。“双创”工作为电商企业的发展和新模式的构建准备了良好的基础，并通过创业活动为丰富电商产品种类和提供更加富有创意的思维提供了条件。

2017 年 7 月，国务院正式颁布了《关于强化实施创新驱动发展战略进一步推进大众创业万众创新深入发展的意见》（国发〔2017〕37 号），为中国创业型人力资源的培养和创业环境的提升创造了良好的条件。该《意见》指出，要“充分激发人才创新创业活力，改革分配机制，引进国际高层次人才，促进人才合理流动，健全保障体系，加快形成规模宏大、结构合理、素质优良的创新创业人才队伍。”

在有效利用好现行人才基础方面，《意见》指出，要“完善高校和科研院所绩效考核办法，在核定的绩效工资总量内高校和科研院所可自主分配。事业单位引进高层次人员和招聘急需紧缺人才，可简化招录程序，没有岗位空缺的可申请设置特设岗位，并按相关规定办理人事关系，确定岗位薪资。”

此外，为调动地方积极性和主动性，《意见》还要求，“各地区可根据实际需要制定灵活的引才引智政策，采取不改变人才的户籍、人事关系等方式，以用为本，发挥实效，解决关键领域高素质人才稀缺等问题。”

2. 人才培养、培训

电商涉及人才的各个专业领域，既包括信息技术、商品销售、物流管理、财务管理和金融服务等直接相关领域，也与参与电子商务经营的相关电商企业的行业技术、经营管理和风险管控等人才基础直接相关。在当前上述人才相对短缺、知识结构相对陈旧、彼此间隔离大于协同等问题上，必须加强人才培养、培训工作，以为电子商务产业的发展准备更加完善的人才基础和技能基础。

中国共产党在十八大以来提出的人才强国战略是人才培养、培训工作的重要基础，也是电商人才支持体系提升的重要保障。做好人才战略关键是做好以下四点：

第一，人才资源首先开发。根据习近平同志在《加快从要素驱动、投资规模驱动发展为主向以创新驱动发展为主的转变》中的讲话精神，需要把人才资源开发摆在首位，切实改革人才资源开发的体制机制，造就出高质量、创新型的人才大军，为实现强国梦提供强有力的人才支撑。

第二，人才结构首先调整。在现代社会，人才不仅具有支撑作用，高端人才还具有引领作用。只有首先调整人才结构、优化人才结构，使人才结构不断高级化、现代化，才能促使经济社会结构调整和优化，促进经济社会结构的高级化和现代化。人才结构既包括宏观层面，也包括中观层面和微观层面。人才结构的微观层面是指人才的内在素质和品格，它是人才结构优化和现代化的内在基核。在重视人才宏观和中观结构调整优化的同时，必须高度重视人才微观结构的调整、优化和现代化。

第三，人才投资首先保证。在很长一段时间，中国人才投资水平比较低，直到 2012 年，教育经费占 GDP 的比重才达到 4%。此后，中国教育经费占 GDP 的比重逐年上升，到 2015 年，已经占到 GDP 的 4.26%。但与国际比较，仍然不高。例如，2012 年，经合组织成员国平均教育经费支出占 GDP 的比重为 4.7%，其中挪威达到6.5%。因此，在落实人才强国战略的实践中，必须首先保证人才投资，依法规定人才投资占GDP的比重，依法保证这一规定不折不扣地落实到位。

第四，人才制度首先创新。充分发挥人才资源作用，必须在全面深化改革中，首先改革和创新人才制度，“加快构建具有全球竞争力的人才制度体系”。构建具有全球竞争力的人才制度体系，核心问题是尊重人才的自主性，给予人才以充分的自由，使人才的潜能、积极性和创造性得到最大限度的发挥。

3. 劳动者权益保障

电子商务是一种大众创业、万众创新型的参与模式，许多创业者并不一定是企业，而多是作为个体（户）参加的。这样，对于劳动者的权益保障必须适应电子商务发展的新环境，既确定合理的缴费标准，以维护机制公平和群体公平；又建立合理的缴费模式，以适合创业者的组织模式和身份的变化，增强制度弹性，在降低创业者压力的同时，更好的匹配其对于劳动者权益保障的多样化需求。

2018年，中国制定的《劳动者权益保护法》对于包括电商劳动者在内的职工权益进行了全面的规定。根据该法，劳动者应享有以下权利：第一，平等就业和选择职业的权利。第二，取得劳动报酬的权利，用人单位应当按月以货币形式支付给劳动者本人工资，不得无故拖欠或克扣工资。劳动者在法定节假日、婚丧假期间及社会活动期间也应当有权利取得工资。第三，休息、休假的权利。用人单位应保证劳动者每周至少休息一天，每日工作不应超过8小时，平均每周工作不应超过44小时。如果用人单位由于生产需要而延长工作时间，应与劳动者协商，每天最长不超过3小时。第四，获得劳动安全卫生保护的权利。第五，接受职业技能培训的权利。第六，提请劳动争议处理的权利。第七，享受社会保险和福利的权利。第八，拒绝用人单位强令冒险作业的权利。

（二）金融与资本要素

金融与资本要素比较青睐电子商务领域，尤其是行业成长潜力大、企业战略目标清晰、业务营利模式稳定、已具备一定的市场竞争力和优势地位的企业。但总体来看，电子商务企业中仍然是中小微企业占据主体地位，需要像实体经济企业一样，获得普惠金融的支持。

普惠金融是指立足机会平等要求和商业可持续原则，以可负担的成本为有金融服务需求的社会各阶层和群体提供适当、有效的金融服务。小微企业、农民、城镇低收入人群、贫困人群和残疾人、老年人等特殊群体是当前中国普惠金融的重点服务对象。大力发展普惠金融，是中国全面建成小康社会的必然要求，有利于促进金融业可持续均衡发展，推动大众创业、万众创新，助推经济发展方式转型升级，增进社会公平和社会和谐。

2015 年 12 月，国务院正式出台了《推进普惠金融发展规划（2016—2020 年)》，成为中小微电商企业金融和资本要素的重要支持政策。根据该《规划》，要充分调动、发挥传统金融机构和新型业态主体的积极性、能动性，引导各类型机构和组织结合自身特点，找准市场定位，完善机制建设，发挥各自优势，为所有市场主体和广大人民群众提供多层次全覆盖的金融服务。从电商企业的特点出发，关键是要在金融产品创新上做好以下三项工作：

1. 鼓励金融机构创新产品和服务方式

推广创新针对小微企业、高校毕业生、农户、特殊群体以及精准扶贫对象的小额贷款。开展动产质押贷款业务，建立以互联网为基础的集中统一的自助式动产、权利抵质押登记平台。研究创新对社会办医的金融支持方式。开发适合残疾人特点的金融产品。加强对网上银行、手机银行的开发和推广，完善电子支付手段。引导有条件的银行业金融机构设立无障碍银行服务网点，完善电子服务渠道，为残疾人和老年人等特殊群体提供无障碍金融服务。

在全国中小企业股份转让系统中增加适合小微企业的融资品种。进一步扩大中小企业债券融资规模，逐步扩大小微企业增信集合债券发行规模。发展并购投资基金、私募股权投资基金、创业投资基金。支持符合条件的涉农企业在多层次资本市场融资。支持农产品期货市场发展，丰富农产品期货品种，拓展农产品期货及期权市场服务范围。完善期货交易机制，为规避农产品价格波动风险提供有效手段。

鼓励地方各级人民政府建立小微企业信用保证保险基金，用于小微企业信用保证保险的保费补贴和贷款本金损失补偿。引导银行业金融机构为购买信用保险和贷款保证保险的小微企业给予贷款优惠政策。鼓励保险公司投资符合条件的小微企业专项债券。扩大农业保险覆盖面，发展农作物保险、主要畜产品保险、重要“菜篮子”品种保险和森林保险，推广农房、农机具、设施农业、渔业、制种保险等业务。支持保险公司开发适合低收入人群、残疾人等特殊群体的小额人身保险及相关产品。

2. 提升金融机构科技运用水平

鼓励金融机构运用大数据、云计算等新兴信息技术，打造互联网金融服务平台，为客户提供信息、资金、产品等全方位金融服务。鼓励银行业金融机构成立互联网金融专营事业部或独立法人机构。引导金融机构积极发展电子支付手段，逐步构筑电子支付渠道与固定网点相互补充的业务渠道体系，加快以电子银行和自助设备补充、替代固定网点的进度。推广保险移动展业，提高特殊群体金融服务可得性。

3. 发挥互联网促进普惠金融发展的有益作用

积极鼓励网络支付机构服务电子商务发展，为社会提供小额、快捷、便民支付服务，提升支付效率。发挥网络借贷平台融资便捷、对象广泛的特点，引导其缓解小微企业、农户和各类低收入人群的融资难问题。发挥股权众筹融资平台对大众创业、万众创新的支持作用。发挥网络金融产品销售平台门槛低、变现快的特点，满足各消费群体多层次的投资理财需求。

（三）电子商务园区建设与土地要素支持

从电子商务系统的概念来看，电子商务体系需要土地要素的充足保障和支持。但从狭义的信息概念的电子商务来看，土地要素的多少并不是最重要的，适当集中具有专业能力的电子商务产业园才是最关键的支持。

中国对电子商务产业园没有出台专门的土地政策，但遵循产业发展规律、培育龙头企业和项目、促进产业生态和产业集聚，并提供专业化的政策支持和园区服务一直是各类电子商务产业园区的核心工作。接下来，以杭州电子商务产业园和宿迁电子商务产业园为例，说明这一情况。

1. 杭州电子商务产业园

杭州电子商务产业园位于西湖区翠柏路 7 号，2010 年正式开园，总占地面积 28 亩，建筑面积约 6 万平方米。配套拥有报告厅、商务会议室、健身中心、党员活动中心、员工餐厅、便利超市、地下车库等公共设施。园区现有电子商务企业 96 家，就业人数 4 600 人，先后取得四项国家级荣誉：国家电子商务示范基地、国家级科技企业孵化器、国家软件产业基地拓展区、中国电子商务基地。

杭州电子商务产业园作为国内最早成立的专业电子商务园区之一，集聚了品牌电商、代运营、第三方平台、电商培训、信息软件、物联网、移动互联网等电子商务相关企业，构建了良好的电子商务生态圈。

作为国家级科技企业孵化器，园区为帮助入驻企业更好地发展，搭建了产业培育、技术支撑、科技金融、人才服务、法律服务五大公共服务平台，为园内企业提供创业辅导、人才引进、产学研合作、投融资、项目申报等一系列服务，通过举办总裁沙龙、电商峰会、公开课、资本对接会、政策讲座、技术交流会等，为企业创造良好的学习交流和成长环境，营造浓郁的电子商务创新创业氛围，助推企业健康快速发展。在主园成功建设的基础上，杭州电子商务产业园积极探寻“一园多点”模式，成功运营了良渚电子商务产业园和诸暨电子商务产业园。

与此同时，园区谋求转型升级，拓展了跨境电商业务和农村电商业务：杭州电子商务产业网络园区有限公司于2014年注册成立，并于2015年6月与阿里巴巴、京东、工商银行、银泰百货等企业一起被杭州市政府授予了“中国（杭州）跨境电子商务综合试验区首批试点企业”称号。秉承“跨界参与，产业整合、服务全球”的宗旨，网络园区将争取成为全国首家且唯一一家全球跨境电子商务全产业链综合服务平台；杭州美农网络科技有限公司于2015年注册成立，旗下的中华农业电商博览园于2016年12月24日正式对外营业，运用物联网+农业的发展思路，搭建了中国首个原产地精品农产品全体验式电商销售与推广平台，帮助国内优质农产品产地政府孵化本地农业电商，借力电子商务实现农业产业转型升级，实现农产品销售增长及农民增收。

2. 宿迁电子商务产业园

宿迁电子商务产业园区，总体规划建设面积6.4平方公里，已建成区域1.2平方公里，主要有京东客服中心、电子商务第一街、文化公园、通联物流等项目，已集聚了20多家电子商务相关企业入驻；正在推进建设区1.6平方公里。

中国宿迁电子商务产业园是适应经济发展新常态、加快推动经济转型升级，依托宿豫电子商务产业发展基础而规划建设的集电商运营、网络交易、物流配送、定制加工、软件研发、文化创意于一体的多功能、多业态融合的电子商务园区。该园着力打造电子商务产业集聚中心、区域物流快递配送中心、现代服务业发展中心、定制经济创新示范中心“四大中心”。力争建成具有宿迁特色、全国一流、世界知名的电子商务产业园，成为带动宿迁经济转型升级的重要引擎。

中国宿迁电子商务产业园是国内唯一一个全产业链的电商园区，相关企业能够在园区内找到结合点。其优势在于，通过机制体制创新，实现后发快进。园区按照“电商产业新高地、大众创业新基地、创新发展新典范”的发展定位，重点发展“3+2”产业。

3个基础性产业是指呼叫客服、电商运营和仓储物流。目前，全区内已经有10个客服中心投入运营，相关从业人员2万人，是国内最大的商务类呼叫中心。

产业园有150个电商平台，年成交额200亿元。在仓储物流方面，产业园可以覆盖苏鲁豫皖周边15个地级市，2017年物流营业收入100亿元，2018年有望达到250亿元。

2个革新性产业指的是物联网智能制造和互联网金融产业。产业园认识到新技术对于制造业和传统行业显著的提升作用。目前，园区内已经签约了3个项目，包括四川长虹、中国移动5G实验室等。与此同时，园区内目前有各类基金118支，总规模超过千亿元，这个数字还在不断增长，2017年底达到1 500亿元，2018年预计到2 500亿元。

（四）信息技术发展与创新

技术创新是创新驱动发展的基础，并与业态创新、产品创新和模式创新有效融合，形成国家创新战略的基本框架。从电子商务产业的发展来看，技术要素的构成与信息资源和信息技术直接相关，信息技术的发展与创新成为推进电子商务发展的核心驱动。近年来，在世界经济深刻调整和国内经济转型升级的背景下，中国电子信息产业的发展形势有了新的变化。

1. 信息技术创新进入新一轮加速期

云计算、大数据、物联网、移动互联网、人工智能等新一代信息技术快速演进，硬件、软件、服务等核心技术体系加速重构，正在引发电子信息产业新一轮变革。单点技术和单一产品的创新正加速向多技术融合互动的系统化、集成化创新转变，创新周期大幅缩短。信息技术与制造、材料、能源、生物等技术的交叉渗透日益深化，智能控制、智能材料、生物芯片等交叉融合创新方兴未艾，工业互联网、能源互联网等新业态加速突破，大规模个性化定制、网络化协同制造、共享经济等信息经济新模式快速涌现。互联网不断激发技术与商业模式创新的活力，开启以迭代创新、大众创新、微创新为突出特征的创新时代。

2. 全球电子信息产业格局面临新的调整

发达国家依然占据电子信息产业价值制高点，在大力构建信息经济新优势的同时，积极以信息技术为手段推动再工业化进程，争取未来全球高端产业发展主导权。美国的《先进制造业伙伴计划》、德国的《工业4.0》、日本的《2014制造业白皮书》、英国的《英国制造2050》等，都努力促使国际资本调整布局，吸引高端制造业向发达国家“回流”。跨国信息技术企业加快在工业互联网、人工智能、智能制造等新兴领域的布局，力图打造发展新优势。受经济增速下降、劳动力成本上升、人民币汇率波动等内因影响，在华外资企业经营压力加大，一些信息产业新兴国家和地区积极参与全球产业再分工，承接资本及技术转移，导致一些跨国资本选择将其中低端制造业向其他新兴发展中国家“分流”。

3. 国家重大战略推进实施亟待产业新突破

电子信息产业正日益成为中国实现制造强国、网络强国的关键力量之一。“中国制造2025”明确提出“以加快新一代信息技术与制造业深度融合为主线，以推进智能制造为主攻方向”，在加速向制造强国迈进过程中，需要在集成电路、信息通信设备、操作系统等新一代信息技术领域实现突破。“互联网＋”行动指导意见的持续推进，要求我们密切跟踪信息技术变革趋势，努力发展新技术、新模式、新业态，构建以互联网为基础的融合型产业生态体系。国家信息安全战略和网络强国战略的实施，需要尽快突破芯片、整机、操作系统等核心技术，大力加强网络信息安全技术能力体系建设，增强信息安全保障能力和网络空间治理能力。

在新的形势下，中国电子信息产业必须把握产业发展新趋势、新热点，树立新思路，采取新举措，突破新技术，拓展新市场，提供新产品、新服务，加快产业发展方式转变，强化产业竞争力。

（五）智能化正在成为电子商务发展的重要趋势

人类社会经历了机械化、电气化、数字化时代，正在向智能化时代演变，传统的生产生活方式和产业发展模式逐步被颠覆。“智能”的概念已逐渐为全社会所熟知，智能技术、智能产品、智能服务成为各界关注的焦点。习近平总书记指出，以机器人科技为代表的智能产业蓬勃兴起，成为现代科技创新的一个重要标志。李克强总理在今年的政府工作报告中要求加快人工智能、集成电路、第五代移动通信等技术研发和转化，做大做强产业集群。从国内外产业发展实践看，智能化正在成为电子商务产业的重要发展趋势，能够为电子商务产业提供新的发展机遇、发展空间和发展动力。

1. 以智能为核心的技术产品不断涌现

2016年以来，全球信息技术围绕人工智能掀起了新一轮创新高潮，以智能为核心的技术产品创新在多个领域取得突破性进展，并持续快速演进。神经网络、机器学习、深度学习以及群体智能、人机混合智能等技术快速发展，人工智能程序已经在围棋、国际象棋等智力游戏中战胜人类顶级选手，智能产品已在城市管理、能源利用、生态改善以及医疗、交通、食品安全追溯等领域得到应用。智能技术与其他技术的融合，以及在汽车、机器人、家用电器等领域的应用，正在丰富电子商务产业的发展内涵，使电子商务产业焕发出新的生机和活力。

2. 以智能为特点的应用需求持续拓展

电子商务产品正从单一功能设备向通用设备、从单一场景到复杂场景、从简单行为到复杂行为发展转变，智能要素的注入，将加速这一过程。电子商务的智能化也在加速服务创新和商业模式变革，培育出蓬勃旺盛的智能应用需求，给电子商务产业发展开辟出新的方向。在居民消费领域，智能手机、智能电视等产品已成为市场主流，智能路由器、智能空气净化器、智能摄像头、服务机器人等新产品逐渐成熟和普及。在行业应用领域，智能制造的推进，将为智能信息产品提供丰富应用场景和创新需求，为电子商务产业提供规模巨大、快速发展的应用空间。

3. 以智能为重点的国际竞争日益激烈

发达国家加速布局智能领域，发展战略初露端倪。2016 年，美国先后发布《为未来人工智能做好准备》《国家人工智能研究与发展策略规划》《人工智能、自动化与经济》三份报告，推出了“国家机器人计划”；德国出台《数字化战略2025》，以信息技术为基础建立智能工厂、智能交通、智慧城市和智能家居等一系列数字化系统；日本经产省发布利用人工智能和机器人等新技术促进经济增长的“新产业结构蓝图”。跨国龙头企业纷纷在智能领域发力，并将实施投资融资、战略并购作为加快技术创新和生态建设的重要手段，人工智能领域的投融资规模呈爆发式成长。2016 年，全球人工智能领域融资额较 2015 年增长超过60%。这些举措，既给中国布局智能领域提供了借鉴和参考，也提出了新的挑战。

五、推进电子商务与传统产业深度融合

2015 年 7 月，国务院颁布了《关于积极推进“互联网 +”行动的指导意见》（国发〔2015〕40 号），这一指导意见进一步提升了电子商务的发展空间，并为传统产业的信息化改造和智能化提升创造了条件。

（一）积极发展农村电子商务深度融合传统农业

2017 年和 2018 年的中央一号文件都高度重视农村电商发展的问题，从而为“互联网 + 农村电商”的发展创造了良好的发展条件。

文件明确要求，要利用互联网提升农业生产、经营、管理和服务水平，培育一批网络化、智能化、精细化的现代“种养加”生态农业新模式，形成示范带动

效应，加快完善新型农业生产经营体系，培育多样化农业互联网管理服务模式，逐步建立农副产品、农资质量安全追溯体系，促进农业现代化水平明显提升。

1. 构建新型农业生产经营体系

鼓励互联网企业建立农业服务平台，支撑专业大户、家庭农场、农民合作社、农业产业化龙头企业等新型农业生产经营主体，加强产销衔接，实现农业生产由生产导向向消费导向转变。提高农业生产经营的科技化、组织化和精细化水平，推进农业生产流通销售方式变革和农业发展方式转变，提升农业生产效率和增值空间。规范用好农村土地流转公共服务平台，提升土地流转透明度，保障农民权益。

2. 发展精准化生产方式

推广成熟可复制的农业物联网应用模式。在基础较好的领域和地区，普及基于环境感知、实时监测、自动控制的网络化农业环境监测系统。在大宗农产品规模生产区域，构建天地一体的农业物联网测控体系，实施智能节水灌溉、测土配方施肥、农机定位耕种等精准化作业。在畜禽标准化规模养殖基地和水产健康养殖示范基地，推动饲料精准投放、疾病自动诊断、废弃物自动回收等智能设备的应用普及和互联互通。

3. 提升网络化服务水平

深入推进信息进村入户试点，鼓励通过移动互联网为农民提供政策、市场、科技、保险等生产生活信息服务。支持互联网企业与农业生产经营主体合作，综合利用大数据、云计算等技术，建立农业信息监测体系，为灾害预警、耕地质量监测、重大动植物疫情防控、市场波动预测、经营科学决策等提供服务。

4. 完善农副产品质量安全追溯体系

充分利用现有互联网资源，构建农副产品质量安全追溯公共服务平台，推进制度标准建设，建立产地准出与市场准入衔接机制。支持新型农业生产经营主体利用互联网技术，对生产经营过程进行精细化信息化管理，加快推动移动互联网、物联网、二维码、无线射频识别等信息技术在生产加工和流通销售各环节的推广应用，强化上下游追溯体系对接和信息互通共享，不断扩大追溯体系覆盖面，实现农副产品“从农田到餐桌”全过程可追溯，保障“舌尖上的安全”。

（二）创新工业生产组织方式深度融合提升制造业

2017 年 11 月，国务院出台《关于深化“互联网 + 先进制造业”发展工业互联网的指导意见》为创新工业生产组织方式，深度融合提升创造了良好的空间和条件。推动互联网与制造业融合，提升制造业数字化、网络化、智能化水平，加强产业链协作，发展基于互联网的协同制造新模式。在重点领域推进智能制造、大规模个性化定制、网络化协同制造和服务型制造，打造一批网络化协同制造公共服务平台，加快形成制造业网络化产业生态体系。

1. 大力发展智能制造

以智能工厂为发展方向，开展智能制造试点示范，加快推动云计算、物联网、智能工业机器人、增材制造等技术在生产过程中的应用，推进生产装备智能化升级、工艺流程改造和基础数据共享。着力在工控系统、智能感知元器件、工业云平台、操作系统和工业软件等核心环节取得突破，加强工业大数据的开发与利用，有效支撑制造业智能化转型，构建开放、共享、协作的智能制造产业生态。

2. 发展大规模个性化定制

支持企业利用互联网采集并对接用户个性化需求，推进设计研发、生产制造和供应链管理等关键环节的柔性化改造，开展基于个性化产品的服务模式和商业模式创新。鼓励互联网企业整合市场信息，挖掘细分市场需求与发展趋势，为制造企业开展个性化定制提供决策支撑。

3. 提升网络化协同制造水平

鼓励制造业骨干企业通过互联网与产业链各环节紧密协同，促进生产、质量控制和运营管理系统全面互联，推行众包设计研发和网络化制造等新模式。鼓励有实力的互联网企业构建网络化协同制造公共服务平台，面向细分行业提供云制造服务，促进创新资源、生产能力、市场需求的集聚与对接，提升服务中小微企业能力，加快全社会多元化制造资源的有效协同，提高产业链资源整合能力。

4. 加速制造业服务化转型

鼓励制造企业利用物联网、云计算、大数据等技术，整合产品全生命周期数据，形成面向生产组织全过程的决策服务信息，为产品优化升级提供数据支撑。鼓励企业基于互联网开展故障预警、远程维护、质量诊断、远程过程优化等在线增值服务，拓展产品价值空间，实现从制造向“制造＋服务”的转型升级。

（三）推动电子商务深度融合商贸流通业

2016 年，商务部出台了《“互联网＋流通”行动计划》，以加快互联网与流通产业的深度融合，推动流通产业转型升级，提高流通效率，打造新的经济增长点，创新服务民生方式，释放消费潜力。主要目标是在电子商务进农村、电子商务进中小城市、电子商务进社区、线上线下融合互动、跨境电子商务等领域打造安全高效、统一开放、竞争有序的流通产业升级版，实现流通方式的不断创新、流通效率的大幅提升以及流通环境的进一步完善。在主要目标的基础上，还制定了培育200个电子商务进农村综合示范县、创建60个国家级电子商务示范基地、培育150家国家级电子商务示范企业、推动建设100个电子商务海外仓、指导地方建设50个电子商务人才培训基地等具体目标。

该行动计划基于中国电子商务的发展现状、社会公众的关注重点以及现代流通业今后的发展趋势，根据《国务院关于大力发展电子商务加快培育经济新动力的意见》内容，提出了6项重点工作任务：一是推动电子商务进农村，打造工业品和生活用品下乡及农产品进城的便利渠道，促进农村电子商务发展，培育农村电商环境；二是鼓励电子商务进社区，创新和拓展服务型网络消费范围；三是支持电子商务进中小城市，提升网络消费便利性；四是推广线上线下互动，激发消费潜力；五是促进跨境电子商务发展，助力企业拓展海外市场；六是加快电子商务海外营销渠道建设，推动电商企业“走出去”。

为保障主要目标的实现和重点任务的落实，中国提出了四项主要措施。这些主要措施既包括深化普及电子商务应用等现实问题，也涵盖了完善“互联网+流通”发展环境、开展示范引导、鼓励电子商务技术创新与模式创新等基础性和长远性工作，主要包括4个方面11项举措。

第一，基础和环境建设方面，具体措施有：一是加强顶层设计，坚持规划引领，研究制定发展智慧流通的政策性文件，建立健全智能化流通支撑体系，启动研究“十三五”电子商务发展指导意见；二是协调有关部门进一步完善移动宽带、物流配送等电子商务基础设施，提升服务能力；三是继续深入开展电子商务与物流快递协同试点，加快推动快递物流与电子商务协同发展；四是通过推进商务大数据建设加强电子商务统计监测；五是建立完善电子商务领域打击侵犯知识产权和制售假冒伪劣商品常态化工作机制，大力打击侵权售假行为。

第二，示范引导推动创新方面，一是通过继续开展电子商务示范基地和示范企业遴选和创建推进电子商务示范创建工作；二是支持传统零售企业开展全渠道运营，支持生活服务企业深化电子商务应用，线上线下融合发展，引导传统流通服务企业电子商务创新。

第三，宣传培训方面，措施包括组织利用各种媒体宣传推广电子商务领域经验做法，引领带动“大众创业、万众创新”；通过推进国家电子商务专业人才知识更新工程、指导地方建设人才继续教育基地等，进一步完善电子商务人才培训工作机制，加强人才培养。

第四，法规规范方面，一是继续推动《电子商务法》立法工作，研究出台

《网上商业数据保护办法》等法律法规，进一步完善电子商务政策法规环境；二是积极发起或参与APEC、中韩、中日韩、金砖国家、上合组织等多双边电子商务谈判和合作，参与和主导电子商务国际规则制定。

（四）深化应用电子商务应用深度融合其他产业

根据“互联网+”战略的基本安排，金融、教育、会展、咨询、广告、餐饮、娱乐等服务业都将与互联网产业进行有效地融合，并形成新的电商模式和产品场景。从运行的情况来看，主要包括以下内容：

1. 积极拓展互联网金融服务创新的深度和广度

鼓励互联网企业依法合规提供创新金融产品和服务，更好满足中小微企业、创新型企业和个人的投融资需求。规范发展网络借贷和互联网消费信贷业务，探索互联网金融服务创新。积极引导风险投资基金、私募股权投资基金和产业投资基金投资于互联网金融企业。利用大数据发展市场化个人征信业务，加快网络征信和信用评价体系建设。加强互联网金融消费权益保护和投资者保护，建立多元化金融消费纠纷解决机制。改进和完善互联网金融监管，提高金融服务安全性，有效防范互联网金融风险及其外溢效应。

2. 发展便民服务新业态

发展体验经济，支持实体零售商综合利用网上商店、移动支付、智能试衣等新技术，打造体验式购物模式。发展社区经济，在餐饮、娱乐、家政等领域培育线上线下结合的社区服务新模式。发展共享经济，规范发展网络约租车，积极推广在线租房等新业态，着力破除准入门槛高、服务规范难、个人征信缺失等瓶颈制约。发展基于互联网的文化、媒体和旅游等服务，培育形式多样的新型业态。积极推广基于移动互联网入口的城市服务，开展网上社保办理、个人社保权益查询、跨地区医保结算等互联网应用，让老百姓足不出户享受便捷高效的服务。

3. 推广在线医疗卫生新模式

发展基于互联网的医疗卫生服务，支持第三方机构构建医学影像、健康档案、检验报告、电子病历等医疗信息共享服务平台，逐步建立跨医院的医疗数据共享交换标准体系。积极利用移动互联网提供在线预约诊疗、候诊提醒、划价缴费、诊疗报告查询、药品配送等便捷服务。引导医疗机构面向中小城市和农村地区开展基层检查、上级诊断等远程医疗服务。鼓励互联网企业与医疗机构合作建立医疗网络信息平台，加强区域医疗卫生服务资源整合，充分利用互联网、大数据等手段，提高重大疾病和突发公共卫生事件防控能力。积极探索互联网延伸医嘱、电子处方等网络医疗健康服务应用。鼓励有资质的医学检验机构、医疗服务机构联合互联网企业，发展基因检测、疾病预防等健康服务模式。

4. 促进智慧健康养老产业发展

支持智能健康产品创新和应用，推广全面量化健康生活新方式。鼓励健康服务机构利用云计算、大数据等技术搭建公共信息平台，提供长期跟踪、预测预警的个性化健康管理服务。发展第三方在线健康市场调查、咨询评价、预防管理等应用服务，提升规范化和专业化运营水平。依托现有互联网资源和社会力量，以社区为基础，搭建养老信息服务网络平台，提供护理看护、健康管理、康复照料等居家养老服务。鼓励养老服务机构应用基于移动互联网的便携式体检、紧急呼叫监控等设备，提高养老服务水平。

5. 探索新型教育服务供给方式

鼓励互联网企业与社会教育机构根据市场需求开发数字教育资源，提供网络化教育服务。鼓励学校利用数字教育资源及教育服务平台逐步探索网络化教育新模式，扩大优质教育资源覆盖面，促进教育公平。鼓励学校通过与互联网企业合作等方式，对接线上线下教育资源，探索基础教育、职业教育等教育公共服务提供新方式。推动开展学历教育在线课程资源共享，推广大规模在线开放课程等网络学习模式，探索建立网络学习学分认定与学分转换等制度，加快推动高等教育服务模式变革。

六、有效解决电子商务平台企业与现行制度的矛盾

（一）信息服务还是商品销售是当前主要矛盾的表现

在中国的电子商务平台企业的发展中，关于企业销售到底是商品还是信息，往往会引发一系列的争论与思考，甚至成为电商平台企业与政府主管部门直接冲突的重要原因。

从矛盾双方的观点来看，电子商务平台企业认为其运营和销售的并不是真正的商品，而是信息，其保证的是信息传递的安全性、准确性和匹配性——这里强调的是指信息与商品信息的一致性，而不是商品自身的真实性和安全性。电商平台企业认为，本企业销售的是信息，且信息在某些平台上也并不收费（如淘宝），所以只要信息不是虚假的，消费者通过在平台上的选择获得的商品与卖家传递的信息是一致的，平台电商企业就算提供了真实有效的服务，完成了自己的市场使命。至于商品是否存在知识产权侵权，是否属于低质低价的商品，是否匹配和符合现行国家标准和行业标准，则由电商企业自己保

证，平台电商为消费者提供消费维权的通道和正当消费权益的保障。换句话说，在信息真实的情况下，如果消费者仍然认为受到信息的误导，导致消费者与电商企业之间的矛盾，平台电商将通过有效的机制维护消费者利益；但如果消费者本身就是“知假买假”，则电商平台也尊重电商企业与消费者之间达成的“廉价合同”。

而以国家工商总局为代表的政府部门则认为，不管是平台电商还是垂直电商，都是销售渠道，都要遵守相同的法律规定，都要维护有效的市场秩序，都要直接对消费者权益负责，对参与销售的电商企业要实现从促销信息到实际商销的全过程负责。因此，大量假货充斥电商平台，运营企业绝不能以简单的“信息运营商”的名义逃脱责任和规避处罚，必须有效肩负起渠道管理者和大型零售企业的责任，对消费者权益负责，对商品市场的安全性、有效性负责，对知识产权和消费安全负责。

（二）阿里巴巴集团与国家工商总局的冲突

2015 年 1 月，国家工商总局在其官网公布了一份名为《关于对阿里巴巴集团进行行政指导工作情况的白皮书》，称阿里系网络交易平台存在主体准入把关不严、对商品信息审查不力、销售行为管理混乱等 5 大突出问题。淘宝网则出人意料地对此予以强烈反弹，并“决定向国家工商局正式投诉”。淘宝网官方微博周三发布声明，表示就国家工商总局发布 2014 年下半年网络交易商品定向监测结果一事，针对工商总局某司长在监管过程中的程序失当、情绪执法的行为，向国家工商总局正式投诉。具体过程如下：

第一回，工商总局报告：淘宝正品率低。

2015 年 1 月 23 日，国家工商总局发布《2014 年下半年网络交易商品定向监测结果》。报告显示，2014 年 8 月至 10 月，国家工商总局网监司委托中国消费者协会开展网络交易商品定向监测，共完成 92 个批次的样品采样，其中，淘宝网样本 51 个，正品率为 37.25%。京东商城、天猫、1 号店的样本数量分别为 20 个、7 个和 10 个，正品率分别为 90%、85.71% 和 80%。聚美优品的 3 个样本均为正品，中关村电子商城的 1 个样本为非正品，正品率 0%。

第二回，淘宝小二公开信：司长您违规了，别吹黑哨。

2015 年 1 月 27 日下午，一位 80 后淘宝网运营小二发出公开信，直接就这份报告所存在的程序性问题点名国家工商总局某司长，认为这份报告不仅抽样太少、逻辑混乱，还存在程序违规问题，并直言“避免黑哨对市场无比重要”，该小二表示：“我们接受神一样的存在，但我们看不懂的是，屡次抽检和报告中不同的标准和神一样的逻辑”。“恳请刘司长‘进驻淘宝’”“大刀阔斧来淘宝打假”。

随后，阿里集团官方微博上的公开信被删除了。

第三回，工商总局：没有不公平问题。

2015 年 1 月 27 日晚，国家工商总局正式就淘宝质疑一事做出回应，称网络交易商品定向监测是评估市场风险、警示违法经营的重要工作方式，今后仍将一如既往依法加强网络市场监管，严厉打击违法违规经营。

第四回，工商总局白皮书直指淘宝 5 大问题。

2015 年 1 月 28 日上午，国家工商总局披露了 2014 年《关于对阿里巴巴集团进行行政指导工作情况的白皮书》。《白皮书》指出阿里系网络交易平台存在主体准入把关不严、对商品信息审查不力、销售行为管理混乱、信用评价存有缺陷、内部工作人员管控不严等 5 大突出问题，并对阿里巴巴集团提出相关工作要求。明确表示法律面前没有特殊的市场主体，阿里系主要高管要有底线意识和底线思维，要克服傲慢情绪。

第五回，淘宝投诉工商总局某司长。

2015 年 1 月 28 日下午，淘宝在官方微博上称，针对刘红亮司长在监管过程中的程序失当、情绪执法的行为，用错误的方式得到的一个不客观的结论，对淘宝以及对中国电子商务从业者造成了非常严重的负面影响，我们决定向国家工商总局正式投诉。

第六回，马云：假货不是淘宝造成的但注定要背负委屈和责任。

淘宝网在 2015 年 1 月 28 日宣布，即时成立由 300 人组成的“打假特战营”。同时，阿里巴巴集团董事局主席马云说，假货是所有商业模式发展的硬伤，假货不是淘宝造成的。但淘宝注定要背负这种委屈，这种责任。淘宝只能认下它，解决它。解决假货和知识产权的问题就是解决淘宝的生存问题。社会问题不能靠一个公司，一个平台来单干。我们必须动用一切资源和力量，通过社会共同治理，而不是各自为政，互相指责。

马云还解释说，假货是社会经济发展的病毒，是人性弱点的作祟，人类社会自有商业行为就存在，数百年后它依旧会存在。

（三）阿里巴巴集团与国家工商总局的和解和协作

2018 年 3 月 14 日，国家工商行政管理总局在京召开新闻发布会，宣布全国 12315 互联网平台二期正式上线。12315 平台二期将正式开通企业自行纠纷处理机制，基于实人认证等技术引入，让消费者登录通道更畅通，维权更便捷。12315 互联网二期平台推出后，当消费者向 12315 平台发起投诉时，可以自行选择由企业优先介入处理，企业协商不成的再转回由工商调解。由此，处理时效将提升至最长不超过10天，消费者维权时效更高、体验更好。

发布会同时透露了首批参与到新平台共建的5家企业，其中阿里巴巴作为首批合作方已经上线运行。不仅仅是纠纷处理，阿里巴巴实人认证技术、支付宝等多个产品技术团队也是新体系升级的重要技术支持。是一次企业主体深度参与，与监管机构一道探索消保领域“互联网+政务”新模式的一次成功实践。

此次全国12315互联网平台二期的上线，意味着阿里巴巴此前与浙江工商等监管部门合作试点的“互联网+消保”地方经验升级推至全国。早在2015年，阿里巴巴就已经与浙江工商、杭州市市场监督管理局等监管机构探索建立快速联动机制，先后推出红旗渠、红盾云桥等多个消保试点项目。经过两年多的经验积累和磨合沉淀，至今，阿里巴巴和浙江政府合作的绿色通道已实现了市局坐席电话、手机APP、官网信箱、市局值班电话等多来源消费者投诉的快速流转和处理。

2017年3月15日，全国12315互联网投诉平台1期上线，浙江是首批试点省份，阿里巴巴作为首批试点企业全程参与实践探索。2017年，阿里平台与12315平台对接直接处理的消费者升级投诉满意率高达92%，平均处理时效提升50%以上。

未来，通过手机支付宝城市服务窗，来自全国的消费者都可以在线向12315平台发起投诉，并在投诉时自主选择是否由企业优先介入处理。为了确保投诉人和举报人的身份真实性，阿里巴巴还将实人认证技术全面应用到升级后的12315平台上。通过面部识别，一方面，将极大提升消费者投诉举报效率、降低维权成本；另一方面，还将有效避免恶意投诉及身份被冒用的可能，是新平台的重要技术支撑。

七、提升电子商务对外开放水平

电子商务的对外开放主要包括两个层面：一是电商企业之间的高效、有机联合和合作；二是电商企业将商品和服务实现跨境销售。从中国现行政策和支持战略来看，上述两个层面的电子商务都将获得长足发展。

（一）加强电子商务的国际合作

2017年4月，在WTO的框架下，由巴基斯坦和哥斯达黎加等成员发起成立了“电子商务发展之友”组织。中国于2017年9月正式成为该组织的成员，并积极落实“电子商务之友”的部长会议的议题和倡议。从效果看，有利于推进电子商务的发展，有利于发展中经济体融入全球价值链，也有助于中小企业、妇女和青年参与国际贸易。亚太经合组织、二十国集团、金砖机制等近年来均高度重视电子商务相关工作并达成一系列成果，国际社会对电子商务促进发展作用的认识不断提升。

“电子商务发展之友”应继续推动在世贸组织的交流讨论，用好世贸组织现有技术援助和能力建设安排，加强与相关国际组织合作，推动实现电子商务促进发展。目前，“电子商务发展之友”有阿根廷、智利、哥伦比亚等 14 个“电子商务发展之友”成员及巴西、巴拉圭、新加坡、孟加拉国、柬埔寨和泰国等观察成员。

（二）推进跨境电子商务综合试验区，提升跨境电商的水平

2015 年 3 月和 2016 年 1 月，国务院分两批批准设立杭州、天津等 13 个跨境电子商务综合试验区。两年多来，在各部门和地方的共同努力下，13 个综试区建设取得积极成效，初步建立起一套适应跨境电商发展的政策体系，探索形成了一批可复制、可推广的经验做法，有力支撑了外贸转型升级和创新发展，推动了大众创业万众创新。

商务部认真落实国务院要求，会同相关部门和地方坚持问题导向，加强顶层设计，开展制度、管理和服务创新，探索形成了以“六体系两平台”为核心的管理制度和 12 方面成熟经验做法，并已面向全国复制推广。综合试验区跨境电商成交额连续两年增长 1 倍以上，现已成为外贸创新发展的新亮点、转型升级的新动能、创新创业的新平台和服务“一带一路”建设的新载体。

跨境电商作为一种外贸新业态，仍处于高速发展期。在面向全国复制推广成熟经验做法基础上，新设一批综试区，有利于各地方结合实际，探索新经验新做法；有利于逐步完善促进其发展的监管制度、服务体系和政策框架，推动跨境电商在更大范围发展；有利于培育外贸新动能，推进贸易强国建设。

根据跨境电商的要求，有关部门和省、自治区、直辖市人民政府要积极深化外贸领域“放管服”改革，以跨境电商为突破口，大力支持综合试验区大胆探索、创新发展，在物流、仓储、通关等方面进一步简化流程、精简审批，完善通关一体化、信息共享等配套政策，推进包容审慎有效的监管创新，推动国际贸易自由化、便利化和业态创新。同时，要控制好试点试验的风险。地方政府要切实加强组织领导，制定具体实施方案，细化先行先试任务，建立健全信息化管理机制。中央部门要加强指导和服务，按照鼓励创新、包容审慎的原则，努力在健全促进跨境电商发展的体制机制、推动配套支撑体系建设等方面取得新进展、新突破。

第三节 阿里巴巴集团案例分析

阿里巴巴集团发端于20世纪末，使命是让天下没有难做的生意。集团旨在构建未来的商务基础设施，其愿景是让客户相会、工作和生活在阿里巴巴。在不同人的视角下，对阿里巴巴集团的定位和认识，始终具有不同的答案。早期的员工认为，阿里巴巴集团是一个巨大的综合性电子商务集团，而现今的就职者可能更倾向于视其为以高科技为基础的商务企业；包括马云在内的创始者们不会忘记阿里巴巴集团的核心任务是一家服务和销售企业；在阿里巴巴服务的线下客户们看来，它是一个虚拟的交易平台；投资人以盈利企业和创新企业的目标要求阿里巴巴；监管者则在对行业领导者感到欣慰的同时，亦存有超大型企业垄断性的隐忧。

2016年，阿里巴巴集团提出了新零售、新制造、新金融、新技术、新资源和一个公平的“五新一平”概念。这个始终处于不断裂变和创新发展中的商业组织，正在积极探寻数字经济时代的企业经营之道。

一、阿里巴巴集团的历史发展与经营现状

（一）企业主要业务及经营状况

2018年全年，阿里巴巴集团的收入增长58%至2 502.66亿元，创下上市以来最高增速的记录，主要业务指标增长情况见表4－2。

表4－2　　阿里巴巴集团2018财年基本财务数据

项　目	数额（量）
平台成交额	48 200亿元
全年收入	2 502.66亿元
活跃消费者数	5.52亿人
移动月活跃消费者数量	6.17亿人（较2017年增加3 700万，增幅22%）
GMV增速	28%
云计算增速	101%（133.90亿元，在全球18个国际和地区设立数据中心）
国际零售业务增速	94%（Lazada & Ali Express）

资料来源：阿里巴巴集团2018财年报告。

阿里巴巴集团2018财年经调整EBITA（未计利息、税费和摊销支出前利润）同比增长40%至970.03亿元。全年的核心电商业务收入增长60%，增幅达到集团上市以来最大值。从其他方面业绩来看，截至3月底，“手淘”约有150万活跃内容创作者；“天猫”共有逾15万个品牌，其中奢侈品品牌近50个，是中国排名第一的跨境电商平台；“菜鸟”推出了首条电商专用的洲际航线；数字媒体和娱乐业务的季度收入同比增长34%至52.72亿元；“优酷”带动日均付费用户数同比增长超过160%；“高德地图”的日均活跃用户已超6 000万人，是中国最大的移动数字地图、导航和实时交通信息提供商；“支付宝”连同其海外合营公司在全球约有8.7亿年度活跃用户，“蚂蚁金服”亦在中国服务超过1 500家中小企业；“盒马生鲜”在全国已开出37家门店，覆盖全国9个主要城市；此外，阿里巴巴集团还收购了“饿了么”的余下股份，并同意收购“蚂蚁金服”的33%股份。创新业务板块推出了包括支持食品配送、叫车服务和社交网络在内的“AutoNavi”开放数字地图平台，以及致力于企业内部管理和沟通协作的“DingTalk”软件等（见图4-10）。

图4-10　阿里巴巴集团的商业生态和业务模块

资料来源：Alibaba Group：Foundation for Sustainable Growth，ESG Report for 2018.

（二）企业法律属性变化的三个阶段

1999年10月，包括马云在内的18名联合创始人在香港举办新闻发布会，宣布成立阿里巴巴网络技术有限公司。其本质上是一家合伙企业，马云是最大的合伙人（法人代表），采用创始人管理的方式。

2007年，阿里巴巴在香港上市，成为一家国际互联网企业。根据阿里巴巴提交的招股说明书，截至2007年6月底，B2B业务共有2 400万注册用户，收费用户人数增至25.5万户。2010年，阿里巴巴开始试行合伙人制度。2012年5月，阿里巴巴股东大会通过了私有化决议，但因该证券市场制度原因，未获得香港证券监管当局的认可。2012年6月20日阿里巴巴集团撤销了在香港交易所的上市。

2014年，阿里巴巴集团正式对外公布实行“合伙人制度”，业界亦称为VIE结构。合伙人制度确保了马云对阿里巴巴集团的实际控制权。阿里巴巴集团宣称这是一种比谷歌（Google）和脸书（Facebook）采取的“双层股权”更高级和成熟的企业治理结构，因为更多的管理人员拥有投票权。

自2014年阿里巴巴集团在纽约证券交易所正式挂牌上市，迄今为止，阿里巴巴总市值约5 000亿美元，位居全球前十大互联网公司之列（见表4-3）。

表4-3　全球十大互联网公司2018年市值和成立时间

排序	公司名称	市值（亿美元）	成立年份
1	Google（谷歌）	7 001.92	1998
2	Amazon（亚马逊）	6 802.82	1995
3	腾讯（Tencent）	4 913.67	1998
4	Facebook（脸书）	4 566.66	2004
5	阿里巴巴（Alibaba）	4 298.29	1999
6	Netflix（奈飞）	1 253.46	1997
7	Priceline（普林斯利）	929.37	1998
8	PayPal（贝宝）	886.44	1998
9	Salesforce	850.92	1999
10	百度（Baidu）	765.33	2000

数据来源：排名根据2018年5月市值 https://www.sohu.com/a/232667355_591311。

二、阿里巴巴集团的企业组织变革

（一）中介组织、单边市场（1999—2002年）

阿里巴巴集团前身的“中国黄页”，是阿里巴巴作为市场信息中介组织的雏形和尝试。受制于当时国内的网络硬件基础设施空白，“中国黄页”仅能通过间接方式（邮局寄件，发往美国的网络技术公司生成网页）帮助发布客户企业的基本经营信息。从严格意义上来讲，初建的“中国黄页”只是承担着市场信息中介组织中前端的信息搜集功能。

1999年10月，阿里巴巴集团在香港宣布成立，获得由高盛领衔的500万美元首轮融资。2000 年又从日本软银集团募集了 2 000 万美元。这一时期对阿里巴巴的挑战来自于核心业务缺乏盈利能力，无法支撑组织快速扩张的需求，继而导致运营失控、战略混乱。主要原因是网络信息中介不能有效地对使用信息的主体进行收费，信息具有公共属性。其实实体中介组织也存在上述困境，行业应对的常用方法是“佣金制”，不过阿里巴巴运行初期基于网络虚拟技术的服务产品质量无法评估，导致“佣金制”并不成功。

随着对新经济运行的观察和理解不断深入，人们逐渐意识到，单纯的市场信息中介组织（这一时期的阿里巴巴还是谷歌广告的消费客户）是不可能在网络时代延续生成的。除非它蜕变成一个平台型组织，依靠信息发布在前端吸引流量客户，依靠增值服务提升客户黏性，并在后一阶段实现收益。

2001 年，经过两年的亏本赚吆喝，阿里巴巴开始有客户主动要求付费排名业务。市场需求的细化同时催生了阿里巴巴大量的新产品设计和营销活动，连带启动了诚信通（Trustpass）服务——这被阿里的高层员工视为“破解电子商务的密码”。稳定的盈利模式加上“非典事件”带来的互联网交易优势的凸显，2003 年之后马云着手开发“淘宝”业务板块，在战略层面上是挑战和阻止 ebay 中国市场扩张，遏制竞争；在企业组织变革层面，则酝酿着向双边市场和平台型组织转型。

（二）平台组织、双边市场（2002—2008 年）

2002 年，阿里巴巴集团旗下“淘宝网”上线，开始抗衡深耕互联网消费者市场的国际巨头 Ebay 在中国的扩张，最终将其逐出中国市场。2005 年 8 月，阿里巴巴接受 10 亿美元投资与雅虎中国进行合作（收购雅虎中国）。但事与愿违的是，以技术为核心驱动的搜索引擎业务并非阿里巴巴的强项，或者说当时的阿里巴巴团队在中国门户网站已经累积长期优势的情况下，希望通过营销手段来推广雅虎中国的搜索服务，而不是融合关键技术团队着力技术开发，犯了战略上的错误。

虽然新业务领域遇冷，但并未阻止阿里巴巴集团快速前进的脚步。2007 年阿里巴巴国际在香港上市，成为中国第一家国际化的互联网公司，IPO 规模在互联网历史上排第二位（容易被人忽视的是，阿里研究中心也于同年 4 月成立，后更名为阿里研究院）。随着 2008 年全球经济危机的到来，以及阿里巴巴中国（B2B 业务）内部腐败滋生，迫使“淘宝网”调整门槛政策、“支付宝”业务剥离，也为“天猫商城”的上线开通做好了准备，不过彼时的“天猫商城”还只是作为“淘宝网”的一部分，直到 2011 年才真正成为一个独立的网站。阿里巴巴集团已经初步形成了打造电子商务生态的战略目标。

（三）生态组织、虚拟产业集群（2008—2014 年）

2010 年“淘宝网”正式成立了类似于 Groupon 的“聚划算”团购平台；2010 年 4 月又上线了“全球速卖通”，主要服务于中国批发商和新兴市场的顾客。2014 年 9 月 19 日，阿里巴巴集团在纽约纳斯达克上市，其 IPO 规模刷新了历史之最，市值几乎与“沃尔玛”相当。2014 年 10 月“蚂蚁金融服务集团”成立，将第三方在线支付业务并入“蚂蚁金服”。2014 年阿里巴巴联合中国“三通一达”等五个主要快递公司成立了“中国智能物流骨干网”，试图打造第四方物流平台。

外围业务方面，阿里巴巴相继问津“阿里影业”，涉足媒体、体育和娱乐；“阿里云”提供计算和存储服务；“阿里妈妈”负责市场大数据分析；阿里巴巴集团通过积极投资和并购，渗透到各个领域，阿里生态圈的闭环和内循环基本成型。2014 年阿里研究中心升格为阿里研究院，累计聘请国内学术各界兼职研究员上百人，并设有博士后流动站，刊发固定出版物《阿里商业评论》，其合作单位的级别越来越高，合作研究的范围亦越来越广。

2013 年开始，阿里巴巴酝酿从七大事业群改制 25 个事业部。阿里巴巴集团陆续用数十亿美元的投资和收购来支持其战略移动，除了投资 YunOS、新浪微博和智能手机魅族之外，还收购了移动浏览器公司 UCWeb、高德地图等。此外，阿里巴巴还斥资 45 亿美元入股大家电零售商苏宁云商集团，以对抗“自营模式”的电商竞争对手京东。与腾讯的冲突在某些领域也频繁升级，包括阿里投资的“快的打车”和腾讯旗下的“滴滴”，最终二者于 2015 年初合并。两家企业同年还决定合并旗下的团购公司——美团和大众点评（见图 4 - 11）。

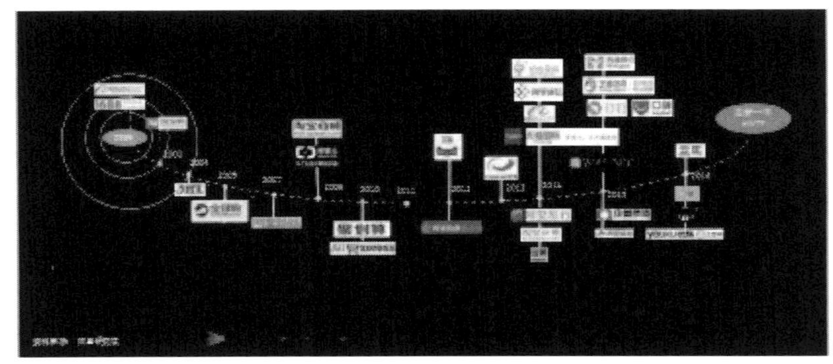

图 4 - 11　阿里巴巴集团企业组织系统的裂变、演化与繁荣

资料来源：阿里研究院《数字经济 2.0 报告》。

（四）社群性组织、创新型企业（2014年至今）

阿里巴巴集团在商业领域保持强劲增长和扩张势头的同时，组织前端的业务重心逐渐向社会公益、教育服务和生产创新过渡，有意淡化传统生活服务，塑造数字驱动的生产性服务企业形象，最大限度地发挥组织的社会责任。2017年12月1日，阿里巴巴集团宣布启动阿里巴巴脱贫基金，计划未来五年投入100亿元人民币，切实推动中国的扶贫工作。除了开展大规模农村淘宝和扶贫计划外，阿里巴巴集团还捐助了创业者基金、慈善基金，致力于农民企业家、港台企业家、东南亚及非洲中小企业和企业家的孵化培育，并特别关注对少数群体的资助——如女性脱贫战略、乡村教师计划等等。

其他社会服务方面，阿里安全技术部团队利用业余时间为公安部研发“团圆”系统；在2018年疫苗事件发生后，阿里健康立即开发并上线了赋码商品的查询和验证服务。此外，阿里巴巴集团前董事局主席马云，施展个人影响力，带领企业投身社会公益活动。除发起成立马云公益基金、云峰基金等之外，他还于2015年3月与众多企业家、学者共同发起成立湖畔大学，旨在培养创业企业家并出任第一任校长；继2016年任职联合国助力秘书长两年后，马云近日又被委任为联合国数字合作高级别小组联合主席。

2017年1月22日，国家天文台—阿里云正式签订合作协议并成立“天文大数据联合研究中心”，共同推进大数据时代的天文学科学研究和科普教育事业；2017年10月阿里巴巴宣布成立达摩学院，在三年内对其投入1 000亿元研发资金，以促进产学研结合；2018年9月，阿里巴巴集团整合中天微与达摩院芯片团队，成立独立芯片企业“平头哥半导体有限公司”，专门研制为人工智能提供无限计算能力的神经网络芯片和量子芯片。

三、阿里巴巴核心业务领域的创新

（一）跨境电商

电商平台作为虚拟中介，就像一块磁体，一方面，巧妙地使用免费服务招揽付不起通道费和营销费用的中小生产者，从利用店铺租金、人员工资节约等财务成本优势起步，逐渐发展到解决商家贷款难、物流难、不谙促销、不事生产等困境的一条龙服务；另一方面，同时大力补贴消费者，使用物美价廉、品种多样、不拘时空的“短平快”优势，吸引购物者驻足。随着平台的磁场功能不断发挥，线上流量以级数规模聚集，阿里巴巴慢慢从交易撮合的市场第三方组织，演化成业务创新能力极强的超级商贸综合体。

阿里巴巴通过“买全球、卖全球”的口号昭示其全球化战略，本意就是指电子商务的全球化，形成以阿里巴巴集团为核心节点的国际电子商务网络生态，服务全球20亿产消者，实现全球物流72小时送达（见图4－12）。数据显示，2018年上半年，中国网上零售额4.1万亿元，增长了30.1%。其中，实物商品零售额3.1万亿元，增长了29.8%，增速比社会消费品零售总额高了20.4个百分点，占社会消费品零售总额的比重提高到17.4%，比上年提高了3.6个百分点。从阿里巴巴集团核心电商业绩看，Lazada及全球零售平台“全球速卖通”（AliExpress）在2018年财年，带动阿里巴巴集团国际零售业务全年收入同比劲增94%，阿里巴巴集团则向Lazada追加了20亿美元投资作为进一步渗透东南亚市场的支撑。“天猫国际”作为在华未有实体运营的海外品牌及零售商的首选平台，已有来自74个国家和地区的18 000个品牌（截至2018年3月底）。根据“易观”的统计显示，截至2017年12月，“天猫国际”是中国排名第一的跨境电商平台。

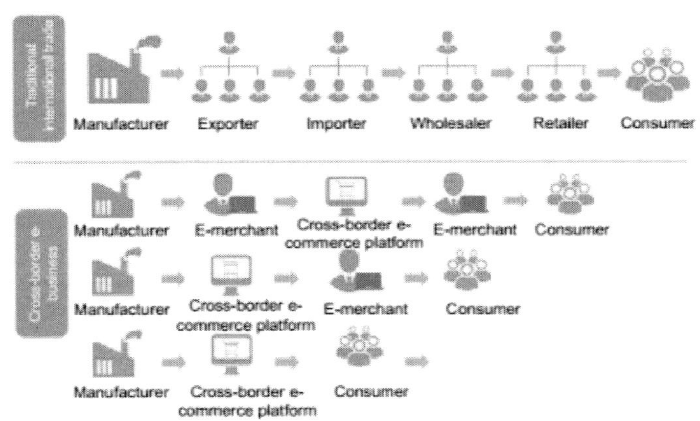

图4－12　跨境电商与传统电商交易流程对比

资料来源：Ali Research，Inclusive Growth and E－commerce：China's Experience，August，2017.

（二）农村电商

大力扶持农村电商，既吻合“天下没有难做的生意”的企业理念，又符合国家政策倡导，涉足制度、资金、技术、人员层层阻碍下国内市场竞争压力相对较小的领域，可以有效发挥阿里巴巴集团现有的生态优势并进一步延伸闭合其商业链、价值链和生态链。

阿里巴巴成为农村电商“两超”平台（淘宝、京东）的标杆，先后在全国范围扶持建设淘宝村800多个，不仅打造了淘宝村镇的“遂昌模式”、“沙集模式”、特色馆的“成县模式”、O2O“通榆模式”等经典案例，还遴选出了众多优秀的农民企业家。从2013年开始，阿里巴巴集团及旗下阿里研究院发起举办中国淘宝村高峰论坛，先后与浙江丽水、江苏浔阳、山东菏泽、江苏徐州等地地方政府合作举办，是全国首个以“淘宝村”为对象举办的电子商务主题峰会。论坛的宗旨是总结和梳理全国“淘宝村”的最新发展情况，搭建全国“淘宝村”交流发展经验的平台，助力农村电商发展和乡村振兴。

据统计，2010年至今，阿里平台农产品销售额的年均增速为112.15%，农产品销售额从2010年的37亿元左右发展至2014年突破800亿元。2013年，淘宝网生鲜产品（包括水产、肉类和水果）的增速高达194.58%，在所有品类中排名首位。

2018年上半年，800余个国家级贫困县在阿里巴巴平台网络销售额超过260亿元；2018年1月以来，“兴农扶贫”频道覆盖8个省141个县，包含51个贫困县；自阿里巴巴脱贫基金启动以来，截至2018年6月，网商银行向贫困县（包括国家级和省级贫困县）100余万用户提供贷款超过380亿元；截至2018年6月，117.8万建档立卡贫困户从“顶梁柱健康扶贫公益保险项目”获得健康保险保障；2018年上半年，阿里巴巴超过1 000名员工投入脱贫业务，实地走访贫困县超100个。

（三）大数据

阿里巴巴的数据业务起步相对较晚，肇始于2009年。目前，阿里云是全球三大基础设施即服务（IaaS）供应商之一以及中国最大的公共云服务商，在北京、杭州、青岛、深圳、香港以及硅谷建有数据中心，其在新加坡的数据中心是辐射亚太地区的国际枢纽。大数据与云计算相辅相成，大数据为云计算积累了庞大的生产加工原料，云计算则通过集中化、规模化的运算分析与数据赋能，形成数据增值和知识创新，并衍生出数据服务的全产业链（见图4－13）。

截至2017年，阿里巴巴集团已拥有数据资产共计650.98PB[5]（PB：数据容量单位，1PB＝1×1015字节），包括3.7亿条身份证信息、2.3万幅DLG[6]、导航数据、100万企业的工商注册信息（工商注册号、企业名称、法人名称等）、10万级别的工商执照图片。

电子商务解决方案是阿里巴巴作为云服务商的原始驱动力。从业务逻辑来

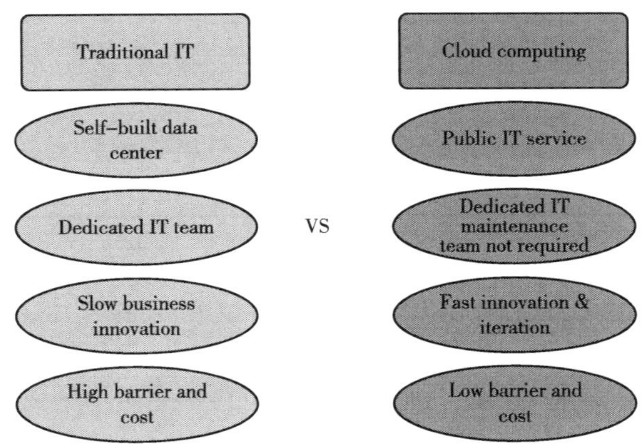

图 4 - 13　传统 IT 与云计算解决方案的对比

资料来源：Ali Research，Inclusive Growth and E - commerce：China's Experience，August，2017.

看，恰好处于其“铁三角”的基石位置，一方面支撑和服务于国际市场和国内市场的传统销售服务，突出稳定性和可靠性的优点；另一方面整合“天猫”“淘宝”“支付宝”等模块内的大数据，持续推动“聚划算”“闲鱼”“玩兔”“淘抢购”等新业务的创新和试水。如果说 2009 年阿里云上线之前，阿里巴巴集团的业务是以平面化和静态方式进行多元化拓展的话，进入 21 世纪的第二个 10 年后，阿里巴巴电商系统则开始以立体结构和动态感知“大胆”搭建服务共享下的多头业务架构。尽管阿里巴巴云服务的营业收入目前仅占集团总营业收入的 5%，但随着其与农村电商和跨境电商两类业务的持续互动，相信大数据与云计算不久就可在客户数量、技术与规模方面与亚马逊伯仲之间。

阿里巴巴集团成立伊始，将自身定位为一家利用网络技术撮合小生产者交易的商贸企业，而不是涵盖算法优化、数据存储和云端服务的高科技企业，更多视谷歌、亚马逊为合作者而非直接竞争对手。与技术型企业不同，其大数据业务和云计算投入主要来自企业内部的需求驱动。当现有的算法逻辑不能支持新业务的开展或复杂商业系统的对接结合显示出对现有解决方案的不匹配时，业务多样化对数据处理自然而然地产生新要求，也催生数据战略的调整和重新布局。

四、阿里巴巴的成功经验

（一）服务为本，技术支撑

阿里巴巴与国际国内众多知名互联网企业（如谷歌、IBM、腾讯、百度等等）一个典型的区别就是，依靠营销和服务打开市场，通过深入渗透贸易链上每个字节（EBIT），聚集流量形成平台规模经济，发挥双边市场交叉正外部性作用；继而反向融合可被数字化的相关产业和产业链，发挥互联网服务企业的虹吸效应。2015年年底，阿里巴巴宣布未来三年致力于打造中台战略，构建符合DT时代的“大中台、小前台”组织机制和业务机制，这标志着阿里巴巴集团的技术支撑能力进入到相对成熟的阶段。纵观最新一轮阿里领导权变更，各事业部的负责人都能够做到从业务的角度理解技术、解构技术并将技术植入到管理理念和管理方法之中。

（二）长期布局，快速应变

阿里巴巴的成立恰好把握住了入世在中国带来的增强效应，乘上了一班快车。2003年，突如其来的公共卫生事件，既帮助一直找不到盈利模式维系经营运转的阿里巴巴，让国内大规模潜在用户了解体验到了“不见面”交易的好处，又自然而然地顺应了企业定位外向型经济的交易重心。2008年爆发金融危机使国内许多外贸企业的出路一夜间告破，内贸重提议事日程，而此时淘宝已经积累并试错了相当多的客户基础、交易经验以及服务匹配功能，天猫聚焦细分市场迅速上线，进行更有针对性的特色销售和专业化服务，弥补淘宝平台的天生不足。既然阿里巴巴的主营业务是服务，那么围绕精细化服务的能力和质量提升绝不可能一蹴而就；同时服务需求又是动态的、多变的，唯有长期布局，快速反应，围绕服务的本质特点，激发整合供应链上的全体环节共同参与，才使强化优势，以不变应万变成为可能。

（三）拥抱错误，勇敢试错

阿里巴巴集团自成立以来的近20年中，也经历过低谷和动荡。首先是2000年年中，阿里巴巴的英文网站从中国搬到加利福尼亚，由于企业缺乏明确的发展目标和与之相适应的治理结构，在内部缺乏盈利支撑而外部又扩张不利的压力下，马云不得不大幅裁员进行收缩。其次，在2003年SARS期间，阿里巴巴员工在全员隔离的情况下，仍然充分发挥互联网工作优势，维持了网站的不间断运营。继而，在2005年与ebay的竞争中陷入被国际反假货联盟指责为“世界最大的假货交易中心”的不利舆论中；收购雅虎中国以后，因过于重视营销而偏离搜索引擎业务，导致业绩下滑明显且人心浮动，不但没有对百度实施有效打击，甚至又与奇虎360缠上不正当竞争案件之讼，虽然阿里巴巴最终胜诉，但无法挽回市场对雅虎中国的失望之情，使阿里巴巴在雅虎中国投入的高额营销费用付诸东流。2011 年春，阿里巴巴销售团队的 100 名销售人员将 2 300 家资质欠佳的供应商，通过伪造身份的方式欺诈国外买家。其产生的连锁反应体现在，一方面淘宝网为了应对危机，采取提高卖家准入门槛的策略遭到国内众多商家的公开抵制，并引发政府管理部门介入；另一方面，马云剥离一直在监管缺失的灰色地带运营的支付宝业务，引发了阿里巴巴国际投资者的不信任。2016 年“月饼事件”使内部腐败一题重新回到公众视野。阿里巴巴集团历次成功脱困的背后，都体现出企业围绕主营业务进行的组织架构适时调整。新业务和新的竞争对手不断涌现，组织边界的外扩会碰触到政府权限的外沿形成摩擦，企业内部的管理成本随之攀升，遭遇一系列技术升级、管理蜕变、法律合规和制度创新的挑战。信息时代的企业架构需要不断地调整，才能抓住机会应对失败。比起墨守成规，只有支付了试错成本才会使管理层和员工以及客户更清楚，也更坚信企业的业务优势所在。所以，阿里巴巴集团的企业文化必须鼓励员工不断创新，并乐意为此忍受转变中的不适，也勇于支付失败的代价。

（四）产业生态，数字共享

经过 20 年的深耕发展，阿里巴巴集团从一家信息服务网站成长为以电商平台为主要业务，云计算和大数据为支撑业务，包括媒体与娱乐、创新业务、物流、金融、教育等多领域在内的衍生业务组合的超大型平台企业。它始终立足于第三产业，运用数字化技术反向整合包括制造业和种植业在内的全产业链，构建了分布式的数字化“端对端”的产业生态模式。伴随着数据的流动、共享与对接，商业流程跨越出企业边界，滋养了新的生态网络并打造出全新的价值网络。据 IDC 数据，阿里巴巴云计算占按收入计算的中国基础设施即服务市场份额，从 2016 上半年的 42.4%，进一步升至 2017 上半年的 47.6%。

通过存储的云端数据计算识别大众偏好和客户对产品、市场多样化的需求，并根据收入数据进一步准确投资、拓展市场。仅 2018 财年内，阿里云就推出了 316 款新产品，虽然大部分集中在人工智能、大数据和安全管理方面，但不乏像 LinkEdge 等这样专有的边缘计算软件。阿里云计算早已不局限于企业内部大数据处理服务，而成为其他企业熟练运用大数据分析工具的使能和动能。阿里巴巴正在改变数据只在销售端和营销端驱动的过去，向商品端、供应链端、仓储物流乃至生产端充分释放计算能力和机器智能。此外，互联网架构能力和阿里云计算的数据平台相结合，或许也会对政府治理的变革产生巨大的影响。

第四节　经验启示

20世纪末发端欧美的电子商务经济，伴随第四代信息科技革命迅速辐射全球，推动全球产业链升级和世界经济格局的重塑。国家电子商务活动的发达程度，已逐渐成为衡量其经济竞争能力和参与经济话语权的重要参数，充分体现一国的软实力。21世纪以来，中国电子商务战略已步入务实发展阶段，大型企业电子商务应用开始进入协同商务阶段；中小企业电子商务应用意识普遍提高；网络购物规模迅速扩大；电子商务专业化服务体系正在形成；电子商务活动在社会经济生活各领域中的应用日趋广泛。数据显示，2005—2015年中国互联网在人口中覆盖范围占比从9%升至50%，攀升速度迅猛。截至2016年，中国网民总数为7.1亿人，互联网消费规模达9 670美元，仅略低于美国。中美两国互联网各板块收入占比的排名中，虽然电子商务均高居两国榜首，但中国电子商务对互联网的贡献为44%，远高于美国27%的水平，中国互联网相关经济规模占整体GDP比重为6.9%（见图4-14）。2009—2011年间，中国网络零售效率约为线下零售效率的3.5倍。

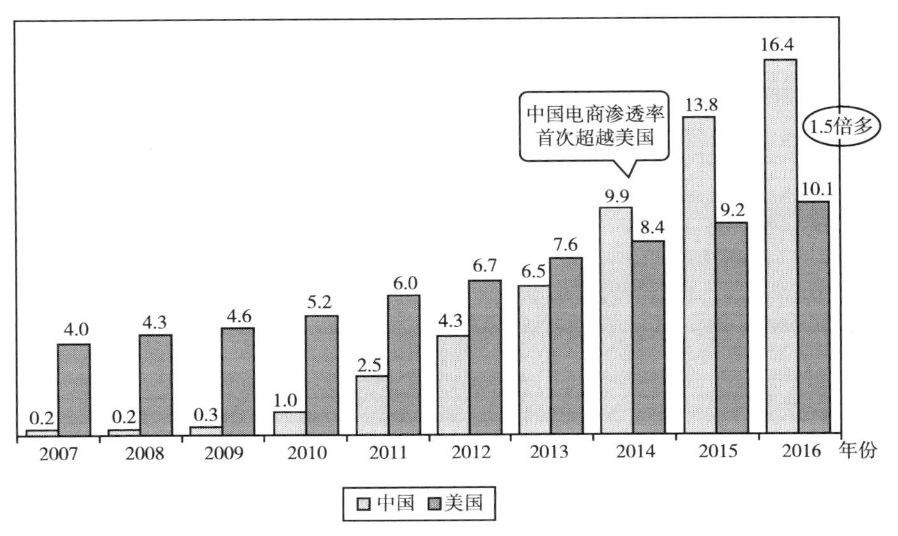

图4-14　中美电商渗透率对比（2007—2016年）

经验表明，市场是推进中国电子商务经济发展的决定性力量，但政府的引导作用亦不可或缺。产业政策的推动与协调、电子商务环境的营造、财税金融的支持、互联互通标准的制定、维护竞争的公共产品提供以及主动积极的政务信息化建设与应用等，成为电子商务健康发展的重要动力。中国政府早在21世纪初，就将电子商务经济确立为先导型战略性产业，多年来持续颁布与电子商务领域直接、间接相关的法律法规、部门规章、政策文件等上百余部，既从产业政策倾斜、财政扶持和发展鼓励措施等多层面、多角度推动电子商务快速发展，又大力排除体制障碍，提供公平、安全的经营环境，不断提高对电子商务经济管理与服务的水平，激发该领域对经济带动的势能与动能。此外，除了处理好“政府与市场”的关系之外，中国政府也十分重视“安全与发展”“变革与稳定”的关系，采取了一系列有效措施应对电子商务对实体经济的短期冲击，严守信息安全底线，大力弥合城乡数字鸿沟。

一、政策层面：做好电子商务发展的战略把控和双创财政支持

（一）构建国家创新体系

国家创新体系（National System of Innovation）的概念提出者认为，创新是一种国家行为，在由公共和私有机构组成的网络系统中，各行为主体的制度安排及相互作用旨在有效率地创造、引入、改进和扩散知识与技术，使一国的技术创新取得更好绩效。

进入新世纪以来，得益于中国政府在国家战略层面对支撑电子商务活动的信息技术研发的大力投入和政策支持，电子商务近10年爆发式的增长。据不完全统计，2017年全国研发经费投入总量为1.76万亿元，R&D经费投入强度达2.13%，较上年增长0.02个百分点。中国已成为继美国之后的第二大研发经费投入国家。根据科技部《中国科技人才发展报告（2014）》，中国已成为第一科技人力资源大国，2013年中国科技人力资源总量达7 105万人，每万人中科技人力资源数为522人，研发人员总量保持高速增长，2013年总数已超过353.3万人。

（二）打造《数字经济发展战略》体系

作为数字经济的重要组成部分，电子商务的发达和繁荣，离不开中国政府对数字经济发展的前瞻性规划和全方位的战略指引。中国政府充分预见到数字经济给国际竞争秩序、产业组织结构、社会生活方式等各领域带来的深刻变革，适应电子商务经济在数字化潮流下的变化走向和趋势，探索凭借电子商务升级

深化改善政府治理、推动技术创新、转变经济结构、促进经济发展的政策组合。

国务院及相关部门先后颁布《关于加快电子商务发展的若干意见》（2005年），制定了电子商务发展专项规划，发布了《关于促进电子商务健康快速发展有关工作的通知》。国家发改委会同财政部、商务部等13个部委组织北京、上海、广州、深圳等23个城市开展了“国家电子商务示范城市”创建工作。

党的十八大指出要大力发展电子商务以后，国务院又先后印发了《中国制造2025》《促进大数据发展行动纲要》《新一代人工智能发展规划》等系列文件，中国作为发起国通过了《G20数字经济发展与合作倡议》。目前，中国政府正在拟定《数字经济发展战略纲要》，旨在从组织协调、资金扶持、人才引培、路径步骤等多个方面，推动各级政府做好数字经济发展的顶层设计，系统梳理遇到的问题，结合区域和行业发展特点，强化互联网思维，制定阶段性发展规划。既支持以互联网企业为代表的生产力发展，又协调推动原有经济发展模式的转型升级，为下一步数字经济蓬勃发展夯实政策基础。

（三）电子商务的跨部门协调机制

由于互联网发展涉及面广，产生的问题大多具有综合性、交叉性、复杂性、多样性。中国电子商务发展经验证明，政府单一部门的职能范围和治理能力无法从根本上解决和应对，必须形成建立高效、系统、互补、灵活的多部门、分布式联动管理体制，并切实在操作层面寻求可靠的执行方案，予以落实。

经过多年的实践探索，国家发改委、中央网信办会同商务部于2016年底联合发布《促进电子商务发展部际综合协调工作组工作制度》，明确30余部委（局）及各级地方政府的《促进电子商务发展三年行动实施方案》（2016—2018）的总体思路、主要任务和保障措施。特别明确了每个专项行动的具体目标、组成部分以及推动部门，避免任务不清、多头管理、重复管理或互相推诿、甚至相互矛盾的行政行为发生，真正实现统筹资源，分工协作。

二、法律层面：完善电子商务发展的法律保护

随着电子商务的经济实践如火如荼地展开，该领域出现一系列前所未有的新问题，对国际国内法律形成调整、修订或新设的庞大需求。

（一）国内的法律法规

首先，2018年9月1日《中华人民共和国电子商务法》正式通过。作为规范国内电子商务交易活动的综合性部门法，在电子商务经济主体上新增了微商、

直播销售，并加强了个体电商的登记管理；对平台主体的连带责任进行了详细规定，包括保障网络信用评价的真实性、可靠性；禁止实施搭售、杀熟等垄断行为；明确物流、支付、押金、自营等行为的义务。

其次，完善电子商务活动各环节相关法律法规的配套工作。（1）在税收制度和税收法律法规方面，加快增值税改革步伐，在网络平台推广电子发票。加强政府与平台企业合作，推动建立网络交易税收“代扣代缴”和相应奖惩制度等。（2）在技术标准、知识产权和数据安全方面，支持企业在人工智能、大数据、虚拟现实、云计算、物联网等领域核心技术攻坚，鼓励开发各类商业应用技术产品和信息安全领域的技术自主创新，及时调整更新技术标准，对知识产权进行有效保护，政府划定信息安全红线，引导行业守住国家安全、道德法律、用户权益和隐私保护的底线，提高信息安全应急处理能力。（3）在互联网金融方面，对基于大数据挖掘的供应链融资、P2P 网贷及众筹、保险和基金的在线创新、移动终端远程支付等创新业务，加快立法和国家标准、行业标准的制定，明确监管主体和职责，执行日常信息检测，强化动态监管、防范金融风险。（4）在维护市场竞争秩序方面，加快修订《中华人民共和国反不正当竞争法》进程的同时，加强反垄断调查和行政执法力度，重点整治滥用市场支配地位等行为，尝试互联网市场准入负面清单管理制度，规范网络市场竞争行为，推动企业内部人员管理规范与外部市场规范的对接。从数据、政策等方面加大力度支持超大互联网企业加快信用体系建设，设计有效的信用评价规则。完善网站备案管理制度，加快建设企业信用信息公示系统，在重点领域完善实名登记制度，制定推进电商诚信体系和电商信用平台建设。对违法行为按层级区分，建立“风险触发机制”。

（二）国际法和国际公约层面

中国政府不仅高度关注联合国国际贸易法委员会（UNCITRAL）专门针对跨境电子商务交易所涉争议的第三工作组及其制定的《跨境电子商务交易网上争议解决：程序规则草案》，对接 OECD《全球电子商务行动计划》提出的全新法律框架，研究借鉴欧盟、美、日、德等互联网发达国家的电子商务法律规范和管理经验，还积极致力于电子商务国际贸易新规则的推动。在 2016 年举行的 G20 杭州峰会上，阿里巴巴集团提出的世界电子贸易平台（e－WTP）规则被广泛讨论，具体措施包括孵化跨境电子商务规则，为跨境电子商务发展创造更有效、更高效的政策和商业环境；推广最佳实践（如跨境电子商务试验区）等方式，促进跨境电子商务和数字经济的发展，解决中小企业尤其是发展中国家中小企业所面临的问题，帮助中小企业乃至个人利用互联网参与全球经济。

三、治理层面：构建电子商务多元共治的新模式

互联网的出现和电子商务活动的繁荣，使传统经济社会自发协调方式的两种形式——市场机制和企业组织之外，产生了因网络组织和平台企业而特有的网络治理。所谓网络治理，就是利用企业之间相互合作所形成的网络关系及其机制进行的一种治理方式，其发挥作用的机制既不是通过市场体系中的价格作用，也不通过企业治理的权威，主要通过企业网络和商业生态系统中的非市场交易和超契约。

政府作为电子商务多元共治的主体之一，在推进国家治理体系和治理能力现代化的大背景下，持续推动平台企业、行业协会、社会公众、监管部门在上述领域内的合作，鼓励平台企业利用技术优势、数据优势创新治理规则，监督和评估企业网络治理的效果，总结推广优秀治理经验。同时，鼓励社会组织发挥辅助决策和监督实施的作用，完善行业自律，最大化社会协同效应。最后，政府还应充分动员公众广泛参与到经济治理中，为全民创新创业提供机会和激励，面向大众普及新技术和新知识，提高基础教育质量和职业技能培训，营造创新的文化氛围，建立完善的保障体系。

四、实践层面：提供电子商务发展的软硬件支持

（一）以PPP方式继续投资电力、公路、电信等基础设施

改革开放以来，中国政府持续大力投入基础设施建设，为21世纪以来电子商务活动的腾飞夯实了物质基础。由国家牵头的基础设施建设高效保障了互联网的普遍接入和电子商务环境。然而截至2016年7月，中国互联网覆盖用户普及率仅为52.5%，不仅低于G20成员国中发达国家超过85%的平均普及率，即使与新兴国家集团如俄罗斯、阿根廷等70%左右的水平相比，也还相差较大距离。可见，未来国内电子商务还会持续引发对铁路、公路、电力、电信等基础设施的庞大需求。

近几年来，中国大力在基础设施和公共事业领域推行政府和社会资本合作（PPP）模式，已经取得了瞩目的成就，不仅极大缓解了财政资金的压力，也促进了基础设施投融资效率的提升、改善了政府治理水平。

（二）升级电子商务人才培养模式和培养能力

中国的教育支出进入21世纪已达到GDP的4%以上。为更好地适应社会对

电子商务人才培养的紧迫要求，教育部专门设立了高等学校电子商务教学指导委员会，以持续推动培养模式转型、加快人才储备速度、改善人才结构。日前，教育部高等学校新增专业名录中，几十所高校成功申请了数据科学与大数据技术、人工智能、物联网工程、网络与新媒体等新增专业。另一方面，政府部门、教育部门、企业部门多方联合，鼓励科研机构孵化、企业内部培训、校企联合培养、海外人才引进等多种形式的新型电子商务人才供给。此外，教育系统自身也非常注重运用信息技术改造传统教学，教育部于 2018 年启动教育信息化 2.0 专项行动计划；教育部成功举办了三届“互联网 +”大学生创新创业大赛，有效地集聚电子商务高级后备人才力量并为其创造实践机会。

（三）加强区域电子商务节点城市建设和产业园区的试点

2012 年至今，中国一共批准了 7 个跨境进口的试点城市，成效显著。第一个国家级跨境电商综合试验区在 2015 年两会期间落户杭州。浙江信息经济示范区的建设，为推进 e－WTP 规则协商、取得国际规则制定权和话语权提供了有力依托。

最近几年来，中国政府致力于推动网上丝绸之路经济合作试验区建设，组织互联网企业与“一带一路”沿线国家和地区，点对点合作城市共建电子商务国际大通道，先后设立杭州、上海、广州、郑州、宁波等 13 个跨境电商综合试验区，有些城市还建立了各具特色的跨境电商产业园，进行各种各样的跨境电子商务实践探索和创新：诸如 2015 年 9 月兰州市成立“一带一路”跨境电商物流合作联盟；以南宁保税区和电子口岸为前哨，面向东盟的跨境电商平台，以及致力于中俄电子商务网络边贸城市、对台电子商务产业基地的建设等等，均在不同程度上化解了跨境电商供货品种数量与目标客户群需求之间的矛盾，取得了良好的试点效果。

（四）加快政府及监管部门的信息化建设和信息化管理处置能力

政府信息化建设水平是互联网时代数字监管的物质保障。自 2013 年起，中国有超过 190 个城市进行了基于大数据和云计算的智慧城市规划改革，政府部门逐渐作为用户方采购使用云计算服务。根据国务院办公厅的要求，目前各级地方政府正在加速本地电子政务服务网络建设，积极推动权力事项集中进驻、网上服务集中提供、政务信息集中公开、数据资源集中共享，打造服务事项一站式办理、权力运行全流程监督的“电子政务超市”。

诚然，国内各级政府虽致力于打造电子政务服务，加速信息化和网络化改造，但相对于社会需求成效仍显缓慢，无论是政府间、政府内，还是政府与企业、政府与公众的电子政务服务，尚存在大量“信息孤岛”的情形。更进一步，政府信息与互联网平台企业信息沟通不畅。互联网平台企业积累了大量有助于监管的经营信息，政府没有及时发挥好这类企业信息的协同管理作用。同时，互联网企业对平台上主体的管理，也往往由于缺少足够的政府监管信息支持，难以充分发挥作用，政府对权威信息的合理开放和发布不足。网络平台的开放性使信息源激增的情况下，政府实时开放发布权威信息就显得日益重要。总之，政府要善于学习运用互联网思维，及时适应互联网带来的新变革，才能做到以网管网、以网治网。

参考文献

［1］Dale W. Jorgenson，Khuong M. Vu. The ICT Revolution，World Economic Growth，And Policy Issues［J］. *Telecommunications Policy*，2016（40），383－397.

［2］Shapley LS and Shubik M. A Method of Evaluating the Distribution of Power in a Committee System［J］. *American Political Science Review*，1954，48（01），787－79.

［3］UNCTAN. Digitalization and Trade：a Holistic Policy Approach is Needed［R］. Policy Brief，2018，No 64.

［4］PWC. Ecommerce in China－the Future is Already Here［EB/OL］. Total Retail，2017，www. pwchk. com.

［5］ITC. E－Commerce in China：Opportunities for Asia Firms［EB/OL］. www. intracen. org/publications，OAP－16－24. E.

［6］ACERC. BRICSE－commerce Development Report［R/OL］. September，2017.

［7］Ali Research. Inclusive Growth and E－commerce［R/OL］. China's Experience［R/OL］. August，2017.

［8］陈永伟. 在“平台时代”寻找奥斯特罗姆［EB/OL］. DOI：10. 16632/j. cnki. cn11－1005/d. 2017. 08. 008.

［9］韩耀，唐红涛，王亮. 网络经济学［M］. 北京：高等教育出版社，2016.

［10］胡岚岚，卢向华，黄丽华. 电子商务生态系统及其演化路径［J］. 经济管理，2009（6）.

［11］姜奇平. 分享经济——垄断竞争的政治经济学［M］. 北京：清华大学出版社，2017.

［12］李骏阳，井涛. 虚拟国际贸易平台的形成与创新——基于阿里巴巴的案例分析［J］. 上海大学学报（社会科学版），2013（07）.

［13］刘新海. 阿里巴巴集团的大数据战略与征信实践［J］. 征信，2014（10）.

［14］刘舒. 电子商务商业模式价值创造和价值获取模块的变革和匹配——以阿里巴巴

B2B 电子商务为例［EB/OL］. DOI：10. 14097/j. cnki. 5392/2014. 03. 153.

［15］吕欣，李洪侠，李鹏. 大数据与国家治理［M］. 北京：电子工业出版社，2017.

［16］卢金忠，亚玲. 电子商务概论［M］. 北京：清华大学出版社，2016.

［17］时建中，张艳华等. 互联网产业的反垄断法与经济学［M］. 北京：法律出版社，2018.

［18］汤兵勇，熊励. 中国跨境电子商务发展报告 2015—2016［M］. 北京：化学工业出版社，2017.

［19］王旭晖，张其林. 平台型网络市场"平台—政府"双元管理范式研究——基于阿里巴巴集团的案例分析［J］. 中国工业经济，2015（3）.

［20］叶秀敏，汪向东. 东风村调查——农村电子商务的"沙集模式"［M］. 北京：中国社会科学出版社，2016.

［21］张伟，费嘉明等. 社会化商业变革在中国［M］. 北京：机械工业出版社，2014.

［22］钟华. 企业 IT 架构转型之道——阿里巴巴中台战略思想与架构实战［M］. 北京：机械工业出版社，2017.

［23］钟诚. 县域电子商务现状及战略思考——以福建省首个阿里巴巴淘宝试点尤溪县为例［J］. 沈阳农业大学学报（社会科学版），2015（09）.

［24］埃尔文·E·罗斯. 共享经济：市场设计及其应用［M］. 北京：机械工业出版社，2016.

［25］波特·埃里斯曼. 阿里传：这里是阿里巴巴的世界［M］. 北京：中信出版社，2016.

［26］邓肯·克拉克. 马云和他的 102 年梦想［M］. 北京：高等教育出版社，2016.

［27］泰勒尔. 产业组织理论. 中国人民大学出版社，1997.

［28］埃莉诺·奥斯特罗姆，罗伊·加德纳，詹姆斯·沃克. 规则、博弈与公共池塘［M］. 西安：陕西人民出版社，2011.

子报告5：促进发展的财政政策

第一节　引　言

改革开放40年来，中国创造了世界经济发展史上的“中国奇迹”，经济持续中高速增长，1978—2017年年均增速9.6%。伴随着中国经济的快速成长，政府经济发展理念也在不断完善，经济发展的质量得到逐步提升。改革开放初期，针对较为落后的经济发展水平，中国提出“社会主义的本质是解放生产力、发展生产力，消灭剥削，消除两极分化，最终达到共同富裕”，“以经济建设为中心是社会主义初级阶段基本路线的中心”等促发展战略。这一时期，经济发展的目的是把经济规模做大、把蛋糕做大，更多的是一种要素投入驱动的粗放式增长。2003年7月28日，时任中国领导人首次提出科学发展观，即“坚持以人为本，树立全面、协调、可持续的发展观，促进经济社会和人的全面发展”，按照“统筹城乡发展、统筹区域发展、统筹经济社会发展、统筹人与自然和谐发展、统筹国内发展和对外开放”的要求推进各项事业的改革和发展的方法论。科学发展观，第一要义是发展，核心是以人为本，基本要求是全面协调可持续，根本方法是统筹兼顾。2007年召开的中国共产党第十七次全国代表大会将科学发展观写入党章，自此，粗放式增长的中国经济开始逐步转向集约式增长。

十八大以来中国开启了全面改革之路，2015年10月，中国共产党第十八届五中全会提出“创新、协调、绿色、开放、共享”五大新发展理念，更加注重经济发展的质量和效率。2016年，中国针对发展中存在的突出问题，提出了供给侧结构性改革并部署了阶段性工作任务。2017年10月中国共产党第十九次全国代表大会报告指出，中国经济已由高速增长阶段转向高质量发展阶段，正处在转变发展方式、优化经济结构、转换增长动力的攻关期；会议强调深化供给侧结构性改革、加快建设创新型国家、实施乡村振兴战略、实施区域协调发展战略、加快完善社会主义市场经济体制、推动形成全面开放新格局是中国经济迈向高质量发展的六大举措。

与经济发展理念和发展阶段的演变相适应，中国财政政策经历了深刻的变化，集中体现在从总量宏观调控到结构化政策调控，从短期的需求管理到调节需求和改善供给相结合、短期效应和长期效应相结合，从财政货币政策单兵突进到彼此合作协同推进等方面的转变。财政政策更加积极主动，更加注重推动经济结构优化和经济高质量发展，着力为经济发展营造公平稳定的内外部环境。

本书对新中国成立尤其是改革开放以来各个时期促进经济社会发展的财政政策作全面系统的分析，旨在总结经验以供借鉴。本部分写作具有如下三大特点：首先，从政策出台背景、内容、成效三个方面梳理财政政策发展历程及财政调控实践；第二，既有全国的宏观情况，亦有地方的具体案例，实现了点、面有机结合；第三，提炼总结中国社会经济发展经验，注重财政促发展的全面性，包括结构优化、民生改善、生态环保、全面开放等内容。本部分篇章结构安排如下：第一部分梳理新中国成立以来的财政政策发展历程，划分了五个阶段。第二部分从经济发展、统筹区域协调发展、改善民生、统筹人与自然和谐发展、对外开放五个方面具体分析了促进全面发展的财政政策。第三部分重点介绍中央及东中西部部分省份的发展经验案例；第四部分是对中国财政政策改革促进发展经验的全面总结。

第二节　中国财政政策发展历程

本章将新中国成立以来的财政政策发展分为五个阶段：1950—1978 年的计划经济时期、1978—1992 年的经济体制改革探索与展开时期、1993—2008 年的社会主义市场经济体系初步建立时期、2009—2012 年应对全球金融危机时期，以及 2013 年十八大以来的新阶段。财政政策是宏观调控的重要手段，因此本章主要结合当时的国内外经济形势，从调控背景、措施及效果等方面梳理和分析财政政策实践，并分析不同时代背景下财政政策的特点。

一、计划经济时期的财政政策（1950—1978 年）

新中国成立初期，百废待兴。为了集中力量快速释放社会生产力，发挥社会主义制度的优越性，中国选择了计划经济体制。这一时期，财政为巩固国家政权、维护社会稳定、筹集建设资金、促进国民经济恢复做出了突出的贡献。计划经济时期实行的是高度集中的、“统收统支”的财政体制。虽然其中夹杂着短期的权力下放，但均未取得显著成效，中央政府始终牢牢掌控着全国财政分配和管理的权力。与此相适应，财政调控政策具有调控方式以直接干预政策为主、调控手段以财政投资支出为主、调控定位以被动应急型为主三大特点。

在计划经济时期，中国逐步形成了与计划经济体制相适应的财政政策工具及其作用机制。财政政策参与宏观调控的手段主要是采用行政手段直接干预经济活动，即通过行政命令，扩大或缩减财政生产建设性支出，进而调节社会总需求和总供给。国有企业利润几乎全部上缴，成为财政收入的主要来源；债务发行规模较低，1968年更是进入“既无外债、又无内债”的无债时代，因此税收、国债等财政调控手段的作用相对较弱。生产建设性财政投资成为重要的财政政策工具，也成为影响社会总需求和总供给的重要因素。所以，受行政命令控制的财政投资支出既是调节经济波动的关键手段，也是影响经济波动的重要因素。

国家代替企业成为社会投资的主体，财政支出中的经济建设支出占比超过50%，最高年份甚至超过70%，其中基本建设支出拨款占了大头，约为30%—40%。受政府计划控制的财政建设支出对国民经济运行产生着决定性的影响。另外，财政还包揽了各项社会事业，负担较重，是典型的“大财政”。

计划经济时期国民经济综合平衡主要通过“预算平衡”来实现，追求“预算平衡”意味着较少使用赤字政策来实现财政调控政策的相机抉择。政府计划是社会资源配置的主要方式，而财政投资支出是政府计划的主要实现手段，因此这一时期的财政宏观调控多是被动性的事后调控。

虽然计划经济时期的财政调控手段相对单一，但结合当时国内外复杂的政治经济背景，这一时期的财政政策实践也为完善财政宏观调控机制积累了许多经验。

第一，自力更生，并依靠财政为建国初期薄弱的工业化建设筹集资金。建国初期在国内发行了“国家经济建设公债”，同时面对西方国家的经济封锁向苏联贷款，这些都为当时的工业化建设提供了亟须的资金支持。

第二，综合运用税费减免、财政补贴等手段促进国家对农业、手工业和资本主义工商业的社会主义改造，奠定社会主义公有制经济基础。

第三，针对1953年初财政赤字高企对信贷和实体经济的影响，提出了财政管理的“六条方针”，有效缓解了当时的财政困难，稳固了财政基础。这“六条方针”概括起来就是：预算归口管理；支出包干使用；自留预备费，结余不上缴；严格控制人员编制；动用总预备费要经中央批准；加强财政监督。

第四，针对20世纪50年代末、60年代初的激进政策对经济社会的冲击和破坏，提出了“调整、巩固、充实、提高”的“八字方针”，国家财政对此给予了充分的支持，促使经济回归到了正常的运行轨道。在这期间，国家财政采取的政策包括：适当增加农业投资，减轻农民负担，促进农业生产恢复和发展，保证国民经济调整中合理的资金需要；压缩部分重工业部门的投资和基本建设投资，取长补短，进一步缩短基本建设战线，按照先生产、后基建和以农、轻、重为序的原则，合理分配资金，调整工业投资结构和经济结构，加快生产的恢复和发展；增收节支，消灭财政赤字，回笼货币，稳定市场；改进财政管理体制，上收部分财政管理权限，加强集中统一，强化对预算内、外资金的管理等。

二、经济体制改革探索与展开时期的财政政策（1978—1992年）

1978—1992年，中国经历了计划经济向计划经济为主转变，市场调节为辅向有计划的商品经济转变的演变过程，市场机制在经济社会发展中的作用不断强化。在此背景下，财政也有意识地借助市场机制、利用各种政策工具调控经济，形成了独具特色的转型时期的财政调控作用机制。

经济体制改革探索与展开时期，中国经济经历了三个较为明显的经济周期，分别是1979—1981年、1982—1986年以及1987—1992年。在这三个时期，财政适应市场化改革的趋势，不断尝试使用多种政策工具来调控经济、保障经济平稳运行（见图5－1）。

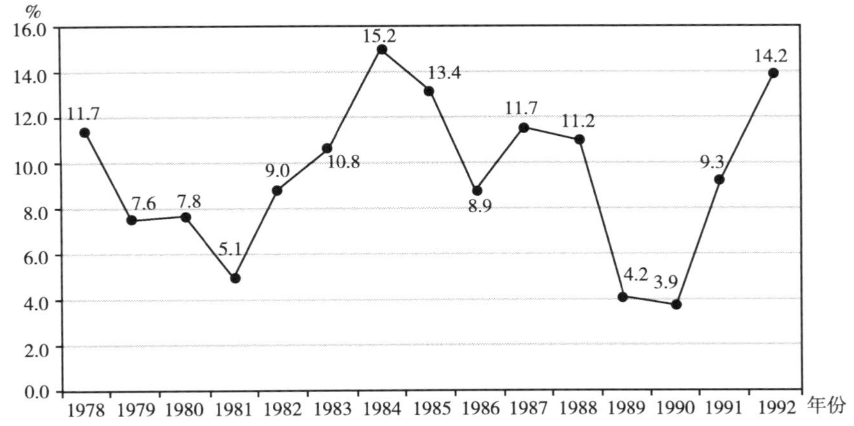

图5－1　1978—1992年GDP实际增速

资料来源：中国国家统计局。

总体来看，这一时期经济运行状况呈现出四大特点：第一，不断加强市场机制配置资源的基础性作用。第二，基本形成了以公有制为主体、多种所有制并存的经济格局。第三，国民经济在调整和改革中波动上行。第四，经济体制改革取得较大成就，经济体制改革朝着市场化方向不断迈进。

（一）1978—1981 年的财政宏观调控政策实践

1. 调控背景

1978 年底召开的中国共产党十一届三中全会开启了改革开放的序幕，“以阶级斗争为纲”转变为“以经济建设为中心”，激发了全国人民大力发展经济的热情，国民经济取得恢复性增长。由于当时人们由经济发展获取的经验不足、对经济形势的认识不够充分，出现了急于求成的倾向，进而导致经济出现了过热的症状：一是农副产品价格过快上升；二是固定资产投资过快增长；三是财政赤字严重，货币超发，引发了改革开放后第一次通货膨胀；四是进口国外先进设备带来贸易逆差大幅增加，国际收支严重失衡。

2. 调控措施

针对当时经济过热引发的各种问题，中央果断提出了“调整、改革、整顿、提高”的八字方针，紧接着又进一步提出“两平一稳”的国民经济调整方针，即平衡财政收支，不出现赤字；基本实现信贷收支平衡，取消财政性货币发行；稳定物价，尤其是生活必需品价格。其中，财政宏观调控政策主要有六个方面：一是通过压缩财政生产建设投资来控制投资需求。1979 年财政部发布《关于加强基本建设财务拨款管理的通知》，要求基本建设不能突破国家预算指标范围；严格按照国家计划供应资金；严格执行结算纪律，防止和制止拖欠贷款；严格按照基本建设程序办事，纠正边设计、边施工、边生产的做法。对于新引进的项目和未完工的工程，不必要的部分全部停建、缓建，无偿使用的基建资金也改为有偿使用，财政支出和财政预算内基本建设投资得到有效削减和控制。二是严控消费需求，削减各项开支。对社会集团购买力实行计划管理，限额控制，凭证购买，定点供应，专用发票，并对某些商品采取了专项审批的办法。国务院发文规定下属行政机关和事业单位实行“预算包干、结余留用，增收归己”制度，鼓励各单位增收节支。组织开展大规模的财经纪律大检查，有效抑制了滥发奖金、津贴的行为。三是实行分级包干财政体制，打破计划经济时期“统收统支”的大锅饭式的财政管理体制，调动中央和地方增加财政收入、合理安排财政支出、提高财政资金使用效率的积极性、创造性和主动性。四是发行国库券筹集收入，并通过强制国有企业和集体企业购买国库券发挥货币政策协调配合从紧的作用。五是稳定市场，平抑物价。国家财政给予补贴、提高粮油收购价格，调动农民发展生产、交售农副产品的积极性，通过刺激供给实现供求平衡，稳定物价。六是优化进出口商品结构，平衡国际收支。控制和减少需要财政大量补贴的产品和高亏损产品的出口，对出口创汇企业给予税收等政策支持。

3. 调控效果

本次宏观调控基本实现了稳定物价、平衡财政收支、平衡信贷、平衡国际收支的预期目标。CPI 从 1980 年的 7.5% 下降到 1981 年的 2.5%，商品零售价格指数从 1980 年的 6.0% 下降到 1981 年的 2.4%。财政扭亏为盈，收支差额从 1980 年赤字 68.90 亿元转为 1981 年盈余 37.38 亿元。中央财政状况改善，从 1980 年的赤字率 1.9% 改善为中央财政略有盈余。但是，此次调控仍以政府强制性的、指令性的、直接的行政控制为主，短期内虽然取得了显著的成效，但付出了一定的代价，经济增速有了较大程度的下滑，GDP 增长率从 1980 年的 7.8% 下降到 1981 年的 5.1%。

（二）1982—1986 年的财政宏观调控政策实践

1. 调控背景

1982 年中共十二大提出了到 20 世纪末的 20 年间全国工农业年总产值“翻两番”的战略目标。对此，各地纷纷大干快上，经济过热的苗头再次出现。同时，一些机关和事业单位借 1984 年建国 35 周年大庆之际纷纷突击提高职工工资、乱发奖金和服装等消费品，刺激了社会需求，助长了经济过热的势头。另外，当时实行的是“吃大锅饭”的专业银行体制，“存款向上交、贷款向上要”，银行经营缺乏自主权。尤其是，各专业银行的贷款额度是中央银行以其上年的贷款实际发生额为依据拨付的，各银行为了扩大贷款基数、争取更大的贷款额度，纷纷采取竞争性房贷、送贷款上门等手段，导致货币供给迅速增加，通货膨胀率显著上升。经济出现了消费和投资的“双通胀”现象，经济再次过热。

2. 调控措施

针对经济再次过热，中央政府实施了从紧的财政政策和从紧的货币政策，不同于以往的以国家计委为核心的宏观调控格局，本轮宏观调控综合发挥了国家计委、财政部、中央银行等部门的宏观调控职能。其中，减少货币供给、控制信贷投放等调控手段也发挥了重要的作用。采取的财政调控政策主要有四个方面：一是压缩财政投资支出，配合从紧货币政策的顺利实施。二是严控财政支出、抑制过高的消费需求。1984年底国务院发文要求严格控制财政支出，防止年末财政突击花钱。国务院先后发文严控各地区、各部门行政管理费的增长。同时，整顿财经纪律，开展税收、物价、财务大检查，保障紧缩政策的贯彻和落实。三是通过加强税收征管、更好发挥财政支持企业提高经济效益等方式积极增加财政收入。四是搞好综合财政平衡。建立综合财政信贷计划，积极有效引导，强化监管，防止发生财力分散使用、盲目建设、重复建设和某些资金在使用中失控，尤其是加强预算外资金、农村资金以及银行信贷资金的管理。

3. 调控效果

上述调控政策有效抑制了经济过热局面，使经济又重新回到了正常的运行轨道。1985年工业增速由上半年的23.1%回落到10.2%；全社会固定资产投资增速由1985年的38.8%回落到1986年的22.7%；1985年财政收支由赤字转为盈余；1985年金融机构贷款余额和货币供应量增速同比分别降低2.5%和24.8%。但是，针对当时经济快速过热的局面，本轮调控属于急刹车式的调控，也对经济造成了较大的负面影响。经济增速明显下滑，尤其是紧缩性政策导致企业现金流紧缺，原材料、能源供应紧张。

（三）1987—1992年的财政宏观调控政策实践

1. 调控背景

针对前期紧缩性政策所带来的企业现金流紧张，1986年下半年起央行又开始放松货币信贷投放，国民经济取得了恢复性增长。但社会供求仍不平衡，总需求大于总供给，物价上涨的压力仍然较大。1988年5月，中央决定用5年左右的时间实现价格和工资改革的“闯关”，上调了部分产品的价格和工资水平，逐步实现市场化定价。商品价格的上涨和民众的预期导致通货膨胀再次出现，投资增速也大幅上升，经济再次出现过热势头。外贸赤字也有所增加。

2. 调控措施

这一时期采取的财政调控政策主要有五点：第一，大幅削减固定资产投资。通过征收国家预算调节基金减少预算外资金的规模，降低预算外资金用于固定资产投资的比例；鼓励能增加社会有效供给的生产性投资，限制非生产性投资；对非生产性建设、非重点建设等征收高税率。第二，严格控制消费需求。大幅增加国家专项控制商品的范围以控制社会集团的消费，并下达了支出控制指标。第三，规范财税秩序，严格执行依法治税。中央要求地方各级财政部门纠正越权减免税，加强税收征管，追缴拖欠税款及各种收入；对预算外资金征收国家预算调节基金；强化对私营企业和个体工商户税收以及个人收入调节税的征管工作；对彩电、小汽车开征特别消费税，扩大农林特产税的征收范围。第四，压缩中央财政支出，努力实现收支平衡。大力削减行政管理费支出；对经营不善、长期亏损的国有企业停止补贴，整顿、关停并转落后的小企业；延期三年支付所有单位持有的1981—1984年发行的国库券的本息。第五，利税分流，理顺国家和企业的分配关系。1988年推行利税分流试点改革，企业利润先缴纳所得税，余下的利润部分上缴国家，其余的留给企业自主使用；固定资产投资贷款的偿还方式改变过去的税前利润偿还，改为税后利润和折旧基金及其他企业自主财力偿还，提高企业自主经营权。

3. 调控效果

本轮调控取得了显著的成效，使经济在不到一年的时间里又重新基本实现平衡，尤其是通货膨胀得到有效控制。但是，由于本轮紧缩政策实施力度大、时间急、政策出台密集，导致经济增速等各项指标迅速回落，带来了“硬着陆”的风险。GDP增速从1988年的11.2%下降到1990年的3.9%；CPI和商品零售价格增速从1988年的18.8%和18.5%下降到1990年的3.1%和2.1%；全社会固定资产投资增速从1988年的25.4%下降到1989年的-7.2%和1990年的2.4%；货币供应量（M0）增幅从1988年的46.7%下降到1989年的9.8%和1990年的12.8%。企业效益明显下降，居民收入增速也有较大回落。

三、社会主义市场经济初步建立时期的财政宏观调控政策实践（1993—2008年）

（一）适度从紧的财政政策实践（1993—1997年）

1992年后全国各地掀起了经济建设的热潮。1993—1997年是中国宏观经济过热的时期，GDP平均增长率达11.4%。面对这一情况，中国政府实施了适度从紧的财政政策和货币政策，成功实现了经济的“软着陆”和国民经济的平稳较快增长。不同于在此之前的紧缩性的财政政策，本轮财政宏观调控更加注重政策的连续性和平稳性，调控方式以行政手段为主转向以经济手段为主。

1. 适度从紧的财政政策实施背景

第一，1992年的邓小平同志南方讲话和中共十四大的召开肯定和明确了中国市场化改革的方向，各地区发展经济热情高涨。第二，消费需求和投资需求旺盛，供给能力短期难以与需求相匹配，导致消费品和生产资料价格快速上涨，经济全面过热。第三，旺盛的国内需求带来了进口的强劲增加，而外贸出口的增长相对乏力，1992 年底开始国际收支出现逆差，并有扩大趋势。

2. 适度从紧的财政政策基本内容

1988 年的紧缩性政策导致 1989—1990 年经济增速的断崖式下滑，中央政府经过分析判断，决定改变宏观调控“一松就热、一紧就冷”的现象，宏观调控既要为经济过热降温，也要保证国民经济在适度的增长区间内平稳健康运行，防止大起大落。另外，根据对前几轮宏观调控形势的判断，遏制通货膨胀是平抑经济过热的首要目标。基于此，中央采取了“适度从紧”的财政政策。主要内容分为两大部分。

第一，实行总量调控，加大力度控制总需求。加强政府收入征收和管理。严格控制财政赤字。中央明确要求地方各级预算不得列赤字，并通过《中华人民共和国预算法》予以规定。中央财政赤字主要通过发行国债予以弥补，不得向央行透支或借款。全国人大要求“九五”（1996—2000 年）期间降低财政赤字，逐步实现财政收支基本平衡。强化管理以控制固定资产投资增长。清理在建项目，严格审批新开工项目，新建大中型项目需经中央政府批准方可开工。强化对房地产市场的管理，制定房地产增值税和有关税收政策，坚决制止房地产的投机行为。中央银行通过控制固定资产投资贷款从资金供给端严控固定资产投资规模。1994 年 1 月，国务院颁布《关于继续加强固定资产投资宏观调控的通知》，从九个方面加强对固定资产投资的宏观调控：集中财力物力，保证重点项目建设；从严审批新开工项目，缩短建设战线；加强对项目审批工作的管理，搞好项目规划；加强资金源头控制，严格固定资产投资贷款管理；加强对资金市场的规范化管理；对在建项目进行普查和建立项目登记备案制度；加强对房地产开发建设和开发区建设的管理；加强对外商直接投资项目的引导和规范化管理；加强对投资宏观调控工作的领导。1996 年实行了固定资产投资项目资本金制度。严格控制社会集团购买力。1993 年下半年，要求政府部门简化会议、压缩年初会议经费预算的 20%；严控实效不大的出国考察、招商引资、节日庆祝等活动；严格禁止企业滥发补贴、实物和购物券，合理控制和引导消费；严禁用公款进行高消费和把公款转化为个人消费基金；控制工资增长在合理范围内；通过指标管理、专项审批、统计管理和监督检查等办法控制社会集团购买力的过快增加。

第二，优化支出结构，加强对国民经济薄弱环节的支持。注重优化财政支出结构，有紧有松，加强对国民经济薄弱环节、对提升经济发展质量作用显著领域的财政支持力度。重点体现为三个方面：加大促进农业发展的财政支持力度。通过设立各类专项基金、提高农产品收购价格、财政贴息等政策保障国家粮食储备、稳定农产品价格、提高农民的生产积极性，促进农业发展。大力支持和鼓励企业技术进步。通过允许按规定加速折旧、允许企业将研发费用列入成本而不受比例限制、允许企业自主分配税后利润、增加用于支持产业发展和科技进步的拨款和贴息等政策，鼓励企业自主创新，大力促进技术进步。支持国有企业改革，提高国有企业经营效率。财政通过支持国有企业优化资本结构、用所得税优惠税率的办法补充企业资本金、弥补部分国有企业兼并重组中的贷款损失、完善社会保险制度以减轻国有企业负担等方式大力支持国有企业改革。

3. 适度从紧的财政政策实施效果

本轮调控，总量调控与结构优化并存，实现了“双紧”的财政政策和货币政策的相互密切配合，注重经济调控手段的使用而减少行政命令调控方式。本轮调控成功实现了中国经济的“软着陆”，主要体现在四个方面：第一，经济增速和通货膨胀率均进入适度区间。第二，投资和消费需求的膨胀势头得到有效遏制而回归合理区间。第三，经济效益逐步提高。农村居民人均纯收入增加较快，粮食产量大幅增加，城镇居民收入也有较高幅度的增长，对外贸易顺差增加，1996 年外汇储备首超千亿美元。第四，财政收入稳定增长，财经秩序改善明显。

（二）积极的财政政策实践（1998—2004 年）

1. 积极的财政政策实施背景

受 1997 年爆发的亚洲金融危机等一系列因素的影响，1998 年国内外经济形势十分严峻。出口下滑、消费不振、投资增长乏力，拉动中国经济增长的“三驾马车”均动力不足，经济增速显著下滑，中国经济面临着前所未有的严峻考验。第一，对外贸易受到严重的冲击，大量国际资本回流。第二，居民收入增速放缓，失业率增加，就业形势严峻。第三，国内消费需求增速放缓，居民的边际消费倾向也降低。第四，投资增长乏力。商业银行更加注重风险管理而产生了“慎贷”心理，企业投资更加注重投资回报率。第五，物价水平持续低迷，甚至出现了通货紧缩趋势。第六，经济社会结构性问题突出。产业结构不合理，低技术含量产品过剩、高技术含量产品供给严重不足。城乡结构不合理，城乡发展差距有所拉大。区域经济发展不平衡有所加剧。第七，货币政策空间有限。针对疲软的需求，央行采取了一系列放松银根、刺激需求的政策，大力度、高密集度的货币政策产生的效果十分有限，货币政策的操作空间已相对狭窄。

2. 积极的财政政策主要内容

1998 年 3 月，在九届全国人大一次会议上，政府提出了确保 1998 年 GDP 增速 8% 的“保 8”目标，并明确重点是扩大国内需求，尤其是通过积极有力的财政政策扩大内需，刺激经济增长。积极的财政政策主要有五个方面的内容：第一，增发长期建设国债，加强基础设施建设。1998 年 8 月 29 日，九届全国人大常委会审议通过中央财政预算调整方案，将中央财政赤字调整为 960 亿元，比上年扩大 400 亿元，增发 1 000 亿元长期建设国债，同时配套增加 1 000 亿元银行贷款，全部用于基础设施建设。1998 年中央财政还向国有独资商业银行发行 2 700 亿元特别国债，提高国有银行的资本充足率和抗风险能力。1999 年，在年初计划发行的 500 亿元长期建设国债的基础上再次增发 600 亿元。2000 年上半年国民经济形势有所好转，为了巩固这一成绩，在年初确定的发行 1 000 亿元长期建设国债的基础上再次增发 500 亿元。1998—2004 年期间，中央财政累计发行长期建设国债 9 100 亿元。第二，调整税收政策，刺激消费和投资。例如，降低国内消费税率、恢复征收居民储蓄存款利息的个人所得税、降低房地产相关的税收等刺激国内需求，降低关税且支持和鼓励企业引进国外先进技术设备、增加投资，完善出口退税制度、促进企业出口增长等。第三，完善收入分配政策，培育和扩大消费需求。1999—2003 年四次提高全国机关事业单位工资，增幅达 119%；完善社会保障制度体系，如建立国有企业下岗职工基本生活保障制度、提高离退休人员基本养老金水平等，增强居民的消费能力。第四，加大乱收费治理力度，减轻居民和企业的税费负担，增强企业的投资活力和居民的消费能力。第五，加大对中西部地区的转移支付力度，促进区域均衡发展。2002 年所得税分享改革后，中央大幅增加的收入全部用于对地方，尤其是中西部地区的转移支付，并不断规范转移支付制度。

3. 积极的财政政策实施效果

此轮财政宏观调控政策及时果断、针对性强，注重短期措施与长期政策目标之间的协调，既着眼于总量扩张又注重结构优化，并加强与货币政策之间的协调，取得了良好的成效。第一，消费、投资、出口三大需求全面回升，促进了国民经济的健康发展。第二，基础设施显著改善，为经济可持续发展和结构调整奠定了良好的基础。第三，物价趋稳，通货紧缩趋势得到有效遏制。第四，居民收入明显提升、教育财政投入大幅增加、社会保障制度加快完善。第五，财政收入稳定增长、财政宏观调控能力有效增强。第六，为财政宏观调控积累了丰富的经验，首次通过全面的财政刺激政策促进国民经济的恢复和增长。

（三）稳健的财政政策实践（2005—2008 年）

1. 稳健的财政政策实施背景

2003 年开始中国经济步入新一轮的上升周期，经济存在过热迹象，同时结构性问题突出。第一，固定资产投资，尤其是房地产投资过快增长，并带动相关行业也增长过快，物价上涨明显。第二，东中西部区域发展差异较大，城乡发展不平衡，产业结构不合理，第三产业发展滞后，高新技术制造业和现代服务业占比偏低。第三，经济体量大、粗放式增长带来的资源、环境问题较为突出，经济发展方式亟待转变。第四，社会公共事业发展滞后、社会保障制度亟须完善。

2. 稳健的财政政策主要内容

稳健的财政政策核心内容可以用十六个字来概括，即“控制赤字、调整结构、推进改革、增收节支”。具体内容包括：第一，适度减少财政赤字、控制长期建设国债的发行。中央财政赤字占 GDP 的比重从 2004 年的 2.3% 下降至 2008 年的 0.6%；长期建设国债规模从 2004 年的 1 100 亿元下降到 2007 年的 300 亿元。第二，调整和优化财政支出结构，适度减少一般竞争性领域的财政支出，增加公共财政范畴的财政支出。加大对“三农”的投入力度，2006 年全面取消了农业税；加大对教育、医疗卫生、社会保障等公共事业的投入力度；加大转移支付力度，优化转移支付结构，增加对中西部地区、老少边穷地区和基层的财力支持；建立资源节约和环境保护专项基金、调整资源环境税费、改革进出口关税制度，加大资源节约和环境保护的力度。第三，发挥财税政策稳定物价的作用。通过提高种粮直接补贴、良种补贴和农机具购置补贴资金规模大力支持农产品生产和供给；降低主要农产品进口关税、扩大其进口，完善国家物资储备和投放制度；大力支持煤电油运业发展，保障煤电油运供应。

3. 稳健的财政政策实施效果

此轮稳健的财政政策持续时间较短，但对促进国民经济平稳健康发展、抑制物价过快增长、优化经济结构调整发挥了重要的作用，取得了明显的成效。第一，国民经济保持平稳较快增长，2005—2008 年 GDP 平均增速为 11.2%，且波动较小。第二，物价稳定，粮食连年增产，煤电油运供给能力显著增强，是抑制物价过快上涨的重要力量。第三，经济结构调整呈现积极变化。第一产业和第三产业投资增速加快，第二产业投资增速回落，高耗能产业投资得到控制或减少。第四，居民收入大幅增加，教育、医疗卫生、社会保障等公共服务供给能力显著增强，人民生活显著改善。

四、应对全球金融危机以来的积极财政政策实践（2009—2012 年）

（一）积极的财政政策实施背景

2008 年初中国经济面临的还是物价上涨的压力，当时的宏观调控政策还是防过热、防通胀，但下半年开始受金融危机的影响，外需大幅萎缩，国内的消费和投资也有一定幅度的下滑，物价水平急剧下跌（如 PPI 由正转负），工业生产增速缓慢，工业增加值大幅降低，企业利润增幅回落，宏观经济形势急转直下（如图 5－2 所示）。

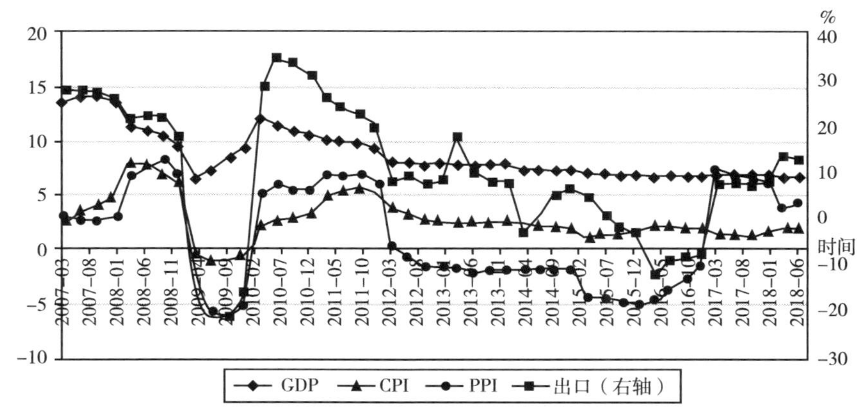

图 5－2　2007 年以来中国 GDP、CPI、PPI 及出口累计同比增速

资料来源：中国国家统计局。

（二）应对危机的积极财政政策主要内容

2008 年 11 月份宏观经济政策由稳健的财政政策和稳健的货币政策转型为适度宽松的货币政策和积极的财政政策。本轮积极的财政政策的总体要求可用 16 个字概括，即“出手要快、出拳要重、措施要准、工作要实”。中央财政在 2008 年底就安排增加了 1 200 亿元投资，主要用于高铁、高速公路等大型基础设施建设。积极的财政政策综合运用了税收、支出、国债等手段，主要包括如下三个方面（见表 5－1）。

表 5-1　2009—2011 年积极财政政策主要内容

年度	主要内容
2009	（1）扩大政府公共投资，着力加强重点建设；（2）推进税费改革，实行结构性减税；（3）提高低收入群体收入，大力促进消费需求；（4）进一步优化财政支出结构，保障和改善民生；（5）大力支持科技创新和节能减排，推动经济结构调整和发展方式转变。
2010	（1）提高城乡居民收入，扩大居民消费需求；（2）安排使用好政府公共投资，着力优化投资结构；（3）落实结构性减税政策，引导企业投资和居民消费；（4）优化财政支出结构，保障和改善民生；（5）大力支持区域协调发展和经济结构调整，推动经济发展方式转变。
2011	（1）提高城乡居民收入，扩大居民消费需求；（2）安排使用好政府公共投资，着力优化投资结构；（3）落实结构性减税政策，引导企业投资和居民消费；（4）优化财政支出结构，保障和改善民生；（5）大力支持区域协调发展和经济结构调整，推动经济发展方式转变。

资料来源：李秀昆. 2008 年以来积极财政政策效果评价及比较［J］. 投资研究，2012（11）.

第一，扩大政府公共投资、拉动社会总需求。2009 年提出在两年内由中央财政投资 1.18 万亿元，带动地方政府和社会投资共约 4 万亿元，具体资金投向如图 5-3 所示。中央政府增发国债、扩大财政赤字。由 2007 年的财政略有盈余上升到 2009 年 2.8% 的赤字率，之后赤字率虽有所下降，但一直维持在 2%—3% 之间。中央财政每年代理地方发行 2 000 亿元地方政府债券，支持地方完善基础设施及配套建设，拉动社会需求。

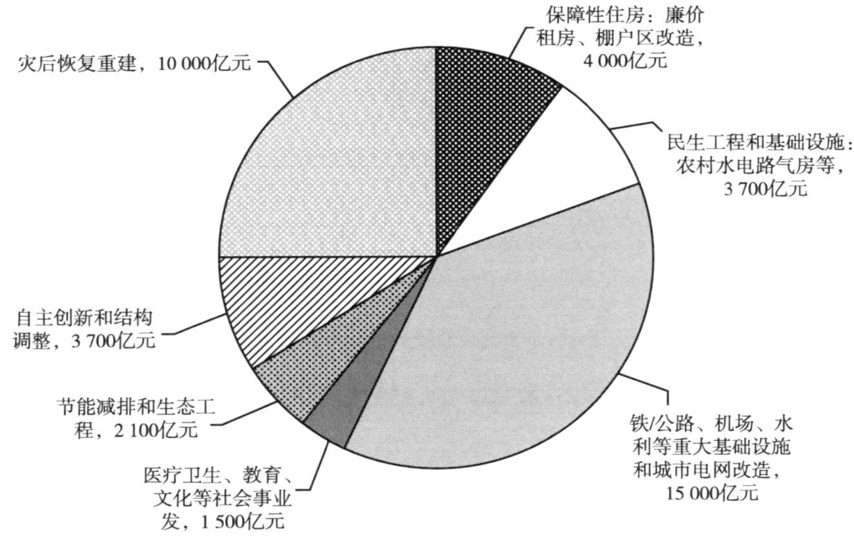

图 5-3　2008 年“4 万亿”刺激计划的资金投向

数据来源：中国国家发展和改革委员会。

第二，通过结构性减税促进经济结构调整和经济增长，将短期调控政策的灵活性、长期调控政策的稳定性与可持续性进行结合。例如，2009 年 1 月 1 日在全国范围内实现了增值税由生产型向消费型的转变。

第三，加大民生投入，着力保障和改善民生。支持教育优先发展，免除义务教育阶段学生的学费，推进农村义务教育经费保障机制改革，努力解决农民工随迁子女流入地就学问题。完善城镇职工基本医疗保险制度，促进公共医疗卫生事业的发展。改革和完善城乡低保制度，提高基本养老金水平，试点并逐步推广农村社会养老保险制度。加大保障房安居工程建设，对公租房和保障性住房的建设和运营单位给予税费优惠。

2009 年下半年开始，宏观经济逐步扭转 2008 年底以来的低迷状态，全年实现了前低后高的发展态势，2009 年第三季度 GDP 增速重新回到 8% 以上并保持了 10 个季度。从微观层面看，企业效益日趋好转，也带来了就业的增加。本轮积极的财政政策对提高居民收入水平、保障和改善民生的力度较大，有效促进了居民的消费需求，2009—2011 年社会消费品零售总额均保持了 15% 以上的增长速度。在政府投资的带动下，全社会资产投资快速增长，是本轮经济复苏的主要推动力量。出口增速在 2010 年由负转正，外需逐步改善，外商直接投资也稳步回升。

五、十八大以来的财政政策实践（2013 年至今）

党的十八大以来，积极财政政策更加科学高效，不断适应经济发展新常态，助力供给侧结构性改革，展现出鲜明的中国特色。面对国内经济发展表现出增速变化、结构调整、动力转换的新常态，中国的财政政策更加积极有效。所谓积极，就是积极主动地发挥财政在国家治理中的基础和重要支柱作用，强化财政政策的主动性、前瞻性，积极主动应对国内外各种风险和挑战并做好预期管理。所谓有效，就是抓关键领域、关键环节、关键问题，精准施策，对症下药。第一，积极的财政政策由关注总量性问题转向更加关注结构性问题。传统的积极财政政策着眼于扩大由投资、消费、出口“三驾马车”构成的社会总需求，当前积极财政政策的着力点在于推动供给侧结构性改革，优化经济结构，不搞“大水漫灌”式强刺激。第二，积极的财政政策由侧重解决经济问题转向综合施策。过去积极的财政政策主要以“稳增长”“拉增速”为主要目标，调控基准是 GDP、CPI 等各项宏观经济指标。当前积极的财政政策更加注重解决民生等社会问题，积极落实以人民为中心的发展理念，提升公共服务供给水平，促进基本公共服务均等化。第三，积极的财政政策从关注赤字、债务、支出规模转向更加注重优化财政支出结构。当总需求不足时，提高赤字率、扩大债务能扩大社会总需求，促进经济增长。但解决结构性问题需转变思路。注重通过优化财政支出结构推动经济结构调整，并通过合理安排预算，加强支出绩效管理，盘活存量资金，实现财政政策更加积极有效。第四，积极的财政政策从偏向宏观调控转向公共风险管理。当前实施的积极财政政策，跳出了传统的宏观调控思维，在充分认识中国经济发展新常态特征的基础上，把财政政策纳入国家公共风险管理体系中，从偏重于当期风险化解转向全面风险管理，在防范长期性风险和战略性风险的同时化解短期性风险。第五，积极的财政政策更加注重利用社会资本提高投资的质量和效率。通过发展和规范政府和社会资本合作模式等方式，发挥财政资金撬动社会资本的杠杆作用，引入市场竞争机制提高财政支出的效率。第六，积极的财政政策更加注重结构性减税和正税清费，如开征环保税、全面“营改增”等，以及调整和优化支出结构，如增加教育、医疗卫生、就业社保、科技创新等支出占比，体现以人为本。

表5－2和表5－3给出了2017年按功能分类的一般公共预算支出规模及结构、一般公共预算收入规模及结构，有助于全面了解中国现行的财税体制。从表5－2可以看出，中央政府财政支出占全国财政支出的比重约为15%，地方政府财政支出占比约为85%。规模排名前三的支出依次是教育支出、社会保障和就业支出、城乡社区支出。

表5－2　　按功能分类的2017年一般公共预算支出规模及结构　　单位：亿元

按功能分类的一般公共预算支出	合计	中央	地方	中央支出占比	地方支出占比	占总支出比重
一般公共服务支出	16 510.4	1 271.5	15 238.9	7.7%	92.3%	8.1%
外交支出	521.8	519.7	2.1	99.6%	0.4%	0.3%
国防支出	10 432.4	10 226.4	206.0	98.0%	2.0%	5.1%
公共安全支出	12 461.3	1 848.9	10 612.3	14.8%	85.2%	6.1%
教育支出	30 153.2	1 548.4	28 604.8	5.1%	94.9%	14.8%
科学技术支出	7 267.0	2 827.0	4 440.0	38.9%	61.1%	3.6%
文化体育与传媒支出	3 391.9	270.9	3121.0	8.0%	92.0%	1.7%
社会保障和就业支出	24 611.7	1 001.1	23 610.6	4.1%	95.9%	12.1%
医疗卫生与计划生育支出	14 450.6	107.6	14 343.0	0.7%	99.3%	7.1%

续表

按功能分类的一般公共预算支出	合计	中央	地方	中央支出占比	地方支出占比	占总支出比重
节能环保支出	5 617.3	350.6	5 266.8	6.2%	93.8%	2.8%
城乡社区支出	20 585.0	23.5	20 561.6	0.1%	99.9%	10.1%
农林水支出	19 089.0	708.7	18 380.3	3.7%	96.3%	9.4%
交通运输支出	10 674.0	1 156.4	9 517.6	10.8%	89.2%	5.3%
资源勘探信息等支出	5 034.3	374.1	4 660.2	7.4%	92.6%	2.5%
商业服务业等支出	1 569.2	49.5	1 519.7	3.2%	96.8%	0.8%
金融支出	1 148.0	853.2	294.8	74.3%	25.7%	0.6%
援助其他地区支出	399.0	0	399.0	0.0%	100.0%	0.2%
国土海洋气象等支出	2 304.2	298.4	2 005.8	12.9%	87.1%	1.1%
住房保障支出	6 552.5	420.7	6 131.8	6.4%	93.6%	3.2%
粮油物资储备支出	2 250.8	1 597.5	653.3	71.0%	29.0%	1.1%
债务付息支出	6 273.1	3 777.7	2495.4	60.2%	39.8%	3.1%
债务发行费用支出	59.7	35.4	24.3	59.3%	40.7%	0.0%
其他支出	1 729.3	590.1	1 139.2	34.1%	65.9%	0.9%
合计	203 085.5	29 857.2	173 228.3	14.7%	85.3%	100.0%

数据来源：中国国家统计局。

表 5-3　2017 年一般公共预算收入规模及结构　单位：亿元

一般公共预算收入	合计	中央	地方	中央收入占比	地方收入占比	占总收入比重
1. 税收收入	144 369.9	75 697.2	68 672.7	52.4%	47.6%	83.6%
国内增值税	56 378.2	28 166.0	28 212.2	50.0%	50.0%	32.7%
国内消费税	10 225.1	10 225.1		100.0%	0.0%	5.9%
进口货物增值税	15 284.8	15 284.8		100.0%	0.0%	8.9%
进口货物消费税	685.9	685.9		100.0%	0.0%	0.4%
出口货物退增值税	-13 855.2	-13 855.2		100.0%	0.0%	-8.0%
出口货物退消费税	-15.2	-15.2		100.0%	0.0%	0.0%
企业所得税	32 117.3	20 422.8	11 694.5	63.6%	36.4%	18.6%
个人所得税	11 966.4	7 180.7	4 785.6	60.0%	40.0%	6.9%

续表

一般公共预算收入	合计	中央	地方	中央收入占比	地方收入占比	占总收入比重
资源税	1 353. 3	42. 8	1 310. 5	3. 2%	96. 8%	0. 8%
城市维护建设税	4 362. 2	158. 0	4 204. 1	3. 6%	96. 4%	2. 5%
房产税	2 604. 3		2 604. 3	0. 0%	100. 0%	1. 5%
印花税	2 206. 4	1 068. 5	1 137. 9	48. 4%	51. 6%	1. 3%
城镇土地使用税	2 360. 6		2 360. 6	0. 0%	100. 0%	1. 4%
土地增值税	4 911. 3		4 911. 3	0. 0%	100. 0%	2. 8%
车船税	773. 6		773. 6	0. 0%	100. 0%	0. 4%
船舶吨税	50. 4	50. 4		100. 0%	0. 0%	0. 0%
车辆购置税	3 280. 7	3 280. 7		100. 0%	0. 0%	1. 9%
关税	2 997. 9	2 997. 9		100. 0%	0. 0%	1. 7%
耕地占用税	1 651. 9		1 651. 9	0. 0%	100. 0%	1. 0%
契税	4 910. 4		4 910. 4	0. 0%	100. 0%	2. 8%
烟叶税	115. 7		115. 7	0. 0%	100. 0%	0. 1%
其他税收收入	4. 1	4. 0	0. 1	97. 8%	2. 2%	0. 0%
2. 非税收入	28 222. 9	5 426. 2	22 796. 7	19. 2%	80. 8%	16. 4%
专项收入	7 028. 7	508. 6	6 520. 2	7. 2%	92. 8%	4. 1%
行政事业性收费	4 745. 3	440. 1	4 305. 2	9. 3%	90. 7%	2. 7%
罚没收入	2 394. 1	232. 0	2 162. 1	9. 7%	90. 3%	1. 4%
国有资本经营收入	4 191. 2	3 624. 1	567. 1	86. 5%	13. 5%	2. 4%
国有资源（资产）有偿使用收入	7 454. 6	532. 3	6 922. 3	7. 1%	92. 9%	4. 3%
其他收入	2 409. 0	89. 1	2 319. 9	3. 7%	96. 3%	1. 4%
合计	172 592. 8	81 123. 4	91 469. 4	47. 0%	53. 0%	100. 0%

数据来源：中国国家统计局。

根据表5－3，中央政府一般公共预算收入占全国一般公共预算收入的比例约为50%；税收收入占一般公共预算收入的比重约为84%；现行18个税种①中，收入排名前三的税种依次是增值税、企业所得税和个人所得税。中央政府和地方政府收入划分实行分税制。其中，中央政府独享税有消费税、船舶吨税、

① 环境保护税2018年1月1日起开始征收，故表5－3中未列出。

车辆购置税、关税；地方政府独享税有营业税、资源税、城市维护建设税、房产税、城镇土地使用税、土地增值税、车船税、耕地占用税、契税、烟叶税、环境保护税；中央政府和地方政府共享税有增值税（中央和地方五五分成）、企业所得税（中央和地方六四分成）、个人所得税（中央和地方六四分成）、印花税。

第三节　促进全面发展的财政政策

中国共产党第十八届五中全会提出“创新、协调、绿色、开放、共享”五大发展理念，是中国实现全面发展的行动指南。本章结合经济发展、统筹区域协调发展、改善民生、统筹人与自然和谐发展、对外开放等五个方面全面论述了财政政策在其中所发挥的积极作用，涉及财政体制、政策内容、效果等诸多方面。

一、财政政策与经济发展

资源配置、收入分配、经济稳定和发展、保障社会和谐稳定和实现国家长治久安是财政的基本职能，核心是促进经济可持续发展。改革开放以来，中国财政政策围绕以经济建设为中心这一主题，通过加快经济发展动力释放、促进经济结构调整、推动经济发展方式转变、促进中小企业发展等途径履行了其发展经济的职能。

第一，解放生产力、发展生产力，促进劳动力、资本、土地、技术等生产要素的优化配置，释放巨大的经济发展活力，推动创新发展。改革开放以来，政府公共服务投入不断增加，提高了劳动力素质，促进了劳动力的自由流动。营造更加公平、稳定和优越的营商环境，完善税收制度建设，通过政府投资、税收优惠、财政补贴等手段吸引外资、带动和促进民间投资，消除地方保护主义，打通地区投资壁垒，促进资本自由流动，释放投资活力。通过国有土地有偿出让等手段完善土地供给，国有土地出让收益为推动城镇化建设提供了重要的资金来源，建立跨区域土地增减挂钩补偿机制以优化土地资源配置。加大科学技术投入，提高对企业研发的财税支持力度，营造良好的创业创新环境促进技术进步。

第二，促进产业结构、需求结构、投资结构的调整和优化。加大对“三农”

的投入和支持，把“工业反哺农业、城市支持乡村”作为长期方针贯彻实施并提出“乡村振兴战略”，2006年全面取消农业税。为了支持服务业的发展，2007年财政部印发《中央财政促进服务业发展专项资金管理暂行办法》以促进服务业加快发展，提高服务业在三次产业结构中的比重，并在之后作了两次修订。除了资金支持外，还有税收政策支持和改革。例如，2012年开始试点并于2016年全面完成的“营改增”针对的主要是服务业，减轻了服务业的税收负担，促进了产业结构优化。通过完善收入分配制度，提高居民收入水平，缩小社会贫富差距，完善社会保障制度等手段扩大内需，提高消费对经济的拉动力，消费对GDP增长的贡献率现已超过60%。优化投资结构，根据国家产业政策的发展要求，增加对农业、能源、交通、重要原材料和水利等基础产业及基础设施的投资，支持高新技术产业，优先增加基础教育、基础科研、公共卫生、公益文化等方面的公共投资，并通过PPP等模式引入社会资本和竞争机制。

第三，支持建立以企业为主体的技术创新体系，如鼓励企业创新的研发费用加计扣除制度；促进产业结构优化升级，如财政安排资金安置去产能企业职工；支持建立节能减排的长效机制和生态补偿机制，优化财政支出结构、增加民生领域投入，推动经济发展方式由粗放型向集约型转变。

第四，通过税收优惠、专项资金扶持等财税手段促进中小企业发展。早在2002年，中国政府就颁布了《中华人民共和国中小企业促进法》，并在2017年予以修订。该法要求，中央财政应当在本级预算中设立中小企业科目，安排中小企业发展专项资金。县级以上地方各级人民政府应当根据实际情况，在本级财政预算中安排中小企业发展专项资金，并向小型微型企业倾斜。国家设立中小企业发展基金，主要用于引导和带动社会资金支持初创期中小企业，促进创业创新。国家实行有利于小型微型企业发展的税收政策，对符合条件的小型微型企业按照规定实行缓征、减征、免征企业所得税、增值税等措施，简化税收征管程序，减轻小型微型企业税收负担。涉及的税费政策主要有三个方面。

一是增值税优惠政策方面。对增值税小规模纳税人，即月销售额或营业额不超过3万元（含3万元）的，按照规定免征增值税。增值税小规模纳税人销售货物，提供加工、修理修配劳务的月销售额不超过3万元（按季纳税9万元），销售服务、无形资产的月销售额不超过3万元（按季纳税9万元）的，自2016年5月1日起至2017年12月31日，可分别享受小微企业暂免征收增值税优惠政策。

二是企业所得税优惠政策方面。符合条件的小型微利企业，减按20%的税率征收企业所得税。自2015年1月1日至2017年12月31日，对年应纳税所得额低于20万元（含20万元）的小型微利企业，其所得减按50%计入应纳税所得额，按20%的税率缴纳企业所得税。自2015年10月1日起至2017年12月31日，对年应纳税所得额在20万元到30万元（含30万元）之间的小型微利企业，其所得减按50%计入应纳税所得额，按20%的税率缴纳企业所得税。自2017年1月1日至2019年12月31日，将小型微利企业年应纳税所得额上限由30万元提高到50万元，符合这一条件的小型微利企业所得减半计算应纳税所得额并按20%优惠税率缴纳企业所得税。

三是非税收入优惠政策方面。从2016年2月1日起，对月销售额或营业额不超过10万元的小微企业，免征教育费附加、地方教育附加、水利建设基金。自2015年1月1日起至2017年12月31日，对按月纳税的月销售额不超过3万元（含3万元），以及按季纳税的季度销售额不超过9万元（含9万元）的缴纳义务人，免征文化事业建设费。

另外，除了财税支持，中国还在融资促进、创业扶持、创新支持、市场开拓、权益保护等方面支持、激励中小企业发展，在本书子报告2中有较为详细的介绍。

二、财政政策与统筹区域协调发展

区域协调发展涉及统筹城乡之间、区域之间的协调发展。财政政策通过优化城乡、区域之间及内部的资源配置、加大农村地区和欠发达地区的财政投入和支持力度、提高农村地区和欠发达地区的居民收入水平等途径，为促进区域协调发展发挥了重要的作用。

积极发挥公共财政职能作用，持续加大“三农”投入力度，不断完善和强化涉农补贴政策，努力促进农民增收致富，深入推进农村综合改革。如图5－4所示，政府农林水事务支出逐年增加，从2003年的1 186亿元增加到2017年的19 348亿元，其占公共财政支出的比重由2003年的5%增加到2017年的10%。农村居民家庭人均年收入由1993年的1 334元增加到2012年的10 991元，当然，城乡之间的收入水平仍存在较大差距（见图5－5）。财政支持“三农”的措施主要有：首先，改革农村税费制度，减轻农民负担，调动农民的生产积极性。2000年，党中央、国务院下发了《关于进行农村税费改革试点工作的通知》，以减轻农民负担、促进农民增收为宗旨的农村税费改革正式启动。农村税费改革的主要内容有：取消乡统筹费、农村教育集资等专门面向农民征收的行政事业性收费和政府性基金、集资，取消屠宰税，取消统一规定的劳动积累工和义务工；调整农业税和农业特产税政策；改革村提留征收使用办法。2006 年 1 月 1 日起废止农业税条例，农村税费改革取得了阶段性成果。第二，通过农村综合改革深化农村税费改革、推动城乡一体化发展。2006 年 10 月 8 日，国务院下发了《关于做好农村综合改革工作有关问题的通知》。农村综合改革的主线是推进乡镇机构改革、农村义务教育改革和县乡财政管理体制改革，同时包括农村产权制度改革、建立减轻农民负担长效机制等相关配套改革，解决农村公共

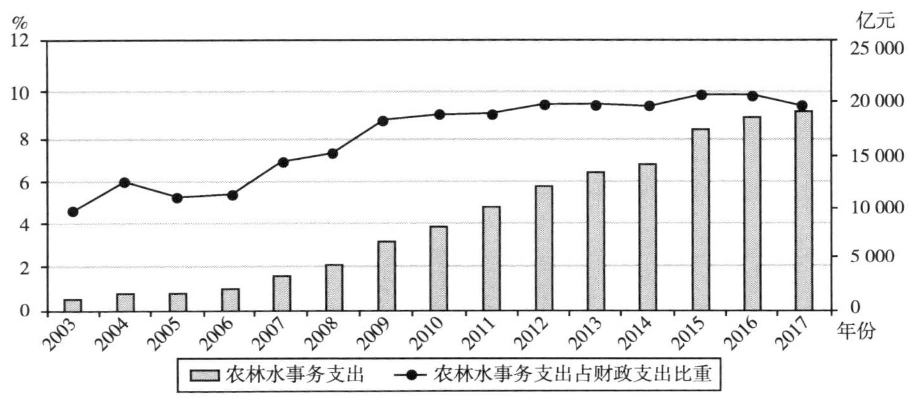

图 5-4　农林水事务支出及占公共财政支出的比重

数据来源：中国国家统计局。

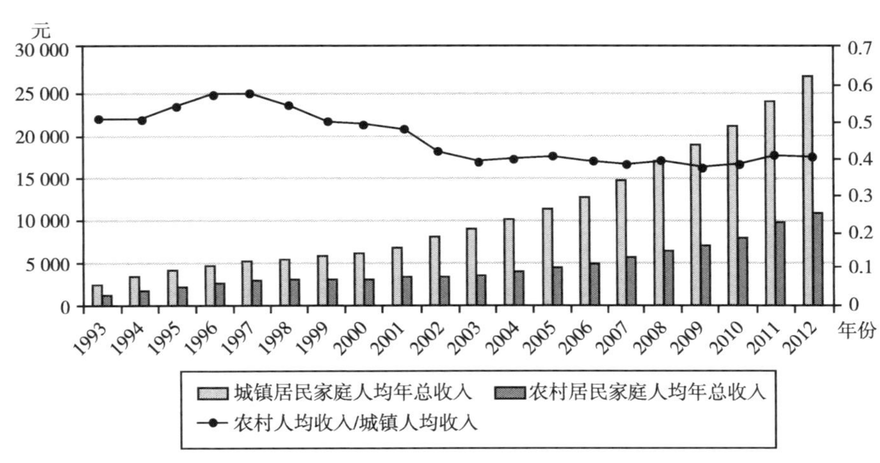

图 5-5　城乡人均收入及比值

数据来源：中国国家统计局。

产品与服务供给不足问题。第三，建设社会主要新农村。2006年中国开始全面推行社会主义新农村建设，总要求是“生产发展、生活宽裕、乡风文明、村容整洁、管理民主”，税收支持、财政投入、专项补助的重点也转向了社会主义新农村建设。第四，实施乡村振兴战略。2018年中共中央、国务院颁布《关于实施乡村振兴战略的意见》，对实施乡村振兴战略的措施和要求作了具体规定。

改革开放以来，中央财政不断完善财政转移支付制度，加大转移支付力度，尤其是加大对欠发达地区的转移支付倾斜力度（见图5－6），积极运用多种财税政策，加快区域协调发展，推进地区间基本公共服务逐步均等化。中央财政认真落实推进西部大开发、振兴东北地区等老工业基地、促进中部地区崛起、支持东部地区率先发展等推动区域协调发展的各项财税政策。结合主体功能区建设，加大对三江源、南水北调、天然林保护等生态功能区的转移支付力度，建立完善生态功能区转移支付制度。积极扶持革命老区、民族地区、边疆地区、贫困地区加快发展。完善民族地区转移支付办法，加大对民族地区的支持力度，促进民族地区经济社会发展。继续实施资源枯竭城市转移支付制度。增加对地方均衡性转移支付规模，提高财力薄弱地区落实各项民生政策的保障能力。

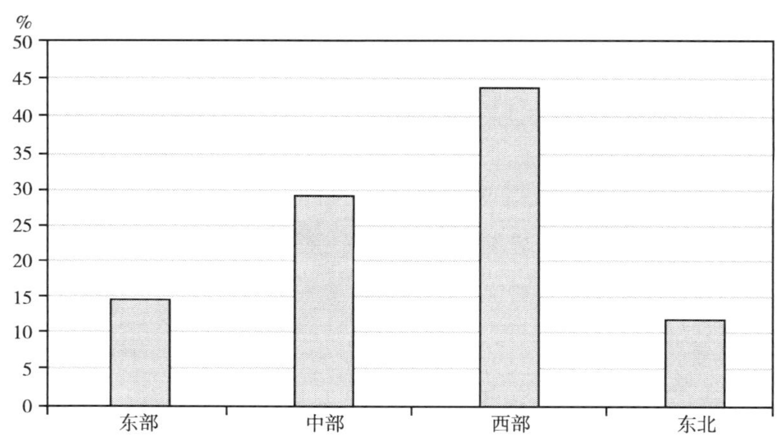

图5－6　2017年中国东部、中部、西部及东北地区一般性转移支付占总转移支付的比例

数据来源：中国财政部官网。

支持西部大开发的财政政策主要有：一是加大税收优惠政策力度，对设在西部地区的鼓励类产业企业减按15%的税率征收企业所得税。对部分符合条件的企业在一定期限内可享受企业所得税“两免三减半”优惠政策。二是加大财政转移支付力度。加大中央财政对西部地区均衡性转移支付力度，逐步缩小西部地区地方标准财政收支缺口，推进地区间基本公共服务均等化。三是增加建设资金投入，提高中央财政性建设资金投入西部地区的比重。四是建立完善艰苦边远地区津贴制度，提高西部地区行政事业单位人员的工资水平。五是加大对西部地区“三农”的投入力度。支持西部地区现代农业建设，落实和完善对农民的补贴政策，支农专项资金继续向西部地区倾斜。六是完善教育经费保障机制，加大中央财政和省级财政对农村义务教育的支持。七是加大各类科技计划经费向西部地区的倾斜力度，逐步提高科技资金用于西部地区的数额。八是努力改善生态环境。

支持振兴东北地区等老工业基地的财政政策主要有：一是有步骤地剥离老工业基地重点大企业办社会职能，推进厂办大集体改革工作。二是对部分企业历史形成、确实难以归还的历史欠税，按照规定条件经国务院批准后给予豁免。三是安排专项资金支持老工业基地调整改造和资源型城市转型。四是外国投资者并购和参股改造国有企业。五是凡符合外商投资优势产业目录的东北地区外商投资项目，可享受鼓励类外商投资项目的进口税收优惠政策。

支持促进中部地区崛起的财政政策主要有：一是积极支持“三农”发展。二是大力发展教育事业。完善义务教育经费保障机制，推进义务教育均衡发展。三是加大对贫困地区的扶持力度，增加支援欠发达地区资金和以工代赈资金的投入，并比照西部大开发政策执行。四是加大对社会保障的投入力度。五是加大对财政困难县乡的财政转移支付力度。六是推进基础设施建设和生态环境保护。七是对优势企业的联合、重组给予必要的政策支持，加大对重点企业技术改造的支持力度。八是支持中部地区老工业基地振兴和资源型城市转型。

三、财政政策与改善民生

公共财政体制框架下，保障和改善民生是财政政策的重要目标。改革开放以来，中国财政持续加大民生投入，并取得了积极成效。特别地，当前正在大力推行的“精准扶贫、精准脱贫”政策是保障和改善民生的重大举措，财政支持的力度也是空前的。

第一，确保教育优先发展。按照党中央、国务院关于教育优先发展的战略规划和部署，财政部门始终把保障教育支出放在优先重要的位置。公共教育支出规模持续增长，近年来公共教育支出占财政支出的比重稳定在15%左右，为按功能分类的财政支出中规模最大的类别（见图5-7）。建立城乡统一、重在农村的义务教育经费保障机制，逐步实现教育经费随学生流动可携带。高中阶段教育普及稳步推进，普惠性学前教育资源不断扩大。

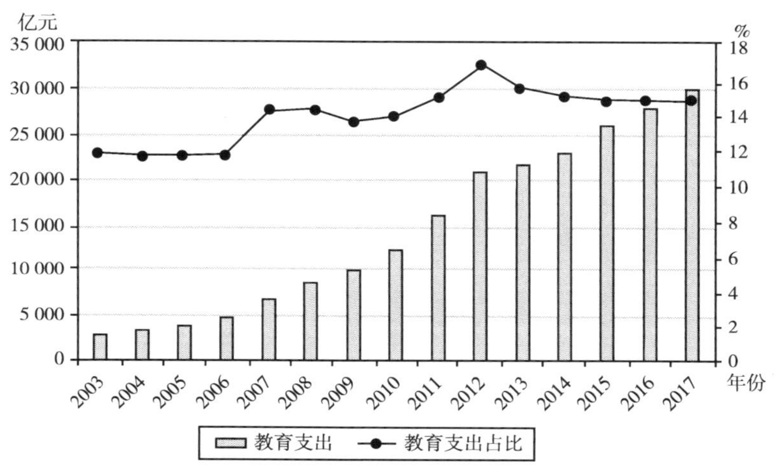

图5-7 全国公共教育支出及占财政支出的比例

数据来源：中国国家统计局。

第二，大力促进就业创业。财政部门不断加大就业补助资金投入力度，2012—2016年累计投入超过4 000亿元，支持各地落实就业创业扶持政策。通过社会保险补贴、职业培训补贴、求职创业补贴、创业担保贷款等政策，鼓励高校毕业生等重点群体就业创业。加大促进创业就业的税收政策力度，简化享受税收优惠政策程序。实施并扩大新型学徒制试点范围，深入推进国家高技能人才振兴计划。出台失业保险支持企业稳岗补贴政策，扩大实施范围，支持企业开展职工培训、缴纳社会保险费和保持就业岗位稳定，把失业保险向保岗位、促就业转变。

第三，完善社会保障制度。经过改革开放40年来的不懈努力，中国已基本建成覆盖城乡居民的较为完善的社会保障体系。2014年统一城乡居民基本养老保险制度，将居民基本养老金最低标准由每人每月55元提高至70元。2009年，《中共中央国务院关于深化医药卫生体制改革的意见》拉开了新医改的帷幕。中国基本医疗保险制度在政策覆盖全部人口的基础上不断发展和完善，实现了全民医保。城乡居民医保制度的整合不断推进，医保补助水平不断提高，从2008

年的每人每年80元提高到2017年的450元。政府社会保障和就业支出规模由2007年的5 447亿元增加到2017年的24 612亿元，其占公共财政支出的比重也呈上升趋势（见图5-8）。

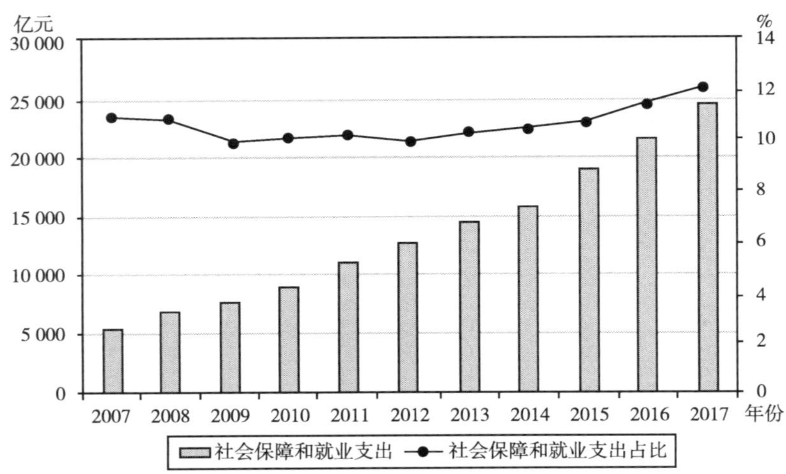

图5-8　全国社会保障和就业支出及占财政支出的比例

数据来源：中国国家统计局。

第四，加快推进住房保障和供应体系建设，着力实现住有所居。2007—2016年，各级财政累计用于保障性安居工程支出达28 503亿元，通过公共租赁住房、棚户区改造安置住房、农村危房改造等多种方式，累计解决了4 000多万户城镇家庭的住房困难，支持2 311万贫困农户改善住房条件。加快城镇保障性安居工程建设，2013—2016年中央财政累计下达补助资金7 988亿元，支持各地公共租赁住房建设、租赁补贴发放和棚户区改造。加快农村危房改造，2013—2016年中央财政累计下达各类补助资金1 092亿元以及改造任务达1 278万户。政府住房保障支出由2010年的2 377亿元增加到2017年的6 552亿元，短短7年间，增加了近两倍（见图5-9）。

第五，努力建设生态文明。中央及各地财政不断加大生态文明建设的支持力度，如加大环境监测和治理力度，加强农业资源保护和农林生态修复，支持自然保护区建设，设立重点生态功能区转移支付等，建立草原生态保护补助奖励资金，由地方政府统筹用于草原管护、推进牧区生产方式转型升级。2018年1月1日《中华人民共和国环境保护税法》开始施行。

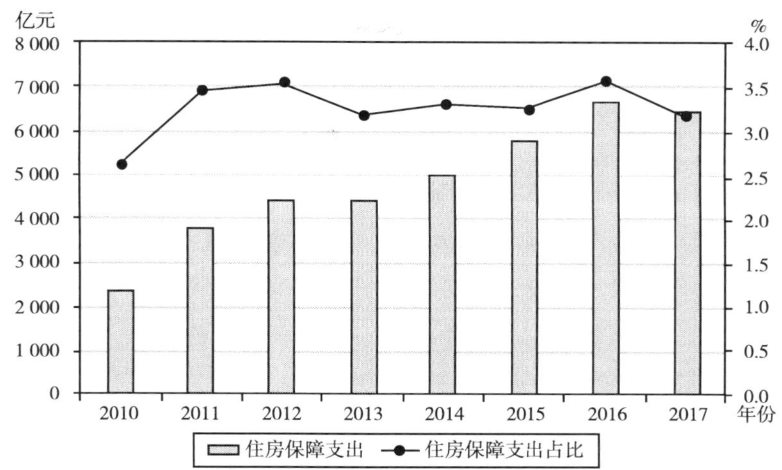

图5－9　全国住房保障支出及占财政支出的比例

数据来源：中国国家统计局。

四、财政政策与统筹人与自然和谐发展

财政不断加大对生态环境保护的支持力度，全国节能环保支出从2007年的996亿元增加到2017年的5 600多亿元，其占公共财政支出的比重也呈上升趋势（见图5－10）。中央财政设立大气污染防治资金、水污染防治资金、节能减排补助资金、土壤污染防治专项资金、天然林保护工程补助经费、退耕还林工程财

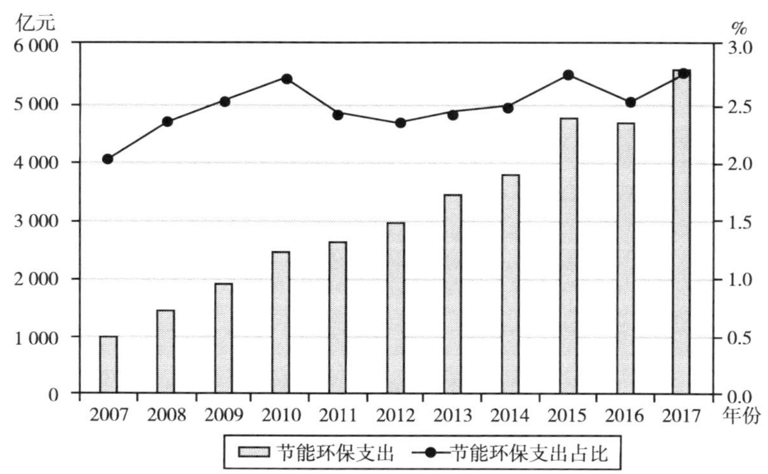

图5－10　全国节能环保支出及占财政支出的比例

数据来源：中国国家统计局。

政专项资金、江河湖库水系综合整治资金、农业资源及生态保护补助资金、林业生态保护恢复资金、土地整治工作专项资金等专项转移支付支持环境保护和绿色和谐发展。

节能技术改造全面展开，出台财政奖励、税收优惠、信贷支持等政策措施，大力支持节能服务公司采取合同能源管理方式进行节能改造。各级财政等部门大力支持环境监测、评价、统计等基础工作，加强环境监督力量建设，创新机制，采取“以奖代补”“以奖促治”等方式集中成片推进各项减排重点工程建设，充分发挥了公共财政对生态环境保护的保障作用。财政大力支持风力发电、光伏发电，提高可再生能源占比。

为了促进资源的节约高效使用，1984 年 9 月 18 日国务院发布《中华人民共和国资源税条例（草案）》《中华人民共和国盐税条例（草案）》，并于同年 10 月 1 日起开征资源税。1994 年 1 月 1 日《中华人民共和国资源税暂行条例》施行，资源税的征收范围为原油、天然气、煤炭、其他非金属矿原矿、黑色金属矿原矿、有色金属矿原矿和盐等七类，从量计征。2011 年修订的《中华人民共和国资源税暂行条例》，明确资源税实行从价定率或者从量定额的征收办法。自 2011 年 11 月起，中国陆续实施了原油、天然气、煤炭等资源税从价计征改革，自 2016 年 7 月起全面实施改革，对绝大部分应税产品实行从价计征方式。《中华人民共和国资源税法（征求意见稿）》于 2017 年 11 月发布，明确规定资源税全面实行从价计征。2016 年财政部制定《中央对地方资源枯竭城市转移支付办法》，促进资源型城市可持续发展。

2018 年 1 月 1 日，《中华人民共和国环境保护税法》开始实施。根据该法，应税污染物为该法所附《环境保护税税目税额表》《应税污染物和当量值表》规定的大气污染物、水污染物、固体废物和噪声。依法设立的城乡污水集中处理、生活垃圾集中处理场所超过国家和地方规定的排放标准向环境排放应税污染物的，应当缴纳环境保护税。企业事业单位和其他生产经营者贮存或者处置固体废物不符合国家和地方环境保护标准的，应当缴纳环境保护税。环境保护税的税目、税额依照表 5－4 执行。

表 5－4　　中国环境保护税税目税额表

税目	计税单位	税额	备注
大气污染物	每污染当量	1.2—12 元	
水污染物	每污染当量	1.4—14 元	

续表

<table>
<tr><th colspan="2">税目</th><th>计税单位</th><th>税额</th><th>备注</th></tr>
<tr><td rowspan="4">固体废物</td><td>煤矸石</td><td>每吨</td><td>5 元</td><td></td></tr>
<tr><td>尾矿</td><td>每吨</td><td>15 元</td><td></td></tr>
<tr><td>危险废物</td><td>每吨</td><td>1 000 元</td><td></td></tr>
<tr><td>冶炼渣、粉煤灰、炉渣、其他固体废物（含半固态、液态废物）</td><td>每吨</td><td>25 元</td><td></td></tr>
<tr><td rowspan="6">噪声</td><td rowspan="6">工业噪声</td><td>超标 1—3 分贝</td><td>每月 350 元</td><td rowspan="6">1. 一个单位边界上有多处噪声超标，根据最高一处超标声级计算应纳税额；当沿边界长度超过 100 米有两处以上噪声超标，按照两个单位计算应纳税额。2. 一个单位有不同地点作业场所的，应当分别计算应纳税额，合并计征；3. 昼、夜均超标的环境噪声，昼、夜分别计算应纳税额，累计计征。4. 声源一个月内超标不足 15 天的，减半计算应纳税额。5. 夜间频繁突发和夜间偶然突发厂界超标噪声，按等效声级和峰值噪声两种指标中超标分贝值高的一项计算应纳税额。</td></tr>
<tr><td>超标 4—6 分贝</td><td>每月 700 元</td></tr>
<tr><td>超标 7—9 分贝</td><td>每月 1 400 元</td></tr>
<tr><td>超标 10—12 分贝</td><td>每月 2 800 元</td></tr>
<tr><td>超标 13—15 分贝</td><td>每月 5 600 元</td></tr>
<tr><td>超标 16 分贝以上</td><td>每月 11 200 元</td></tr>
</table>

五、财政政策与对外开放

第一，通过财税政策吸引和鼓励外商对华投资。尤其是改革开放初期，对外商投资和外资企业给予了比国内资本和内资企业更优惠的财税政策。例如，1994 年实施的《企业所得税暂行条例》规定内资企业所得税率为 33%，1991 年实施的《中华人民共和国外商投资企业和外国企业所得税法》规定外资企业所得税率为 30%。《中华人民共和国外商投资企业和外国企业所得税法》还规定，经营期在 10 年以上的，从开始获利的年度起，第一年和第二年免征企业所得税，第三年至第五年减半征收企业所得税。1997 年国务院印发《关于调整进口设备税收政策的通知》，自 1998 年 1 月 1 日起，对国家鼓励发展的外商投资项目进口设备在规定的范围内免征关税和进口环节增值税。

第二，2017 年国务院印发《关于促进外资增长若干措施的通知》，明确要求进一步制定财税支持政策：对境外投资者从中国境内居民企业分配的利润直接投资于鼓励类投资项目，凡符合规定条件的，实行递延纳税政策，暂不征收预提所得税，以鼓励境外投资者持续扩大在华投资；支持各地依法依规出台包括资金支持在内的吸引跨国公司地区总部的政策措施，积极参与全球产业格局调整，以鼓励跨国公司在华投资设立地区总部等。

第三，完善出口退税政策，调整和优化商品和服务出口。1980 年，财政部颁布《关于进出口商品免征工商税收的规定》，决定免征部分产品出口环节的工商税。1983 年，财政部发布了《关于钟、表等 17 种产品实行出口退（免）税和进口征税的通知》，为支持对外贸易和出口创汇，进一步鼓励对外贸易的发展，1984 年 10 月，在实行第二步利改税和改革工商税制的同时，中国加快对进出口税收制度的改革。国务院相继颁布了《中华人民共和国增值税条例（草案）》和《中华人民共和国产品税条例（草案）》，规定国家鼓励出口的应税产品，由生产单位直接出口的，免交增值税或产品税；已经缴纳增值税或产品税的，由经营出口者在报关出口后，申请退还已纳的税款。1985 年 3 月 22 日，国务院颁发了《关于对进出口产品征、退产品税或增值税的规定》。出口退税的资金由中央和地方财政共同负担，中央占大头，比例调整了多次。1994 年以来，中国出口退税制度进行了多次调整和完善。1994 年 2 月国家税务总局颁布《出口货物退免税管理办法》，对新税制下的出口退税制度作了具体规定，构建了较为完整的与市场经济相适应的出口退税制度。1997 年，为了应对亚洲金融危机的影响，中国提高了部分产品的出口退税率。2003 年，面对出口的强劲增长和人民币贬值压力的增加，中国适度降低了部分产品的出口退税率。2005 年和 2006 年两次提高重大技术装备、部分 IT 产品等的出口退税率。2015 年，国务院印发《关于完善出口退税负担机制有关问题的通知》，出口退税金额全部由中央财政负担。

第四，代表国家出资，主导成立了亚洲基础设施投资银行、金砖国家开发银行等国际组织，加强国际合作和对外开放。亚洲基础设施投资银行重点支持基础设施建设，旨在加快亚洲区域的建设互联互通化和经济一体化的进程，并且加强中国及其他亚洲国家和地区的合作，是首个由中国倡议设立的多边金融机构。金砖国家开发银行主要资助金砖国家以及其他发展中国家的基础设施建设，负有为可持续发展项目筹集资金的使命。

第四节　中国财政政策改革促进发展经典案例分析

新中国成立以来，尤其是改革开放 40 年来，中国在全面发展的道路上实现了质的飞跃。东部地区率先发展，中部地区在改善民生、西部地区在统筹人与自然和谐发展等方面成效显著；面对地区发展不平衡，中央总揽全局，区域之间基本实现了统筹和协调发展，这一切都离不开财政政策的作用。本章结合具体案例，分析中央财政政策在统筹区域协调发展，以及地方财政政策在促进经济发展、民生改善、人与自然和谐发展方面的有益做法和经验。其中促进经济发展的财政政策案例选择浙江省，主要因为浙江地处改革开放的前沿阵地，经济发展水平高，积累了丰富的发展经验；改善民生的财政政策案例选择河南省，主要因为地处中部的河南是中国户籍人口最多的省，其保障和改善民生的财政政策得到财政部的充分肯定，一些经验已经在全国推广；统筹人与自然和谐发展的财政政策案例选择青海省，主要因为青海省内有很多重要的生态功能区，自然资源丰富，生态环境优美，青海财政在统筹人与自然和谐发展方面积累了丰富的经验。

一、财政政策与统筹区域协调发展——中央财政政策案例分析

长期以来，中国地区间经济发展所呈现的特点是从东到西，发展水平依次降低。针对西部地区经济发展水平的长期滞后，2000年国务院颁布了《关于实施西部大开发若干政策措施的通知》，指出实施西部大开发的重点任务是：加快基础设施建设；加强生态环境保护和建设；巩固农业基础地位，调整工业结构，发展特色旅游业；发展科技教育和文化卫生事业；并从增加资金投入、改善投资环境、扩大对外对内开放、吸引人才和发展科技教育四个方面做出了具体政策安排。涉及财税方面政策的内容主要有：

第一，通过中央财政性建设资金、国家政策性银行贷款、国际金融组织和外国政府优惠贷款等渠道加大建设资金投入力度，鼓励企业投资西部地区重大项目建设，并优先安排建设项目在西部布局。加大中央对西部一般性转移支付规模，扶贫、环保、科教文卫等公共支出安排向西部地区倾斜。

2000—2008年，中央财政向西部地区转移支付累计逾3万亿元，占同期中央财政对地方转移支付总额的比例为43.6%，其中均衡性转移支付累计6 866亿元，占同期中央均衡性转移支付的比例为48.7%。2000—2009年中央财政对西部地区转移支付年均增速接近50%。如图5－11所示，2008年以来，西部12省所接受的中央补助占中央补助总额的比例一直维持在40%左右，并呈上升趋势；绝对规模上，2014年就突破2万亿元。

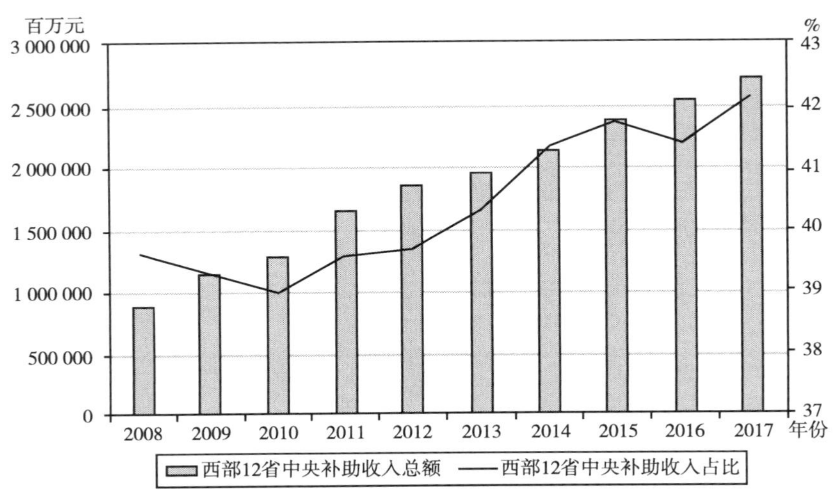

图 5－11　2008—2017 年西部 12 省中央补助收入总额及占比

数据来源：中国国家统计局。

第二，实行税收优惠政策。对设在西部地区国家鼓励类产业的内资企业和外商投资企业，在一定期限内，统一减按 15% 的税率征收企业所得税。对在西部地区新办交通、电力、水利、邮政、广播电视等企业，企业所得税实行两免三减半。对西部地区公路国道、省道建设用地比照铁路、民航用地免征耕地占用税。对西部地区内资鼓励类产业、外商投资鼓励类产业及优势产业的项目在投资总额内进口自用先进技术设备，免征关税和进口环节增值税。

第三，大力吸引人才，发展教育和科技。提高西部地区机关和事业单位人员工资和津贴，各类科技教育经费优先向西部地区倾斜。加大国家对西部地区义务教育的支持力度，增加资金投入，努力加快实现九年义务教育。地方文化设施建设、广播电视建设投资和文物经费，优先向西部地区倾斜，建立健全和完善农村初级卫生保健体系。

从 2006 年开始，中央财政率先在西部地区建立以“两免一补”为主要内容的农村义务教育经费保障机制，将农村中小学的公用经费、校舍维修改造经费以及家庭经济困难学生资助经费全面纳入公共财政保障范围。

2017 年 1 月 11 日，中国发改委印发《西部大开发“十三五”规划的通知》，指出：进一步加大资金投入力度，中央预算内投资、中央财政均衡性转移支付和专项转移支付继续向西部地区倾斜。支持在西部地区优先布局建设具有比较优势的项目，鼓励社会资本以市场化方式设立西部开发产业发展引导基金。

实施差别化用地政策，保障西部地区重大项目建设用地。加强西部地区各类人才培养培训，统筹推进西部地区各类人才队伍建设。加强智库建设，充分发挥各类智库在支持西部大开发中的积极作用，支持西部地区大力引进海外高端紧缺人才。

2018年8月30日，中国发展改革委员会在就西部大开发进展情况举行的新闻发布会中指出，新时期推动西部大开发，需做好如下三个方面的工作：一是进一步营造更具竞争力的“软环境”，提高西部地区自我发展能力。二是把调整优化经济结构和扩大内需更好地结合起来。大力实施创新驱动发展战略，突出补短板重点，抓紧推进一批西部急需、符合国家规划的重大工程建设并由国家加大支持力度。三是坚持以人民为中心的发展思想，尽力而为、量力而行，促进西部地区民生不断改善。

党中央、国务院对东北地区发展历来高度重视，2003年作出实施东北地区等老工业基地振兴战略的重大决策，采取一系列支持、帮助、推动振兴发展的专门措施。2016年4月26日，中共中央、国务院发布《关于全面振兴东北地区等老工业基地的若干意见》指出，中央财政进一步加大对东北地区一般性转移支付和社保、教育、就业、保障性住房等领域的财政支持力度。完善粮食主产区利益补偿机制，按粮食商品量等因素对地方给予新增奖励。资源税分配向资源产地基层政府倾斜。进一步加大信贷支持力度，鼓励政策性金融、开发性金融、商业性金融机构探索支持东北振兴的有效模式，研究引导金融机构参与资源枯竭、产业衰退地区和独立工矿区转型的政策。推动产业资本与金融资本融合发展，允许重点装备制造企业发起设立金融租赁和融资租赁公司。进一步加大中央预算内投资对资源枯竭、产业衰退地区和城区老工业区、独立工矿区、采煤沉陷区、国有林区等困难地区的支持力度。制定东北地区产业发展指导目录，设立东北振兴产业投资基金。国家重大生产力布局特别是战略性新兴产业布局重点向东北地区倾斜。

为了更好地支持中部地区的发展，2006年中共中央国务院印发了《关于促进中部地区崛起的若干意见》指出，中央财政应通过如下举措促进中部地区崛起。第一，中央财政加大对产粮大县奖励政策的落实力度。第二，加大对财政困难县义务教育经费的转移支付力度。第三，推行“省直管县”财政管理体制和“乡财县管乡用”的财政管理方式改革试点，加大对财政困难县乡的财政转移支付力度，完善公共财政体制，加大对社会事业发展的支持力度，增强县级政府面向农村提供公共服务的能力。

2012 年国务院印发《关于大力实施促进中部地区崛起战略的若干意见》，强调应继续扶持粮食主产区经济发展，加大中央财政转移支付力度，支持粮食主产区提高财政保障能力，逐步缩小地方标准财政收支缺口，加快改变“粮食大县、财政穷县”状况。2016 年，国务院同意了国家发展和改革委员会《关于印发促进中部地区崛起“十三五”规划的通知》，提出完善产粮大县中央财政奖励政策，健全粮食主产区利益补偿机制。加大对农业转移人口市民化的财政支持力度并建立动态调整机制，建立财政性建设资金对吸纳农业转移人口较多城市基础设施投资的补助机制。

二、财政政策与经济发展——东部地区财政政策案例分析

浙江省一直是中国经济发展的龙头和前沿阵地，积累了丰富的促经济发展的经验，尤其是财税政策经验。现主要结合 2017 年 6 月 21 日浙江省办公厅印发的《关于实施促进实体经济更好更快发展若干财政政策的通知》，以及浙江省发展实践，梳理浙江促进经济发展，尤其是实体经济发展的财政政策。

第一，发挥财政政策奖励和引导作用。省政府给予市、县（市）政府部分增值税当年增收额 5% 的财政奖励；对部分加快发展的市县实施与其第三产业地方税收挂钩的收入奖励奖补政策，并对部分市县政府按地方财政收入当年增收额的 10% 给予奖励；经国家认定的高新技术企业所缴纳的企业所得税上缴省级政府的当年增量部分，全额返还给地方。

第二，发挥财政专项资金的作用。市场机制能有效发挥作用的领域逐步退出产业类财政专项资金。实行振兴实体经济财政专项激励政策。设立振兴实体经济（传统产业改造）财政专项资金，规模为每年 18 亿元，共三年。在工业总产值较大的县（市、区）中以企业和产业“亩产效益”综合评价指标为依据，择优选择部分工业大县（市、区）开展振兴实体经济试点，每年分别给予 1 亿元财政专项奖励资金，3 年结束后考核，对未完成考核任务的县（市、区），扣回财政专项资金。

第三，发挥政府产业基金的作用。加快推进政府产业基金的投资和运作，引导投资机构和社会资本投入浙江实体经济；加快推进省级科技成果转化引导基金运营，引导和促进创业投资、天使投资、股权投资、产业投资和并购重组等各类基金集聚发展，协同促进实体经济的发展。

第四，降低企业税费负担。简化优惠办理手续，落实企业所得税、增值税等税收优惠政策，全面落实国家支持企业技术创新的研发费用加计扣除、高新

技术企业所得税优惠、固定资产加速折旧、股权激励和分红、技术服务和转让税收优惠等激励政策。严格贯彻国家清费减负政策，国家或省明确要求取消或停征的涉企收费项目，坚决执行。

第五，支持企业增强创新发展能力。2015年浙江省推出创新券，推动和鼓励科研院所等创新平台和载体为有创新需求的企业和创业者提供服务，推动科技资源开放和共享。企业持有创新券可到科研院所等创新载体和平台租用科研设备和服务。交易完成后，创新载体可在当地科技部门以券换钱。为了保障创新载体和平台的收益，省政府对其不超过上年创新券兑付总额的30%部分给予补助。提升首台套产品财政扶持力度，大力发挥政府采购的支持和示范作用。公务用车优先采购新能源汽车及浙江本土品牌或本土制造的汽车。实施“浙江制造精品”首购制度。作为市场经济高度发达的省份，浙江省财政对科学技术发展的支持力度较大，政府科学技术支出的规模增长较快，2007年仅为71亿元，10年后则超过300亿元（见图5－12）。

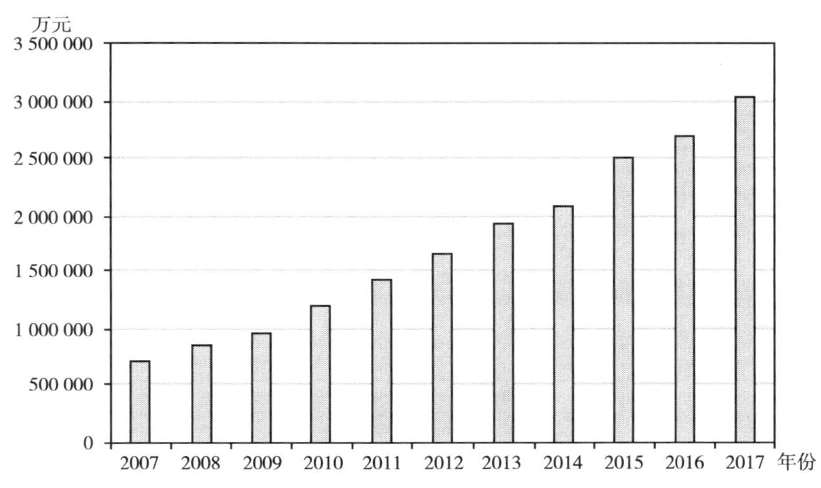

图5－12　2007—2017年浙江省科学技术支出规模

数据来源：中国国家统计局。

第六，立足浙江资源禀赋、产业发展等现状，调整优化财税政策，提高政策的精准性和“含金量”。坚持“绿水青山就是金山银山”的发展理念，积极推动“五水共治”“四换三名”“三改一拆”等经济转型升级“组合拳”实施。完善具有浙江特色的生态环保转移支付制度，加快培育“不冒烟”的绿色产业。

第七，先行实行省直管县的财政管理模式。省直管县，缩短了行政管理路径，强化了省级政府的宏观调控能力和管理效率，增强了县级政府获得上级政府支持政策的力度，促进了县域经济的发展。

从浙江省促进经济发展的财政政策实践中，可以总结出如下五个方面的经验：首先，建立和完善政府间激励相容机制，通过增加财政收入等方式鼓励地方政府发展辖区经济。第二，注重对财政资金绩效的评估，提高资金使用效率。第三，尽量减少政府直接干预，尤其是竞争性领域，财税支持政策应更关注于创造公平高效的营商环境和构建全国统一市场。第四，通过政府引导基金等方式吸引和鼓励社会资本参与实体经济的投资。第五，财税支持政策应注重经济的创新和可持续发展。

三、财政政策与改善民生——中部地区财政政策案例分析

作为户籍人口超过 1 亿的人口大省，河南省坚持把保障和改善民生作为公共财政的基本职责，积累了丰富的经验。其做法得到财政部的充分肯定，并在 2017 年的全国财政工作会议上作了典型汇报。具体政策措施如下：

第一，持续加大民生领域投入力度。2012—2017 年，河南民生财政支出累计超过 3 万亿元，年均增速 13. 3%，高于同期公共财政支出年均增速 1. 7 个百分点。民生支出占一般公共预算支出的比重高达 77. 7%，高于全国平均水平。近几年来，河南民生事业的重心是扩大就业、提高社会保障水平、改善城乡教育、提高公共医疗卫生水平、加强环境保护、提高农村生产生活条件、促进农民增收脱贫。其中，对公共教育、社会保障和就业、医疗卫生的投入力度最大（见图 5 – 13）。

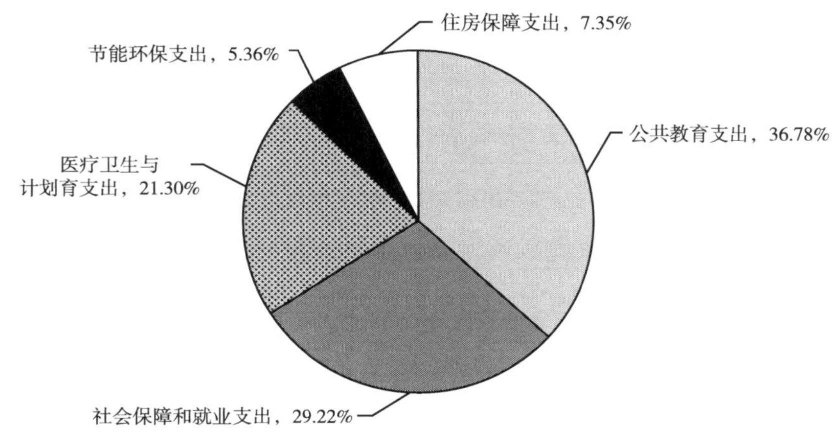

图 5 – 13　2016 年河南民生财政支出结构

数据来源：《河南统计年鉴》。

第二，从2005年开始，河南省委省政府每年向社会征集“十件重点民生实事”，邀请民众积极献言建策，政府选择民众关注度最高、利益最相关的十件实事作为当年需重点完成的民生任务，并在年底主动向社会公布完成情况，接受群众的考察和监督。财政部门积极会同有关部门逐件实事、逐项来源、逐个市县测算所需资金数额，研究确定每年重点民生实事资金预计落实金额。

第三，多方式多渠道保障民生资金投入。建立科学有效的民生投入保障机制。省级层面预算编制以民生优先，新增财力和盘活的存量财政资金优先用于民生。不断健全和完善县级基本财力保障机制，增强基层财政服务民生的能力。更好发挥财政资金的杠杆撬动作用：通过奖补、贴息等方式撬动银行信贷资金，通过政策和机制创新运用农业保险资金，通过规范运用PPP模式撬动社会资本。建立健全资金监控和绩效评价体系。探索建立“制度+技术”的模式，对财政资金实施精准监控、实时监控。

第四，全面落实困难群众大病补充医疗保险。在城乡居民基本医疗保险和大病保险的基础上，从2017年起，制定出台城乡困难群众大病补充医疗保险制度，对城乡最低生活保障对象、农村贫困人口、特困人员救助对象、困境儿童中的大病患者发生的医疗费用给予进一步保障和托底。2017年，在城乡居民基本医疗保险、大病保险报销基础上，困难群众医疗费用报销比例平均提高10.86个百分点，住院治疗费用实际报销比例达到74.16%，全省报销比例最高达到90%以上。

第五，大力保障和支持农民工返乡创业和大学生就业。设立总规模100亿元的农民工返乡创业投资基金，研究出台支持农民工返乡创业财政政策20条，对创业示范园区和示范基地建设给予奖励支持，对返乡农民工的创业项目分别给予“三项融资补贴”和“四项创业奖补”。2017年安排高校毕业生就业补贴资金7亿元，对1.44万高校毕业生给予见习补贴，对2.6万高校毕业生给予求职创业补贴，开发800个三支一扶岗位、1 100个政府购买服务岗和1.5万个特岗教师岗位等基层就业项目安置高校毕业生。

第六，大力支持改善大气环境。持续加大资金投入。在中央环境污染治理专项资金基础上再设立省级专项资金。运用财税政策防治大气污染。大力贯彻实施环境保护税，充分发挥税收优惠的杠杆调节作用。改进生产技术工艺，主动减少污染物排放的企业，将获得相应的税收优惠政策。建立绿色调度机制。按照“谁污染、谁赔偿、谁治理、谁受益”的原则，修订完善空气和水环境生态补偿机制，在全国率先实施大气和水环境月度生态补偿制度，对大气主要污染物月度浓度平均值超过考核基数或水质下降的省辖市、省直管县，实施生态补偿金扣缴措施；大气主要污染物月度浓度平均值低于考核基数或水质上升的省辖市、省直管县，实施生态补偿金奖励措施。

第七，产业扶贫积极推进。为了解决产业扶贫中缺资金问题，财政厅会同有关部门，制订下发了《河南省扶贫小额信贷助推脱贫攻坚实施方案》，以金融服务体系、信用评价体系、风险防控体系、产业支撑体系为政策框架，综合运用贴息、担保、风险补偿等方式，推动银行业金融机构向贫困户发放贷款，向扶贫龙头企业发放贷款，形成了“政银联动、风险共担、多方参与、合作共赢”的“卢氏模式”。

第八，保障和改善民生既要尽力而为，也要量力而行。既要注重当前成效，也要保持政策的稳定和可持续性，谨防超越发展阶段的民生承诺。

河南省改善民生的财政政策实践可总结如下五个方面的经验：首先，公共财政制度需以民生工作为重点，提升教育、医疗卫生、社会保障、住房、就业和环保等公共服务水平。第二，民生工作与人民息息相关，可借助新闻媒体、信息技术等途径充分调研、广泛了解人民群众的切实需求。第三，保障县乡基层财力是保障和改善民生的关键和支撑。第四，授人以鱼不如授人以渔，产业扶贫、向贫困人口发放小微贷款以支持其生产性活动均是有力举措。第五，保障和改善民生的力度需与经济发展阶段相适应，谨防超越发展阶段的民生承诺而制约财政资金使用的有效性。

四、财政政策与统筹人与自然和谐发展——西部地区财政政策案例分析

作为中国众多重要的生态功能区所在的省份，青海自然资源丰富，环境优美，青海财政牢固树立生态文明理念，完善财政支持生态环境保护政策体系，统筹人与自然和谐发展，有力地促进了省域生态环境的持续好转，较好地实现了绿色发展、和谐发展。

第一，优化支出结构，除保障民生等刚性支出外，优先集中财力支持生态环境保护与建设。优化财政支出结构，提高资金使用效率，对生态环境保护和建设投入的增速显著高于中央财政，全省生态环保类财政资金在全年总支出中的占比始终保持在8%以上，初步形成了较完备的财政资金投入机制。生态补偿机制、三江源一二期工程、草原生态奖补和祁连山、青海湖流域生态保护等34类生态项目和山水林田湖、节能降耗减排、湟水河治理、农村环境连片整治以

及大气、水、土壤污染防治等23类环保项目顺利推进。如图5－14所示，2007—2017年，青海省节能环保支出占公共财政总支出比例的平均值为5.03%，远远高于2.48%的全国平均水平。其中，用于污染防治、自然生态保护、可再生能源的支出占比最高（见图5－15）。

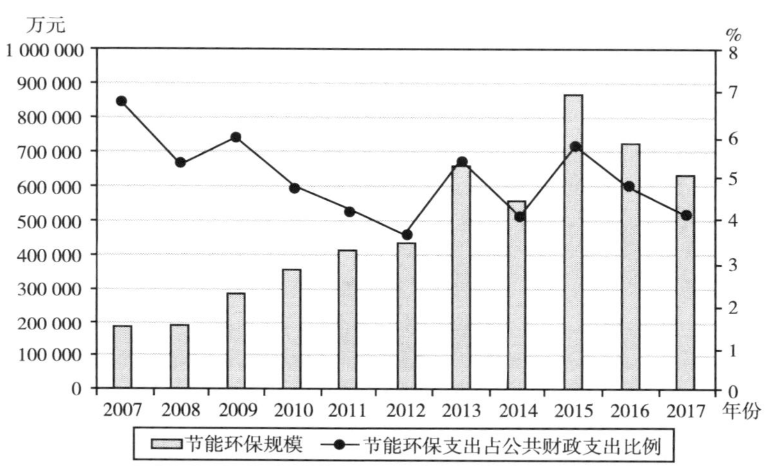

图5－14　2007—2017年青海省节能环保支出规模及占公共财政支出比例

数据来源：《青海统计年鉴》。

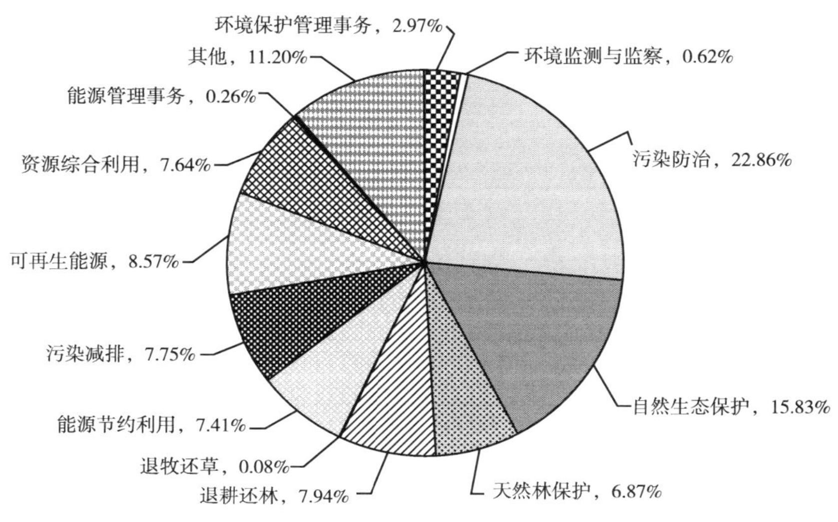

图5－15　青海省节能环保支出结构

数据来源：《青海统计年鉴》。

第二，财政保障紧跟生态保护与建设工作部署。全力以赴支持重大工程建设，有效遏制草地退化趋势，提高湿地生态功能，促进生态系统良性循环，整治村庄和游牧民定居点环境；完善天然林保护、森林生态效益补偿、湿地生态效益补偿机制，重点支持退耕还林、退牧还草、天然林保护、防护林等生态工程，促进林业湿地生态可持续发展。重点支持污染防治行动，加大对木里等重点生态环境整治和水、气、重金属防治工作。持续支持推动家园美化行动，对重要交通干线、城乡接合部、景区周边等重点区域的建筑垃圾、白色污染等环境脏乱差问题进行整治，支持全省农牧区垃圾处理和美丽乡村、美丽城镇建设，主要用于乡村村庄环境综合整治、人畜饮水安全和农村公共服务等项目建设。支持三江源国家公园建设，积极争取中央财政支持三江源国家公园体制试点工作，加大省级财政投入力度，统筹整合园区内相关财政专项资金，按照先行安排保障可行性研究较成熟、园区建设急需的基础设施、生态补偿、环境监测等项目的原则，累计下达6.9亿元，重点支持了国家公园管理局设立、开办，资源调查、规划编制、国家公园环境综合整治等前期工作，以及公园保护站点、门禁设施建设等方面，为试点工作取得实效提供了有力保障。

第三，全面落实并持续完善三江源生态补偿机制，有力保障了草原生态保护补助奖励政策、三江源地区“1+9+3”教育经费保障补偿机制、异地办学奖补机制、农牧民技能培训和转移就业补偿机制、生态移民燃料补助政策、生态移民生活困难补助政策、生态移民创业扶持政策、重点生态功能区转移支付、生态环境监测评估、草原日常管护经费补偿机制等各项政策有效落实，促进生态环境持续改善和农牧民群众持续增收。建立了草原湿地生态管理制度，全省共设置8.3万个草原、湿地、森林、扶贫生态公益管护岗位，初步构建了多位一体的管护模式。

第四，注重发挥财政的综合统筹协调作用，积极支持和组织各地各部门开展生态保护工作。注重指导地方财政支持生态保护，在积极争取中央财政支持、用足用好省级自有财力的同时，青海省财政还高度重视督促指导地方财政部门加大投入力度，坚持把支持生态环境保护和建设作为财政重要任务来抓；要求各级财政部门加强生态保护修复和环境综合治理，支持建设国家循环经济发展先行区，构建具有青海特色和比较优势的绿色产业体系；注重发挥省对下均衡性转移支付、重点生态功能区引导性补助等体制机制的作用，统筹协调省、市（州）、县三级财力，加大支持力度。积极支持环保部门提升执法能力，重点支持环境保护综合信息化建设、生态环境重点区域监管能力建设，以及全省空气、饮用水水质监测站等项目建设；对市（州）环境监察执法经费予以适当补助。坚持用生态保护优先理念支持推进经济社会发展，在环湖、青南地区大力发展生态畜牧业和旅游业，大力支持发展新兴战略产业、清洁能源、生态农牧业和现代服务业，加快构建走向生态文明新时代的空间格局、产业结构、生产方式和生活方式。

第五，始终把发挥生态方面资金的最大效益作为追求目标，用制度抓管理，用绩效求效益，用监督促提升。健全制度体系，按照“用制度管人管事管钱”的原则，严格落实“一个专项资金、一个管理办法”的要求，先后制定印发或修订完善了省级环境保护专项资金、东部城市群大气污染防治专项资金、农村环境拉网式全覆盖整治项目专项资金、湟水河流域污染防治专项资金等一大批管理办法。全面推进预算绩效管理，做实绩效目标，把所有生态环保类财政资金纳入绩效目标管理，针对性地加大对生态环保类重点专项支出的评价力度，不断拓宽专项支出绩效评价领域范围，围绕发现的问题，主动研究提出改进建议，督促相关部门及时整改落实，切实强化评价结果运用。不断加大监督检查力度，积极开展了水污染防治项目资金使用情况的监督检查工作，对高原美丽乡村、美丽城镇、农村环境连片整治等重点建设项目实施情况开展了专项检查，确保资金合理规范使用。

青海统筹人与自然和谐发展的财政政策实践主要有如下四个方面的特点：第一，准确定位，结合本省区位、自然资源和环境优势，将生态环境保护和建设工作摆在突出重要位置。第二，以重大工程项目和行动为抓手，加强财政保障力度。第三，针对生态环境的外部性，建立跨区域生态补偿机制。第四，支持发展绿色和环保产业，如生态农牧业、现代服务业，从源头上减少污染。

第五节　对中国财政政策改革进程的总结与借鉴

新中国成立后，尤其是改革开放以来，财政政策在促进就业、稳定物价、促进经济持续均衡增长、平衡国际收支等方面发挥了重要的作用。中国经济经历了从计划经济向社会主义市场经济的转型，与此相适应，财政政策也由单纯的计划管理发展为行政调控和市场手段相互配合，税收、债务、赤字、支出、转移支付等多种方式综合运用的相机抉择的功能性财政政策体系。回顾几十年来的财政政策发展历程，可总结出如下五个方面的经验。

一、遵循和利用市场经济及其运行规律，丰富和完善财政调控手段及作用机制

市场这只“看不见的手”和政府这只“看得见的手”对保障经济平稳健康运行具有不可替代的重要作用。两手各有其优势与劣势，要注重协调配合。回顾几十年来的财政调控发展历程，尤其是在计划经济时期和改革开放初期，财政调控容易陷入“一放就乱，一乱就收，一收就死，死了再放”的怪圈，其中的关键原因之一就是忽略了市场经济运行的规律，财政调控手段以单一的、直接干预财政投资和建设支出为主，某一时期曾起到一定的积极作用，但是其负面效应随着时间流逝而不断显现。即使改革开放后，财政调控添加了债券、消费需求管理、价格管理等市场化工具，但大都是集中式、临时性的干预政策，忽视了为经济发展营造公平稳定的环境。遵循市场规律，就是财政政策的设计要处理好政府与市场的关系，该由市场机制发挥配置作用的地方，财政要少干预，反之，在一些需要财政重点支持的领域，例如扶贫、民生、市政设施等，财政要积极介入；在财政积极介入的前提下，财政还要讲究介入的手段，更多的是间接手段，例如 PPP、政府引导基金等，财政资金可以起到四两拨千斤的乘数效应，带动社会资本进入一些基础设施建设领域。

二、供求、长短期调控相结合，更好发挥财政政策在促进经济可持续发展中的作用

凯恩斯的需求管理政策和功能财政思想以短期需求调控为主，但过于强调需求管理的财政政策导向，易加剧经济波动，削弱经济发展潜力，不利于经济发展新动能的培育。需求管理政策侧重投资，自 2008 年金融危机以来，中国的投资回报率呈现明显下降趋势，这个时候如果继续做投资刺激，尤其在中西部地区对政府公共投资依赖程度较高，会导致资金的浪费、产能过剩以及债务风险高企。2015 年中国政府提出并开始了以“去产能、去库存、去杠杆、降成本、补短板”为主要内容的供给侧结构性改革，核心是提高全要素生产率，并取得了初步成效，财政政策功不可没。中央及地方财政为去产能提供了职工安置补贴；财政大力支持棚户区改造，有效化解了房地产库存；加强地方政府债务管理，通过债券置换、债务限额管理、建立问责机制等多种手段来规范地方政府举债行为，减轻了地方债务风险压力；减税清费，如全面“营改增”，排污费改征环境保护税，提高个人所得税起征点并增加子

女教育、继续教育、大病医疗、普通住房贷款利息、住房租金、赡养老人支出6项专项附加项目，既有利于短期保持合理需求规模，又有利于促进长期高质量发展；加大民生支出，完善社会保障制度，大力推进欠发达地区基础设施建设，大力增加教育、医疗卫生和科学技术支出，推动产业升级和技术进步。财政政策既调节需求，又注重改善供给，提高供给体系的质量和效率，推动中国经济的动力变革、效率变革、质量变革，带动国内消费升级和经济高质量发展。因此，面对经济下行压力，短期可采取适当的反周期调控，但有利长期经济增长的财政政策组合需持续推进，如促进人力资本红利替代人口数量红利、以公共资本增加带动劳均资本提升、落实创新驱动战略促进科技机制创新、增加长期国债发行来增加对薄弱和重点领域投入等。

三、总量调控和结构调整相结合，更好发挥财政政策在优化经济结构中的作用

财政政策和货币政策是宏观调控的两大手段，后者更多的是一种总量调控政策，结构调整还有赖于财政政策发力。完善收入分配结构，提高个人所得税、财产税等直接税比重，建立和完善社会保障制度，缩小社会贫富差距；缩小区域发展差距，促进地区均衡发展，中央财政加大对欠发达地区的转移支付，尤其是增加均衡性的一般性转移支付和特殊专项转移支付，促进基本公共服务均等化，优先支持欠发达地区的基础设施建设，通过税收优惠、补贴等手段引导生产要素流向欠发达地区；优化需求结构，中国经济正经历从出口拉动、投资拉动向国内消费需求拉动的转变，加大支持科技创新的财政投入，提升供给端的质量，满足日益升级的国内消费需求；优化产业结构，一方面加大财政支持农业的力度、提高农业的质量和效率；另一方面促进制造业的发展和转型，培育增长新动能；促进服务业的发展，尤其是教育、医疗、养老等与人们生活息息相关的服务业。

四、在供给侧结构性改革战略指引下，发挥好财政政策与货币政策的协同作用

改革开放40年里，财政政策和货币政策保持相同取向的时期占比较大，在历次经济过热或经济增速大幅下滑时期均采取了双紧或双松的财政政策和货币政策。财政政策和货币政策的协调和配合还体现在具体操作上，以政府部门去杠杆为例，财政部门不断规范政府举债行为管理，严禁地方政府违法违规举债

融资，金融监管机构则要求金融机构严格授信，严禁向地方政府及其融资平台违规放贷，货币政策中性偏紧，从资金供给端保障政府部门去杠杆。国债是央行公开市场操作的重要工具，国债市场的壮大，有助于央行公开市场操作业务的开展，使中央银行的货币政策从直接控制为主逐步向以市场化为主的间接调控转变。同时，国债收益率是市场基准利率的重要参考利率，是货币调控政策的重要参考指标。财政部完善国债发行制度，丰富国债品种和期限结构，有助于货币政策更好发挥作用。面对较大的经济下行压力，财政政策采取了减税清费等措施降低企业负担，货币政策则采取了降低实体企业融资成本、解决小微企业融资难融资贵等手段与之协调配合。降低国有企业资产负债率是当前中国防范化解重大风险的重要内容，以清理僵尸企业为例，财政部门严格补贴和财政扶持，金融机构严格授信和贷款，促使僵尸企业兼并重组或破产清算，降低国企杠杆率。

五、提高财政调控政策的前瞻性和稳定预期效果，减少“政策洼地”现象

财政是综合调控部门，财政政策涉及经济、社会、生态等多个领域，财政改革涉及个人、企业、地方与中央政府等不同利益主体，要提高财政政策的积极性和主动性，意味着财政政策制定要更加科学、更加具有前瞻性，这样才能避免财政政策成为经济大起大落的诱因。财政政策是政府重要的宏观调控工具，要积极主动为市场主体营造公平稳定的竞争环境，要依法理财、依法行政，通过立法等方式约束和规范政府收支行为。经济特区的建立是中国改革开放的重要标志，意味着“政策洼地”曾经一度是部分地区经济发展的助推器，但是地方优惠政策的过度竞争会分割国内统一大市场，还会加剧区域失衡。随着经济发展和制度完善，政府需要提高治理能力，要逐步放弃过去那样靠“政策洼地”来吸引投资的思路，这也是当前财政政策，尤其是税收政策的重要改革取向。这实际上要求构建一套良好的激励相容机制，让中央和地方财政政策发挥协同作用。当前地方政府正在转变思维，与其千方百计制造政策洼地，不如提升政府治理能力来提供高质量的公共服务，例如打造“制度与服务的高地”和优良的营商环境，这才能更长久的留住人才、技术和资金。为此，政府扭转观念，打造服务型政府；财政作为国家治理的基础和重要支柱，同样要打造服务型财政，要为民众和企业发展创造良好的软硬件条件，服务各个阶层都能可持续发展。

参考文献

[1] 刘尚希．公共风险论［M］．北京：人民出版社，2018.

[2] 谢旭人．中国财政改革三十年［M］．北京：中国财政经济出版社，2008.

[3] 谢旭人．中国财政六十年［M］．北京：经济科学出版社，2009.

[4] 贾康，张鹏，程瑜．60年来中国财政发展历程与若干重要节点［J］．改革，2009（10）.

[5] 李秀昆．2008年以来积极财政政策效果评价及比较［J］．投资研究，2012（11）.

[6] 刘尚希．论中国特色的积极财政政策（治国理政新思想新实践）［N］．人民日报，2017－4－6.

[7] 王光坤．完善财政政策措施，着力推动民生改善［J］．求是，2018（04）.

[8] 王志刚．财政部门可在大金融监管中发挥更加积极的作用［J］．中国财政，2017（20）.

[9] 王志刚．从经济增长动力视角看宏观调控改革［J］．中国银行业，2015（10）.

[10] 谢旭人．功在当代，利在千秋——纪念农村税费改革十周年［J］．求是，2011（04）.

子报告6：中国公共部门改革的历史进程与基本经验

公共部门改革，既是政府系统的权责重构，也是一场广泛、深刻的经济和社会变革，是整个中国体制改革的中心环节，也是最艰难、最富有挑战性的一环。中国的经济建设和社会发展取得伟大历史性成就，与公共部门改革密不可分。40年来，中国公共部门改革取得了实质性进展，支撑和推动了中国经济社会迅猛发展和各项改革的有序深入推进。

第一节　中国公共部门改革的目标及意义

新中国成立以后，基于当时国内资本严重短缺，为了集中力量办大事，中国逐步建立起计划经济体制，实行高度集中的资源配置方式。这一模式在取得巨大成就的同时，其弊端也日益显现，并逐渐束缚了经济的发展。1978年，中国实行改革开放，通过放权让利，转变政府职能，重塑市场主体，调动地方政府、企业和个人的积极性，促进经济发展。改革开放之后，公共部门改革逐步推进，在社会经济中发挥了重要的作用。

一、中国公共部门改革的目标

总体来看，在从计划经济向市场经济转变，建设社会主义市场经济背景下，中国公共部门改革以政企分开、政事分开为原则，以转变政府职能、提升政府能力、搞活国有企业、提升公共服务供给效率与水平为目标。

（一）转变政府职能，提升政府能力

所谓转变政府职能，实质上就是按照市场经济的要求，转变政府职能的权限和履行方式。由计划经济向市场经济转型，带来了经济运行系统模式的转

变，必然要求政府经济职能和角色定位做相应调整。一方面，为了发挥市场的作用和调动社会积极性，政府需要调整自身的行为边界，退出一些领域，适当下放一些权力，消除公权对市场和社会发展的抑制因素。另一方面，需要政府适当集中一些权力，强化其在市场体系建构、维护产权与契约、保障社会平稳运行等方面的职责，提升其治理能力，为市场配置资源提供健全的制度体系和公正的外部环境。这就意味着并非要求政府简单的退出，而是要求其“进退并行”，成为一个有为的高效政府。忽视任何一方面，都很难形成高质量的市场和社会运行机制。因此，在公共部门改革中，中国始终以转变政府职能、提升政府能力为重要目标，逐步构建适合市场经济需要的政府系统和职能体系。

（二）政企分开，搞活国有企业，建立现代企业制度

国有企业是中国经济发展的重要物质基础和政治基础。中国经济改革40年始终贯穿着国企改革。在计划经济体制下，国有企业是政府的附属部门，企业没有经营管理自主权，政府决定企业生产什么、生产多少、如何定价，同时政府负责企业生产投入。改革开放之后，中国坚持政企分开的原则，逐步下放企业经营管理自主权，使国有企业成为独立的市场经营主体，从而搞活国有企业。在社会主义市场经济目标确立之后，国有企业又以“建立现代企业制度”为目标，提升国有企业经营水平和创造力，打造国际一流企业。与之相适应，中国开展了国有资产管理体制改革。

（三）政事分开，提升公共服务供给效率与水平

虽然事业单位与国外的非政府组织（NGO）和非营利组织（NPO）有相似之处，但并不同于这些机构，它是中国特殊国情的产物。根据1998年国务院发布的《事业单位登记管理暂行条例》的定义，事业单位是指为了社会公益目的，由国家机关举办或者其他组织利用国有资产举办的，从事教育、文化、卫生等活动的社会服务组织。事业单位作为一个为社会提供公共服务的中坚力量，涉及科技、教育、文化等方面，其在稳定经济、促进社会和谐、提高人民的生活水平等方面功不可没。随着市场经济的深入发展，事业单位功能定位不清、政事不分、事企不分等问题日益显现。为此，国家确定了事业单位的改革目标：建立起功能明确、治理完善、运行高效、监管有力的管理体制和运行机制，形成基本服务优先、供给水平适度、布局结构合理、服务公平公正的中国特色公益服务体系。

二、中国公共部门改革的意义

公共部门改革对于中国经济社会快速发展发挥了至关重要的作用，同时，也为其他改革奠定了基础，提升了国民经济运行质量和公共服务的供给效率。

（一）简政放权，转变政府职能，建立了有利于市场经济发展的体制机制

传统体制下，政府一直扮演着所有者和管理者的双重身份，对经济和社会行使全方位的管理权，造成了政府职能过度膨胀，权力范围无限性与社会的消极服从。改革开放之后，中国积极推动政府职能调整，以建立适应市场经济需要的政府职能体系。但这一调整和转变不是一蹴而就的，而是根据经济社会的发展不断调整、优化。特别是对于因政府职能缺位和越位带来的“市场化不足”和“市场化过度”问题，中国推行“清单”管理，实施简政放权。完善包括权力清单、责任清单和负面清单在内的清单管理机制，在进一步推动行政审批事项的取消和下放、降低市场准入门槛、为市场主体“松绑”的基础上，规范和明确政府的权力边界和职责范围，激发市场活力。实现从强势政府到有为高效政府、从管控思维到治理和法治思维的转变，在缩减和调整政府职能范围的同时，将着力点放在增强包括制度产品在内的公共品和公共服务的供给、保障市场主体的权益以及维护市场和社会秩序上来，提升了政府能力，保障了市场经济快速、健康发展。

（二）深化企业市场化改革，提升了国有企业的公司治理水平

国有企业的改革是公共部门改革的重要组成部分。在建立市场化经济体制之前，中国经济运行在计划经济体制下进行，这造成国有企业与市场衔接的程度不高，政府对国有企业的控制程度居高不下，政企、政资划分不明确，企业活力不足等问题。这些现实的问题阻碍了国有企业的市场化改革。因此，中国以简政放权为先导，下放生产经营权，将国有企业打造为相对独立的市场主体，增强了国有企业活力。随后，坚持政企、政资分开，积极建立现代企业制度，稳妥有序地进行国有企业混合所有制改革。通过一系列的改革措施，不仅使国有企业不断发展壮大，增强了国有经济的活力、控制力、影响力，发挥了国有经济在国民经济中的主导作用，而且使国有企业更好地适应市场化、国际化要求，有利于建立现代企业制度，提高经济效益和社会效益，对于建立社会主义市场经济体制、促进经济持续快速健康发展、提高人民生活水平发挥了重要作用。

（三）推动事业单位分类改革，提高公共服务供给效率

事业单位是经济社会发展中提供公益服务的主要载体，是中国社会主义现代化建设的重要力量。改革开放之后，事业单位的发展明显不适应市场经济体制的需要，影响了其公共服务供给效率。例如，事业单位中政事关系不够清晰，在一定程度上阻碍了事业单位的健康发展，公共服务的质量也难以提升，对于人民群众的多层次需求也很难满足。针对事业单位存在问题，积极推进事业单位分类改革，真正实现政事与政企的分开，完善事业单位的法律体系等改革的意义重大。主要体现在：一是调动了员工工作的积极性，提高其本身的工作效率；二是事业单位公共服务供给质量得到了提升，增添了其活力；三是由于事业单位涉及教育、文化、卫生等多方面，分类改革将有利于中国经济健康发展、社会的和谐稳定、文化繁荣以及人民群众生活水平的提高。

第二节　中国公共部门改革的历史进程

一、国有企业改革的简要历程

中国国有企业改革，采取逐步推进的渐进方式，其过程大体可分为四个阶段。

（一）1979—1986 年：国有企业经营权层面的改革，即放权让利，改革国家与企业的分配关系

针对传统国有企业政企不分、经营者缺乏自主权和低效率运行的弊端，中共十一届三中全会后，中央政府颁布了一系列扩大企业自主权的文件，推动了国有企业经营权层面的改革。1979 年 4 月，中央工作会议作出了扩大企业自主权的决定，同年国务院颁布了《关于扩大国营工业企业经营管理自主权的若干规定》等五个管理体制改革文件，并在四川省进行扩大企业自主权的试点。根据中央政策，政府向企业让渡了生产自主权、原料选购权、劳动用工权和产品销售权等十四项经营权。经营权的让渡意味着企业的经营者具有了一定程度的剩余控制权和剩余索取权，企业经营者和生产者的生产积极性明显提高。1984 年 5 月，国务院又下发了《关于进一步扩大国营工业企业自主权的暂行规定》。1984 年党的十二届三中全会通过的《中共中央关于经济体制改革的决定》，根据社会主义经济是有计划商品经济和所有权与经营权可以适当分开的原则，要

求企业成为相对独立的经济实体，成为自主经营、自负盈亏的商品生产者和经营者，成为具有一定权利和义务的法人。同时指出，以后政府原则上不再直接管理企业。1983 年和 1984 年对国有企业实行两步“利改税”，它不仅规范了国家与国有企业之间的分配关系，克服了企业利润留成制度的不确定性，而且有利于建立健全企业的经济责任制，促使企业转换经营机制，增强企业活力。

（二）1987—1992 年：国有企业改革从经营权向所有权层面的过渡

从 1986 年开始，国有企业改革开始从经营权向所有权层面过渡，但在涉及财产关系的深层改革上，同时出现了两种不同思路和对改革制度的两种不同选择。

一种思路是将国企改革仍然限制在原有财产关系之内，而进一步推进经营权层面的改革。与这种认识相对应的制度选择就是企业承包制。1987—1992 年，承包经营责任制构成了国有企业改革的主要内容。1986 年 12 月，国务院发布的《关于深化企业改革，增强企业活力的若干规定》提出要“推行多种形式的承包责任制，给经营者以充分的经营自主权”。1987 年 3 月全国人大六届五次会议通过的《政府工作报告》进一步指出，为了进一步深化企业改革，要把改革的重点放在完善企业经营机制上，实行多种形式的承包经营责任制，使企业真正成为独立的、自主经营、自负盈亏的经济实体。随后，从 5 月份开始，承包经营责任制就在全国范围内迅速推开。

1988 年 4 月通过的《中华人民共和国企业法》对企业的性质作了具体的规定，从法律上确定了企业所有权和经营权“两权分离”的经营原则。实行“两权分离”的具体途径是承包经营责任制。承包经营责任制又有多种形式，主要形式是两保一挂承包制。具体内容是：一保上缴税利，二保企业的技术改造，实行职工工资总额与企业经济效益挂钩。

改革的另一条思路是实行股份制。股份制改革是国有企业在所有权层面改革的一个重要推进。其根本目的是要改变由国家垄断的企业财产制度，使国有企业内部形成多元化的产权结构，优化国有企业内部的治理结构，为实施对股东、董事会和经理层进行有效的激励和制约。

国有企业股份制的试点开始于 1986 年，但大都在国有中小企业中进行。试点的影响面并不广泛，主要问题在于非国有的财产主体介入不足。在多元化主体供给严重不足的情况下，股份制试点往往在企业内部职工中展开。由于企业内部职工筹资能力有限，股份制改革自然达不到预期的目标。在这期间，由于承包制所产生的一些负面影响，及股份制的发育不足，致使国企改革一度处在摇摆和徘徊之中，改革的效果也就不明显。

（三）1993—2012年：推行建立现代企业制度的改革

1993年，十四届三中全会通过的《中共中央关于建立社会主义市场经济体制的若干问题的决定》中，明确地提出了国有企业建立现代企业制度的目标和步骤。1994年以后建立现代企业制度的试点在国有企业中展开。在现代企业产权结构的制约下，政府不能再直接地控制和经营国有企业，它的意愿只能在国有企业清算和转让时依据终极所有权来实施和表达。《中华人民共和国公司法》也于1993年2月颁布，并于1994年7月1日起施行。直到现在，建立现代企业制度依旧是中国国有企业改革特别是大中型国有企业改革的主体思路。2003年10月党的十六届三中全会通过的《中共中央关于完善社会主义市场经济体制若干问题的决定》中，提出了建立健全国有资产管理和监督体制、完善公司法人治理结构、加快推进和完善垄断行业改革等，标志着中国的国有企业改革进入了一个新的阶段。

（四）2013年至今：大力推行混合所有制改革

2013年11月，中共十八届三中全会通过的《关于全面深化改革若干重大问题的决定》提出积极发展混合所有制经济。国有资本、集体资本、非公有资本等交叉持股、相互融合的混合所有制经济，是基本经济制度的重要实现形式，有利于国有资本实现放大功能、保值增值、提高竞争力，有利于各种所有制资本取长补短、相互促进、共同发展。允许更多国有经济和其他所有制经济发展成为混合所有制经济。2015年9月，国务院发布的《关于国有企业发展混合所有制经济的意见》指出，发展混合所有制经济，是深化国有企业改革的重要举措。国有资本、集体资本、非公有资本等交叉持股、相互融合的混合所有制经济，是基本经济制度的重要实现形式。2016年6月，国务院决定在电力、石油、天然气、铁路、民航、电信、军工等七大领域加快推进混合所有制改革，选择一批国有企业开展混合所有制改革试点示范。此后，国有企业混合所有制改革大力推行。

2015年8月24日，党中央、国务院印发《关于深化国有企业改革的指导意见》（以下简称《指导意见》），明确了深化国有企业改革的指导思想、基本原则、目标任务和重要举措，这是指导国有企业改革的纲领性文件，具有重要的里程碑意义。同时，确立了以《指导意见》为引领、以若干文件为配套的“1+N”政策体系。中共十九大以后，国有企业改革进入新的阶段，国家在加强国有资产监管以防止国有资产流失、促进中央企业科技创新、防范化解重大风险等方面先后出台了有关的政策。例如，中央推出了《关于加强中央企业境外廉洁风险防控的指导意见》，该文件主要目的是加强对中央企业境外资产的保护，防范境外投资经营风险；2018 年 5 月，又出台了《上市公司国有股权监督管理办法》，对上市公司的国有股权变动行为做出了详细的监管规定；2018 年 5 月，科技部、国资委联合发布了《关于进一步推进中央企业创新发展的意见》的通知，文件从支持中央企业参与国家重大科技项目以及打造创新协同平台、增加研发投入、发挥中央企业创新主体的作用、科技人才队伍建设、开展创新创业投资基金合作以及开展国际科技合作等多个方面提出了具体要求，从而较为全面地支持了中央企业的科技创新。

自党的十八大以来，在中国国有企业改革进程中，大力推行国有企业混合所有制改革，对中国国有资本的保值增值、提高国有企业的竞争力起到了重要作用。此外，在资产管理体制方面，实行以管资本为核心，加强对国有资产的监督管理的办法。并且在行政体制改革方面，以“政企分开、政资分开、政事分开、政社分开”为目标，简政放权，有效激发了企业的活力。总之，经过近几年的国企改革，收效较为明显，企业的经济效益得到提高，风险得到有效防控。本书以党的十八大以后国有企业的经济效益指标来分析改革的成效。

第一，企业营业收入以及利润总额得以稳步提升，成本增速总体下降。由表 6－1 以及图 6－1 可以看出，国有企业的营业总收入总体呈现出递增的趋势，其增速在从 2016—2017 年达到最大，为 13.73%。利润总额方面，也大体呈现增长的走势，增速于 2016—2017 年达到最高。两者都可反映出国企改革后，企业的经营能力得到了提升，企业活力得到了释放，企业创新积极性被充分调动。

对于营业总成本来说，虽然每年都在递增，但是除 2016—2017 年的增速达最大以外，增速大体呈现递减的趋势，原因在于通过中国供给侧结构性改革，降成本的效果在国有企业上有所体现。同时，通过国有企业改革，企业竞争力得到提升，成本增速降低。综上所述，经过改革，国有企业的经营状况得到改善，后劲将会更足，有利于企业的长远发展。

表 6－1　2013—2017 年国有企业经济效益相关指标　单位：亿元

项目	2013 年	2014 年	2015 年	2016 年	2017 年
营业总收入	464 749.2	480 636.4	454 704.1	458 978	522 014.9
利润总额	24 050.5	24 765.4	23 027.5	23 157.8	28 985.9

续表

项目	2013 年	2014 年	2015 年	2016 年	2017 年
营业总成本	448 969.8	466 605.4	445 196.1	449 885	507 003.9
总收入增速	—	3.42%	-5.40%	0.94%	13.73%
利润总额增速	—	2.98%	-7.02%	0.57%	25.17%
总成本增速	—	3.93%	4.59%	1.05%	12.70%

注：表中所指的企业是全国国有以及国有控股企业，包括中央企业和 36 个省（自治区、直辖市、计划单列市）国有及国有控股企业，国有金融类企业除外。

数据来源：财政部网站。

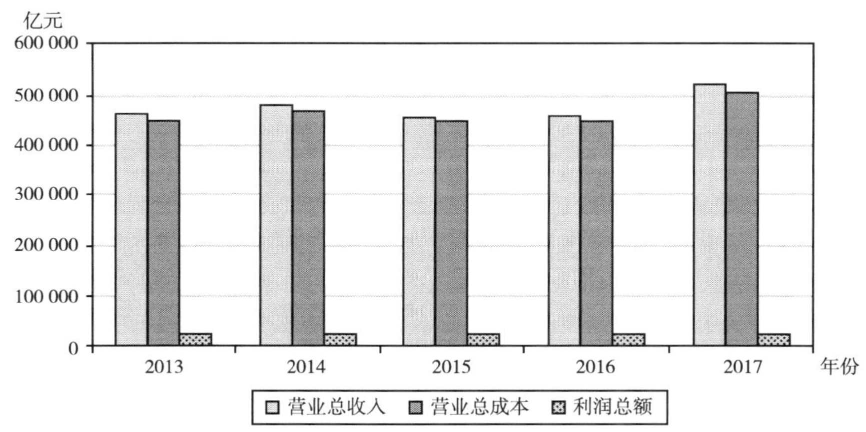

图 6-1　2013—2017 年国有企业经济效益相关指标

注：图中所指的企业是全国国有以及国有控股企业，包括中央企业和 36 个省（自治区、直辖市、计划单列市）国有及国有控股企业，国有金融类企业除外。

数据来源：财政部网站。

第二，企业杠杆率得到有效控制，风险防控起成效。我们从表 6-2 中可以看出，2013—2017 年五年中，国有企业负债总额虽然逐年递增，但是资产总额也同步增长，并且每年两者增速大致相当。这样一来，作为衡量企业风险的企业杠杆率也保持了稳定的状态（此处企业的杠杆率以负债总额与资产总额的比值测算得到），其比率大概是每年 65% 左右，企业杠杆率虽然不低，但也基本维持了稳定，企业风险得到有效防控。

此外，由图 6-2 可以看出，自从 2015 年以后企业杠杆率下降明显。一方面反映出中国供给侧结构性改革去杠杆的效果显著，有力地支持了企业发展；另一方面，国有企业改革后，企业并没有处于大起大落的态势，风险在得到有效控制的基础上有下降的趋势，说明在今后的国有企业改革过程中，依然要积极、准确的落实国家政策，例如最近出台了《2018 年降低企业杠杆率工作要点》，要稳妥有序的贯彻实施文件要求，更加坚定不移地深入实施供给侧结构性改革。

表 6－2　　2013—2017 年国有企业资产以及负债　　单位：亿元

项目	2013 年	2014 年	2015 年	2016 年	2017 年
资产总额	911 038. 6	1 021 188	1 192 049	1 317 175	1 517 115
资产增长率	—	12. 09%	16. 73%	10. 50%	15. 18%
负债总额	593 166. 5	665 558. 4	790 670. 6	870 377. 3	997 157. 4
负债增长率	—	12. 20%	18. 80%	10. 08%	14. 57%
企业总杠杆率	65. 11%	65. 17%	66. 33%	66. 08%	65. 73%

注：表中所指的企业是全国国有以及国有控股企业，包括中央企业和 36 个省（自治区、直辖市、计划单列市）国有及国有控股企业，国有金融类企业除外。

数据来源：财政部网站。

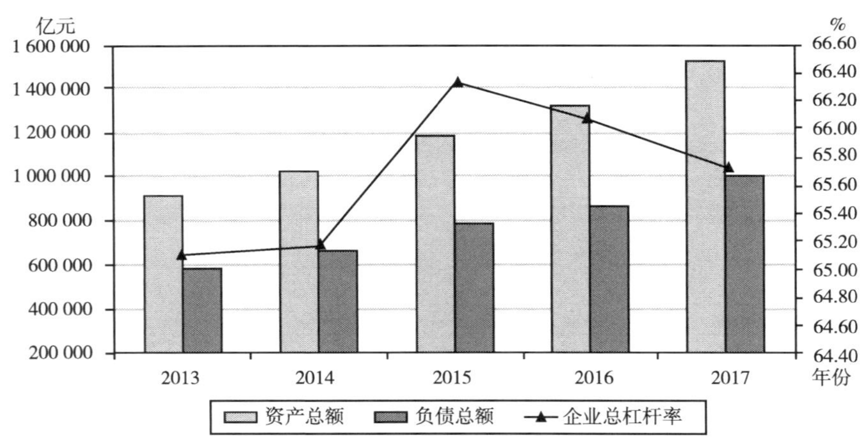

图 6－2　2013—2017 年国有企业杠杆率变动图

注：表中所指的企业是全国国有以及国有控股企业，包括中央企业和 36 个省（自治区、直辖市、计划单列市）国有及国有控股企业，国有金融类企业除外。

数据来源：财政部网站。

二、国有资产管理体制改革状况

1988 年国务院设立国有资产管理局，标志着中国国有资产管理体制改革开始启动。总体而言，中国国有资产管理大致可分为三个阶段。

（一）1988—1998 年：政资分开，成立国有资产管理局

1988 年之前，中国国有资产管理是“多头”管理，即财政、银行、计委、企业主管部门均是国有资产管理的主体。在计划经济下，政府将国有资产的产权管理者身份和社会管理者身份合二为一，国有资产管理问题并不突出。改革开放带来了经济成分的多元化，客观上要求政府的所有者和管理者双重身份分开，避免因“裁判”和“运动员”集一身而带来的利益冲突。因此，1998 年国务院决定成立国有资产管理局，专司国有资产管理职能，中国国有资产管理体制改革拉开序幕。国有资产管理局的目的是管理全部的国有资产，保障国有资产的保值增值。

1992 年，中共十四届三中全会通过的《关于建立社会主义市场经济体制若干问题的决定》首次明确提出了“出资者所有权与企业法人财产权”分离。全国各地也对国有资产管理体制进行了改革和探索。在此基础上形成了比较统一的三个层次的管理体制：由国有资产管理委员会（国有资产管理局）、国有资产运营机构和企业三个层次组成。但之后由于各方因素，该国有资产管理体系未能实现，国有资产管理局也在 1998 年政府机构改革时被撤销，其原有资产和财务管理职能并入财政部。

（二）2003—2012 年：管资产、管人和管事相结合

国有资产管理局撤销后，又回到了多个部门管理的状态，即所谓的“五龙治水”，即财政部管资产处置、中组部管人、劳动部管工资总额、计委管基建投资、经贸委管技改投资等。这种多头管理的弊端很明显，出现了“都负责又都不负责”的局面。1999 年，中共十五届四中全会通过的《关于国有企业改革和发展若干重大问题的决定》明确提出：“要按照国家所有，分级管理，授权经营、分工监督的原则，逐步建立国有资产管理、监督、运营体系和机制，建立与健全严格的责任制度。”2002 年，中共十六大明确提出了“三分开、三统一、三结合”的国有资产管理体制改革任务。“三分开”，即政企分开、政资分开、所有权与经营权分开。2003 年 3 月，专司中央国有企业出资人职能和企业国有资产监督管理职能的国务院国资委正式成立，标志着“五龙治水”的多头管理局面的结束，在理论和体制上实现重大创新和突破。

（三）2012 年以来：管资本

中共十八大以来，针对当时存在的问题、国有企业的定位以及经济社会发展形势需要，提出了国有资产管理体制改革的新任务。2015 年 11 月 4 日，国务

院印发了《关于改革和完善国有资产管理体制的若干意见》，对国有资产管理体制改革进行了全面部署。改革的目的是“以管资本为主加强国有资产监管，改革国有资本授权经营体制，真正确立国有企业的市场主体地位，推进国有资产监管机构职能转变”。2017 年 5 月 10 日，国务院办公厅转发《国务院国资委以管资本为主推进职能转变方案》，对国资监管方式和国资委职能转变作出系统性安排，标志着国资委职能正式向管资本转变。

三、政府部门职能转变及“放管服”改革情况

政府部门改革及职能转变的历程大致可以分为以下三个时期：

第一个时期是 1978—2002 年。改革开放之后，全党的工作重点发生转变，转变到社会主义现代化建设当中。随之，政府部门改革逐步展开。从计划经济体制转向市场经济体制，必然要求政府部门及其职能相应进行调整。这一调整并非一蹴而就，而是不断持续进行，直到现在。1978—2002 年，几乎每年都出台政府部门改革及职能调整的规定、办法和改革措施。政府部门的改革，取得了非常大的成效，逐步建立了适应市场经济需要的政府体制机制，保证了市场经济体制的建立和运转。

第二个时期是 2003—2011 年。这一时期，从党的十六大开始，更加重视公共部门的监督管理，提升公共服务的效率与水平。在党的十六大报告中提出：“进一步转变政府职能，改进管理方式，推行电子政务，提高行政效率，降低行政成本，形成行为规范、运转协调、公正透明、廉洁高效的行政管理体制。依法规范中央和地方的职能和权限，正确处理中央垂直管理部门和地方政府的关系。按照精简、统一、效能的原则和决策、执行、监督相协调的要求，继续推进政府机构改革，科学规范部门职能，合理设置机构，优化人员结构，实现机构和编制的法定化，切实解决层次过多、职能交叉、人员臃肿、权责脱节和多重多头执法等问题。按照政事分开原则，改革事业单位管理体制。”此后，在 2008 年中共十七届二中全会上，通过了《关于深化行政管理体制改革的意见》，意见在加快转变政府职能方面指出：“深化行政管理体制改革要以政府职能转变为核心。加快推进政企分开、政资分开、政事分开、政府与市场中介组织分开，把不该由政府管理的事项转移出去，把该由政府管理的事项切实管好，从制度上更好地发挥市场在资源配置中的基础性作用，更好地发挥公民和社会组织在社会公共事务管理中的作用，更加有效地提供公共产品。”

第三个时期是 2012 年至今。在此阶段，以党的十八大为开端，十八大报告

中对于行政体制改革的要求是“进一步深入推进政企分开、政资分开、政事分开、政社分开。”并且提出“深化行政审批制度改革，继续简政放权，推动政府职能向创造良好发展环境、提供优质公共服务、维护社会公平正义转变。”这将会更加有利于中国政府职能的转变。

放管服改革是政府职能转变的重要举措，此项任务在 2016 年政府工作报告中提出，即：“简政放权、放管结合、优化服务，不断提高政府效能。”此后，在党的十九大报告中又要求：“转变政府职能，深化简政放权，创新监管方式，增强政府公信力和执行力，建设人民满意的服务型政府。赋予省级及以下政府更多自主权。”这是中国政府转变政府职能，推进放管服改革的又一次深化。

四、事业单位改革情况

自改革开放以来，事业单位改革大致可以分为四个时期：

第一个时期为 1978—1992 年。1985 年，中国在科技、教育、卫生等事业单位进行了有序的改革。在科技方面，根据《关于科学技术体制改革的决定》的要求，在运行机制方面，改革拨款制度，开拓技术市场，克服单纯依靠行政手段管理科学技术工作，国家包得过多、统得过死的弊病。在组织结构上，改变研究机构与企业相分离，研究、设计、教育、生产脱节，军民分割、部门分割、地区分割的状况。在人事制度方面，要克服“左”的影响，扭转对科学技术人员限制过多、人才不能合理流动、智力劳动得不到应有尊重的局面，造成人才辈出、人尽其才的良好环境。在卫生事业单位改革方面，《关于卫生工作改革若干政策问题的报告》提出了改革的方针和政策。主要包括：关于发展全民所有制卫生机构的方针；扩大全民所有制卫生机构的自主权的问题；积极发展集体卫生机构；支持个体开业行医；关于在职人员应聘和业余服务问题；关于农村村一级卫生机构的设置问题；继续搞好农村医疗卫生工作的改革；对医疗收费制度的改革。在教育事业单位改革方面，按照 1985 年颁布的《关于教育体制改革的决定》的相关要求，主要针对三方面问题进行改进：一是有步骤地实行九年义务教育；二是扩大高等学校办学自主权；三是保证教育体制改革的顺利进行。

第二时期是 1992—2002 年。期初，中央就提出了事业单位要实现政事分开以及社会化改革。此后，在 1996 年，发布了《中央机构编制委员会关于事业单位改革若干问题的意见》，该意见首先对遵循政事分开的方向提出以下要求：一是合理划分党政机关与事业单位的职责。二是对于现在属于行政机构序列、但以事业性工作为主的政事合一机构，应根据具体情况分别进行调整。三是研究建立符合事业单位自身特点的等级规格，逐步取消事业单位机构的行政级别。四是规范事业单位的名称。其次对推进事业单位社会化提出了四项要求：第一，改革主管部门对事业单位的管理方式。第二，打破事业单位的条块分割。第三，加强对民办事业单位的管理。第四，建立事业单位登记管理制度。在此之后，国家又针对一些具体部门颁布了相应的政策文件。

第三个时期是2002—2012年。2002年党的十六大提出“按照政事分开原则，改革事业单位管理体制”。随后，十六届三中全会要求“继续推进事业单位改革”。在2006年，出台了《关于事业单位分类及相关改革的试点方案》，提出事业单位分类及分类改革意见并拟选择浙江、山西、重庆开展改革试点工作。2007年，党的十七大报告中提出“加快推进政企分开、政资分开、政事分开、政府与市场中介组织分开，减少和规范行政审批，减少政府对微观经济运行的干预”。2008年，中央编办印发了《关于事业单位分类试点的意见》，文件指出：“将事业单位划分为承担行政职能的、从事公益服务的和从事生产经营活动的三个大类”。同时对具体的方法与程序进行了说明。在文化以及卫生方面，中央和卫生部在2009年以及2010年相继颁布两个文件，一是《关于深化医药卫生体制改革的意见》，二是《关于印发公立医院改革试点指导意见的通知》，为文化和卫生事业单位的改革指明了方向。

第四个时期是2012年至今。2012年4月，中国公开发布了一个有关事业单位改革的重要文件——《中共中央国务院关于分类推进事业单位改革的指导意见》。文件第一对改革的指导思想、基本原则和总体目标做了具体规定。第二对科学划分事业单位提出三点要求：“一是清理规范现有事业单位。二是划分现有事业单位类别。三是细分从事公益服务的事业单位”。第三提出要“推进承担行政职能事业单位改革”。第四，要求“推进从事生产经营和推进从事公益服务事业单位改革”。第五，要求“构建公益服务新格局和完善支持公益事业发展的财政政策”。2016年3月，中央办公厅与国务院发布了《关于开展承担行政职能事业单位改革试点的指导意见》，此次改革遵循“政事分开、精简效能、依法行政、坚持分步推进、统筹兼顾”的原则，就承担行政决策、行政执行、行政监督等职能，完全或主要行使行政许可、行政处罚、行政强制、行政裁决等行政职权的事业单位进行改革。

第三节　中国公共部门改革的典型案例分析

一、国有企业改革的典型案例分析

（一）国有企业扩大自主权改革——以重庆钢铁公司为例

在国有企业扩大自主权改革中，重庆钢铁有限公司是一个走在前列的典型。我们以此为例，来说明其改革的过程。重庆钢铁公司是一个有着100多年历史的老企业，时间可以追溯到1890年，其以汉阳铁厂为根基，在当时就已经成为亚洲最大而且是最为先进的联合企业。有着“华夏钢源”和“中国民族钢铁工业的摇篮”的美称。汉阳铁厂在抗战期间搬迁至重庆，为抗战做出了巨大贡献。此后，重庆钢铁为新中国的建设又做出了的开拓性贡献。

随着改革开放的推进，重庆钢铁公司也紧跟时代步伐，加入了国企改革的行列。这一时期主要是国有企业扩大自主权的改革，主要目的就是希望提高国有企业活力、增加经济效益。可以说重庆钢铁抓住机遇，积极配合了改革。其改革措施主要有：

一是打破思想束缚，让生产资料进入流通环节，销售钢材。这是一次颇具意义的思想解放，在以前人们的意识当中，像钢材这样的生产资料只是在生产环节中产生，并不参与流通，这就不仅在一定程度上限制了像重庆钢铁这样的以生产钢材作为主业的公司的进一步发展，而且企业活力与效益的提高也难上加难。因此，在这样的背景与环境之下，重庆钢铁公司积极改革、努力进取，在当时取得了很好的成果。从1979年起到1980年，重庆钢铁销售自产钢材量从11.6万吨提升到27万吨，利润增长34.6%。这为企业后来的发展奠定了基础，有利于提升企业的活力。

二是积极进行领导体制的变革。重庆钢铁公司在国内率先实行了厂长负责制改革。重庆钢铁公司由厂长全方位负责，党委的相关工作人员起监督作用，对职工进行民主管理。1988年，此种格局在企业中全面铺开，广泛实施，对机构与人员都做了调整，党、政、工之间的关系更加协调有序，突出了厂长的核心位置。这样企业中党委的工作人员主要工作得以更好地发挥，不会被生产过程中的相关事务分散精力，集中力量执行贯彻党的路线、方针政策，真正起到了有效监督的作用。

三是分配制度的改革。1985 年，重庆钢铁公司实施了上缴利税与工资总额相挂钩的方法，较好地处理了国家与企业之间的关系。此外，企业还以经济责任制为基础，加强权责利的结合，从而理顺了企业与员工的关系。为调动员工生产积极性，重钢公司积极进行奖金制度改革，把奖金与利润相联系，依据劳动复杂程度、工作量大小以及扣奖几率三方面区分奖金。设定了经理奖励基金以及厂长奖励基金，奖励为企业做出突出贡献的员工。重庆钢铁公司的分配制度改革，既处理好了政府与企业关系，又对企业本身的各种关系做了有效的协调。这样，一方面激发了生产者与管理人员的积极性，另一方面也提高了企业的整体效益。

（二）国有企业两权分离改革——以首钢承包经营责任制改革为例

国有企业的两权分离改革，是指将资产所有权与经营权两者分离。承包经营责任制度是其中的一种重要形式，运用签订承包合同的方式，明确国家与企业两者之间的权、责、利关系，企业确保完成签订的合同中有关上缴利税的指标，确保完成国家规定的技术改造任务，工资总额与实现的利税相挂钩。

首都国际钢铁公司成为国家第一批试点，先行进行了企业承包责任制改革。首钢的前身是石景山钢铁厂，它是北京市第一个国营的钢铁企业，并建成了中国第一个氧气顶吹转炉，石钢高炉喷吹煤粉、入炉焦比等经济技术指标在当时达到世界先进水平。1967 年，经国家批准，石景山钢铁厂改名为首都钢铁公司。首钢集团通过企业承包责任制改革，效果显著。其改革措施和成效主要体现以下几点：

一是达到两权分离的目的。首钢集团的承包责任制改革主要通过包死基数、递增上缴、超包全留、留利按照比例用于发展生产、集体福利、工资奖励。这样使国家与企业关系更加明确、清晰。对于企业来说，会拥有更多自主权，就会促进其更好地经营，综合实力也会增强，在此基础上，就会有利于企业拓展经营范围，无论是在行业范围还是在地区范围上，都会得到延伸。以首钢为例，经过改革，企业的经营已经不再局限在钢铁业，而是在金融行业、化工行业等多个行业领域都有涉足。从地域上来说，首钢不仅在国内多个地区拥有自己的企业，在国外很多地区也有自己下属的企业。综合来讲，企业两权分离的目的得以实现。

二是进一步搞活了企业。通过实行企业承包责任改革，首钢集团尊重员工，把其作为生产资料的主人，放手让其经营整个企业，这在一定程度上是对生产力的解放，有利于生产力的提高。企业的活力得以激发后，除了对企业本身来说可以增加其经济效益外，对整个国民经济也会产生两点作用。第一，通过搞活企业，为国家财政收入提供保障，有了收入的源泉。第二，国民经济得到稳定发展。首钢集团通过企业承包责任制改革，把国家、企业、员工三者的利益相联系，这是在综合考虑整个宏观经济的发展的需要以及市场的需求后才做出一个完整的决策与决定，如此一来整个国民经济的发展就会更加稳定、协调。

三是采用“包保核”的生产办法充分调动了员工生产的积极性。所谓的“包”，可以说是企业中所有员工都遵循企业规定按质按量地完成自己的工作。而“保”的意思是把企业中的合作关系在每个职位中得以有效确保。“核”的含义是对以上提到的“包”与“保”涉及的工作加以清晰的考察与核定，并且与分配相联系。首钢公司通过采用包保核的内部管理办法，有效地调动了全体人员的工作积极性，无论是从思想上还是从行动上，员工都积极要求进步。此外，首钢集团的技术开发能力也在全国遥遥领先。

四是通过承包责任制改革，按劳分配得到很好的实现。首钢公司向国家上缴利润后，会留有一定比例的利润用于奖励员工，奖励工资的多少会根据生产创造的大小而定。此外，首钢公司实行了岗位工资制，也就说工资划分会根据不同的职位的工作难易程度、环境因素以及工作的重要性来决定。这样，工资就会随着员工所处的职位不同而不同。并且所有人员的工资得到公开。通过工资总额与利润相挂钩的分配制度，使首钢集团员工工作贡献的大小、效率通过市场得到体现。

五是承包经营责任制促进了首钢领导制度的变革。在承包制的作用下，企业上下的员工与首钢的关系密不可分。这就催生了新的领导制度的产生。首先，工作者代表大会起了重要作用，首钢长远经营战略、重要的计划与方案等，都是先在整个企业职工中商讨，然后最终决定权掌握在工作者代表大会手中。其次，企业还建立了常设机构工厂委员会，主要负责共同商讨重要的生产问题。如果讨论后的结果在实际运作当中会产生一些矛盾，工厂委员会也会积极帮助解决。

总而言之，经过首钢公司的承包责任制改革以及不断地进行探索发展，无论是产量以及现代化的建设都取得了巨大的成就。1979 年，首钢二号高炉改造成功并实际投入使用标志着中国第一个现代化高炉的建成。此后，依靠国外力量建成的第二炼钢厂以及自主建设的第三炼钢厂也都投入使用。

（三）国有企业市场化改革——以中国铁路总公司的改革为例

中国的铁路运输业受到计划经济的影响颇深，加之一些观念影响，铁路部门的市场化改革并不是想象的那么顺利。但是，随着国外形势的不断变化，以及中国的经济体制的变革，市场经济的不断深入，传统计划经济下的铁路管理制度已经逐渐地不再适应当下的经济环境。尤其是在中共十八届三中全会中，提出要“使市场在资源配置中起决定性作用”，市场已由以前发挥基础性作用转变成决定性作用，地位进一步得到提升。并且铁路运输业作为国民经济的基础产业，重要性不言而喻。因此，需要坚持市场化改革方向，推动其改革与发展。铁路运输业国有企业的市场化改革，主要目的有三点：

一是通过市场化改革实现资源的有效配置。在市场经济中，市场是资源配置的最好手段，它配置资源效率高，主要在于其不受到人的主观因素影响，是依靠市场这只“看不见的手”自发调节。对于企业，它的主要目的就是实现自身利益的最大化，在市场价格的作用下，资源必然向着经济效益高的部门或者行业聚集，这样就会实现经济效率。相比较而言，市场经济相对于计划经济更有利于资源的有效配置。对于铁路运输业也是如此，该行业不是孤立存在的，其本身的发展不仅由自身决定，还会受到社会中多行业与部门的影响，因此，铁路运输业的资源配置应坚持市场化为导向，积极进行市场化的改革，这样才会提升其本身的经济效率。

二是通过市场化改革达到政企分开的目的。以前，铁道部肩负着政府与企业两方面的职责，一方面对于政府的有关政策和决定进行贯彻落实；另一方面肩负着对整个铁路行业的经营管理，包括对财务与人事等方面的管理。这样一来，政府与企业的权责关系较为混乱。因此，采取市场化改革的办法，理顺政府与企业的关系，使两者的职能得到清晰的划分。

三是通过市场化改革巩固和优化市场体系。市场经济条件下，铁路运输行业必然坚持以市场为导向，与市场经济的外部环境相适应。因此，从铁路部门自身讲，必然要求其坚持市场的原则运行，这样使中国的整个市场体系更加完善。

我们以中国铁路总公司的市场化改革为例，来阐述其市场化改革主要的做法和成效。中国铁路总公司于2013年成立，主要肩负铁道部企业的职责，根据《国务院关于组建中国铁路总公司有关问题的批复》的相关规定，该公司以铁路客货运输服务为主业，实行多元化经营。负责铁路运输统一调度指挥，负责国家铁路客货运输经营管理，承担国家规定的公益性运输，保证关系国计民生的重点运输和特运、专运、抢险救灾运输等任务。负责拟订铁路投资建设计划，提出国家铁路网建设和筹资方案建议。负责建设项目前期工作，管理建设项目。

负责国家铁路运输安全，承担铁路安全生产主体责任。中国铁路总公司市场化改革的具体做法有以下几点：

第一，货运组织改革有助于提升效率和降低成本。

货运组织改革是中国铁路总公司市场化改革的第一项改革，从此拉开了市场化改革的序幕。在未进行此改革之时，铁路货运的经济效率较为低下，主要体现在：一是客户办理货运的整个过程较为复杂，阻碍重重。请求车的计划要申报，需要联系的部门繁多，货运部门、运输部门都需要与之沟通。二是在收费方面，需要缴纳的费用项目较多，收费的主体不统一。这些都造成了铁路货运的效率低下，不利于资源的有效配置，阻碍了铁路运输业的市场化改革。但是，经过此项改革，中国铁路总公司采取简化办理流程、完善服务等一系列措施，使得很多没必要且较为复杂的手续得以废除，并且客户办理货运的方式更加多样化，收费流程更加简洁，进而从整体上提高了铁路货运的效率与竞争力。

与此同时，还有一项重要的改革是高铁参与了快递服务，这在一定程度上降低了快递公司的成本费用，促进了消费。所谓的高铁快递，就是依靠高铁，在城市间提供小型包裹的快递服务（包含当日抵达以及次日抵达）。在此项服务出现之前，中国的快递运输业务主要依靠汽车，依托铁路运输的比例较低。并且，面对内外严峻的经济形势以及企业间激烈的竞争，铁路运输业需要在快递业寻求更好的出路，探索出新的获利领域。高铁业务的施行，的确降低了快递公司的成本，同时也吸引了更多快递公司开通此项业务。

总而言之，中国的铁路业获取收入的主要途径就是通过货运，与市场相适应、提高市场占有率是中国铁路运输业可持续发展的关键。中国铁路总公司的货运组织改革，涉及方方面面，影响力较大，成效明显，不仅使中国铁路总公司本身得到了更多的经济效益，而且还满足了市场的需求，有助于解决供求失衡的问题。因此，实践表明，铁路运输业的改革仍需走市场化改革的路子，并且要与国际对接，更多地吸收国外的经验与方法，最终实现更好地服务人民，满足消费者的多样化需求的目的。

第二，公司制改革实现政企分开，提升企业的竞争力。

中国铁路总公司的公司制改革分为三步：第一步，将包括中国铁路建设投资公司、中国铁道科学研究院等在内的非运输类企业进行公司制改革。第二步是让全国 18 家铁路局进行公司制改革。第三步就是中国铁路总公司自身进行公司制改革。

中国铁路总公司的公司制改革的主攻方向就是组建具有公司化的治理结构，

主要由董事会、经营层和监事会三者构成。对于董事会，其主要任务是为企业出谋划策，制定长远计划，并加之人事任命以及工资薪金的调整安排。企业的经营层主要担负公司的市场经营，为公司谋利益，降低亏损。而监事会的责任是负责监督，平衡权力。可以说，这些改革不但为企业市场化改革铺平了道路，也同时会提升公司的竞争力。此外，中国正处于深入实施供给侧结构性改革的阶段，要求大力发展实体经济，努力向制造业强国迈进，对于钢铁、煤等物资的需求量逐渐提升，货运形势也有好转。2017 年，中国铁路总公司无论是客运还是货运收入都有所提高，净亏损也同比去年大幅度降低，总体形势稳中向好。因此，中国铁路总公司市场化改革的做法与成效表明，应更加坚定地走市场化的道路，与市场接轨。

（四）国有企业股权多元化改革——以上海家化的改革为例

国有企业股权多元化是指的投资主体的多元化，剥离出一部分国有企业的产权，使一些非国有的股东，如个人股东、外资股东进入到国有企业，从而使国有企业走向市场化。

中国在股权多样化方面主要采取以下几种形式：

其一，通过新增不同类别的资本来实现。国有企业运用增资扩股的方式，吸引来自社会法人、企业内部职工、国有法人等方面的资本。对于国有企业本身的存量资本，则以清产合资、资产评估等办法，转变成有关股份，使该企业转变为股份有限公司或者有限责任公司。

其二，通过灵活分配存量资本来实现。把国有企业原有的资本在企业内部重新组合，国有企业原有的一部分资本转售给其他社会法人以及自然人或内部员工，并且将国有企业转变成正规的股份公司。这样一来，国有企业总资本没有发生变化，是资本的重新组合。

其三，运用收购与兼并的方式实现。通过收购与兼并的方式都会使企业的控股权发生变化。但是收购与兼并也存在不同，进行区分的主要方式是通过判定交易完成以后目标企业法人地位的存在与否。前者（指收购）完成以后，目标企业法人地位继续存在，而后者（指兼并）结束后，目标企业法人地位就会失去。对于两种企业都可以采取这些方式实现股权多样化。对于竞争力强的企业，通过收购与兼并实现控股方式股权多样化。对于一些竞争性领域中的，债务较多、经营负担较重的企业，以收购和兼并的方式实现资产重组以及股权结构的调整，达到以非控股的方式实现股权多样化。

其四，以联合并形成企业集团的方式实现。按照国有企业的能力与优势的差别将其分为两种：第一种是占据优势的国有企业通过对其他企业投资，达到对其他企业的控股作用，这样，该国有企业本身的股权结构发生了转变。此外，还可以是企业之间互相投资，让不同所有制企业形成企业集团。第二种是对于经营状况不太理想、负担重的企业主动加入企业集团，使其本身的资产结构产生对应的变化。

我们以上海家化企业的股权多元化改革为例，具体说明国有企业股权多样化的主要做法以及取得的成效。上海家化的全称是上海家化联合股份有限公司，它是中国行业历史悠久的民族企业之一，其前身是成立于 1898 年的香港广生行，于 2001 年在上海证券交易所上市，今年已步入发展的第 120 年。上海家化企业的股权多元化改革，主要体现在 2011 年中国平安从国资委手中得到了企业全部的股权，通过此次改制以后，上海家化离市场化更进一步，所处平台更加广阔、资源更加丰富。

上海家化公司之所以改制，主要目的有两个：一是面对外资日用化学品企业强大竞争力，通过改制缓解外资企业的冲击。在 2009 年，中国日化行业的市场总量大部分都由外资企业所占领。而国内的多数企业处于严峻的形势下，未能杀出重围，要么因为经营管理问题惨遭破产，要么被国际上的顶级公司收购，结局并不理想，行业形势堪忧。而此时的上海家化公司，虽然在国内是颇具生存能力的国有企业，但长此以往，必然会受到外部环境的冲击，改制已经箭在弦上。二是原有的体制结构致使企业的灵活度不高，通过改制努力实现企业的高效、长远发展。在上海家化改制之前，企业一直在国有体制的背景下艰难前行，这会在一定范围内限制企业的自主发展，自身的优势也难以体现出来。受到国有管理体制的影响，上海家化的审批制度烦琐、程序多，董事会以及股东大会的权力并不多，一些决定需要等待上级和国资委的批示，这样就使得企业执行能力不足，对于市场的反应略显缓慢，很容易错失有利的商业时机，进而对于整个企业的运转效率带来负面的影响。还有在人才激励方面，上海家化也受到旧体制的冲击，主要体现在薪酬体系以及股权激励上，并没有很好的调动员工的积极性，导致大量人才流失。综合看来，上海家化急需要改革原有的国有体制，给企业更多的自主权，从而真正地实现与市场的有效对接。

为此，基于以上两个目的，上海家化开始改制的征程。在之前，从股权份额上讲，国家占据了主要部分，持有企业大部分的股份。而改制的主要方面就是从国有的这部分股份入手，削弱股权。于是在 2010 年，经上海国资委讨论决定，全部出售上海家化有限公司。但是，当时的竞争者较多，最终的胜者为平安集团下属公司上海平铺投资有限公司，其以51亿元高价竞标成功，取得了上海家化的全部股权。此次改制可以说是上海国资委率先以市场化的方式大规模整体出售优质资产的经典例子。并且在此之后，企业又积极实施了股权激励的有关方案。即当中国平安入主上海家化不久后，又以最快的速度进行了第二次股权激励，主要的目标集中在企业的科研以及营销方面中坚力量，此类员工占比达到了40%。

经过改制以后，上海家化取得成效明显。不仅使主要会计指标较往年有显著增长，而且较好地激励了员工的工作积极性与主动性，新产品、新的营销渠道不断推出，有效地促进了企业生产与销售。

二、国有资产管理改革的典型案例分析

中国的国有企业改革，混合所有制改革是其重要内容，而资产证券化又是混合所有制改革的关键组成部分。资产证券化改革，主要目的大致有三个：一是通过改革进一步完善现代企业制度。国有资产管理体制与现代企业制度两者相辅相成，不可分割。资产证券化有利于产权的改革，而产权改革对于国有资产管理体制以及现代企业制度的优化至关重要。早在中共十八届三中全会上，中国就要求完善现代企业制度改革，因此通过资产证券化的方式达到此要求是必然的。

二是通过改革进一步提高国有企业的公司治理水平。国有企业在资产证券化的过程中，优质国有企业通过与其他国企竞争，提高企业实力，优化企业治理，从而吸引民营资本或者国外资本，形成一个良好的筛选治理机制。加之来自证监会、行业协会以及媒体等多方面的监督与约束，国有企业经营运作也会更加公开和规范，企业综合治理水平也会有所提升。

三是通过改革拓宽国有企业的融资渠道。以前，中国的国有企业主要是通过政府以及银行来获取资金，这种间接的融资渠道使国有企业资金来源单一，同时也限制了企业的更好发展，而通过资产证券化的方式，更多地依靠直接融资可以有效弥补这点不足，凸显出了市场的重要作用，中国的国有企业运作也变得更加高效、灵活。

当前，中国国有企业资产证券化的方式主要有三种：一是上市融资的方式。这种方式主要是国有企业以把自身的优质资产实现上市为目的，甚至为了使整个企业得到上市，积极发行新股。或者国有企业上市以后采取增发、配股、发债等办法再进行融资，还有就是运用吸收兼并的方式进行资产重组。二是私募

股权融资的方式。作为公司实现上市的一种融资方式，较多国有企业在上市之前都会经历一轮或者多轮的私募股权融资，从而最终实现上市的目的。三是采取具有创新性的方式。主要体现在运用收益权信托、收益权债券等方式对高速公路收费权、供排水收费权等缺少流动性但未来能有稳定现金流的存量国有资产进行证券化。

对于国有企业资产证券化的成功典型，我们以吉林电力股份有限公司（简称“吉电股份”）作为案例，梳理其主要的做法以及取得的成绩。吉林电力股份有限公司于 1993 年 4 月 28 日由吉林省能源交通总公司作为主发起人，以定向募集方式设立，总股本 12. 6 亿股。该公司是吉林省内和国家电力投资集团公司在东北区域唯一的以电力、热力投资和生产运营为主业的上市公司。吉电股份于 2002 年在深圳证券交易所上市，2005 年，中国电力投资集团公司成为吉电股份实际控制人。2015 年 5 月 29 日，中国电力投资集团公司与国家核电技术公司正式宣布合并，公司实际控股人——中国电力投资集团公司更名为国家电力投资集团公司。

吉林电力股份有限公司主要采取了上市融资的方式实现资产证券化，主要是体现在增发股票方面。在 2002 年，企业上市以后，其有效利用资本市场，运用再融资的方式努力实现企业更好的发展。2007 年，吉电股份通过发行股份购买资产的方式，以 5. 94 元/股向大股东定向增发 6 000 万股，购买松花江热电公司 94% 股权。此后，2013 年企业又以每股 2. 87 元的价格，发行了 62 151. 22 万股，筹集到的资金总额达 17. 84 亿元。这些举措都有助于提高吉电股份盈利能力，同时企业的生产能力以及业务规模都更上一个台阶。

此后，吉林电力股份有限公司为了进一步提高资产证券化率，在业务范围上积极转型，公司于 2016 年年底采取了增发新股的举措，以每股 5. 6 元的价格发行 6. 86 亿股，筹集资金达到 38. 4 亿元，主要投资于安徽南谯常山风电场项目等 7 个新能源发电项目以及补充流动资金，保荐承销机构为国信证券股份有限公司。

吉林电力股份有限公司通过采取资产证券化的方式有力地推动了企业自身的改革，提升了市场竞争力，成效明显，主要体现在以下几点：

第一，资产证券化降低了企业的资产负债率。资产负债率是企业的总负债与总资产的比值，它反映了企业利用债权人提供资金进行经营活动的能力，同时也可以体现出债权人发放贷款的安全程度。吉电股份在发行股票以后，资产负债率降低，此外企业本身抵御风险的能力也相应地增强。因此，国有企业积极推行资产证券化是有利的。

第二，企业的盈利能力提升明显。吉林电力股份有限公司通过发行股票筹集资金的同时，积极进行了转型，把资金投向了一些新能源项目，自身的产业结构得到升级。最重要的是吉电股份的盈利能力得到提升，一些债务资本转化成权益资本，相关的财务费用也有所降低。

第三，实现资产的合理配置，遏制国有资产的流失。吉林电力股份有限公司在增股筹资的时候必然受到严厉的监管与审核，主要的目的是防止资源的错配与乱配、偏离国家产业发展方向。因此，在经过国资委、证监会的有力的审核与监督之下，保证了资金的合理正确使用，遏制了国有资产的流失。

三、电子政务应用的典型案例分析

电子政务是指国家机关在政务活动中，全面应用现代信息技术、网络技术以及办公自动化技术等进行办公、管理和为社会提供公共服务的一种全新的管理模式。在互联网快速发展时期，实施电子政务在满足人民大众的需要的同时，也提升了政府部门的工作效率。因此，从提升政府本身服务水平的角度，发展电子政务的目的主要有以下几点：

第一，通过电子政务使政府更加方便、及时地向公众提供信息，提高工作效率。电子政务的发展，其基本的依托就是计算机以及网络。通过网络平台，政府公共部门的政策以及决议可以迅速地传递到公众手中。这样政府实现了信息的有效传达，公众收到信息后也可及时反馈。这样，在方便广大人民群众的同时还提高了公共部门的工作效率。

第二，运用电子政务的方式对公共部门实行有力监督。电子政务的发展以一种新的渠道实现了对政府部门的监督，其依靠网络平台实现信息的快速传递，可以从多地区收到来自于公众的多方面的意见与建议，在一定程度上有助于缓解政策时滞性问题。政府部门在收到相关的信息与意见后，可以及时讨论研究并改进，使政策更加完善与全面，从而更好地为人民服务，加强了与公众的联系也改善了政府自身的形象。

我们以建设北京新一代税务网络为例来说明发展电子政务的主要做法以及成效。在电子政务不断发展的环境下，税务部门也积极采取举措不断提升自己网络办公的效率与能力。以北京国税为例，其做法主要是：

第一，积极有效运用中国税收征管信息系统。中国税收征管信息系统是一套在广域网上运行的高平台税收征管主体软件，几乎涵盖了包括增值税管理在内的国税系统全面业务，并兼顾了对地税业务的可扩充性。该系统的主要特点包括：一是存储资料的容量庞大（包含基础资料以及数据资料），便利的税务部门信息查询，提高工作效率；二是使税务部门的有关工作更加公开，推动了税务工作人员的廉政、勤政建设。

第二，在应用此系统的基础上不断加强与网络公司的联合，以达到广泛使用该系统的目的。北京国税原来的一些网络业务所使用的网络产品比较低端，影响了工作效率。基于以上原因，北京国税积极采取措施与思科系统公司展开合作，共同为打造北京新一代税务网络而努力。在此项改进过程中，北京国税需要对城域网内的软件与硬件进行全方位的升级与完善，思科系统公司积极配合，为满足北京国税的需求，与北京国税业务部门有关业务部门以及技术部门专家交流，最终形成了双网共存热备份的网络方案。此次方案的运用，提高了城域网络的稳定性与可靠性，很好地实现了对北京国税的城域网的改造。

北京国税的网络改造与升级取得很好的成效，主要体现在以下几点：一是使北京网络系统的信息分布更加合理，信息交换更加方便快捷，有利于税收工作监督与管理。可以说依托更加先进的网络平台，税务部门的工作更容易展开，为公众的服务会更加到位与高效。二是印证了要想更好的发展电子政务，建设北京新一代税务网络，需要积极地与高端网络公司展开合作，从而实现互利共赢。本文中提到思科系统公司，其本身的产品、技术都是值得信赖的，税务部门与之合作有利于进一步提升自身的网络安全性、防止信息泄露，对于加强税务系统的信息化建设起到了重要作用。

四、事业单位改革的典型案例分析

事业单位作为一个重要的公共部门，涉及教育、卫生、文化、科技等方面，其本身的改革也是公共部门改革的关键。党的十九大报告中就提出“要深化机构和行政体制改革，深化事业单位改革，强化公益属性，推进政事分开、事企分开、管办分离”。

中国的推进事业单位改革的目的，我们可以从教育、卫生、文化这三个主要方面简略分析。对于教育事业而言，通过教育事业单位改革完善教育体制，从投入、教学、管理等方面入手，不断深化改革，提高教育投入的效率，减少不必要的支出，把费用都切实地用于教育事业的发展，同时不断提高教学水平，培养与引进高水平的师资队伍，提升学生知识水平和综合素质，从容应对来自国内外的激烈竞争。对于卫生事业而言，通过卫生事业单位改革，形成多种形式办医、完善公费医疗和劳保医疗制度，以及充分调动医疗机构和医务人员的积极性。对于文化事业而言，则是通过文化事业单位改革，转变政府职能，达到政事分开、政企分开以及管办分离的目的，同时促进重点经营性文化事业单位转企改制。

现以高等教育事业单位改革为例说明其主要做法及其意义所在。中国的高等教育是整个教育事业的重要组成部分，也是培养高质量人才的关键环节，高等教育的质量直接决定了走向社会、服务群众进而为中国的社会主义现代化建设贡献力量的人才的能力与素质。社会的进步、经济的发展、科技的创新都离不开人才，而人才又源于教育，因此推动教育事业单位的改革对于高质量人才的培养至关重要。近些年来，中国的高等教育事业取得了诸多成就，有力地促进了居民个人成长与经济社会发展。但是中国教育还不能完全适应国家经济社会发展，并且与教育发展迅速的一些国家的差距依然很大。

中国高等教育事业单位的改革主要从以下几点入手：

第一，高等教育事业单位自身的改革。高等教育事业单位包含各类大专院校、独立设置的研究生院（部）等，要处理好不同层级人员的权责利关系。进行党委和行政的权责分工与监督制衡、学校与院系权责分工与监督制衡、行政管理与学术主体之间的权责分工与监督制衡，并处理好教学主体与客体之间的关系等。同时，高等教育事业单位进行去行政化改革，减少自身的权力，增加社会的权力，从而更多地依靠社会、依靠市场的力量发展壮大高等院校的力量。

第二，高等教育事业单位处理好与政府的关系。为了大专院校以及独立的研究生院长足的发展，以适应外部多变的环境所带来的压力与挑战。高等教育相关单位与政府形成了融洽、合理的关系，配合政府的监督。同时，政府转变职能，减少对高等院校等单位的约束与限制，扩大学校的自主权，强化自我管理。

第三，高等教育相关事业单位进一步强化与国外的合作、交流。中国的高等教育事业单位改革并不是封闭进行的，而是与国外教育事业改革成功的国家加强交流与探讨，吸取经验，同时放低部门门槛，优化各类学习与研究的环境，更大力度地吸引优秀人才，为国内的教育事业发展、进步增添活力。

通过各项改革，中国的高等教育事业单位逐渐形成了合理布局，学校或学院各层级领导与职工的权责利关系也更加明确，相互之间的关系更加融洽。此外，高等教育事业单位的教学水平以及国际竞争力也在稳步提升。

五、行政部门“放管服”改革的典型案例分析

近些年来，中国的一些市地在行政“放管服”改革方面采取了行之有效的创新措施，降低了企业的制度性交易成本。现以山东济南高新区和福建福清市行政改革为例，做简要的介绍和分析。

（一）山东济南高新区“放管服”改革的主要做法和成效

济南高新区是 1991 年经国务院批准设立的首批国家级高新技术产业开发区。为推进政府职能转变、提升行政效能，2016 年 5 月济南高新区实施行政改革，取得了较大成效。具体改革措施包括：

一是推进管理体制优化，着力构建引领经济社会健康发展的政府职能配置新体系。探索突破行政资源条块分割的传统配置模式，重新科学配置行政权力，在不超过市编委核定的机构个数、编制总量和领导职数的前提下，按照横向归并整合、纵向衔接归口和梯次分步推进的方法，进一步推进“大部制”改革和行业管理体制创新，着力构建引领经济社会健康发展的政府职能配置新体系。第一，以建设“大部制”为核心，打造快速高效的行政管理体系；第二，以打造专业化园区为突破，构建系统规范的招商服务体系；第三，以强化服务发展为定位，理顺法治和谐的社会治理体系；第四，以创新创业为驱动，构筑积极稳健的融资建设体系。

二是推进行政权力下放，着力促进高新区管理重心下移。把行政审批制度改革作为简政放权的“先手棋”，认真做好“放、管、服”工作，坚持用政府权力的“减法”、责任的“加法”，换取市场活力的“乘法”。济南市向高新区管委会全面下放行政审批、行政处罚等 10 类市级行政权力事项，涉及市发改委、民政局、卫计委、教育局、投资促进局、工商局等 47 个部门共计 3 250 项。

三是推进全员 KPI 考核，着力形成“人员能进能出、干部能上能下、待遇能高能低”的人力资源管理制度。第一，建立激励机制，激发队伍活力。改革中，打破行政事业编制、编制内外身份界限，实行全员岗位聘任制，实施无差别人力资源管理。建立“管委会—工作部门—责任主管”三个层级的“扁平化”管理架构。岗位聘任主要采取直接聘任、竞争聘任、双向选择聘任、社会招聘等方式进行，通过调整一批、交流一批、聘任一批来化解矛盾，吸引人才，激发活力。第二，全员绩效考核，优化指标体系。引入 KPI（关键绩效指标）考

核原理，实施全员战略绩效考核。全员绩效考核优化指标体系是通过对组织内部流程的关键参数进行绩效考核的一种方法。KPI 即关键业绩指标，重点突出少数关键性工作要点，运用“二八原理”，用 20% 指标体现 80% 工作质量。根据管委会发展战略，层层分解指标，提炼各层级的 KPI 指标库，明确部门主要责任和部门员工的业绩衡量指标，确保业绩考评建立在量化基础上。每年依据高新区年度目标任务和市委、市政府工作要求，从 KPI 指标库中提取年度、季度、月度考核指标，形成三级指标体系。通过全员 KPI 考核，为产业发展和招商引资提供智力支撑。

济南高新区的行政改革，取得了较好成效，在明晰街道职能定位、创新基层社会管理机制、完善基层公共服务体系等方面取得新的突破，形成对进区项目有保障、社会民生和谐有序的良好发展环境。这一改革，不仅降低了企业的制度交易成本，节省了企业的时间成本、人力成本和资金成本，而且逐步形成了有利于创新发展的良好“生态环境”，使一些大项目、好项目留得住、落得下，激发了市场活力和社会创造力。2016 年高新区新增纳税企业 6 500 多家，扩大了税源，夯实了财政收入的基础。

（二）福建省福清市行政“放管服”改革的主要做法和成效

2016 年，福清市推行投资项目并联审批制度，推出“四个一”提速投资项目的审批工作，具体改革措施包括：

一是制定一个方案。对投资项目采取“一表申请、一口受理、一章审批、超时默认”的审批模式，对发改局、环保局、国土局、规划局、消防大队、人防办、住建局、林业局、水利局、气象局等 10 个单位的 35 个审批事项予以归口管理、审批流程进行再造，分成 4 类窗口、4 类审批事项，即规划选址及用地报批阶段、立项阶段、施工许可阶段、竣工验收阶段。

二是实施一套细则。福清市委、市政府为投资项目并联审批的实施更加具有可操作性，结合并联审批方案内容，同步推出《政府投资项目并联审批操作细则》和《社会投资项目并联审批操作细则》，对两类投资项目的 4 个审批阶段进行详细的规定。每个审批阶段均采用图表和文字说明相结合的形式，对 4 个阶段的申请流程、申请表单、申请材料、审批时限及各审批单位的责任分解进行详尽的说明和指导。同时将以计划代立项、简化社会稳定性评估、区域环评后简化具体项目环评、证图分离、实行一阶段施工图预审等一系列简化措施融入审批流程，实现进一步简化程序、压缩时限。

三是印发一个办法。结合整肃“为官不为”实行“下课问责”暂行办法、强化在一线考察干部工作实施细则等规定，制定投资项目并联审批考核办法，通过日常考评、明察暗访、专项通报、民主评议、双向考核、调阅资料等方式对相关部门及人员进行考核，对违反“一表申请、一口受理、一章审批、超时默认”等33种情形分别明确具体问责对象和问责措施。

四是建立一个平台。注重运用科技手段，推动审批电子化、信息化，同时加强对行政审批流程监督。其一，建立投资项目并联审批系统，系统实现与省政府投资项目在线监管平台、省网上办事大厅和省、福州市法人库及统一身份认证系统的对接，具备并联审批、项目信息共享、审批流程监管等功能。其二，推行投资项目并联审批系统与“多规合一”业务平台协作审批，各审批单位可以在投资项目并联审批系统中，通过链接访问到福清市“多规合一”平台，运用“一张图”成果，简化现场踏勘，实现网上图审，进一步提高审批效率。其三，推行网上电子审批。

福清市的投资项目并联审批制度，不仅优化了工作流程，提高了办事效率，降低了企业的制度性交易成本，而且在整肃“为官不为”方面进行了有益探索。

第四节　中国公共部门改革的基本经验

经过40年改革实践，中国公共部门取得了巨大成就，政府部门的职能得以优化调整，公共服务能力和水平显著提升，逐步建立起适应社会主义市场经济需要的公共部门体系，为经济社会发展和人们生活水平提高做出了巨大贡献。总体而言，中国公共部门改革的基本经验主要包括以下几个方面。

一、采取渐进式改革路径，以问题为导向，紧扣改革重点

中国的经济社会发展与转型，是由计划经济向市场经济转变中引发的经济社会结构的一种整体、根本性的变革，也是各系统之间相互作用、相互影响、相互促进和制约的过程。改革开放是前无古人的崭新事业，其他社会主义国家也没有干过，只能通过实践、认识、再实践、再认识的反复过程，从实践中获得真知。为了减少改革风险，中国公共部门的改革选择的是渐进式改革路径。“摸着石头过河”，是渐进式改革方略在初始阶段的形象表述。改革伊始，我们对改革走向何处、对经济体制的调整与转变，并没有一个明确的目标，对一些问题的认识也不是非常深刻，并不存在一个统一的认识，相反，在许多重大问

题上都存有激烈的争论。在这种情况下，采取渐进式改革路径是一种必然的选择。三是采取先改革增量、以增量改革带动存量改革，以及先试点后推广、局部推进与整体转变相结合等的办法。这样一方面可以通过渐进式改革积累经验、探索路子，以利于推进更大的改革，另一方面又可以避免社会出现大的震动，使人民得到看得见的利益和好处，从而为进一步改革提供良好的社会环境和强大动力支持。采取渐进式的改革方式，可以对公共部门改革的实施情况进行不断的检验和反思，便于根据实际情况及时调整，提高改革的科学性，减少和避免改革对经济社会发展的不利影响，降低改革的成本和风险。

在公共部门改革中，中国还坚持问题导向，紧扣改革重点。由于每一个阶段面临的问题是不一样的，因而每一阶段都有不同的改革目标和任务。从中国公共部门改革推进情况来看，基本上都是对该领域当时那一时期影响发展问题的回应。例如，国有企业改革的每一次推进，都是以解决现实问题为主要任务，从放权让利到建立现代企业制度，再到国有企业的战略性调整、混合所有制改革，都是围绕当时国有企业面临的主要任务和问题而推进的。总之，发展中面临的严峻形势和突出问题，使中国公共部门走向改革之路，改革的每一次推进，都是对现实问题的回应，以解决现实中的困难与矛盾为主要任务。

二、理顺政府与市场、社会的关系，优化公共服务供给方式

政府与市场、社会的关系，是公共部门改革中需要正确处理的核心问题。中国公共部门改革的顺利推进，与正确处理三者的关系密切相关。

在经济领域，政府的边界不是简单的定位于“市场失灵”范围。政府与市场的有机联系以及其作用边界应从社会再生产和社会发展的整体中去理解。政府与市场“两者融合”于社会再生产和社会发展之中，二者之间呈现多种关系组合。一方面，作为市场的一个主体，政府与个人、企业等其他市场经济主体，在市场制度下平等参与市场交易。另一方面，作为国家与社会的管理者，政府在整个国民经济体系中对市场运行进行监督、调控和必要的补充。在这个层面上，政府与市场的关系实质上是指“政府干预”与“市场自由”在经济和社会中结合的程度，它主要体现的是一种宏观层面的关系。需要依据形势的变化，及时调整政府与市场关系的形式和内容，使其保持一种动态平衡。在社会领域，随着社会的自主性增强，必然要求政府向社会适当放权，社会自主管理权力的增加，意味着政府管理权力的减少。然而，这种对立性又是相对的，政府和社会组织之间还存在着相互影响、相互渗透的关系，并在特定条件下相互转化和

构造。在这种情况下，如何有效的确定二者的边界，成为社会领域建构的重点和难题。

受内部因素和外部因素的影响，政府与市场、社会的关系，无论是在各种关系之间，还是在每种关系的内部，总是在进行或强或弱、或大或小地调整，呈现一种动态变化。影响其变化的内部因素主要是指经济因素和社会因素，即经济形势和社会发展环境的变化。此外，各自国情和文化传统对各国政府与市场、社会关系的影响也比较大。特别是对发展中国家来说，所处经济发展阶段是确定其政府与市场、社会关系的最大国情。不同的发展阶段，政府与市场、社会的关系是不同的；发展阶段的变化，也必然带来政府关系的变化和调整。

从公共服务供给来看，政府、市场和社会都可以参与提供公共服务（公共产品），但三者各有其优缺点。政府机制通常用来提供公共产品，市场机制主要用来提供私人产品，但也可以参与公共产品供给，而社会机制则可以参与提供准公共产品或混合产品。正是由于各种供给主体和方式之间既存在优点，也存在缺点，单靠某一种方式很难有效提供公共产品，因此，应该在政府、市场与社会三者关系的互动中，寻求一种更为理想的供给方式，即在公共服务供给和社会管理中的多元化供给或管理主体的基础上，优势互补，发挥各自不同的独特作用，形成一种新的合作和互补供给方式。实际上，中国公共部门的改革就是遵循了这一原则，实现了公共服务供给方式的创新，充分发挥了政府、市场和社会三者的作用，提升了公共服务的供给水平。

三、推动从“全能型政府”到“服务型政府”转变，系统推进“放管服”改革

经济社会转型，本身就是对政府的一个考验，首先需要政府自身实现转型。由于转型是一个新旧交替的过程，经济社会结构、功能的分化与变动，必然要求政府的结构、功能以及作用方式和领域等随之而变化、调整，以解决在与市场、社会关系中出现的“越位”和“缺位”问题。如果变化、调整不能随之到位，就可能出现功能性障碍，也就是政府权力的调整与现实需求相脱节，制约政府功能的有效发挥。为此，在中国公共部门改革中，始终把转变政府职能作为一个重要环节去抓，实现了从“全能型政府”到“服务型政府”的转变，即：把服务作为管理的出发点和归宿，将现代政府为全社会和全体人民服务的核心理念贯穿渗透到政府经济管理的整个系统之中，最终落实和体现在政府经济管理的各部门、各层次、各环节的具体实践与行动上。

在政府职能转换中，有其要加强健全市场规则和加强市场监管职能。政府要修正市场结果和弥补市场失效，加强对那些市场管不好的方面和部门的管理，为市场经济的运行创造制度、物质基础和良好的环境。具体地说，政府作为制度的供给者，应通过制定和执行相关法律法规，履行其在市场监管方面的主要职能，即以法律制度界定和保护产权，保障产品和生产要素的流通，打破地方和部门的行政性垄断和限制，建立和维护统一、开放和公平竞争的市场秩序，创造有信用的、可预期的、公平竞争的市场秩序，等等。

近年来，为了解决政府在新阶段存在的新问题，中国又大力开展了“放管服”改革，进一步提升政府的效率和能力。

一是加大“管服”方面改革的力度，提升“放管服”改革的协调性。“放管服”是一项系统性改革，不能重“放”而轻“管服”。“放”是为了解决政府的“越位”问题，“管服”是为了解决政府的“缺位”问题，只有将二者有机结合起来，才能给企业增加活力、为公众提供便利，从而达到改革的目标。加大“管服”方面改革的力度，实际上就是要提升政府的服务能力，解决放权之后如何更为有效地促进市场运转的问题，以能力的提升降低制度性交易成本。

二是推进深层行政审批制度改革，完善相关配套措施。取消和调整制约经济发展、束缚企业活力和创造力的行政审批事项，更好地向市场和社会放权。特别是围绕当前民间投资下降问题，完善市场准入机制，健全企业投资项目核准、备案、监管等制度，实施企业投资项目准入负面清单、行政审批清单、政府监管清单管理。落实企业投资主体地位，提高投资有效性。在基础设施和公用事业等领域，实行公开市场准入标准和支持政策，鼓励社会资本进入医疗、养老、交通、教育等公共服务领域。

三是推进市县审批层级一体化改革，增强简政放权的协调性。对于直接面向基层、量大面广、由基层实施更方便有效的审批事项，下放给基层政府实施。对于中央和省市出台的一些简政放权措施，制定相关的实施细则，加强部门之间的联动，把简政放权落到实处。

四、实行政企分开，建立现代企业制度，推进国有企业功能导向型改革

国有企业与政府的关系集中于政企是否分开，如何分开；政企分开的核心是所有权与经营权能否分离，如何分离。这是国有企业改革克服传统体制弊端所要解决的主要问题。为增强企业的市场活力，政府就采取了“放权让利”的

做法。由于所有权与经营权混为一谈，在向企业下放经营权的同时，往往将所有权一并下放，为企业内部人控制一切提供了条件。当发现企业失控时，政府又倾向于上收权力。在上收所有权的同时，往往又将经营权一并上收，将企业管死。这种循环往复的过程，使国有企业改革处于两难的境地。1993年，中共十四届三中全会在确定社会主义市场经济体制改革目标之后，改变了这种“放权让利”的做法，提出了一个新的思路，即通过企业制度创新稳妥地实现所有权与经营权分离。

公司制度恰恰提供了一种科学、可行的所有权与经营权分离的制度安排，将其移植到国有企业，可以较好地解决长期困扰政府与企业的所有权与经营权关系问题，从而使公有制、国有企业与市场经济能否有效结合的制度难题得以基本解决。中国改革的实践表明，国有大中型企业的公司制改革中最重要的环节是建立和完善公司法人治理结构。法人治理结构一旦被扭曲，就不能实现公司制改制的初衷。只有公司法人治理结构建立起来和正常运行了，现代企业制度才可以说是建立起来了。

国有经济与民营经济不应是相互排斥的，而是可以共荣共进的，关键是确认它们在各自适宜发展的领域发挥作用。国有企业分类是新时期深化国有企业改革的前提和基础，分类推进国有企业改革既考虑了国有企业首先是企业的一般特征，又考虑了国有企业应当肩负的重大责任和特殊使命。根据国有资本的战略定位和发展目标，结合不同国有企业在经济社会发展中的作用、现状和发展需要，将国有企业分为商业类和公益类。通过界定功能、划分类别，实行分类改革、分类发展、分类监管、分类定责、分类考核，提高改革的针对性、监管的有效性、考核评价的科学性，推动国有企业同市场经济深入融合，促进国有企业经济效益和社会效益有机统一。按照谁出资谁分类的原则，由履行出资人职责的机构负责制定所出资企业的功能界定和分类方案，报本级政府批准。各地区可结合实际，划分并动态调整本地区国有企业功能类别。

五、防范腐败和管理风险，提高国有企业发展质量和运行效率

在国有企业改革中，中国始终把防范腐败和管理风险、提高国有企业发展质量和运行效率放在重要位置去抓，出台了一系列的制度和管理措施。主要表现在：

一是完善国企党建工作，探索坚持党的领导与完善公司法人治理结构相结合的有效途径。加强党的建设，进一步发挥党的领导和在重大决策中的作用；

坚持和完善双向进入、交叉任职的领导体制，进一步明确国企党组织在公司法人治理结构中的法定地位；加强党的基层组织和机构建设，同步设置党的组织及工作机构，配备党组织负责人及党务工作人员，有效发挥党组织作用。

二是建设阳光国企，打造立体监管模式，形成监管合力。其一，加强监管体系建设，初步形成了全面覆盖、分工明确、协同配合、制约有力的国有资产监督体系。其二，加强企业内部控制制度建设，增强流程管控刚性约束，使得内部监督及时有效。其三，强化出资人监督，加强对企业关键业务、改革重点领域、国有资本运营重要环节的监督。其四，实施信息公开，加强社会监督，建设阳光国企。其五，加强纪检监督、审计监督、巡视监督，建立有效的外部监督协同联动和监督会商机制，形成监督合力。

三是严格落实管党治党主体责任，坚持不懈抓好党风廉政建设和反腐败工作。其一，建立学习、教育制度，加强党员教育管理，提升国有企业的向心力和职工业务素质能力与水平。其二，建立巡视制度，扎实开展巡视工作，从严监督管理企业领导人员。其三，建立国有企业重大决策失误和失职、渎职责任追究倒查机制，加大国有企业违规经营投资责任追究力度。

四是加强制度建设，强化制度约束，有效防止国有资产流失。例如，2017年12月，制定了《关于加强中央企业境外廉洁风险防控的指导意见》，从企业集团层面对境外廉洁风险的统一管控、境外单位廉洁风险的内部防控、境外人员的日常监管、监督部门的协作以及境外单位的纪检组织建设等方面提出了明确的要求。再如，为了实现资源的有效配置，防止国有资产流失，2018年5月，中国出台了《上市公司国有股权监督管理办法》，对上市公司的国有股权变动行为做出了详细的监管规定，文件主要包含了以下几方面：国有股东通过证券交易系统转让上市公司股份、公开征集转让、非公开协议转让、无偿划转、间接转让、国有股东发行可交换公司债券；国有股东通过证券交易系统增持、协议受让、间接受让、要约收购上市公司股份和认购上市公司发行股票；国有股东所控股上市公司吸收合并、发行证券；国有股东与上市公司进行资产重组等行为。

六、从管资产到管资本，推进国有资产管理体制改革

国企改革是先经历政企分开、放权让利的时期，此后又进行了政资分开的改革，而政资分开避免了行政部门对企业的直接干预，有利于国有资产管理体系的完善。然而，对于随后形成的国资委，国家授予其管资产的权力，但是其

管理模式依然具备政府行政部门的特点，这就催生了政企未能真正实现分离，政资不能完全分开以及企业所有权和经营权分离困难等问题，并且国资委把控企业的资本投资权，这本不应该属于其职责范围，最终就形成了“国资委调节市场，市场又引导国资委的悖论。”

因此，要解决上述问题就要积极推进国有资产管理体制改革，并且要真正实现从管资产到管资本的转变。按照中共十八届三中全会所指出的：“第一，以管资本为主加强国有资产监管，改革国有资本授权经营体制，支持有条件的国有企业改组为国有资本投资公司。而且要坚持以市场为导向，采取多种形式的股权多元化改革，在此基础上积极推进股权多元化创新。第二，国有资本投资运营要服务于国家战略目标，更多投向关系国家安全、国民经济命脉的重要行业和关键领域，重点提供公共服务、发展重要前瞻性战略性产业、保护生态环境、支持科技进步、保障国家安全。”抓住主要矛盾，从而更好的发挥市场在资源配置中的决定作用，实现资源的有效配置，提升国有企业的整体服务水平。

七、坚持政事分开、事企分开，不断推进事业单位分类改革

通过以上对于事业单位改革的历程以及事业单位改革的案例分析，我们可以看出事业单位分类改革具有重要的意义。虽然就目前情况来说，改革的过程中存有一些问题，但是改革的方向是明确且是正确的。因此，事业单位分类改革之所以在正确的道路上继续前行，主要是做到以下几点：

一是坚持政事分开、事企分开和管办分离的原则，按照《中共中央国务院〈关于分类推进事业单位改革的指导意见〉》的要求，对于承担行政职能、从事生产经营活动和从事公益服务的事业单位继续进行分类改革。

二是在原有法律体系的基础上，进一步出台与事业单位改革相关的法律，不断增强法律法规之间的协调配合。

三是打破行政垄断，实现事业单位的合理分工，提升公共服务的供给效率。

八、坚持软件、硬件两手抓，加强电子政务信息化体系建设

在网络不断进步与发展的年代，中国电子政务的发展使中国公共部门的建设更加完善，并且提高了的服务效率与服务水平。从前面案例分析可知，利用信息技术能够优化政府工作流程、提升工作效能。济南高新区建设网上超市，实现政府采购电子化。新开发了“网上超市交易管理系统”，并运用“互联网+政府采购”，将 PPP 模式引进电子化政府采购平台，实现网上超市系统升级，通

过“政采电商”模式将供应商、服务商、采购人等政府采购市场的参与者进行整合；运用“外网+内网”技术，实现政府采购与财政支付平台、资产管理等系统有效衔接，逐步打造高新区政府采购“一站三库四系统”的管理体系。

纵观中国电子政务的发展，主要还是从内外两方面进行改革与完善。具体讲，就是要坚持从政府部门本身的管理以及与外部网络信息部门的协同配合两方面下足功夫。政府部门电子政务的主攻方向是：一是要简化工作流程，推动政务信息系统的互联互通以及信息共享，提升公共服务的供给效率。二是进一步加强网络安全保障建设，确保电子政务信息的安全性与可靠性。三是要积极推动网络公司等信息化平台与政府公共部门的协同配合，展开深入的交流与合作，提升政府部门的硬件与软件的服务效率。最终向管理服务型的方向发展，拉近公共部门与人民群众的距离，为提供更加优质的服务、满足人民美好生活的需要打下坚实的基础。

参考文献

[1] 习近平谈治国理政［M］. 北京：外文出版社，2014.

[2] 十八大以来重要文献选编［M］. 北京：中央文献出版社，2014.

[3] 中共中央文献研究室编. 十二大以来重要文献选编［M］. 北京：人民出版社，1986.

[4] 中共中央文献研究室编. 改革开放三十年重要文献选编［M］. 北京：中央文献出版社，2008.

[5] 谢旭人. 中国财政改革三十年［M］. 北京：中国财政经济出版社，2008.

[6] 党的十九大报告辅导读本［M］. 北京：人民出版社，2017.

[7] 赵振华，陈龙等. 完善社会主义市场经济体制重大问题解析［M］. 北京：中共中央党校出版社，2005.

[8] 苏星. 新中国经济史［M］. 北京：中共中央党校出版社，1999.

[9] 国务院关于国有资产管理与体制改革情况的报告——2016年6月30日在第十二届全国人民代表大会常务委员会第二十一次会议上［R/OL］.（2016-7-1）http://www.npc.gov.cn/npc/xinwen/2016-07/01/content_1992683.htm.

子报告7：推动可持续发展的城市化和市政服务

自改革开放以来，中国城市化（城镇化）进程明显加快，不仅带动了中国经济的高速发展，同时也促进了居民生活水平的极大改善，中国的综合国力也得到明显提升。中国之所以能够取得这么大的成就，很大程度上是因为中国在城镇化发展进程中注重对可持续发展理念的运用，这深刻体现在中国城市市政服务和市政建设方面的相关政策上。本部分重点介绍中国市政服务和市政建设支持中国城市化发展的具体政策、做法及相关经验，以期为中亚国家城市化发展提供借鉴。

第一节　中国城市化发展进程和可持续城市的现状

城镇化是实现经济、社会现代化的重要路径，同样是实现经济增长和居民物质生活富足"中国梦"的历史选择。由于历史的原因，中国在新中国成立之初城镇化水平较低，经济、社会发展相对较为落后。在改革开放之后，中国经济由计划经济体制转向市场经济体制，经济活力得到极大释放，自此经济得到极大发展，中国城镇化发展也取得了世界瞩目的成就。

一、中国城市化发展进程

改革开放以来中国取得诸多成就，城镇化的迅速发展就是其中之一。尤其在1996年以后，中国的人口城镇化率快速提高，到2017年底中国的城镇人口占总人口的比重达到58.52%（见表7－1）。根据"十三五"规划纲要的目标，到2020年底，中国的常住人口城镇化水平将达到60%。表7－1呈现了1978—2017年中国总人口、常住人口及城镇化率的变化趋势。从人口来看，1978年中国的总人口为96 259万人，到2017年总人口达到139 008万人，为改革开放前总人口的1.44倍；从城镇人口来看，1978年中国城镇总人口为17 245万人，到2017年则达到81 347万人，为改革开放前城镇总人口的4.72倍。从总人口和城镇常住人口的比较中可以看出，城镇人口的增长速度明显快于总人口增长速度。1978—2017年，中国的城镇人口比重从17.92%增长到了58.52%，增长了40.60个百分点，平均每年增长约1.04个百分点。

表7-1　　中国总人口、常住人口及城镇化率（1978—2017年）

年份	年末总人口（万人）	城镇人口（万人）	城镇人口比重（%）	年份	年末总人口（万人）	城镇人口（万人）	城镇人口比重（%）
1978	96 259	17 245	17.92	1998	124 761	41 608	33.35
1979	97 542	18 495	18.96	1999	125 786	43 748	34.78
1980	98 705	19 140	19.39	2000	126 743	45 906	36.22
1981	100 072	20 171	20.16	2001	127 627	48 064	37.66
1982	101 654	21 480	21.13	2002	128 453	50 212	39.09
1983	103 008	22 274	21.62	2003	129 227	52 376	40.53
1984	104 357	24 017	23.01	2004	129 988	54 283	41.76
1985	105 851	25 094	23.71	2005	130 756	56 212	42.99
1986	107 507	26 366	24.52	2006	131 448	58 288	44.34
1987	109 300	27 674	25.32	2007	132 129	60 633	45.89
1988	111 026	28 661	25.81	2008	132 802	62 403	46.99
1989	112 704	29 540	26.21	2009	133 450	64 512	48.34
1990	114 333	30 195	26.41	2010	134 091	66 978	49.95
1991	115 823	31 203	26.94	2011	134 735	69 079	51.27
1992	117 171	32 175	27.46	2012	135 404	71 182	52.57
1993	118 517	33 173	27.99	2013	136 072	73 111	53.73
1994	119 850	34 169	28.51	2014	136 782	74 916	54.77
1995	121 121	35 174	29.04	2015	137 462	77 116	56.10
1996	122 389	37 304	30.48	2016	138 271	79 298	57.35
1997	123 626	39 449	31.91	2017	139 008	81 347	58.52

注：1981年及以前人口数据为户籍统计数；1982年、1990年、2000年、2010年数据为当年人口普查数据推算数；其余年份数据为年度人口抽样调查推算数据。总人口中包括现役军人，按城乡分人口中现役军人计入城镇人口。

资料来源：中国国家统计局。

城镇化不仅仅体现在城镇人口数量的增加上，也体现为城市规模自身的扩张，而城市规模的扩张主要表现在城区面积和城市建成区面积的增加。根据《中国城乡建设统计年鉴2016》统计数据（见表7－2）显示，不论是城区面积还是建成区面积，城市规模都表现出了一定程度的扩张。由于城区面积统计口径在2005年发生了变化，所以这里只考虑城区面积的变化情况。1981—2005年城市建成区面积增长了大约1倍，2006—2016年增长了19%左右。从城市建成区面积来看，从1981年的7 438.00平方公里增长到了2016年的54 331.50平方公里，增长了约6.30倍。而城镇人口从1981年的20 171万人增长到2016年的79 298万人，增长了2.93倍。可以看出，城镇人口的增长速度明显低于城市面积的扩张速度。

表7－2　中国城市城区面积、建成区面积及增长率（1981—2016年）

年份	城市城区面积（平方公里）	城市城区面积增长率（%）	城市建成区面积（平方公里）	城市建成区面积增长率（%）
1981	206 684.00	—	7 438.00	—
1982	335 382.30	62.27	7 862.10	5.70
1983	366 315.90	9.22	8 156.30	3.74
1984	480 733.30	31.23	9 249.00	13.40
1985	458 066.20	－4.72	9 386.20	1.48
1986	805 834.00	75.92	10 127.30	7.90
1987	898 208.00	11.46	10 816.50	6.81
1988	1 052 374.20	17.16	12 094.60	11.82
1989	1 137 643.50	8.10	12 462.20	3.04
1990	1 165 970.00	2.49	12 855.70	3.16
1991	980 685.00	－15.89	14 011.10	8.99
1992	969 728.00	－1.12	14 958.70	6.76
1993	1 038 910.00	7.13	16 588.30	10.89
1994	1 104 712.00	6.33	17 939.50	8.15
1995	1 171 698.00	6.06	19 264.20	7.38
1996	987 077.90	－15.76	20 214.20	4.93
1997	835 771.80	－15.33	20 791.30	2.85
1998	813 585.70	－2.65	21 379.60	2.83

续表

年份	城市城区面积（平方公里）	城市城区面积增长率（%）	城市建成区面积（平方公里）	城市建成区面积增长率（%）
1999	812 817.60	-0.09	21 524.50	0.68
2000	878 015.00	8.02	22 439.30	4.25
2001	607 644.30	-30.79	24 026.60	7.07
2002	467 369.30	-23.09	25 972.60	8.10
2003	399 173.20	-14.59	28 308.00	8.99
2004	394 672.50	-1.13	30 406.20	7.41
2005	412 819.10	4.60	32 520.70	6.95
2006	166 533.50	-59.66	33 659.80	3.50
2007	176 065.50	5.72	35 469.70	5.38
2008	178 110.30	1.16	36 295.30	2.33
2009	175 463.60	-1.49	38 107.30	4.99
2010	178 691.70	1.84	40 058.00	5.12
2011	183 618.00	2.76	43 603.20	8.85
2012	183 039.40	-0.32	45 565.80	4.50
2013	183 416.10	0.21	47 855.30	5.02
2014	184 098.60	0.37	49 772.60	4.01
2015	191 775.50	4.17	52 102.30	4.68
2016	198 178.60	3.34	54 331.50	4.28

注：2005 年及以前年份的“城区面积”为城市面积。
资料来源：《中国城乡建设统计年鉴 2016》。

（一）改革开放以来中国城市化的特点

中国城市化总体来说有如下特点：

（1）城市化进程发展速度快、规模大。根据《中国城乡建设统计年鉴2016》，1978 年中国的城市数量为 193 个（其中地级市 98 个，县级市 92 个），到 2016 年则增长到了 657 个（其中地级市 293 个，县级市 360 个）。根据世界银行统计数据，1978 年全球城市人口占世界总人口的 38.48%，而同期中国的城镇化水平仅为 17.92%，低于世界平均水平，并且略低于低收入国家城市人口占比（为 18.48%）；到 2017 年全球的城市人口占比为 54.74%，同期中国的城镇化水平达到58.52%，高出世界平均水平，并且显著高于中等收入国家的51.69%。由此可见，中国城镇化进程发展是非常迅速的，1978—2017年中国城镇化的速度快于世界城市化的速度，表明有着近14亿人口的中国对于世界城市化水平的提升有着十分重要的推动作用。

（2）城镇人口和城区建设面积均表现出快速扩张趋势，并且后者增长速度更快。图7－1呈现了中国1982—2016年城市建成区面积增长率和城镇人口增长率的变化趋势。可以看出，除了1982年、1985年、1996—2000年、2006年和2008年9个年份以外，其余年份城市建成区面积增长率均较大幅度高于城镇人口增长率。这说明在城镇化进程中，尽管城镇人口和城市面积均在增长，但是城市面积扩张更快。平均来看，1982—2016年城市建成区面积增长率平均每年为5.88%，1982—2016年城镇人口增长率平均每年为4.00%，也就是说城市建成区面积增长率平均每年高出城镇人口增长率约1.88个百分点。另外，从图7－1中还可以看出，城市建成区面积每隔几年就有一次较大的扩张，如1984年、1988年、1993年、2003年和2011年均表现出快速的增长，但是城镇人口的增长表现相对较为平稳。从整体趋势来看，城市建成区面积增长率和城镇人口增长率均逐渐下降，这表明城镇化发展的方式在逐渐转变。

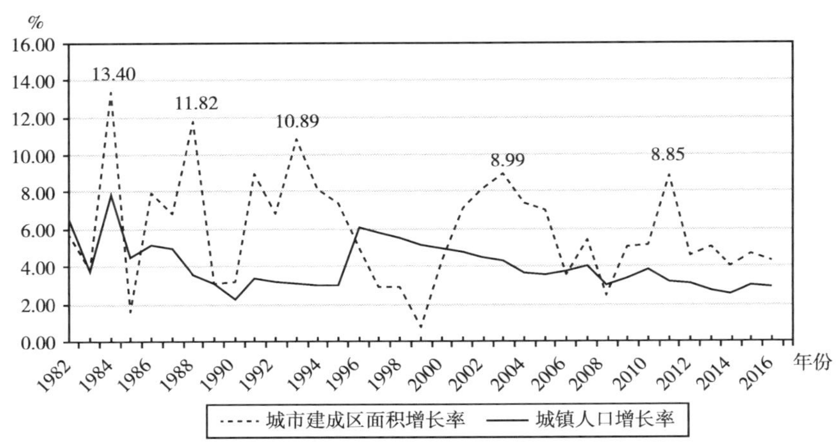

图7－1　城市建成区面积增长率和城镇人口增长率变化趋势

资料来源：《中国统计年鉴》和《中国城乡建设统计年鉴》。

（3）工业发展对城市化进程具有较强的拉动作用。工业化水平的发展，一般可以用第二产业占比情况来描述，这里用第二产业产值占GDP的比重衡量。

工业发展对城镇化水平的推动作用可以通过两者的偏差来测度，本文定义“偏差系数 = 城镇化率 ÷ 工业化率 - 1”来衡量工业发展的拉动作用。一般来说，该系数大于零并且较大，说明城镇化的分布情况较为合理。图 7 - 2 呈现了 1978—2017 年工业化率、城镇化率和偏差系数的变化情况，工业产值占比在改革开放以来维持在 40%—50% 之间，从偏差系数变化可以看出城镇化率与工业化率的差距越来与小，并且在 2008 年超过工业化率，可以说长期较高的工业水平对推动城市化发展意义重大。这说明，伴随着改革开放的深化，早期的“工业优先发展”政策对城镇化推动作用逐渐加强，并使城镇化逐渐赶超工业发展水平。

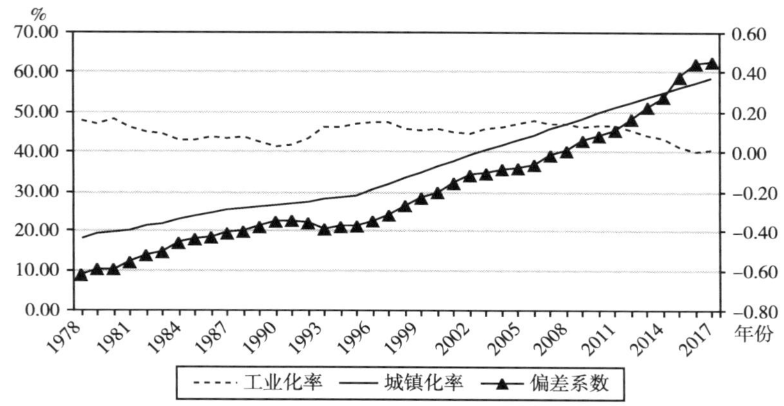

图 7 - 2　工业化率、城镇化率与偏差系数变化趋势

资料来源：《中国统计年鉴》和《中国城乡建设统计年鉴》。

（4）不同省份城镇化差异较大，城镇化差异由改革开放初期的“南北差异”逐渐演变为当前的“东西差异”。虽然改革开放后，中国的城镇化率在不断提升，但是区域之间差距始终没有消除。在 1987 年，中国北方的城镇化率明显高于南方，总体城镇化率不高，区域间的差距不大；但是到 2016 年，城镇化发展的区域差异转变为东部发达地区与西部地区间的差异，区域间发展差距有所扩大。

（5）制度和政策对城镇化发展有较大的推动作用。早在 1984 年，十二届三中全会通过了《中共中央关于经济体制改革的决定》，这一改革是以城市经济体制改革为重点，试图恢复城乡分割二元体制之下的边缘地区，从而吸引农村劳动力，缩小城市农村的差距。该政策之后城镇数量迅速增加。国务院于 1989 年出台了《中华人民共和国城市规划法》，明确了城镇发展的指导思想；1993年出台了《村庄和集镇规划建设管理条例》，提出了城乡分治管理模式。1995年国务院多部门联合下发了《小城镇综合改革试点指导意见》，1996年国务院出台了城市规划相关的指导意见，2000年出台了《促进小城镇健康发展的若干意见》规范了小城镇发展的具体原则。2001年的“十五”规划、2002年的十六大报告、2005年的“十一五”规划等都对城镇化发展做出了具体要求。2007年实行了《中华人民共和国城乡规划法》，废除了1989年出台的《中华人民共和国城市规划法》。2008—2011年，国务院陆续批准广西、福建、江苏、甘肃、新疆、重庆、浙江等地设立经济区。2014年，党中央、国务院批准实施了《国家新型城镇化规划（2014—2020）》，明确了新型城镇化发展的具体方向和战略任务。2016年，国务院下发了《国务院关于深入推进新型城镇化建设的若干意见》，对新型城镇化提出了总体要求，同时要求各地区和各部门积极推进农业转移人口市民化、全面提升城市功能、加快培育中小城市和特色小城镇、辐射带动新农村建设、完善土地利用机制、创新投融资机制、加快推进新型城镇化综合试点、健全新型城镇化工作推进机制。

（二）中国城市化的不同阶段

根据城市化发展的程度，可以大致将城市化发展分为三个阶段：分别为初期阶段（城市化水平低于30%）、中期阶段（城市化水平介于30%至70%）、后期阶段（城市化水平高于70%）。根据这种划分法，同时结合中国城镇化发展情况，可以将改革开放后城市化发展的具体情况分为如下几个阶段：

第一阶段：改革开放至1995年，这一阶段城镇化水平低于30%，发展速度较慢，城镇化的扩张主要依赖粗放式发展。在早期，城市化水平较低，为了使城市化水平快速提高，消耗了大量的环境资源，产生了较大的环境污染。粗放型发展主要体现在城市化进程中过多注重要素的投入，带来的后果是资源利用效率不高，单位产出的能源消耗较大。图7－3呈现了1978—2017年中国碳排放强度（＝二氧化碳排放量/GDP）和单位产出能源消费（＝能源消费总量/GDP）的变化情况，可以看出两者总体上呈下降趋势，但在1995年之前数值均较高。说明1995年之前城镇化发展过度依赖资源消耗，但总体来看粗放式发展模式在慢慢转变。与此同时，单位GDP产值的工业废水、废气和固体废弃物也较高。

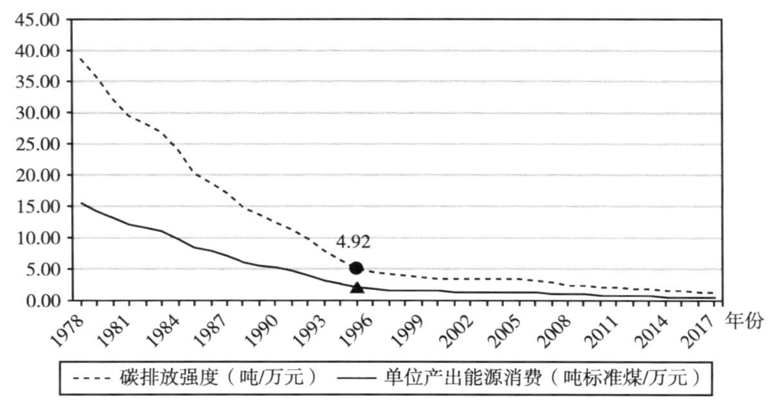

图7－3 碳排放强度和单位产出能源消费变化趋势

资料来源：《中国统计年鉴》和wind数据库。

第二阶段：1996—2013年，由原有的粗放式发展转变为内涵式发展，城镇化的速度有所加快，这一阶段城镇化率从30%逐步提高至50%以上，城镇化率平均每年提高1.37%左右。这个阶段大量的农民工涌向城市，流动人口数量大幅上升，同时城镇的基础设施建设也日益完善，城市公共服务供给大幅增加。

人口向城市的迅速流动，导致城市人口规模迅速增长，城市大小的划分标准也在发生变化。国务院于2014年10月印发了《关于调整城市规模划分标准的通知》，根据城区常住人口数量将城市规模分为五个档次，其中50万以下的城市为小城市，50万以上100万以下的城市为中等城市，100万以上500万以下的城市为大城市，500万以上1 000万以下的城市为特大城市，1 000万以上的城市为超大城市。根据表7－3的统计数据显示，2000—2013年中国地级市以上的城市个数增加了28个，其中市辖区人口在400万以上、200万—400万、100万—200万的地级市数量均有大幅提升。根据2014年的划分方法，大城市（包括特大城市和超大城市）的数量从2000年的90个增加到了2013年的133个，增长幅度为43个，中等城市人口数量没有变化，小城市的数量有所减少，这说明中国人口在向大中城市集聚。

根据中国城市轨道交通网统计数据显示，1996年以前仅有北京（地铁一期和二期）、天津、上海、广州（1996年底运营）等四个城市拥有地铁，运营里程总和低于100公里，而到2013年底，全国已有17个城市建有地铁，运营线路长度增加至2 073.90公里。

表7-3　不同人口规模城市数量分布情况比较　单位：个

	2000年	2013年
地级市以上城市个数	262	290
市辖区人口400万以上	8	14
市辖区人口200万—400万	12	33
市辖区人口100万—200万	70	86
市辖区人口50万—100万	103	103
市辖区人口20万—50万	66	52
市辖区人口低于20万	3	2

资料来源：中国国家统计局。

第三阶段：2014年至今，新型城镇化建设阶段。为了走中国特色城镇化道路，实现高质量的城镇化，根据中国共产党第十八次全国代表大会报告、《中共中央关于全面深化改革若干重大问题的决定》、中央城镇化工作会议精神、《中华人民共和国国民经济和社会发展第十二个五年规划纲要》和《全国主体功能区规划》编制，国务院印发了《国家新型城镇化规划（2014—2020年）》。出台这一规划的主要背景是中国已进入了全面建成小康社会的决定时期，同时也处于推进经济转型和社会主义现代化的关键时期。表7-4呈现了中国新型城镇化的主要指标，涵盖城镇化水平、基本公共服务、基础设施和资源环境等四个方面。其中，常住人口的城镇化水平达到60%左右，户籍人口城镇化水平达到45%左右，基本公共服务、基础设施和资源环境等方面均要实现较大幅度的改善。这说明，新型城镇化的建设更加注重公平性、协调性和可持续性。

表7-4　新型城镇化主要指标

指　　标	2012年	2020年
城镇化水平		
常住人口城镇化率（%）	52.6	60左右
户籍人口城镇化率（%）	35.3	45左右
基本公共服务		
农民工随迁子女接受义务教育比例（%）	—	≥99
城镇失业人员、农民工、新成长劳动力免费接受基本职业技能培训覆盖率（%）	—	≥95
城镇常住人口基本养老保险覆盖率（%）	66.9	≥90

续表

指　　标	2012 年	2020 年
城镇常住人口基本医疗保险覆盖率（%）	95	98
城镇常住人口保障性住房覆盖率（%）	12.5	≥23
基础设施		
百万以上人口城市公共交通占机动化出行比例（%）	45*	60
城镇公共供水普及率（%）	81.7	90
城市污水处理率（%）	87.3	95
城市生活垃圾无害化处理率（%）	84.8	95
城市家庭宽带接入能力（Mbps）	4	≥50
城市社区综合服务设施覆盖率（%）	72.5	100
资源环境		
人均城市建设用地（平方米）	—	≤100
城镇可再生能源消费比重（%）	8.7	13
城镇绿色建筑占新建建筑比重（%）	2	50
城市建成区绿地率（%）	35.7	38.9
地级以上城市空气质量达到国家标准的比例（%）	40.9	60

注：①带＊为 2011 年数据。

②城镇常住人口基本养老保险覆盖率指标中，常住人口不含 16 周岁以下人员和在校学生。

③城镇保障性住房：包括公租房（含廉租房）、政策性商品住房和棚户区改造安置住房等。

④人均城市建设用地：国家《城市用地分类与规划建设用地标准》规定，人均城市建设用地标准为 65.0—115.0 平方米，新建城市为 85.1—105.0 平方米。

⑤城市空气质量国家标准：在 1996 年标准基础上，增设了 PM2.5 浓度限值和臭氧 8 小时平均浓度限值，调整了 PM10、二氧化氮、铅等浓度限值。

资料来源：中国政府网。

二、中国可持续城市现状

可持续城市是指，在特定的时间和城市区域内，既满足当前的发展需求，又不会损害将来或者其他地区的发展需求。一般来说，可以分为经济可持续和社会可持续，经济可持续可以由城镇居民生活水平的变化来体现，社会可持续可以从城市公共服务和市政建设方面来衡量。

（1）城镇居民生活水平的变化。这里使用城镇居民家庭人均年收入（2013 年及之后为可支配收入）和城镇居民家庭恩格尔系数来表示城镇居民生活水平的变化。根据图7－4可知，自1981年以来，城镇居民家庭人均年收入持续增长，其中1981年人均收入仅有500.40元，至2004年突破1万元大关，2010年突破2万元大关，2015年突破3万元大关，说明城镇经济发展持续向好，可持续发展能力逐步增强；城镇居民家庭恩格尔系数总体稳中有降，其中1994年首次下降至50%，2000年首次下降至40%以下，2015年首次下降至30%以下，说明城镇居民家庭用于食品以外的消费比例越来越高。以上从两个方面城镇居民生活水平逐步提高，城镇经济的发展具有较强的可持续性。

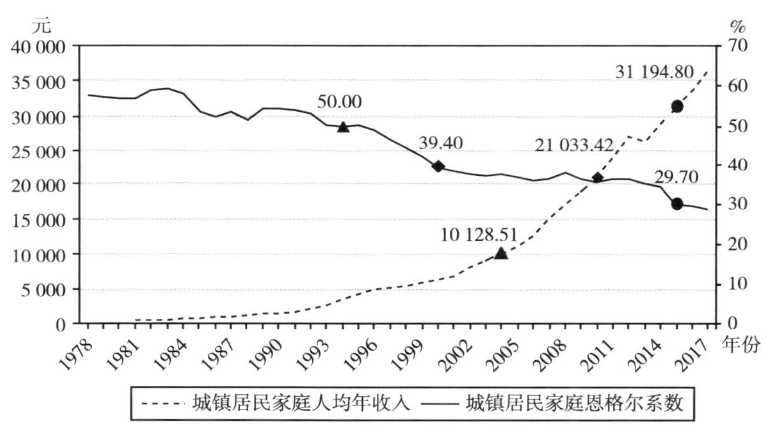

图7－4　城镇居民家庭人均年收入和恩格尔系数

资料来源：wind数据库。

（2）公共服务方面，教育和医疗等公共服务持续改善。这里使用幼儿园教育发展情况和卫生机构床位数两个指标简单说明城市公共服务的可持续性。图7－5显示了2001—2016年城市幼儿园专任教师数量变化情况，可以看出城市幼儿园专任教师数量在逐步上升。根据图7－6城市卫生机构床位数的数据来看，1986—1996年（不含市辖县）和1997—2016年（地级市以上）城市卫生机构床位数均稳步提升，其中地级市市辖区床位数从1997年的127.75万张增长到了2016年的367.62万张，20年间增长了约1.88倍。说明伴随着城市化进程的加快，公共教育服务和公共医疗服务的供给也同步增加，公共服务供给的可持续性较好。

（3）市政建设方面，各方面均表现出快速提升，为城市可持续发展奠定了坚实的基础。具体来看（见表7－5），城市用水普及率从1981年的53.7%增长

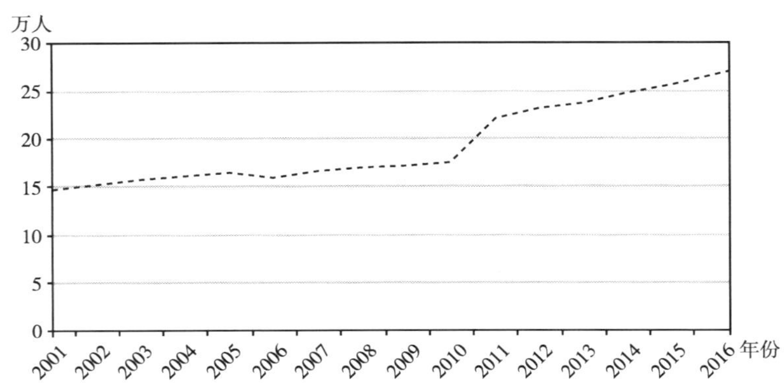

图 7－5　城市幼儿园专任教师数量变化趋势

资料来源：中国教育部。

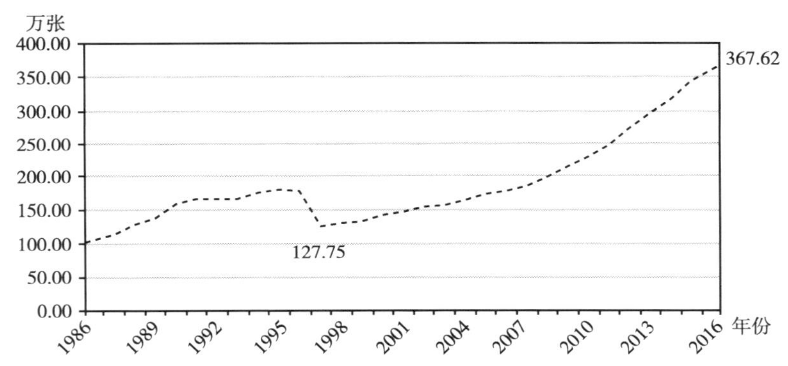

图 7－6　城市卫生机构床位数变化情况

注：1996 年及之前不含市辖县，1997 年及之后仅为地级市以上情况。

资料来源：《中国城市建设年鉴》。

到了 2016 年的 98.42%，36 年间增加了 44.72%；燃气普及率从 1981 年的 11.6% 增长到了 2016 年的 95.75%，增长幅度很大；每万人拥有的公交车数量也呈现一定幅度的增长，人均道路面积也得到了较快的增长，36 年间增长了 7.73 倍；污水处理率从 1991 年的 14.86% 增长到了 2016 年的 93.44%，表明城市化进程中环境保护能力提升较快；绿化和市容建设方面，人均公园绿地面积、建成区绿化覆盖率和绿化率都较快提升，而每万人拥有公厕数稳中有降，但降幅不大。因此，总的来说，中国城市市政建设对可持续发展的推动作用较大。

表7-5　　城市市政公用水平发展情况（1981—2016年）

年份	用水普及率（%）	燃气普及率（%）	每万人拥有公共交通车辆（标台）	人均道路面积（平方米）	污水处理率（%）	人均公园绿地面积（平方米）	建成区绿化覆盖率（%）	建成区绿地率（%）	每万人拥有公厕（座）
1981	53.7	11.6	—	1.81	—	1.50	—	—	3.77
1986	51.3	15.2	2.5	3.05	—	1.84	16.90	—	3.61
1991	54.8	23.7	2.7	3.35	14.86	2.07	20.10	—	3.38
1996	60.7	38.2	3.8	4.96	23.62	2.76	24.43	19.05	3.02
2001	72.26	60.42	6.10	6.98	36.43	4.56	28.38	24.26	3.01
2006	86.07	79.11	9.05	11.04	55.67	8.30	35.11	30.92	2.88
2011	97.04	92.41	—	13.75	83.63	11.80	39.22	35.27	2.95
2016	98.42	95.75	—	15.80	93.44	13.70	40.30	36.43	2.72

注：自2006年起，人均和普及率指标按城区人口和城区暂住人口合计为分母计算，以公安部门的户籍统计和暂住人口统计为准；“人均公园绿地面积”指标2005年及以前年份为“人均公共绿地面积”；自2009年起，城市公共交通内容不再统计；“—”表示数据缺失。

第二节　市政服务支持中国城市可持续的具体政策和效果分析

一、道路交通

城市化使中国机动化水平持续上升，小汽车数量逐年增长。汽车数量激增与道路空间有限性存在的矛盾，以及人口、交通需求和经济活动在城市的不断增长，使城市交通发展表现出了不可持续性，并可能影响经济增长，降低人们生活水平。当前，中国政府、学术界、企业界在城市交通治理的认识层面已经基本形成共识：公共交通优先是实现人们快速有效出行的重要选择，有助于构建可持续的城市交通系统。本文的公共交通是指城市范围内定线运营的公共汽车及轨道交通、公共自行车、出租车等人们日常出行的主要方式。

（一）具体政策

交通道路发展方面，国务院和交通部及相关部委，出台了多项政策以支持交通道路的发展。2012年3月，国务院出台了《“十二五”综合交通运输体系规划》，以推动铁路建设，重点是快速铁路，强调在末期达到4.5万公里（2007年中国铁路第六次大提速时快铁达6 003公里）。同年12月，国务院出台了《关于城市优先发展公共交通的指导意见》，要求各地各部门树立优先发展理念，加快转变城市交通发展方式，突出城市公共交通的公益属性，将公共交通发展放在城市交通发展的首要位置，着力提升城市公共交通保障水平，形成城市公共交通优先发展的新格局。2013年5月，交通运输部出台了《加快推进绿色循环低碳交通运输发展指导意见》，对铁路、公路、水路、民航和邮政等整个交通运输行业的绿色循环低碳发展作出了统筹安排和总体部署。2014年12月，环保部出台了《关于做好城市轨道交通项目环境影响评价工作的通知》。2015年1月，国家发改委出台了《关于加强城市轨道交通规划建设管理的通知》，要求坚持“量力而行、有序发展”的方针，按照统筹衔接、经济适用、便捷高效和安全可靠的原则，科学编制规划，有序发展地铁，鼓励发展轻轨、有轨电车等高架或地面敷设的轨道交通制式。2016年7月，国家发展改革委和交通运输部发布了《推进“互联网+”便捷交通促进智能交通发展的实施方案》，同年11月两部门再次联合发布了《交通基础设施重大工程建设三年行动计划》，指出在2016—2018年，重点推进103个城市轨道交通项目前期工作，新建城市轨道交通2 000公里以上，涉及投资约16万亿元。2017年2月，交通运输部出台《城市公共交通“十三五”发展纲要》，指出到2020年要初步建成适应全面建成小康社会需求的现代化城市公共交通体系。2017年11月，交通运输部出台《关于全面深入推进绿色交通发展的意见》，指出到2020年，初步建成布局科学、生态友好、清洁低碳、集约高效的绿色交通运输体系，绿色交通重点领域建设取得显著进展；到2035年，形成与资源环境承载力相匹配、与生产生活生态相协调的交通运输发展新格局，绿色交通发展总体适应交通强国建设要求，有效支撑国家生态环境根本好转、美丽中国目标基本实现。2018年7月，国务院办公厅发布了《关于进一步加强城市轨道交通规划建设管理的意见》，对新形势下中国城市轨道交通规划建设工作作出部署。

（二）效果分析

1. 城市公共汽电车运营车辆规模

国家统计局数据显示，1990年中国城市公共汽电车运营车辆规模仅为6.2万辆，到2000年增长至22.6万辆，增长2.65倍。截至2016年末，全国公共交通运营车辆53.88万辆，比上年增长7.14%；公共汽电车运营车辆51.51万辆，比上年增长6.64%；轨道交通运营车辆2.38万辆，比上年增长19.31%；出租汽车运营车辆110.26万辆，比上年增长0.96%（见图7－7）。

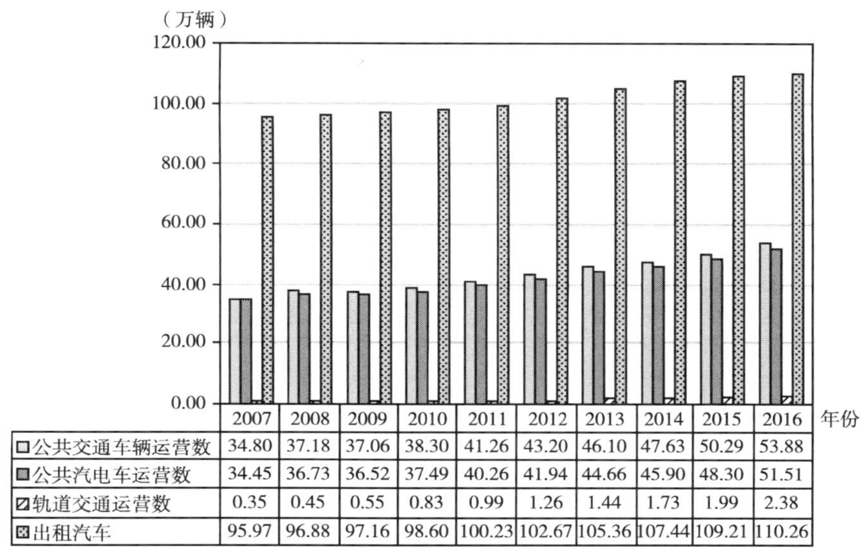

	2007	2008	2009	2010	2011	2012	2013	2014	2015	2016
公共交通车辆运营数	34.80	37.18	37.06	38.30	41.26	43.20	46.10	47.63	50.29	53.88
公共汽电车运营数	34.45	36.73	36.52	37.49	40.26	41.94	44.66	45.90	48.30	51.51
轨道交通运营数	0.35	0.45	0.55	0.83	0.99	1.26	1.44	1.73	1.99	2.38
出租汽车	95.97	96.88	97.16	98.60	100.23	102.67	105.36	107.44	109.21	110.26

图7－7　2007—2016年中国城市交通情况

资料来源：国家统计局。

公共交通客运总量从2007年的5 546 439万人次增至2016年的8 441 316万人次，增幅达到52.19%；公共汽电车客运量从2007年的5 325 857万人次增至2016年的6 826 235万人次，增幅达到52.19%；轨道交通客运量从2007年的220 582万人次增至2016年的1 615 081万人次，增幅达到632.19%（见图7－8）。

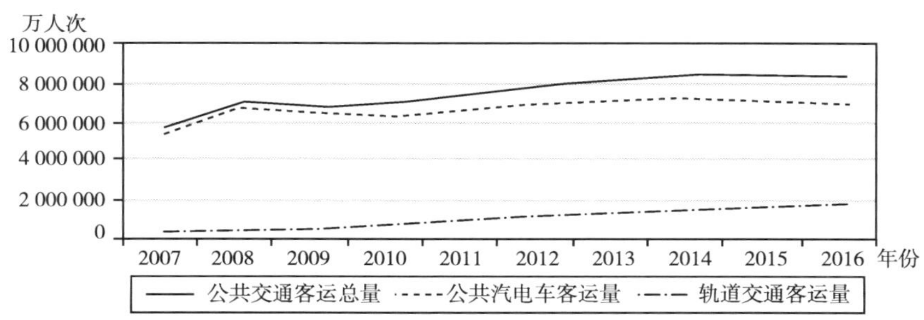

图7－8　2007—2016年中国城市客运总量情况

资料来源：国家统计局。

2. 城市公交运营线路长度

根据高德地图发布的《2017年度中国主要城市公共交通大数据分析报告》，

截至2017年年底，拥有轨道交通的城市已达33个，共计有162条轨道交通线路（见表7－6）。城市运营线路总长度从2007年的140 801公里增至2016年的729 418公里（见表7－7）。

表7－6　　中国城市地铁情况

类型	条数	城市分布
地铁	131	31个城市（含佛山）
有轨电车	21	北京、大连、沈阳、长春、广州、南京、青岛、上海、苏州、淮安、珠海、武汉、深圳
轻轨	4	大连、长春、天津
单轨	2	重庆
磁县浮	3	北京、上海、长沙
APM	1	广州

资料来源：高德地图。

表7－7　　2007—2016年城市公共交通路线总长度情况

年份	运营线路总长度（公里）	公共汽电车运营线路总长度（公里）	轨道交通运营线路总长度（公里）
2007	140 801	140 038	763
2008	147 349	146 514	835
2009	209 249	208 250	999
2010	490 283	488 812	1 471
2011	521 253	519 554	1 699
2012	551 794	549 736	2 058
2013	577 581	575 173	2 408
2014	620 051	617 235	2 816
2015	669 639	666 444	3 195
2016	729 418	725 690	3 728

资料来源：国家统计局。

3. 智能交通迅速发展

随着越来越多的城市开始建设智慧城市和智能交通，目前智能交通信息系统在中国主要城市都已完成数据采集设备的铺设工作，并已得到了广泛的应用。

据有关机构统计与预测，2016年城市道路智能交通系统投资356亿元。各地政府对智能交通系统的建设日益重视，部分城市的智能交通管理已达到较高水平，城市道路交通管控系统、非现场执法系统、交通信号灯系统、交通流量采集系统、交通诱导系统、ETC收费系统、停车场资源引导系统均已经完成规模建设。道路信息发布、停车引导、路况信息推送等基于智能交通系统的服务已基本实现。

二、供水、供气、供电和供热等管网建设

地下城市管道综合走廊，即在城市地下建造一个隧道空间，将电力、通信，燃气、供热、给排水等各种工程管线集于一体，设有专门的检修口、吊装口和监测系统，实施统一规划、统一设计、统一建设和管理，是保障城市运行的重要基础设施和“生命线”。

（一）具体政策

2013年以来，国务院等相关部门密集出台了一系列的政策文件，对中国的城市供水、供气、供电和供热等市政建设形成了强有力的支持。其中，2013年9月，国务院出台了《关于加强城市基础设施建设的意见》，要求加强市政地下管网建设改造，配合城镇老旧管网改造任务，积极开展城市地下综合管廊试点工作。2014年6月，国务院办公厅发布了《关于加强城市地下管线建设管理的指导意见》，要求2015年底前，各地要完成城市地下管线普查，建立综合管理信息系统，编制完成地下管线综合规划。2014年12月，财政部发布的《关于开展中央财政支持地下综合管廊试点工作的通知》，指出对地下综合管廊试点城市给予专项资金补助，直辖市每年5亿元，省会城市每年4亿元，其他城市每年3亿元，该政策实行3年。2015年3月，国家发展和改革委员会办公厅出台了《关于印发城市地下综合管廊建设专项债券发行指引》。2015年6月，财政部发布的《城市管网专项资金管理暂行办法》对符合专项资金支持的事项予以规定，并指出对于采取PPP模式的项目给予倾斜支持。2015年8月，国务院办公厅发布了《关于推进城市地下综合管廊建设的指导意见》，划定了综合管廊建设区域，明确了实施主体，明确入廊要求。2016年2月，国务院出台了《关于进一步加强城市规划建设管理工作的若干意见》，强制性规定了城市新区、各类园区、成片开发区域新建道路必须同步建设地下综合管廊。2016年5月，住房城乡建设部和国家能源局联合发布了《关于推进电力管线纳入城市地下综合管廊的意见》，以鼓励电网企业参与投资建设运营城市地下综合管廊，以及要求放宽

市场准入，鼓励支持社会资本参与城市地下综合管廊和排水防涝设施的建设。2016 年 7 月，住房和城乡建设部发布了《住房城乡建设事业“十三五”规划纲要》，明确提出加大城镇市政基础设施建设，到 2020 年建成一批具有国际先进水平的综合管廊并投入运营。2017 年 3 月，《国务院政府工作报告》中指出要统筹城市地上地下建设，再开工建设城市地下综合管廊 2 000 公里，启动消除城区重点易涝区段三年行动，推进海绵城市建设。

（二）效果分析

1. 划定建设区域

综合管廊建设区域的界定由最初的建议到之后明确划定范围：城市新区、各类园区、成片开发区域的新建道路必须同步建设地下综合管廊；老城区要结合旧城更新、道路改造、河道治理、地铁建设等逐步推进地下综合管廊建设。

2. 统筹建设规模

政府规划在全国 36 个大中城市全面启动综合管廊试点项目，中小城市因地制宜建设一批综合管廊项目的同时，更是提出 2017 年开工建设地下综合管廊 2 000公里以上的目标。

3. 明确入廊要求

结合中国实际，政府部门对管线入廊要求做了强制性规定：凡建有地下综合管廊的区域，各类管线必须全部入廊，管廊之外不得新建管线。强制性的入廊要求保障了管廊建成之后各类主体的使用情况，避免了管廊建设区域道路开挖情况的出现，有效地控制了“马路拉链”现象。

4. 实行有偿使用

早期建设的综合管廊大多数是由政府建设，管线单位免费使用，但是这种模式给政府造成了巨大的财政压力。最新出台的政策明确要求入廊管线单位应向地下综合管廊建设运营单位交纳入廊费和日常维护费，具体收费标准由地下综合管廊建设运营单位与入廊管线单位根据市场化原则共同协商确定。综合管廊实行有偿使用制度切实保障了管廊成本的回收情况，同时也为综合管廊项目中引入市场化机制提供了基础。

5. 明确实施主体

优先鼓励入廊管线单位共同组建或与社会资本合作组建股份制公司，或在城市人民政府指导下组成地下综合管廊业主委员会，公开招标选择建设和运营管理单位。

6. 加大政府投入

一方面，在综合管廊的规划建设上，中央财政对地下综合管廊试点城市给予专项资金补助，城市人民政府要在年度预算和建设计划中优先安排地下综合管廊项目，并纳入地方政府采购范围。有条件的城市人民政府可对地下综合管廊项目给予贷款贴息。另一方面，财政部会同住房城乡建设部等相关部门制定绩效评价办法，组织实施对地方的绩效考核，对于绩效评价结果较好、达到既定目标的，给予奖励；对于绩效评价结果较差，无法达到既定目标的，建立退出机制，并收回中央财政资金。

7. 拓宽融资方式

政策鼓励银行业金融机构为地下综合管廊项目提供中长期信贷支持，积极开展特许经营权、收费权和购买服务协议预期收益等担保创新类贷款业务；将地下综合管廊建设列入专项金融债支持范围予以长期投资；支持符合条件的地下综合管廊建设运营企业发行企业债券和项目收益票据，专项用于地下综合管廊建设项目鼓励外资和民营资本发起设立以投资城市基础设施为主的产业投资基金。

8. 规范技术标准

《城市综合管廊工程技术规范》（GB50838－2015）的出台，强调了规划的引领作用，增加了纳入管线的种类和管线设计要求，完善了安全运行技术标准，为中国综合管廊的工程建设与管理工作提供了完整有效的技术支撑，推动综合管廊快速、健康发展。

9. 管网建设具体效果

详见表7－8—表7－11。

表7－8　　全国历年城市集中供热情况（2007—2016年）

年份	供热能力		供热总量		管道长度（公里）		集中供热面积（万平方米）
	蒸汽（吨/小时）	热水（兆瓦）	蒸汽（万吉焦）	热水（万吉焦）	蒸汽	热水	
2007	94 009	224 660	66 374	158 641	14 116	88 870	300 591
2008	94 454	305 695	69 082	187 467	16 045	104 551	348 948
2009	93 193	286 106	63 137	200 051	14 317	110 490	379 574
2010	105 084	315 717	66 397	224 716	15 122	124 051	435 668
2011	85 273	338 742	51 777	229 245	13 381	133 957	473 784

续表

年份	供热能力		供热总量		管道长度（公里）		集中供热面积（万平方米）
	蒸汽（吨/小时）	热水（兆瓦）	蒸汽（万吉焦）	热水（万吉焦）	蒸汽	热水	
2012	86 452	365 278	51 609	243 818	12 690	147 390	518 368
2013	84 362	403 542	53 242	266 462	12 259	165 877	571 677
2014	84 664	447 068	55 614	276 546	12 476	174 708	611 246
2015	80 699	472 556	49 703	302 110	11 692	192 721	672 205
2016	78 307	493 254	41 501	318 044	12 180	201 390	738 663

资料来源：国家统计局。

表 7－9　　　　全国历年城市供水情况（2007—2016 年）

年份	综合生产能力（万立方米/日）	供水管道长度（公里）	供水总量（万立方米）	生活用量（万立方米）	用水人口（万人）	人均日生活用水量（升）	用水普及率（%）
2007	25 708. 4	447 229	5 019 488	2 263 676	34 766. 5	178. 4	93. 83
2008	26 604. 1	480 084	5 000 762	2 274 266	35 086. 7	178. 2	94. 73
2009	27 046. 8	510 399	4 967 467	2 334 082	36 214. 2	176. 6	96. 12
2010	27 601. 5	539 778	5 078 745	2 371 488	38 156. 7	171. 4	96. 68
2011	26 668. 7	573 774	5 134 222	2 476 520	39 691. 3	170. 9	97. 04
2012	27 177. 3	591 872	5 230 326	2 572 473	41 026. 5	171. 8	97. 16
2013	28 373. 4	646 413	5 373 022	2 676 463	42 261. 4	173. 5	97. 56
2014	28 673. 3	676 727	5 466 613	2 756 911	43 476. 3	173. 7	97. 64
2015	29 678. 3	710 206	5 604 728	2 872 695	45 112. 6	174. 5	98. 07
2016	30 320. 7	756 623	5 806 911	3 031 376	46 958. 4	176. 9	98. 42

资料来源：国家统计局。

表 7－10　　　　全国城市历年供气情况（2007—2016 年）

年份	城市管道长度（公里）			城市全年供气总量			城市用气人口（万人）		
	人工煤气	液化石油气	天然气	人工煤气（万立方米）	液化石油气（吨）	天然气（万立方米）	人工煤气	液化石油气	天然气
2007	48 630	17 202	155 251	3 223 512	14 667 692	3 086 363	4 022	18 172	10 190
2008	45 172	28 590	184 084	3 558 287	13 291 072	3 680 393	3 370	17 632	12 167
2009	40 447	14 236	218 778	3 615 507	13 400 303	4 050 996	2 971	16 924	14 544

续表

年份	城市管道长度（公里）			城市全年供气总量			城市用气人口（万人）		
	人工煤气	液化石油气	天然气	人工煤气（万立方米）	液化石油气（吨）	天然气（万立方米）	人工煤气	液化石油气	天然气
2010	38 877	13 374	256 429	2 799 380	12 680 054	4 875 808	2 802	16 503	17 021
2011	37 100	12 893	298 972	847 256	11 658 326	6 787 997	2 676	16 094	19 028
2012	33 538	12 651	342 752	769 686	11 148 032	7 950 377	2 442	15 683	21 208
2013	30 467	13 437	388 473	627 989	11 097 298	9 009 904	1 943	15 102	23 783
2014	29 043	10 986	434 571	559 513	10 828 490	9 643 783	1 757	14 378	25 973
2015	21 292	9 009	498 087	471 378	10 392 169	10 407 906	1 322	13 955	28 561
2016	18 513	8 716	551 031	440 944	10 788 042	11 717 186	1 085	13 744	30 856
2017	11 716	6 200	623 253	270 882	9 988 088	12 637 546	752	12 616	33 934

资料来源：住房和城乡建设部。

表7－11　　全国历年城市供电情况（2007—2016年）

年份	电力可供量（亿千瓦小时）	电力生产量（亿千瓦小时）	电力能源消费总量（亿千瓦小时）	生活消费电力总量（亿千瓦小时）
2007	32 712. 4	32 815. 5	32 711. 8	4 062. 7
2008	34 540. 8	34 668. 8	34 541. 4	4 396. 1
2009	37 032. 7	37 146. 5	37 032. 2	4 872. 2
2010	41 936. 5	42 071. 6	41 934. 5	5 124. 6
2011	47 002. 7	47 130. 2	47 000. 9	5 620. 1
2012	49 767. 7	49 875. 5	49 762. 6	6 219. 0
2013	54 204. 1	54 316. 4	54 203. 4	6 989. 2
2014	56 381. 8	56 495. 8	56 383. 7	7 176. 1
2015	58 021. 3	58 145. 7	58 020. 0	7 565. 2
2016	61 297. 6	61 424. 9	61 297. 1	8 420. 6

资料来源：国家统计局。

三、河道堤岸

城市河道承担着蓄洪排涝、供水兴利、美化景观及维持生态系统稳定性等重要功能，是城市与自然结合的一个重要窗口，在城市发展过程中具有重要的地位。城市河道的状况及综合治理工程的实施与经济社会的发展方向和居民生活环境质量息息相关。在城市经济社会快速发展的大背景下，如何将城市河道的传统防洪排涝功能和居民对绿化、景观及休闲娱乐要求有机结合起来，是现代城市河道整治规划过程中首先要考虑的问题。

（一）具体政策

为了加强城市的河道管理和治理，中国水利部等相关部门在2014年以来出台了较多的河道堤岸方面政策文件。其中，2014年2月水利部发布了《关于加强河湖管理工作的指导意见》，指出到2020年，基本建成河湖健康保障体系，建立完善河湖管理体制机制，努力实现河湖水域不萎缩、功能不衰减、生态不退化。2014年4月，水利部发布了《关于加强中小河流治理项目质量管理工作的意见》，要求强化工程建设各方主体的质量管理责任，加强重点环节的质量管理，强化对施工质量的过程管理，切实加强质量监管。2015年6月，水利部《入河排污口监督管理办法》，该办法2004年发布，2015年修正。2016年12月，中共中央办公厅、国务院办公厅联合出台了《关于全面推行河长制的意见》，该意见是落实绿色发展理念、推进生态文明建设的内在要求，是解决中国复杂水问题、维护河湖健康生命的有效举措，是完善水治理体系、保障国家水安全的制度创新。为进一步加强河湖管理保护工作，落实属地责任，健全长效机制，就全面推行河长制提出的指导性意见。2017年6月，《中华人民共和国水污染防治法》第二次修正，该法于1984年5月11日第六届全国人民代表大会常务委员会第五次会议通过，根据1996年5月15日第八届全国人民代表大会常务委员会第十九次会议通过的《关于修改〈中华人民共和国水污染防治法〉的决定》，实现第一次修正。国务院《中华人民共和国河道管理条例》于1988年6月10日中华人民共和国国务院令第3号发布，之后国务院进行了多次修正，其中2011年1月第一次修正，2017年3月第二次修正，2017年10月第三次修正，2018年3月第四次修正。

（二）效果分析

1. 落实河长制

中央提出建立河长制、湖长制以来，各级党委政府高度重视，大力推进落实。目前全国已明确省、市、县、乡四级河长32万多名，28个省份将河长体系延伸至村，落实了“最后一公里”的河湖管护责任。纳入第一次全国水利普查名录的2 865个湖泊中，有2 327个已设立湖长，其中18个省份已完成名录内湖泊湖长的设立。河长制、湖长制的迅速推进为河湖的有效管理奠定了坚实基础。

2. 水资源税初具成效

水资源税改革试点扩围 6 个多月，调节作用初显。水资源税改革最初于 2016 年 7 月在河北省试点，2017 年 12 月 1 日起试点范围扩大至北京、山西、河南、山东、四川等九个省（区、市）。随后，不少试点省份相继出台水资源税本地化政策，进一步完善顶层设计，水资源税改革稳步推进。仅在改革实施首月，试点省市共有超过 4 万余户水资源税纳税人按期完成申报，入库税款接近 12 亿元。相比水资源费，税收更具刚性和约束力，改革就是要让经济杠杆真正发挥作用，倒逼高耗能企业节水。具体来讲，即差别税率倒逼地下水取用量下降；税额大幅提高倒逼特种行业转变用水方式；用水成本增加倒逼高耗水工业企业强化节水措施。

用水成本的增加让企业加快节能环保的步伐，也让越来越多的企业更加重视绿色发展。试点以来，企业节水意识普遍增强，大部分企业已调整或有意向调整用水结构，减少地下水使用。同时，进一步发挥税收杠杆调节作用，有效抑制不合理用水需求，促进水资源节约保护。例如地处华北地下漏斗区的邯郸市自来水公司最明显的变化是，全市 70% 的供水由原先的地下水源改为南水北调的地表水。

3. 地方河道整治效果

广东省作为国内河网密度最大的地区之一，将河长制与信息化深度融合，开发了“智慧河长”微信平台，河湖水质水量水文数据集中共享；完善了监测网络体系，对河湖实施全方位、动态化监控管理。整治水污染，从源头抓起。广州全面开展洗楼洗管洗井洗河行动；深圳在 600 多家重点污染源企业培训、配备环保主任；肇庆市查封了 64 个涉嫌违法经营的堆砂场。一年来广东河湖水质持续改善，243 个五胜涌这样的黑臭水体已完成整治 191 个，城市污水处理率达 94%；城市集中式生活饮用水水源 100% 达标；重要水功能区水质达标率 80. 33%，超出国家要求的年度考核目标。

2017 年，南京市完成了 109 条黑臭河道的整治，建成区基本消除黑臭。河道整治中，生物治理必不可少，栽种沉水植物，依靠植物“吃掉”水里的污染物是南京市采用最为广泛的生物治理方式，符合种植沉水植物条件的河道全都采用了这种方法。一年多时间过去了，当初种下的水草已经非常茂盛，有的已经冒出水面。不仅月牙湖，在光华门东南护城河、清水塘、东西玉带河、明御河等处，都能看到生长旺盛的水草。在东南护城河，水草甚至覆盖了水面，导致水面面积变小。

2016年起，北京市通州加快推进黑臭水体治理工作，将全区划分成六大片区和两条生态带，分片区引入社会资本参与水环境建设。截至目前，通州区共建成污水处理厂站116座，其中区级污水处理厂4座，镇级污水处理厂16座，村级污水处理站96座，全区污水处理率由2015年的67.2%提高到2017年的85%，预计2018年年底可达到87%。辖区内北运河、通惠河、萧太后河等河段水体治理初见成效，实现水清岸绿，尤其萧太后河经过整治后生态效果凸显，引来大批白鹭栖息。

上海市金山区2017年整治的185条段河道，河水黑臭，河道淤积，违建林立，整治难度大。为此，金山区启动“河长制”建设，“治水先治岸”，大力开展沿河违建拆除行动。同时加快推进截污纳管、农村生活污水收集处置、规模化养殖场综合整治等工作，从源头切断污染源。他们制定了“一河一策”整治方案，采取水利工程整治、河道底泥疏浚、打通断头河、拆坝建桥等多种方式推进河道整治。2017年，金山区完成了河道拆违总量近12万平方米，工业企业整治224家，沿河截污纳管18.8公里，农村生活污水收集10 600户，规模化畜禽养殖整治20家。

四、污水和垃圾处理

（一）具体政策

伴随着城市化进程的推进，城市人口越来越多，随之而来的是城市生活垃圾等的处理问题。为了给居民营造良好的生活环境，中国政府在城市水环境和垃圾处理等方面采取了多种手段。这些治理的手段主要包括：规范相关产业的发展，使用收费或收税手段加强排污管理，通过政府投资机制改革措施提高措施排污处理能力，通过法律手段加强监管等。例如，2002年9月，国家计委（发改委前身）、建设部（住建部前身）、环保总局（环保部前身）联合出台了《关于推进城市污水、垃圾处理产业化发展意见》，提出要加快城市环境保护基础设施建设，促进环境保护与经济建设协调发展，与十五规划相适应，并且指出“十五”期间要新增城市污水日处理能力2 600万立方米，垃圾无害化日处理能力15万吨，2005年城市污水集中处理率达到45%，50万人口以上的城市达到60%以上。2003年1月，国务院颁发了《排污费征收使用管理条例》（该法于2018年1月废止），指出要加强对排污费征收、使用的管理。2004年3月，建设部发布《市政公用事业特许经营管理办法》，指出要加快推进市政公用事业市场化，规范市政公用事业特许经营活动，加强市场监管，保障社会公共利益和公共安全，促进市政公用事业健康发展。2007年11月，财政部出台了《城镇污水处理设施配套管网以奖代补资金管理暂行办法》，提出要支持中西部地区城镇污水处理设施建设，规范专项资金管理，提高资金使用收益，并且对资金奖励标准、使用范围和处罚机制做了较为详尽的规定。2009年8月，财政部出台了《城镇污水处理设施配套管网建设以奖代补专项资金管理办法》，指出要加快推进节能减排工作，进一步规范资金管理，提高使用效益，对上述暂行办法进行部分增减。2012年4月，为提高城镇生活垃圾无害化处理水平，切实改善人居环境，根据中国城镇生活垃圾处理设施建设工作现状，国务院办公厅、发改委、住建部、环保部联合编制了《“十二五”全国城镇生活垃圾无害化处理设施建设规划》，2013年9月，国务院通过了《城镇排水与污水处理条例》，并于2014年1月实行，对设施规划、建设、运营及维护等作出较为细致的规定。2014年8月，国务院办公厅发布了《关于进一步推进排污权有偿使用和交易试点工作的指导意见》。2014年12月，财政部、发改委、住建部等三部门联合出台了《污水处理征收使用管理办法》，提出了污水处理开征范围、计征标准及费用使用办法。2015年4月，国家发改委等多部门出台了《基础设施和公用事业特许经营管理办法》，以鼓励和引导社会资本参与基础设施和公用事业建设运营，提高公共服务质量和效率。2015年6月，财政部和国家税务总局出台了《资源综合利用产品和劳务增值税优惠目录》，其中规定污水垃圾处理、再生水和污泥处理劳务，自2015年7月1日起征收增值税，污水、垃圾及污泥处理劳务在缴税后返还70%。2016年9月，住建部等多部门发布了《关于进一步鼓励和引导民间资本进入城市供水、燃气、供热、污水和垃圾处理行业的意见》，对民间资本进入市政公用行业做出指示。2016年12月，《中华人民共和国环境保护税法》通过，并于2018年1月施行。2017年3月，国务院办公厅发布了《关于转发国家发展改革委住房城乡建设部生活垃圾分类制度实施方案的通知》（国办发〔2017〕26号），提出到2020年底生活垃圾回收利用率达35%以上、46座重点城市将先行实施生活垃圾强制分类、必须将有害垃圾作为强制分类的类别之一。2017年4月，环境保护部出台了《关于生活垃圾焚烧厂安装污染物排放自动监控设备和联网有关事项的通知》（环办环监〔2017〕33号），要求垃圾焚烧企业于2017年9月30日前全面完成“装、树、联”三项任务，即依法依规安装污染物排放自动监测设备、厂区门口树立电子显示屏实时公布污染物排放和焚烧炉运行数据、自动监测设备与环保部门联网。2017年7月，财政部等多部门联合发布了《关于政府参与的污水、垃圾处理项目全面实施PPP模式的通知》，提出了政府参与的新建污水、垃圾处理项目全面实施 PPP 模式。2017 年 12 月，国务院颁布了《中华人民共和国环境保护税法实施条例》，其明确规定城乡污水集中处理场所的范围等。2018 年 6 月，国家发改委发布了《关于创新和完善促进绿色发展价格机制的意见》，指出 2020 年底前实现城市污水处理费标准与污水处理服务费标准大体相当。

（二）效果分析

1. 城市污水处理能力有所提升

随着中国经济不断进展以及城镇化进程的继续推进，城镇生活污水成为中国废水排放量不断增加的主要来源。2007 年中国城市污水排放量为 361 亿吨，2016 年为 480 亿吨，平均增速为 1%（见表 7－12）。从计划经济时代到现在，中国污水处理行业逐渐进入迅速发展的阶段，中国城市污水处理无论在数量还是质量上都得到了迅速的发展。国家政策鼓励多元投资主体共同发展城市污水处理。2014 年以来，污水处理行业的 PPP 模式逐渐兴起，以“利益共享，风险分担，长期合作”为基础，政府和公司在污水处理设施方面的基础建设逐渐丰满。截至 2016 年，全国城市污水处理厂共计 2 039 座，形成污水处理能力 1.49 亿立方米/日，全国城市污水处理厂累计处理污水 4 487 944 亿立方米，污水处理率为 93.44%。从全国用水量来看，新水取用量保持在 200 亿立方米的水平，工业用水重复量从 2007 年的 6 026 048 万立方米增至 2016 年的 7 644 277 万立方米，节约用水量从 2007 年的 454 794 万立方米增至 576 220 万立方米（见表 7－13）。

表 7－12　全国历年城市排水和污水处理情况（2007—2016 年）

年份	污水年排放量（万立方米）	污水处理厂		污水年处理量（万立方米）	污水处理率（%）
		座数（座）	处理能力（万立方米/日）		
2007	3 610 118	883	7 146	2 269 847	62.87
2008	3 648 782	1 018	8 106	2 560 041	70.16
2009	3 712 129	1 214	9 052	2 793 457	75.25
2010	3 786 983	1 444	10 436	3 117 032	82.31
2011	4 037 022	1 588	11 303	3 376 104	83.63
2012	4 167 602	1 670	11 733	3 437 868	87.30
2013	4 274 525	1 736	12 454	3 818 948	89.34
2014	4 453 428	1 807	13 087	4 016 198	90.18

续表

年份	污水年排放量（万立方米）	污水处理厂		污水年处理量（万立方米）	污水处理率（%）
		座数（座）	处理能力（万立方米/日）		
2015	4 666 210	1 944	14 038	4 288 251	91.90
2016	4 803 049	2 039	14 910	4 487 944	93.44

资料来源：历年《中国城乡建设年鉴》。

表7－13　　　　全国历年用水量情况（2007—2016年）

年份	新水取用量（万立方米）	工业用水重复利用量（万立方米）	节约用水量（万立方米）
2007	2 295 192	6 026 048	454 794
2008	2 121 034	6 547 258	659 114
2009	2 064 014	6 130 645	628 692
2010	2 161 262	6 872 928	407 152
2011	1 694 727	6 334 101	406 578
2012	1 838 306	7 388 185	400 806
2013	1 876 372	6 526 517	382 760
2014	1 950 107	6 930 588	405 234
2015	1 922 051	7 160 130	403 133
2016	1 971 043	7 644 277	576 220

资料来源：历年《中国城乡建设年鉴》。

2. 城市垃圾处理能力大幅提高

城市垃圾包括城市生活垃圾和工业固体废物。近年来，随着城市人口的增加和居民生活水平的提高，中国城市生活垃圾的产生总量大幅度增加。截至2017年年底，内地建成并投入运行的生活垃圾焚烧发电厂约303座、总处理能力为30.4万吨/日，总装机约为6 280MW。其中采用炉排炉的焚烧发电厂有220座，合计处理能力达22.8万吨/日，装机达到4 380MW。2017年中国生活垃圾焚烧发电发展以炉排炉为主。目前垃圾焚烧发电厂主要分布在经济发达地区和大城市，按照省级排列，江苏处理能力最大，浙江省生活垃圾焚烧发电厂数量最多。随着经济发展，中国内地越来越多的城市选择建设生活垃圾焚烧发电厂。2011年中国城市生活垃圾清运量达1.64亿吨，同比增加3.74%，无害化处理量1.3亿吨，约有3 330万吨城市生活垃圾无法得到有益处理。到2016年中国城市生活垃圾清运量增加到2.04亿吨（见表7－14）。

表 7－14　　全国历年城市生活垃圾处理情况（2007—2016 年）

年份	生活垃圾			
	清运量（万吨）	无害化处理场（厂）座数（座）	无害化处理能力（吨/日）	无害化处理量（万吨）
2007	15 215	458	279 309	9 438
2008	15 438	509	315 153	10 307
2009	15 734	567	356 130	11 220
2010	15 805	628	387 607	12 318
2011	16 395	677	409 119	13 090
2012	17 081	701	446 268	14 490
2013	17 239	765	492 300	15 394
2014	17 860	818	533 455	16 394
2015	19 142	890	576 894	18 013
2016	20 362	940	621 351	19 674

资料来源：住房与城乡建设部。

五、绿化园林

（一）具体政策

为了实现城市的可持续发展，中国政府在 1990 年之后就出台了一系列的政策以推进城市绿化及园林建设。1992 年 5 月，国务院出台了《城市绿化条例》对城市绿化建设保护管理做出详细规定，之后该条例在 2011 年和 2017 年分别经历了一次修订。1993 年 11 月，建设部出台了《城市绿化规划建设指标的规定》，对人均公共绿地面积、城市绿化覆盖率和城市绿地率进行详细规定。1995 年 7 月，建设部出台了《城市园林绿化企业资质管理办法》及《城市园林绿化企业资质标准》，对园林绿化企业进行了资质分类（2017 年 4 月取消）。1999 年 2 月，建设部出台了《城市绿化工程施工及验收标准》，对城市绿化工程进行监理和治理控制，节约绿化建设资金，确保工程质量，对工程施工及验收进行了详尽的规定。2000 年 5 月，建设部出台了《创建国家园林城市实施方案》，目的是为了调动社会力量参与城市园林绿化建设，提高城市规划、建设和管理水平。2001 年 5 月，国务院出台了《关于加强城市绿化建设的通知》，要求进一步提高城市绿化工作水平，改善城市生态环境和景观环境；指出到 2005 年，全国城市规划建成区绿地率达到 30% 以上，绿化覆盖率达到 35% 以上，人均公共绿地面积达到8平方米以上，城市中心区人均公共绿地面积达到4平方米以上；到2010年，城市规划建成区绿地率达到35%以上，绿化覆盖率达到40%以上，人均公共绿地面积达到10平方米以上，城市中心区人均公共绿地达到6平方米以上。2002年6月，建设部出台了《城市绿地分类标准》，目的是规范绿地保护管理，改善城市生态环境，促进城市可持续发展，并对城市内各类用地的附属绿化用地标准进行详细规定。2002年10月，建设部出台了《城市绿地系统规划编制纲要（试行）》，使中国《城市绿地系统规划》编制更加制度化和规范化，确保规划质量，充分发挥城市绿地系统的生态环境效益、社会经济效益和景观文化功能。2002年11月，建设部出台了《城市绿线管理办法》，对绿线监督管理等方面做出纲要性规定。

（二）效果分析

近年来，各地园林绿化建设成效明显。全国城市人均公园绿地面积从2007年的8.98平方米增至2016年的13.70平方米，建成区绿化覆盖率从2007年的35.29%增至2016年的40.30%，建成区绿地率从2007年的31.30%增至2016年的36.43%（见表7－15）。以嘉峪关为例，截至2016年6月，嘉峪关全市建成区绿地率和绿化覆盖率分别达到38.12%和39.23%，城市人均公园绿地面积达到35.91平方米，城市居民出门不到1公里就可以到达公共绿地，基本实现了出门见绿、处处享绿的目标，基本达到了国家园林城市的指标要求。2016年1月15日，经国家住房和城乡建设部公布，嘉峪关市荣获“国家园林城市”荣誉称号。另外，乌兰察布截至2016年底，全市城镇建成区绿地面积达到6 715万平方米，绿化覆盖面积达到7 402万平方米，绿地率、绿化覆盖率和人均公园绿地面积分别达到32.45%、35.77%和19.8平方米，栽种绿化植物种类多达217余种。其中，中心城区建成区绿地面积2 203万平方米，绿化覆盖面积2 388万平方米，绿地率、绿化覆盖率和人均公园绿地面积分别为36.72%、39.8%和28.6平方米。2012年、2015年，集宁区和丰镇市成功创建“自治区园林城市”，2016年卓资县、化德县、商都县、兴和县和凉城县被授予“自治区园林县城”荣誉称号。2015年成功创建“国家园林城市”，被誉为“建在玄武岩上美丽的园林城市”。

表7－15　全国历年城市园林绿化情况（2007—2016年）

年份	人均公园绿地面积（平方米）	建成区绿化覆盖率（%）	建成区绿地率（%）
2007	8.98	35.29	31.30
2008	9.71	37.37	33.29

续表

年份	人均公园绿地面积（平方米）	建成区绿化覆盖率（%）	建成区绿地率（%）
2009	10.66	38.22	34.17
2010	11.18	38.62	34.47
2011	11.80	39.22	35.27
2012	12.26	39.59	35.72
2013	12.64	39.70	35.78
2014	13.08	40.22	36.29
2015	13.35	40.12	36.36
2016	13.70	40.30	36.43

资料来源：住房与城乡建设部。

六、其他市政公用配套设施和城市公共服务

（一）具体政策

城镇防洪政策方面，1988 年 7 月，《中华人民共和国水法》（以下简称《水法》）授权水利部为水行政主管部门。其中，《水法》中有关防洪的条款共有 18 条，就防洪规划、河道防洪管理、河湖防洪功能维持、防洪工程设施维护、防汛抗洪、制定防洪预案、洪水风险区的土地利用开发、洪水风险转移、蓄滞洪区安全建设和恢复补偿等方面作了原则规定，为洪水管理提供了法律保障。1997 年 8 月，《中华人民共和国防洪法》通过，自 1998 年 1 月开始施行（之后在 2009 年第一次修正，2015 年第二次修正，2016 年第三次修正），该法是中国防治洪水工作的基本法律，是调整防治洪水活动中各种社会关系的强制性规范，为防治洪水，防御、减轻洪涝灾害，维护人民的生命和财产安全、保障社会经济的稳定发展提供了重要的法律依据。为实施法制管理，在防洪法中设定了规划保留区制度，规划同意书制度，占用河道审批管理制度，洪水影响评价报告制度，防洪投入由政府和受益者合理承担相结合的制度，蓄滞洪区的安全建设与补偿、救助制度，划定河道管理保护范围和防洪工程设施管理保护范围和防汛抗洪的政府行政首长负责制和部门分工负责制等 8 项管理制度。1991 年 3 月，国务院出台了《水库大坝安全管理条例》，该条例的适用范围为坝高 15 米以上或库容 100 万立方米以上的水库大坝，或对重要城镇、交通干线、重要军事设施、工矿区安全有潜在威胁的坝高 15 米以下、10 米以

上或者库容 100 万立方米以下、10 万立方米以上的水库大坝，《条例》就大坝建设、汛时和平时管理、病险坝处理、违反条例的处罚等作了原则的规定。

市政照明政策方面，1996 年 10 月，国家经贸委会同国家有关部委和机构制订了《中国绿色照明工程实施方案》，在政府主导、市场推进、公众参与和有关各方面的共同努力下，在“九五”期间共同启动了旨在节约能源，保护环境、提高照明质量的“中国绿色照明工程”。2004 年 11 月，建设部出台了《关于加强城市照明管理促进节约用电工作的意见》，第一次提出了“城市照明”的概念，明确要求“建立健全城市照明法规和标准体系”，依法对城市照明进行规划、建设和管理。2006 年 7 月，建设部制定颁发了《“十一五”城市绿色照明工程规划纲要》（建办城〔2006〕48 号）对城市照明提出了多方面要求，包括如下几个方面：以 2005 年底为基数，年城市照明节电目标 5%，5 年（2006—2010 年）累计节电 25%；在城市照明建设、改造工程中，全面推行专业管理机构规划、设计论证、专项验收制度；2008 年前，完成城市照明专项规划编制；完善功能照明，基本消灭无灯区；严格执行照明功率密度值标准；灯具效率在 80% 以上的高效节能灯具应用率达 85% 以上；高光效、长寿命光源的应用率达 85% 以上；道路照明主干道亮灯率达 98%，次干道、支路亮灯率达 96%。2006 年 8 月，国务院出台《关于加强节能工作的决定》，强调了节能减排工作的重要性，将绿色照明列为中国的十大重点节能工程之一。2011 年 11 月，《“十二五”城市绿色照明规划纲要》进一步对城市照明提出了要求，要求各地完成节能任务，提出到“十二五”期末城市照明节电率达到 15%、完成城市照明规划编制、完善城市绿色照明标准体系、提高城市照明设施建设和维护水平、提高城市道路照明质量和节能水平、实行景观照明规范化管理、推进高效照明节能产品的应用等多方面的要求。

医疗保障政策方面，1999 年 12 月，国务院发布了《城镇职工基本医疗保障制度的决定》，自此中国城镇职工基本医疗保障制度开始建立。2007 年 7 月，在国务院出台的《关于开展城镇居民基本医疗保险试点的指导意见》指导下，城镇居民基本医疗保险制度开始在城市试点，随后试点范围扩大，2010 年开始在全国范围内展开。城镇居民基本医疗保险采取以政府为主导，以居民个人（家庭）缴费为主，政府适度补助为辅，面对城镇非从业居民的医疗保险制度，包括所有未参加城镇职工基本医疗保障的成年居民、非成年居民及在读大学生，缴费金额及享受比例，根据各地经济发展水平不同而略有差别。

公共教育政策方面，1993 年 3 月，教育部出台了《关于师范院校布局结构调整的几点意见》，指出跨世纪的师范教育必须深化改革，重组师范教育资源，调整学校布局，逐步提高层次结构重心，提高教师培养培训的质量和效益，是一项必须引起高度重视的工作。到 21 世纪初，逐步形成具有中国特色、时代特征，体现终身教育思想的中小学教师教育新体系，并明确提出师范教育层次结构由三级师范向二级师范过渡。1996 年 6 月，国务院召开了改革开放以来第三次全国教育工作会议，作出了《中共中央国务院关于深化教育改革全面推进素质教育的决定》，提出了“调整师范院校的层次和布局，鼓励综合性高等学校和非师范类高等学校参与培养、培训中小学教师的工作，探索在有条件的综合性高等学校中试办师范学院”的决策。之后，建立开放的教师教育体系已在教育行政部门和教育理论界达成共识。2000 年 9 月，教育部颁布了《〈教师资格条例〉实施办法》，对《教师资格条例》各项法律条文做了进一步详细的规定。这一系列法规的颁布，为中国教师资格制度的实施提供了法理上的依据，从制度上确保了教师教育事业在法制化的轨道上健康有序地运行。2010 年 7 月，国务院颁发了 2010—2020 年度的《国家中长期教育改革和发展规划纲要》，规定进城务工人员的随迁子女应在流动地接受政府保障的九年义务教育，接受完流动地九年义务教育后，参加流动地的升学（入学）招生考试。当年，国务院又颁发关于国家教育体制改革试点的通知，将进城务工人员的随迁子女义务教育问题作为当年国务院的重要议题，表示将建立改革试点，出台政策和措施来保障进城务工人员的随迁子女有机会接受九年义务教育。2011 年 1 月，教育部发布了《关于大力加强中小学教师培训工作的意见》，提出要以农村教师为重点，有计划地组织实施中小学教师全员培训，努力构建开放灵活的教师终身学习体系，加大教师培训支持力度，全面提高教师素质，为基本实现教育现代化，建设人力资源强国提供师资保障。

（二）效果分析

1. 城镇防洪方面效果

排水防洪规划是城市基础设施工程规划设计的重要组成部分，也是城市可持续发展的保障。

（1）城市排水防洪能力不断增强。各地城市采取有力措施，结合城市防洪实际需求，推进城市河道治理、堤防建设、山洪灾害防治、水库涵闸除险、加固城市防洪设施，城市防洪减灾工程体系逐步建立和完善。据统计，2013 年全国有防洪任务的城市中，有 321 座城市防洪能力达到了国家防洪标准，占总数的50%。其中全国重点防洪城市31个，有10个达标，达标率32%；全国重要防洪城市54个，有16个达标，达标率30%。同时采取多种措施加强城市防洪设施建设。福建省累计投资37亿元，在全省72个县（市）开展了城区防洪工程建设，建成县级城区防洪堤1 019千米，全省有防洪任务的县级以上城市基本达到国家规定的设防标准。武汉市结合江岸整治、滨水环境建设以及房地产开发等多种投（融）资渠道，累计完成397千米长江、汉江干堤和123千米府河、举水连江支堤堤防除险加固；建成总长195千米的中心城区防洪保护圈；建成长30千米的两江四岸江滩整治工程，城市防洪能力得到很大提高。

（2）城市防洪排涝管理体制不断完善。城市防洪排涝应急管理得到加强，各地有防洪任务的城市都设立了城市人民政府防汛抗旱指挥部，统一指挥、调度和指导全市的防洪排涝管理工作，其办事机构一般设在城市水行政主管部门；城市下属的区（县）人民政府也设立了防汛指挥机构；为加强城区防洪排涝统一调度管理，部分城市设立了城区防汛指挥部，负责市区区域内防洪排涝应急管理工作，其办事机构根据实际情况设在城市水行政主管部门或建设部门。

目前，全国有防洪任务的城市中，有370座城市城区防洪由水利部门负责，103座由城建部门负责，152座由水利和城建部门共同管理，另有少数城市由其他部门管理或还未明确管理部门；全国85座重点和重要防洪城市中，有56座城市城区防洪由水利部门负责，占66%。

2. 市政照明方面效果

20世纪90年代中期到现在，经过20年的发展探索，中国城市照明建设从无到有，不断成熟，已经初步形成了城市照明法规政策、标准规范的体系。

（1）从城市“亮化”到城市照明。20世纪90年代初从上海外滩等地率先发起的照明建设，到90年代中期起逐步在全国各大城市和东南沿海城市推广开来。不过，那时候不叫“城市照明”，而是被赋予了具有时代特色的城市“亮化工程”“光彩工程”“霓虹灯建设”等名称。“城市亮化”建设初期，各地城市出现了盲目自发建设、追求炫彩奢华、盲目攀比亮度等现象，照明行业市场也在此时迅速膨胀，一些城市和地区出现了“低价竞销、粗制滥造、以次充好、偷工减料”的风潮，既缺少城市照明的精品佳作，也造成了严重的光污染和能源浪费。2004年，当时的建设部颁发了《关于加强城市照明管理促进节约用电工作的意见》（建城〔2004〕204号），第一次提出了“城市照明”的概念，明确要求“建立健全城市照明法规和标准体系”，依法对城市照明进行规划、建设和管理。2010 年 5 月，当时的住建部部长姜伟新签署了中华人民共和国住房和城乡建设部第 4 号令，正式发布《城市照明管理规定》，自 2010 年 7 月 1 日起开始施行。《城市照明管理规定》第一次以国务院部门行政规章的形式提出了“城市照明”的概念，明确城市照明包括功能照明和景观照明。这不仅仅是名称的改变，更重要的是意味着城市照明品质的提升要求和城市照明管理活动的深化。此后，国家相关部委出台了一系列的政策文件，对城市照明建设活动中出现的问题进行了纠正和引导。这些政策文件的发布和施行逐步有效地扭转了存在的问题倾向，城市照明逐步走向正规建设的轨道。

（2）道路照明与景观照明高速发展。作为城市照明的主体，城市道路照明伴随中国城市建设的高速发展，获得了快速的增长。国家统计局数据显示，从 2008—2017 年，中国城市道路照明路灯数量由 1 394. 95 万盏增加到 2 562. 33 万盏（见图 7 -9），年均增长率达到 8. 53%，城市道路照明行业保持持续快速健康发展。在城市道路照明路灯的使用类型方面，按道路照明路灯光源的不同，可以分为高压钠灯、LED 路灯、节能路灯、新型氙气路灯等。

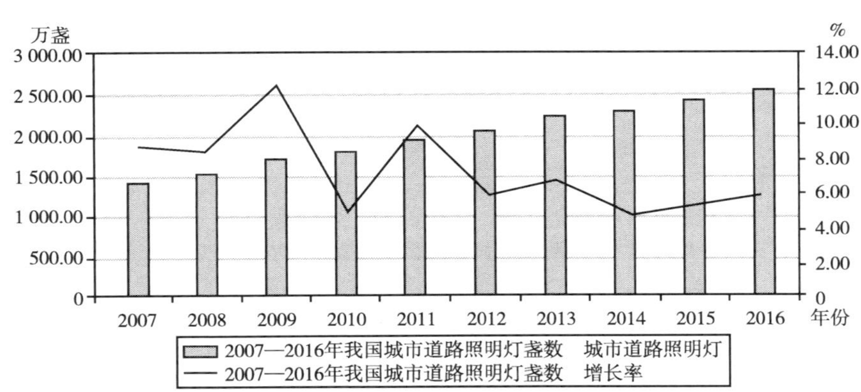

图 7 -9　2007—2016 年中国城市道路照明情况

数据来源：国家统计局。

（3）在“十一五”期间，中国城市景观照明获得了快速发展。根据《“十二五”城市绿色照明规划纲要》课题组统计，“十一五”期间，由政府投资的城市景观照明项目约 24 000 项，总投资达 102. 23 亿元；景观照明总投资占整个城市照明投资的比例为 25%—35%，景观照明耗电占整个城市照明耗电的 25%—35%。

（4）中国城市照明在大型活动事件上得到成功运用。以 G20 为例，G20 晚会在西湖盛大举行，灯光、音乐、表演与西湖美景和杭州文化底蕴完美融合，为外宾呈现出美轮美奂的晚会场景。为迎接 G20 峰会，杭州实施了西湖景观照明工程的提升、运河景观亮化工程的改造、打造了钱塘江两岸的夜景亮化工程，凸显照明科技对城市形象的巨大提升作用。此外，随着游客的消费习惯向“上午睡觉、下午溜达、晚上疯玩”的模式转变，传统的日间消费仅仅覆盖了游客的部分需求，景观照明的发展一定程度上助力了夜间消费的升级，进一步改善居民夜间生活环境，提升城市形象。

3. 医疗公共服务方面效果

中国从 20 世纪 80 年代开始实行医疗保障制度改革，逐步建立了包括社会医疗保险、公费医疗、城市医疗救助制度等多种形式并存的城市医疗保障体制。

（1）参加城镇医疗保险人数稳步提升。城镇职工基本医疗保险制度是中国医疗保险的组成（城镇职工医疗保险，城镇居民医疗保险，新型农村合作医疗）之一，是为补偿劳动者因疾病风险遭受经济损失而建立的一项社会保险制度。1998 年《国务院关于建立城镇职工基本医疗保障制度的决定》规定，采取社会统筹与个人账户相结合的筹资模式，医疗保障费用由用人单位和职工个人共同负担，并规定了单位和个人的缴纳比例，用人单位缴费率控制在职工工资总额的 6% 左右，职工缴费率为本人工资收入的 2%，其中 30% 记入个人账户，剩余部分用于建立社会统筹基金。从 2007 年 7 月 24 日开始试点，2009 年之后新医改正式分阶段逐步展开，截至 2014 年底（见表 7－16），中国参加城镇职工基本医疗保险人数为 31 451 万人，比上年末增加 1 822 万人。

（2）城镇居民基本医疗保险制度覆盖面不断扩大。城镇居民基本医疗保险制度是面向不属于城镇职工基本医疗保险制度覆盖范围的中小学阶段的学生（包括职业高中、中专、技校学生）、少年儿童和其他非从业城镇居民的一项保险制度。它坚持低水平起步，重点保障城镇非从业居民的大病医疗需求，其基金筹集是以家庭缴费为主，政府给予适当补助。参保居民按规定缴纳基本医疗保险费，享受相应的医疗保险待遇。为实现基本建立覆盖城乡全体居民的医疗保障体系的目标，中国从 2007 年起开展城镇居民基本医疗保险试点，这是一项以自愿参保为原则，采取以政府为主导，以居民个人（家庭）缴费为主，政府适度补助为辅，面对城镇非从业居民的医疗保险制度，包括所有未参加城镇职工基本医疗保障的成年居民、非成年居民及在读大学生，缴费金额及享受比例根据各地经济发展水平不同而略有差别。

表 7－16　城镇居民和职工基本医疗保险情况（2005—2014 年）

年份	合计	参保人数（万人）				城镇职工基本医保收支（亿元）		
		城镇居民基本医保	城镇职工基本医保	在岗职工	退休人员	基金收入	基金支出	累计结存
2005	—	—	13 783	10 022	3 761	6 969	5 401	6 066
2006	—	—	15 732	11 580	4 152	1 747	1 277	1 752
2007	22 311	4 291	18 020	13 420	4 600	2 214	1 552	2 441
2008	31 822	11 826	19 996	14 988	5 008	2 886	2 020	3 304
2009	40 061	18 100	21 961	16 410	5 527	3 672	2 797	2 882
2010	43 263	19 528	23 735	17 791	5 944	3 955	3 272	4 741
2011	47 343	22 116	25 227	18 948	6 279	5 539	4 431	6 180
2012	53 641	27 156	26 486	19 861	6 624	6 062	4 869	6 884
2013	57 073	29 629	27 443	20 501	6 942	7 062	5 830	8 129
2014	59 747	31 451	28 296	21 041	7 255	8 038	6 697	9 450

数据来源：《中国卫生统计年鉴》。

（3）新型农村合作医疗“新农合”是由政府组织、引导、支持，农民自愿参加，个人、集体和政府多方筹资，以大病统筹为主的农村医疗互助共济制度。这是中国政府历史上第一次为解决农民的基本医疗卫生问题进行的大规模投入。2002 年 10 月，中国明确提出各级政府要积极引导农民建立以大病统筹为主的新型农村合作医疗制度。从 2003 年“新农合”试点以来，制度发展势态良好。2009 年，中国做出深化医药卫生体制改革的重要战略部署，确立新农合为农村基本医疗保障制度的地位。据统计（见表 7－17），2010 年参加新农合人数为 8.36 亿人，当年补偿受益 10.87 亿人次，参合率达到 96%。新型农村合作医疗试点工作开展以来，各地认识明确，组织有力，工作扎实，稳步推进，取得了明显的成效，受到了广大农民群众的欢迎，为探索新形势下做好农民医疗保障工作，逐步完善新型农村合作医疗制度积累了经验。可以看出，新型农村合作医疗制度的实施，较好地满足了中国农村居民的基本医疗保障需求。

表7－17　　新型农村合作医疗情况（2010—2015年）

年份	参加新农合人数（亿人）	参合率（%）	人均筹资（元）	当年基金支出（亿元）	补偿受益人次（亿人次）
2010	8.36	96.00	156.57	1 187.84	10.87
2011	8.32	97.48	246.21	1 710.19	13.15
2012	8.05	98.26	308.50	2 408.00	17.45
2013	8.02	98.70	370.59	2 909.20	19.42
2014	7.36	98.90	410.89	2 890.40	16.52
2015	6.70	98.80	490.30	2 933.41	16.53

数据来源：《中国卫生统计年鉴》。

（4）城乡医疗救助制度及多种形式的补充医疗保险城乡医疗救助是中国多层次医疗保障体系的托底，主要由政府财政提供资金为无力进入基本医疗保险体系以及进入后个人无力承担共付费用的城乡贫困人口提供帮助，使他们能够与其他社会成员一样享有基本医疗保障。2011年中国民政部门城乡医疗救助支出合计187.60188亿元，超出2010年50.6005亿元；城乡医疗救助8 519.0913万人次，超出2010年963.1083万人次，为解决城乡贫困家庭成员的医疗问题做出了重要贡献。

4. 教育公共服务方面效果

教育改革开放30年来中国教育事业发展十分迅速。主要表现在：

（1）义务教育普及成果得到进一步巩固，在校生规模有所增长，办学条件进一步改善，城乡差距逐步缩小，资源配置均衡化程度有所提高。从1986年全国人大颁布《中华人民共和国义务教育法》起，经过10多年奋斗，2000年中国实现了基本普及九年义务教育、基本扫除青壮年文盲（简称“两基”）目标，“两基”人口覆盖率超过85%，2007年进一步扩大到99%。中国已跻身于免费义务教育水平较高国家行列，数以亿计初中毕业的劳动力为国民经济持续快速增长提供了关键支撑。2016年，全国共有义务教育阶段学校23.0万所，比上年减少1.3万所；教学点9.8万个，比上年增加0.5万个。义务教育阶段在校生1.4亿人，比上年增加238.2万人，增长1.7%。2016年，小学学龄儿童净入学率达99.92%，其中，男童净入学率为99.91%，女童净入学率为99.93%，全国已经基本消除男女童入学率性别差异。全国初中普及程度继续保持高位。2016年，全国初中阶段毛入学率104.0%，与上年持平。全国小学毕业生升学率98.7%，比上年提高0.5个百分点。

（2）进城务工人员随迁子女接受义务教育权利得到保障。地方各级政府继续贯彻落实中央关于进城务工人员随迁子女教育政策和措施，义务教育阶段进城务工人员随迁子女在校生数比上年增长，占在校生比例有所上升。2016年，全国义务教育阶段进城务工人员随迁子女1 394.8万人，比上年增长2.0%，占在校生总人数的比例为10.0%，其中，在公办学校就读的比例为79.5%。

（3）职业教育以服务为宗旨、以就业为导向，在改革和创新中加快发展。高职院校专业结构进一步优化，专业设置主动与产业发展对接。面向第二产业的新增专业点数由2010年的2 865个增加到2015年的4 926个，增长71.94%；面向第三产业的新增专业点数由1 466个增加到2 997个，增长104.43%。与经济发展和社会民生密切相关的专业点增速较快，如老年服务与管理专业5年内由20个增加到112个，休闲服务与管理专业由9个增加到56个，城市轨道交通相关专业由73个增加到253个。

（4）教师队伍建设迈开新的步伐，教师整体素质水平不断提高。改革开放以来，教师待遇和社会地位不断提高，教师队伍水平明显提升。2016年全国共有义务教育专任教师927.69万人；全国中小学专任教师学历合格率99.2%，达到历史最高，较2015年中小学专任教师的学历合格率高1.2%，具有高学历教师比例在逐年增加。义务教育学校高一级学历教师比例继续提升，农村学校提高幅度快于城市，城乡差距进一步缩小。2016年，全国小学专科及以上学历教师比例为93.7%，比上年提高1.8个百分点，农村为91.8%，城乡差距为6.2个百分点，比上年缩小1.4个百分点。全国初中本科及以上学历教师比例为82.5%，比上年提高2.2个百分点，农村为78.6%，城乡差距为11.7个百分点，比上年缩小1.3个百分点。中小学教职工聘任、新任教师公开招聘、校长选拔任用等制度不断完善。国家建立城镇教师支援农村制度，实施农村教师特设岗位计划和西部志愿者计划，实施农村学校教育硕士师资培养计划。

（5）教育经费稳步提升。2017年，全国教育经费总投入为42 562.01亿元，比上年的38 888.39亿元增长9.45%。其中，国家财政性教育经费（主要包括一般公共预算安排的教育经费，政府性基金预算安排的教育经费，企业办学中的企业拨款，校办产业和社会服务收入用于教育的经费等）为34 207.75亿元，比上年的31 396.25亿元增长8.95%（见图7－10）。

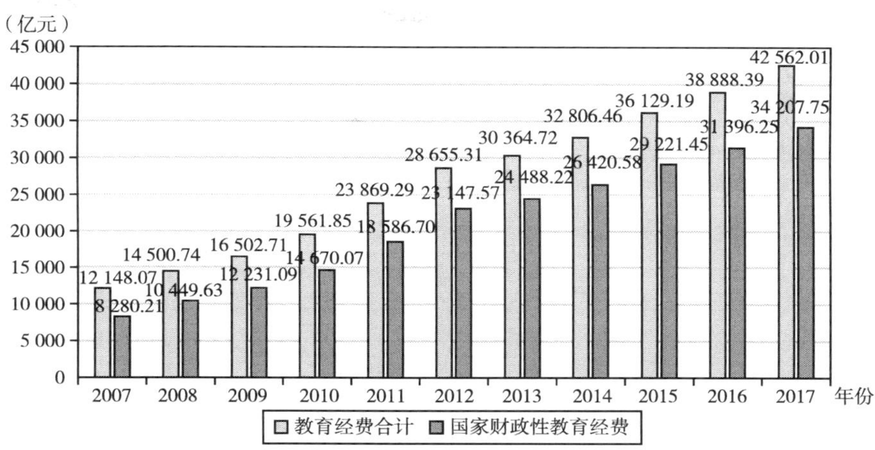

图7－10　2007—2015年教育经费投入情况

数据来源：国家统计局。

第三节　案例分析——以北京市为例

北京市作为中国的首都，是中国的政治中心，同时也是文化中心、国际交往中心、科技创新中心，承载着多项城市功能。根据《北京统计年鉴2017》统计数据显示，北京市面积为1.641万平方公里，辖东城区、西城区、朝阳区、丰台区、石景山区、海淀区、顺义区、通州区、大兴区、房山区、门头沟区、昌平区、平谷区、密云区、怀柔区、延庆区16个区，共147个街道、38个乡和144个镇，2017年长住人口达到2 170.7万。经济发展方面，北京市1978年GDP为108.80亿元，一二三产业比重为5.20∶71.10∶23.70，第二产业比重占比较大。至2017年底，北京市GDP为24 899.26亿元，约为1978年的228.85倍，第一、第二、第三产业产值比为0.40∶19.00∶80.60，产业结构向第三产业转移。北京市居民人均可支配收入增长也较快，2017年达到5.7万元，同比实际增长6.9%。根据华顿经济研究院2016—2018年发布的年度《中国百强城市排行榜》，在2018年中国城市综合发展指标排名中，北京市以93.74分位列第一，连续四年位居中国百强城市排行榜榜首。

自改革开放以来，北京市城市化进程迅速，农村人口不断涌向城市，城市化率由1978年的54.9%提升到2017年的87.6%（见图7－11），远远超过了中国城市化的平均水平，这体现出北京城市化进程开始向高度化发展。北京城镇化发展大致可分为三个阶段：第一阶段为1978—1990年，是城镇化进程高速推进时期，城镇化率从55%提高到73.5%；第二阶段是1990—2005年，是城镇化的成熟完善时期，城镇化率从73.5%提高到83.6%；第三个阶段为2005—2012年，北京进入新型城镇化发展时期，城镇化率从83.6%提高到86.2%，2012年至今，城市化发展呈现缓慢上升态势。

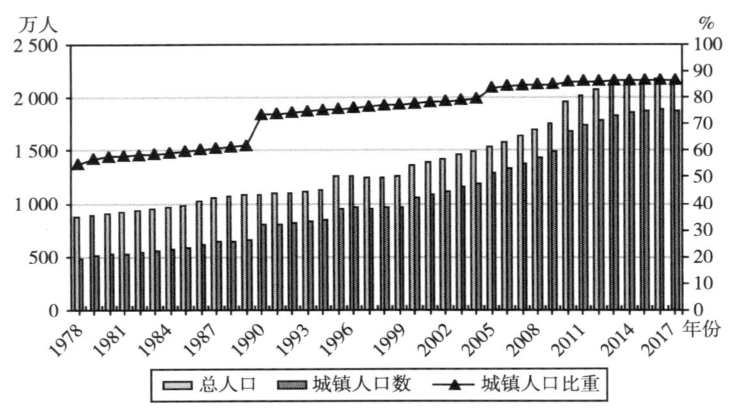

图7－11　北京市总人口、城镇人口和城镇人口比重变化

数据来源：《北京统计年鉴》。

北京市在快速的城市发展过程中融入了可持续发展的思想，完善市政服务，从交通、管网建设、市容卫生等方面促进城市建设，保证了城市市政各子系统协调发展。下面分别介绍北京在上述市政建设方面的发展和具体经验。

一、道路交通发展情况和经验

城市道路系统是整个城市的枢纽，是城市建设的重要一环。在城市化进程中，北京市交通部门一方面加快推进交通基础设施建设，完善综合交通网络体系，另一方面继续推行公交优先发展战略，实施公共交通引导城市发展TOD模式。近年来，北京市城市道路交通发展迅速，道路里程较为平稳，轨道交通增长速度较快（见图7－12）。截至2016年，北京市辖区道路总里程为29 282公里，城市实有道路里程8 086公里，城市道路桥梁2 088座。公共交通运营线路895条，公共交通运营车辆27 892辆，公共交通客运量734 953万人次，公共交通日均客运量2 041万人次。中心城绿色出行比例达71.0%，较2015年增长0.3个百分点，其中轨道交通15.3%，公共汽（电）车15.6%，自行车10.3%，步行 29.8%。通勤出行（不含步行）中，公共交通出行比例 49.3%，其中轨道交通 27.0%，公共汽（电）车 22.3%。目前，北京市初步建立起了高效、多样化的公共交通体系，综合交通体系运营管理服务水平得到有效提升。

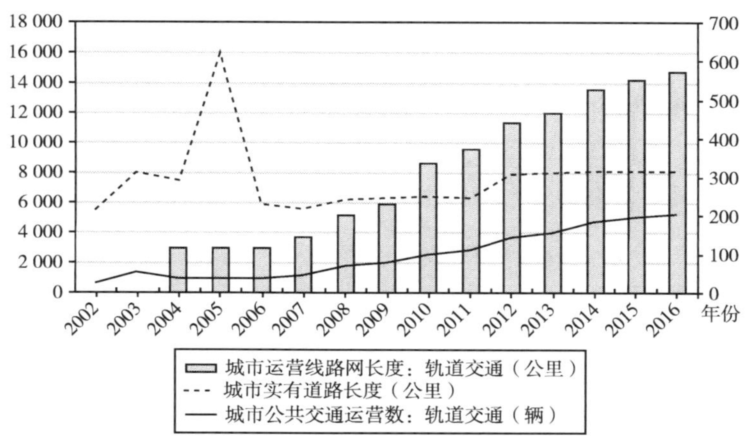

图 7－12　北京市轨道交通和城市道路建设情况

资料来源：《中国城市建设年鉴》。

北京市道路交通的发展，得益于政府在交通建设投资、公共交通、交通管理方面做出的努力，以下发展经验值得借鉴。

（一）扩大交通建设投资，提高交通基础设施承载能力

近年来，北京市不断加大交通基础设施投资力度，已基本形成与城市发展相适应的交通基础设施投资规模，并且不断对投资结构进行优化调整，公共交通投资比例稳步提高，供给策略由传统需求追随型转向引导型。1991—2016 年，市级公共交通投资总体呈现较快增长，从 2.3 亿元增长至 318 亿元，年均增长率为 21.19%，公共交通投资总额占交通运输业投资总额的比重从 24.73% 提高到了 32.68%。截至 2016 年，城市道路里程增至 8 085.6 千米，轨道交通运营总里程达到 574 千米，高速公路里程达到 1 013 千米，交通设施承载能力得到显著提升。轨道交通具有快速高效、换乘便捷、承载力强的特点，发展轨道交通是构建可持续化交通结构的重点，在可持续城市的发展中，应当加大对轨道交通的投资，扩展轨道交通里程，优化轨道交通线路，建立"轨道上的城市"，构建多层次的轨道交通体系。一般而言，中心城与周边区域的交通联系，15 公里半径以内应以密集的地铁、轻轨为主，15—30 公里的通勤应以快线铁路为主，30—70 公里的通勤应以大容量、一站式、低票价的

市郊铁路或客运专线为主。

大力发展公共交通，增强公共交通服务能力。近年来，北京市全面贯彻落实公共交通优先政策和低票价政策，确定发展公共交通在城市可持续发展中的重要战略地位，保证公共交通设施用地优先、投资安排优先、路权分配优先、财税扶持优先，不断增强公共交通吸引力。目前，北京市已经投入运营南中轴等4条大容量快速公交（BRT）线路，并在京通快速路创造性地开设了国内首条快速公交通勤走廊。对全市近1/3公共交通线路进行了优化调整，并开通了袖珍公交和社区通勤快车，大幅增加了公共汽（电）车线路和覆盖面。既有轨道交通线路先后24次缩短运营间隔，轨道交通服务水平显著提高。2005—2015年，公共交通年客运量由51.8亿人次上升到73.5亿人次，交通结构进一步优化；公共交通出行比例由29.8%上升至44%，增幅在国内领先。公共交通线路环线和横纵线的合理搭配，构成了便捷的换乘系统，降低了居民的交通成本，同时也提高了出行效率。在可持续化的交通体系构建过程中，应当注意合理布局交通结构和空间，优先保障步行、自行车出行和公交出行空间，发展高效立体的公共交通系统。

（二）提升交通管理精细化水平，严格交通需求管控

在机动车由2005年的258万辆增加到2015年的562万辆过程中，北京市面临着交通拥堵的压力，加强了对小汽车的需求引导，通过分步实施机动车工作日高峰时段区域限行、错时上下班、小客车数量调控、停车价格调整等多项交通需求管理措施，中心城区的交通拥堵状况得到了初步缓解，机动车拥有量增速由14%降至0.5%。另一方面，加强交通静态管理，加强停车环境综合治理，分区分类有序补充居住区基本停车位。制定全市地面停车规划，实施公共区域停车管理网格化巡查。开展学校医院周边等重点区域交通秩序整治，规范旅游等专线交通运营秩序，稳妥推进中心城区和城市副中心路侧停车电子收费，交通需求管理成效显著。

（三）大力发展智能交通，提升交通管理水平

智能交通是未来交通系统的发展方向，将信息技术运用到交通管理系统中，可以有效地利用现有交通设施、减少交通负荷和环境污染、保证交通安全、提高运输效率，符合可持续城市发展的理念。北京市重视智能交通系统建设，扩大实施信号灯“绿波”工程，推进公共交通调度智能化。初步构建了交通运行监测调度平台（TOCC）和交通运行智能化分析平台，实时采集和

发布交通运行指标，实现了全市综合交通运输统筹协调管理。随着小汽车数量的迅速增加，北京市采用了小汽车出行行为采集与跟踪分析系统，实现对全市小汽车出行和使用数据的动态实时采集。截至 2017 年年底，北京市高速公路不停车收费系统（ETC）用户突破了 350 万用户，安装率达到了 70%。实现城市路网运行监测、公共交通运行监测、公路运行监测分析在内的专项分析和一体化的交通仿真支撑技术体系，建立多层次交通拥堵评价、公共交通运行评价、公路运行评体系。目前，北京市初步实现了智能化交通系统管理，提高了交通运行效率与安全水平。智能交通是当今世界交通运输发展的热点，是现代交通运输业的重要标志。在构建可持续化的交通体系中，应当把智能交通作为发展的方向，利用现代先进的电子信息技术，构建智能化的交通管理指挥控制系统，发展先进的车辆控制系统、车辆管理系统、交通监控系统及电子收费系统，实现高效安全的指挥调度、信号控制、综合监测、信息服务。同时，智能交通系统需要更加关注公众出行、交通安全等民生需求，实现实时、准确、高效、安全、节能的目标。

（四）重视交通环境治理，打造绿色交通

绿色交通强调的是城市交通的“绿色性”，即减轻交通拥挤，减少环境污染，促进社会公平，合理利用资源。其本质是建立维持城市可持续发展的交通体系，以满足人们的交通需求，以最少的社会成本实现最大的交通效率。近年来，北京市不断优化运输车辆结构，新能源汽车在公共交通领域的示范应用规模达到 1 000 辆；北京市于 2013 年 2 月正式实行国 V 排放标准，引导运输企业使用节油型车辆和低排放柴油车；支持引导货运企业更新淘汰黄标车，组建了 2 万辆以上的道路货运“绿色车队”；推广使用温拌沥青混合料、橡胶沥青等节能环保筑路材料，使用量分别达到 30.6% 和 9.5%，进一步改善了北京交通环境质量。同时，推广共享单车，解决最后一公里的问题，鼓励新能源汽车的使用，构建电车、轻轨、地铁等电气化交通工具，促进交通体系实现便捷、安全、低能耗、低污染的目标。北京市交通环境治理的理念是合理地利用资源本身，减少城市对自然资源的消耗以及废物的产出，使城市的发展不超越当地的生态承载力。在城市化的进程中，注重将绿色交通概念注入城市规划法规中，使得交通基础设施的建设既要求能满足目前的需求，也要求能适应未来城市的发展。并计划逐步构建立体的绿色交通体系，包括步行交通、自行车交通、常规公共交通和轨道交通。

二、供水、供气、供电供热等方面发展情况和经验

（一）供水

城市供排水设施建设在经济社会可持续发展中具有重要的基础保障作用。通过大力提升水务支撑保障能力，推进供水设施建设，北京市城乡供水安全水平、污水处理及再生水利用能力得到大幅度提高，对缓解水资源紧缺压力、有力保障首都经济社会持续健康发展发挥了很大作用。北京市已经实现连续数十年城市供水普及率100%，截至2016年，北京市共有城镇供水厂70座，供水总量为38亿立方米，供水管网长度为2.7万公里（见图7－13），其中公共供水管网总长1.54万公里，城市供水综合能力达到2 452.45万立方米/日。全市再生水利用量9.5亿立方米，利用率为75%。中心城区新建供水管网1 150公里，更新供水管网1 776公里，供水管网总长度达到10 066公里，城市公共供水范围进一步扩大，公共供水占有率达到82.1%。城市副中心和郊区新城总供水能力达到15万平方米/日，配套供水管网总长度639公里，自来水供水占有率80%以上。农村地区在完成农村安全饮水工程建设的基础上，实施了“一户一表和老旧管网改造”、市政管网延伸、村镇集中供水厂改扩建工程等，使得公共供水范围进一步扩大，供水保障率进一步提高。目前，北京市已初步形成“1个中心城供水网、10个新城供水单元和多个村镇供水点”的城乡供水格局。

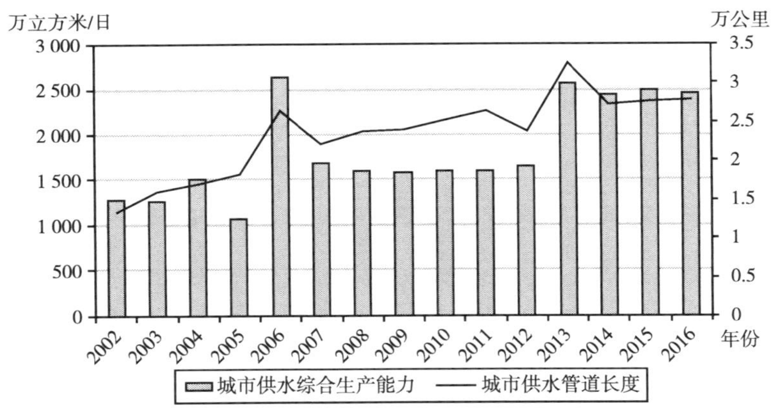

图7－13　北京市城市供水综合生产能力和城市供水管道长度

资料来源：《北京统计年鉴》。

在公共管网的管理上，北京市开展了独立计量区建设，对管网运行压力进行综合调控、定期对管网破损隐患进行检测，有效降低了公共管网漏损率。同

时对现有老旧及易漏水、爆管事故的部分管线改造，不仅可以消除配水管网二次污染和安全隐患，消除配水过程中带来的供水不安全，还可以降低供水管网漏失率，目前城区供水漏损率 16% 以内。北京市为完善和发展供水体系，制定了相关政策和制度规定。

一是制定了《北京市节约用水办法》《北京市河湖保护管理条例》《北京市水土保持条例》《北京市水污染防治条例》《南水北调工程保护办法》，出台了北京市排水和再生水设施建设、运行管理暂行规定等 20 余项规范性文件，水务政策法规体系进一步完善。并整合了涉水事务执法队伍，进一步完善水行政执法机构，初步形成了覆盖城乡的水务综合执法体系。建立了与环保、城管、农业等部门的执法协调工作机制。

二是加快水务创新。水务行业具有投资大、融资难的特点。在发展供水行业的进程中，北京市创新完善水务投融资体制机制，成立了北京水务投资中心，中心城实行区域污水处理和再生水利用特许经营，各区县政府通过 BOT、BT 等多种政府和社会资本合作（PPP）机制，吸引社会资本投入水务建设，水务多元化投融资机制基本形成。完善水资源有偿使用制度，实施居民用水阶梯水价。建立了水环境区域补偿制度，进一步强化落实了属地治污责任。组建了首都水资源协调委员会筹备工作办公室，与天津、河北建立水务协同发展工作机制。加大水务重大科技难题攻关力度，大力推进生物生态技术、信息技术等高新技术应用，水务建设、运行、管理科技水平进一步提升。

（二）供气

北京市天然气利用处于快速发展期，能源结构不断优化，天然气应用领域日益广泛，用气量不断增加，天然气用户总数和用气量位居全国各大城市之首、城市燃气普及率自 2007 年达到 100%，之后一直保持。从液化石油气和天然气的供应量来看（见图 7－14），两者在 2002—2016 年稳步提升，并且天然气供应量增长较快；从城市供气管道的建设情况来看，2002—2016 年两者的变化与供气量的变化一致，天然气管道建设较快，而液化石油气管道建设速度较为平稳。截至 2016 年底，居民燃气用户高达 900 万户，北京市天然气用气量达到 158 亿立方米。同时，北京市燃气供应规模逐年大幅攀升，年均增长率约为 15%。2015 年，北京市天然气用气量约 145.4 亿立方米，在一次能源消费结构中所占比例达到 29%；液化石油气消费量约 36.4 万吨，其中家庭用量约 18.9 万吨，约占总消费量的 52%；全市燃气居民用户达 898 万户，居民燃气气化率 99.9%，燃气事业稳步发展。

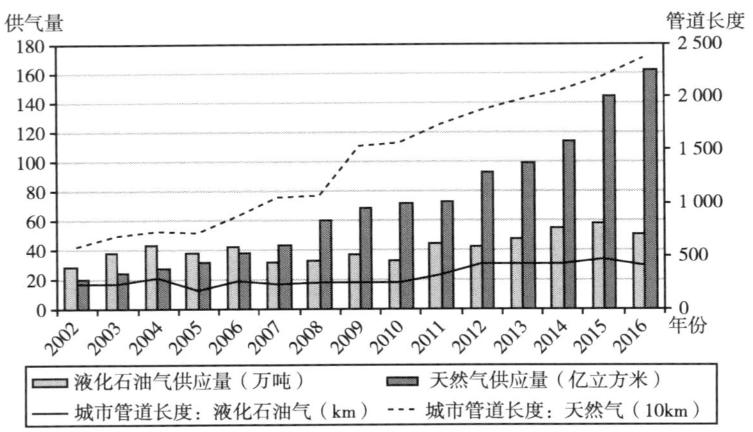

图 7－14　北京市液化石油气、天然气供应量和管道长度

资料来源：《中国城市建设年鉴》和《中国城市统计年鉴》。

北京市在发展供气事业的过程中，有以下发展经验：

一是完善输配系统，建设完成陕京三线段、大唐煤制天然气管线等工程，形成了南北均衡供气的局面，进一步优化了上游气源保障。同时，建成西集液化天然气（LNG）应急储配站、小屯和潘家庙液化天然气（LNG）中转站，提升了应急保障能力。同时，继续对燃气管网进行加密和改造，完善场站设施建设，新增高压 B、次高压 A 及中压管线约 855 公里，配套场站设施 29 座，除延庆外其他各郊区县均实现了管道天然气供应。

二是推进惠民工程，大力推进“煤改气”工程，助力清空行动。北京市城市管理委员会组织各区及市燃气集团等供气企业，大力推进锅炉“煤改气”配套燃气管线建设。截至 2016 年底，北京市共计完成锅炉煤改气约 1.6 万蒸吨，累计新建燃气管网 261 公里。在天然气入村工程方面，大力推进市政天然气管网和压缩天然气、液化天然气进村入户取暖工程建设。“送气下乡”惠民工程涉及全市 13 个远郊区县，全市累计为 85 个村接通了天然气，惠及农村用户近 3 万余户，发展液化石油气用户 110 余万户。2017 年，北京市城市管理委员会将组织各区和市燃气集团继续为 300 余个村接通天然气，惠及农户 15 万余户。

三是加强精细化管理。开展“巡检普查、风险评估”工作、“许可下放”工作和标准体系建设工作，提高了燃气行业管理精细化的水平，提升了用户安全管理服务水平，推进了行业法律法规标准体系建设。“安全巡检、风险评估”工作：2011—2013 年集中力量开展巡检普查、风险评估工作，共排查老旧小区各类安全隐患15万余处，检查餐饮企业等公服用户3万余家，对2 494公里老旧管线进行了风险评估。“许可下放”工作：2014年将“燃气经营许可”“燃气设施改动审批”和“燃气燃烧器具安装、维修企业资质许可”等全部燃气行政许可下放到区县。大力推进标准体系建设工作，完成《城镇燃气管道翻转内衬法施工及验收规程》的制定以及《燃气输配工程设计施工验收技术规范》、《燃气供应单位安全评价》的修订等工作。

管道输气系统的建设主要依赖于中游的管道输气公司，但北京市以参股的形式，参与了陕京一线和陕京二线的建设。随着上述管道的实施、全国天然气管网骨架雏形和环渤海地区区域管网的形成，北京市输气管网也将日臻完善。因此，北京应继续关注输气管道建设，采取多种形式投资，加强供气管网的建设。

（三）供电

在北京市的能源供应系统中，电力占有重要的地位。电力安全对能源安全和城市化的建设具有重要意义。北京市政府基本遵循“扩张保供”的思路，合理规划好各种发电能源和输配电容量，以更清洁、高效、可持续性发展的方式满足安全供应。2007—2017年，北京市全年供电量持续平稳增长（见图7－15），从620亿千瓦时增长到929亿千瓦时，增幅为49%。

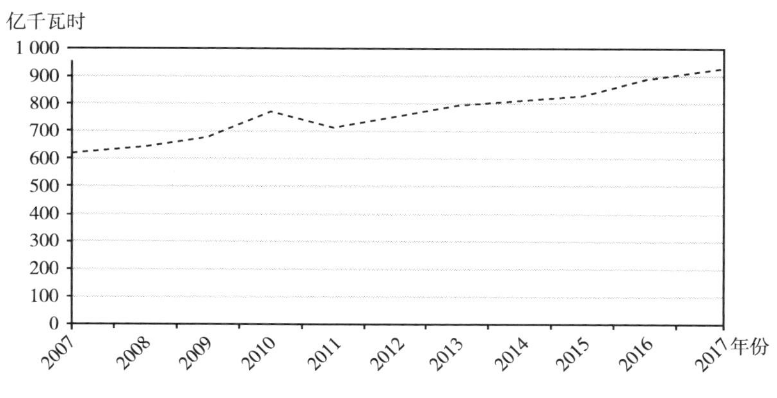

图7－15　北京市全年供电量

资料来源：wind数据库。

目前，北京市已形成东南西北多向送电、500千伏双环网主网架格局，外输通道能力达到3 500万千瓦左右。本地清洁发电装机容量达到100%，其中可再生能源发电装机容量占比达到15%左右。建成服务半径不超过5公里的电动汽车充电网络。全市供电可靠率达到99.995%，户均年停电时间下降到27分钟以内，其中四环路内、城市副中心、北京新机场等重点区域户均年停电时间控制在5分钟以内，达到国际一流水平。2015年，北京地区最大电力负荷为1 856.6万千瓦，极端天气下可达1 980万千瓦。北京市计划在“十三五”期间，外受电通道增至14条，受电能力达到3 500万千瓦左右，本地电源装机容量预计达到1 300万千瓦，可以满足2020年2 600万千瓦的高峰电力需求。

在晋北和蒙西煤炭基地建设电厂向北京送电已经取得了很大成效。随着北线西电东送工程的建设，黄河上游、宁夏、陕西的电力东送，也可以为北京增加新的电力来源。

为了建成安全、可靠、绿色、高效的智能电网，北京市在以下方面做出了努力：

一是提高外受电通道能力。加快电网一体化建设，增强京津唐多方向外受电通道能力。结合国家特高压输电通道建设，建成北京东—顺义、北京东—通州、北京西—新航城500千伏下送通道；加强西电东送和北电南送通道建设，建成500千伏送电工程，研究推动内蒙古多伦—通北送电工程建设。新增周边地区绿色电力直送北京通道。到2020年，外受电达到14条通道30回路，输电能力达到3 500万千瓦左右。

二是完善本地电源支撑。全面建成四大燃气热电中心，加快推进通州运河核心区、海淀北部地区区域能源中心项目建设，形成以四大燃气热电中心为主、区域能源中心为辅、可再生能源发电为补充的多元电源支撑体系。到2020年，本地电源装机规模控制在1 300万千瓦左右，清洁能源发电比例达到100%，可再生能源发电装机容量比例达到15%左右。

三是优化主干电网结构。完善500千伏双环网结构，提升外受电接纳能力，建成新航城、通北500千伏变电站，完成安定500千伏变电站增容工程。提升负荷中心电网支撑能力，建成商务中心区（CBD）、丽泽500千伏变电站。优化供电结构，加密变电站布局，新建高碑店、梨园等220千伏变电站，新建东夏园、辛安屯等110千伏变电站。到2020年，形成“以双环网为骨架、分区运行、区内成环、区间联络”的运行格局。

四是建设高可靠性配网。优化10千伏网架结构，合理安排开闭站、配电室布局，推进配网“网格化”发展。提升配网自动化水平，依托地下综合管廊，加快实施架空线入地工程，完成老旧小区配电设施改造及老旧电力管线消隐改造。加快配网智能化配套设施建设，光纤覆盖率达到100%。到2020年，全市供电可靠率达到99.995%，年户均停电时间下降到27分钟以内。

五是实施新一轮农网升级改造。以农村“煤改电”为抓手，加快网架结构优化、低电压治理、装备水平提升和智能化建设。到2020年，农村地区供电可靠性达到99.99%，户均停电时间降至1小时左右，户均变电容量达到7千伏安，农村电采暖用户户均变电容量达到9千伏安，农村产业和生活用电环境显著改善。

六是努力开发利用清洁能源，跨区域调入绿色电力，实施绿色电力进京计划，支持北京周边地区可再生能源基地建设，推动建立京冀晋蒙绿色电力区域市场。到2020年外调绿色电力总量达到100亿千瓦时。一方面，扩大绿色电力消费。研究建立本市可再生能源目标引导及考核制度，探索建立绿色电力交易机制，逐步形成京冀晋蒙绿色电力市场。倡导绿色低碳消费理念，政府及公共机构率先使用绿色电力，研究开展绿色电力自愿认购制度，鼓励企业及个人使用绿色电力。结合“煤改电”、集中供热清洁改造，探索绿色电力供热新模式。另一方面，支持冀晋蒙可再生能源输出基地建设。完善京冀晋蒙可再生能源协同发展机制，大力支持国家可再生能源示范区（张家口）及内蒙古自治区赤峰市、乌兰察布市和山西省大同市等可再生能源输出基地建设，综合开发风能、太阳能，就地配套电力调峰储能设施，推动京张、京蒙绿色电力输送通道建设，扩大外调绿色电力规模。

（四）供热

城市供热已成为北京重要的基础设施，在促进生产发展、环境治理和保证居民正常工作、生活方面发挥着越来越重要的作用，2002—2016年北京市城市情况持续改善，城市供热总量、供热面积和管道建设稳步提高（见图7-16）。2016年全市供热面积发展到7.9亿平方米，供热面积增长16%；集中供热面积

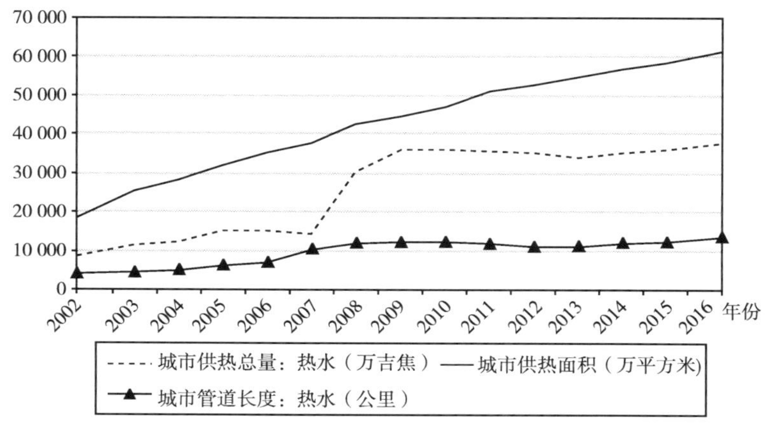

图7-16　北京市供热情况

资料来源：《中国城市建设年鉴》。

超过6亿平方米，供热能力超过4万兆瓦，供热管道长度为1.22万公里，已成为全国最大的供热城市。中心城区实现锅炉供热元煤化，全市清洁能源供热比例增至81%。在节能降耗工作的推进下，供热能耗较2010年下降12%；中心城区建成以四大燃气热电中心、大型燃气锅炉房为主力热源的城市热力网系统。北京已初步形成了集中供热为主导，多种能源、多种供热方式相结合的新的供热局面。

北京的供热事业伴随着城市经济建设的步伐而逐步发展起来，经过60多年的发展，取得了显著的成就，北京供热事业的发展有以下经验：

一是注重基础建设。北京市围绕行业管理的实际，开展了供热基础数据统计与普查，建立了供热管理数据库和供热服务投诉与处置系统、供热收费数据监测系统、煤炭储备监测系统等，形成了信息收集、统计、传递、预警和追踪的管理体系，建立了北京市供热行业标准化体系，组织了《北京市供热运行管理标准》等一系列供热技术、管理标准的编制，完成并发布了《民用建筑热水水质标准及水处理运行管理规程》；组织了《北京市供热发展方式的研究》，编制了全市供热发展规划，积极推进了供热节能技术开发、推广与示范，开展了节能培训和节能宣传，下发了《北京市供热节能工作指导意见》等。

二是创新供热管理。在管理体制上，进一步明确了“区县为主、辖区负责”的工作原则，确立了区县的管理地位，发挥了区县的作用；在管理方式上，建立了市、区两级供热指挥系统和市、区、街三级工作网络，初步形成了联动协调的机制；在管理手段上，设立了北京市供热服务热线及煤炭监测等信息平台，建立了供热应急预案、应急燃料储备、应急救助措施和应急抢险队伍，不仅全面地掌握了全市供热的动态，而且提高了应对与处置各种供热突发事件的能力。同时，加强对老旧小区的节能改造，从多环节人手，加强精细化管理运行，进一步降低供热系统能耗。

三是改革供热体制。供热体制改革一直是供热行业研究探索的重要课题。2003年7月，建设部等八部委联合下发《关于城镇供热体制改革试点工作的指导意见》，使供热行业的改革有了实质性的进展。北京市委、市政府高度重视，经过试点、试验、研究和探索，北京的供热体制改革工作取得了阶段性的成果，远郊8个区县已完成热费制度改革试点工作。从2010年开始，北方采暖地区新竣工建筑及完成供热计量改造的既有居住建筑，取消以面积计价收费方式，实行按用热量计价收费方式。目前，北京市正着力推进的有供热资源整合、老旧管网设施改造、供热系统节能和热计量改造以及冬季供热的各项保障措施等。

三、市容卫生等方面的发展情况和经验

为了打造生态宜居的现代化都市，北京市以资源环境承载能力为前提，划定城市开发边界，结合生态控制线，将 16 410 平方公里的市域空间划分为集中建设区、限制建设区和生态控制区，合理的规划对保持良好的市容市貌和环境卫生具有积极的意义。具体来看，市容卫生建设包括了城市河道建设、园林绿化建设、污水和垃圾处理等方面。图 7－17 呈现了 2002—2016 年北京市城市园林绿地面积、生活垃圾和粪便清运量变化情况，可以看出北京市市容卫生方面保障能力总体表现出上升趋势。

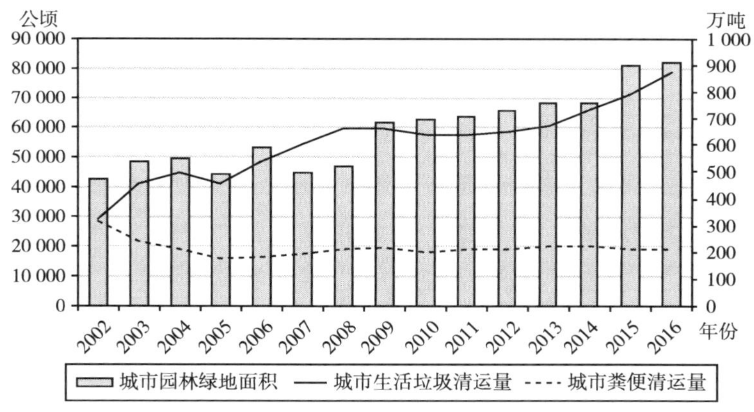

图 7－17　北京市城市园林绿地面积、生活垃圾和粪便清运量

资料来源：《中国城市统计年鉴》。

城市河道的功能不单是行洪、泄洪、排涝、蓄水及城市建设要求的景观功能，更重要的是起到维持水系资源以及平衡生态系统的功能作用，同时河流也是城市地下水的重要补给源。在城市化发展的过程中，北京市重视河道堤岸的建设，大力推进生态文明建设。据统计，全市水土保持措施面积为 4 630 平方公里，其中，工程措施 553 平方公里，植物措施 2 284 平方公里，其他措施 1 793 平方公里，生态建设已初步取得了成效。2008 年北京集中整治北京市内河流湖泊，再现古都水城景象。根据生态治水的指导思想，北京市政府重点疏浚和恢复了护城河水系、古代水源河道、古代漕运河道、古代防洪河道、风景园林水域，使城内水网交错、流水汤汤。河道内栽种了芦苇、香蒲，放养了鱼类、田螺、河蚌，形成了生物多样性，同时增加了河道两岸绿化面积，水环境质量达到了国际奥委会的要求。2010 年启动了“四湖一线”工程，治理河道 14. 2 千米、河滨带 280 万立方米、

铺设了20千米循环管线及修建泵站3座，形成水面270平方公里，共蓄水564万立方米，种植乔木2.4万株，灌木42.1万株，地被及水生植物201万平方米。经过生态修复的永定河北京段生态服务价值得到很大提升，环境质量得到改善，西南五区广大市民从中直接受益。

园林绿化作为城市中唯一有生命的基础设施，作为改善城市生态环境的主要载体，在生态文明建设中具有首要地位。北京市园林绿化现状经过多年的建设和发展，城市建成区绿化覆盖率从1980年的20.08%提高到2016年底的48.4%；人均公园绿地从1980年的5.14平方米/人提高到2016年底的16.01平方米/人。按照“一环、六区、百园”的要求，全市建成了120平方公里沿中心城外围的绿化隔离带，新建42个郊野公园，公园环格局初步形成。2016年，城市公园绿化总面积达82 112.5公顷，比2002年增长约93%，城市绿地系统日趋完善。通过腾退还绿、疏解建绿、见缝插绿等途径，增加公园绿地、小微绿地、活动广场，为人民群众提供更多游憩场所。根据《北京市园林绿化局十二五时期发展规划》文件显示，十一五期间全市10处热岛效应比较集中的地区有9处得到明显减弱，市中心区热岛效应面积比例由2000年的52.26%降低到2011年的22.38%。山区林木建设力度加快，重点发展水源保护林、水土保持林和风景游憩林等，2011年全市新增造林面积4.5万公顷，山区森林覆盖率、林木绿化率分别达到了50.97%、71.35%。调整农业结构，更加注重农业生态功能，提高都市型现代农业发展水平。加强平原地区农田林网、河湖湿地的生态恢复，构建滨河森林公园体系以及郊野公园环，为市民提供宜人的绿色休闲空间。将风景名胜区、森林公园、湿地公园、郊野公园、地质公园、城市公园六类具有休闲游憩功能的近郊绿色空间纳入全市公园体系。加强浅山区生态环境保护，构建浅山休闲游憩带。完善市级绿道体系，形成由文化观光型绿道、带状廊道游憩型绿道和河道滨水休闲型绿道共同组成的绿道体系。至2016年底已建成市级绿道约500公里，2035年间增加至1 240公里以上；区级绿道约210公里，2035年间增加至1 000公里以上。

截至2016年底，全市污水管道7 889公里，污水处理能力达到612万立方米/日，全市污水处理率达到90%以上，其中四环路以内地区污水收集率和处理率达到100%，中心城其他地区污水处理率达到98%，新城达到90%，农村地区达到60%；再生水年利用量10亿立方米以上，利用率达到75%；污泥基本实现无害化处理；基本建成设施完善、运营高效、监管科学的工作体系。推进落实再生水厂建设和污水处理厂升级改造、配套管线建设、污泥无害化处理设施建设、临时治污工程建设四大类工程。

2013年以来北京市垃圾处理设施建设为史上最快速时期，原生垃圾基本实现无害化处理，北京共新建、改建各类设施42座，垃圾焚烧处理能力较2013年提升4倍，达到9 800吨/日；生化处理能力提升50%，达到5 400吨/日；各类垃圾资源化处理能力提升到60%以上。2016年，北京市生活垃圾清运量873万吨，生活垃圾无害化处理能力24 341吨/日，生活垃圾无害化处理率99.8%。2013年以来，北京市生活垃圾处理实现了从过去“单一填埋为主”向“焚烧、生化等资源化处理”为主的转变。2017年底北京市生活垃圾资源化率达到57%；到2018年底，北京将新增1.5万吨垃圾、200万立方米污水（泥）的日处理能力，垃圾循环利用生态链基本形成。

为了打造生态宜居环境，北京市通过对河道堤岸的改造、园林绿化的建设、污水垃圾的高效环保处理，市容卫生情况呈现良好态势，在市容卫生建设过程中有以下经验：

一是加强河道生态综合治理。河道治理不仅要考虑其防洪排涝功能，还应注重景观设计，加强生态环境保护和景观协调性能，创造适宜河道内水生生物生存的生境。综合利用工程技术加生物技术措施建设和完善现有河道生态系统，治理被污染的水体，保证行洪安全。严格控制河道污染物排放和排污口数量，采取截污、减污和治污等措施，改善水体水质。同时加大对水环境污染行为的处罚力度，对河道景观加强维护管理，落实责任，突出重点，强化监督，积极改善城市河流水生态环境。加快构建环境保护的约束力，更好利用科技创新技术成果，充分利用市场调节机制，全面推动生态文明和城乡环境建设。

二是提高园林绿化重点工程建设科技化水平。在建设规划中确保科技投入比例不低于园林绿化总投入的3%。同时加强科研基础设施建设投入，鼓励在绿化设计、建设、养护中运用新材料，新技术，形成节水、节能、节地型城市园林绿化建设模式。充分运用信息、网络等现代技术，加快园林绿化科技信息共享条件平台建设，对科技基础条件资源进行战略重组和系统优化。另外，建立促进科技成果转化的内部动力机制，制定实施成果转化的激励政策，鼓励科技人员参与首都园林绿化建设。

三是创新污水垃圾处理机制。扩大城镇污水和垃圾处理方面的投资，增强服务能力和技术水平，深化城镇地区垃圾分类工作；制定和完善相关的政策、法规和标准，形成长效监管机制；引入市场机制，初步形成以多元化投资和特许经营为主体的建设、经营管理模式；全面实施城市污水、垃圾收费制度，将水价形成机制与污水处理经营管理体制改革相结合，推进污水和垃圾处理产业化。促进和提高中国城市治污工作水平。

四是积极引入市场化机制。鼓励通过政府与社会资本合作（PPP）方式，推进基础设施、市政公用、公共服务等领域市场化运营，开展环境污染第三方治理，在环卫保洁、绿化养护、公共交通、河道管护等领域推进政府购买服务。

四、其他市政服务和公共服务

城市排涝工程。按照适度超前、绿色环保、城乡一体的原则，以技术创新和机制创新为手段，提高基础设施规划标准和建设质量，保障城市运行安全。北京城市总体规划中要求，中心城区防洪标准达到200年一遇，北京城市副中心达到100年一遇，新城达到50—100年一遇。中心城区、北京城市副中心防涝标准达到50年一遇，局部特别重要地区达到100年一遇，新城达到20—30年一遇。提升城市雨水管道建设标准，重要及特别重要地区设计降雨重现期为5—10年一遇。同时，加强雨洪管理，建设海绵城市实施海绵城市建设分区管控策略，综合采取渗、滞、蓄、净、用、排等措施，加大降雨就地消纳和利用比重，降低城市内涝风险，改善城市综合生态环境。到2020年20%以上的城市建成区实现降雨70%就地消纳和利用，到2035年扩大到80%以上的城市建成区。积极完善防洪工程的建设，加强城市排水河道、雨水调蓄区、雨水管网及泵站等工程建设，开展城市积水点、易涝区治理，实现防洪防涝安全和雨水资源综合管理的目标。截至2016年，北京市排水管道长达16 901公里（见图7－18），2016—2020年，全市计划新建改造雨水管道1 427公里，实施郊区新城下凹桥区泵站改造，治理排涝河道265公里，新建蓄涝区17处，进一步增强防洪安全保障能力。

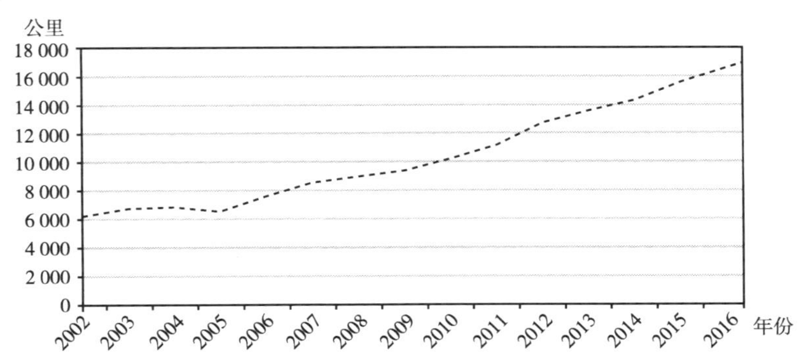

图7－18　北京市城市排水管道长度

资料来源：《中国城市建设年鉴》。

加强城市防灾减灾能力。北京市人口高度集中，人口密度极高，人员流动性强，一旦有灾害发生，危害极大。目前城市面临各种潜在的重大灾害，如风灾、水灾、震灾、火灾、建筑结构老化致灾、地质灾害、潜在城市环境灾害、化学事故灾害、通信信息灾害、地下空间与浅埋生命线工程中的灾害等。加强城市规划是防灾减灾的重要手段，北京市在可持续城市的建设中，注重城市建设的公共安全，从以下方面建设了首都的防灾体系。一是构建城市防灾空间格局。以城市快速路、公园、绿地、河流、广场为界，划分防灾分区，坚持完善城市开敞空间系统，预留防灾避难空间和中长期安置重建空间，同时提高城市综合防灾和安全设施建设标准，加强设施运行管理。二是构建京津冀区域性防灾体系。建设航空、铁路、公路协同的区域疏散救援通道，提高通道设防等级。健全京津冀突发事件协同应对和联合指挥机制、应急资源合作共享机制。三是建设统一的灾害风险评估和监测预警体系，针对地震灾害、火灾与爆炸、气象灾害、地质灾害、水安全、交通事故与灾害、生物灾害与疫病、生命线系统事故、城市工业化事故、建设项目及公共场所事故等主要灾害，深化城市灾害风险评估。综合统筹多种自然灾害的监测预警体系，完善环境风险防控和应急响应体系。四是加强灾害易损点段管理。完善各类灾害易发区的识别与划定，治理现状安全隐患，严控新增建设；提高建构筑物抗震、消防、防洪等抗灾能力，加强超高层建筑防火，广泛应用减隔震技术，开展次生灾害排查，对不达标的予以整改或更新；适度提高重要设施、灾害高风险地段设防等级，并加强监测管理。

北京市作为中国的超大城市之一，公共教育服务中以幼儿入园难问题最为突出，在“全面二孩政策”影响下，预测未来 5 年北京市学前阶段学龄儿童波动增加，3 年后人口开始迅速增加，到 2021 年达到人口峰值，较 2016 年增加 6%，2021 年后学前阶段学龄儿童数量才回落。基于当前学前教育供需形式来看，未来 5 年学前教育仍需重视解决“入园难”问题。北京市可以从以下三个方面进行改善：第一，大力发展公办园基础上多措并举支持建设普惠性民办园。大力发展公办园，激发办园活力。一是扩增量，通过教育资源整合、分园建设、教育布局调整以及新建小区配套幼儿园建设，增加公办幼儿园数量。二是保存量，理顺国有企事业单位、部门、集体的办园体制，激发办园活力，减少企事业单位办园的流失。逐步将企事业单位办园和集体办园等纳入教育部门统一建设和管理，在资金投入等方面享有上与教办园同等待遇。创新政府与民办机构合作模式，支持建设普惠性民办园，可采取购买学位、购买教师服务、PPP、学前教育券等模式。第二，做好师资储备，加大专业培训，提高教育质量。掌握幼儿数量增长动态，控制幼教师资的缺口；扩大幼儿园教师培养渠道，加强专业人员培训；引进“委托管理”模式，提高学前教育质量；整治乡村地区或部分城市地区办学条件简陋、不具合格资质的幼儿园，对于设施与环境过于简陋、脏乱差的幼儿园，在做好幼儿教育安置的基础上，进行关停整顿、资源重组。第三，提前布局，科学规划，促进均衡配置新建生活密集区域应严格落实幼儿园配套规划、建设与使用。对于新建住宅小区，应严格按照规划标准配置幼儿园教育机构，施工建设、交付使用也必须同步跟进，不得延误，并做好幼儿园投入使用以及应对生育高峰的运营与方案设计。在人口密集的老城区，适时整合、改建或扩容学前教育资源。满足不同群体学前教育和看护需求，扩大农村学前教育资源。城乡接合部以及农村地区是学前教育资源较为缺乏的区域，需加大投资建设力度，鼓励农民工集聚的村镇或大量招收农民工的大中型企业提供学前教育资源，加强与城区优秀幼儿园一对一帮扶工作。

北京医疗卫生资源相对丰富，但各区医疗资源分布不均衡，中心城区医疗资源相对集中，而郊区配置相对不足、医疗服务能力弱。为解决好首都人民日益增长的健康需求和首都医疗资源分布不均衡之间的矛盾，通过围绕“优化市属医疗资源均衡配置”这一主线，重点探索推广了“区办市管”“托管”紧密型医疗合作模式，将市属医院人才、技术、服务、管理、信息等优质资源直接辐射到郊区医院，着力提升郊区医疗服务能力。目前市属医疗资源已覆盖 14 个区，预计 2020 年将完成对 16 个区的全覆盖。其中，截至 2017 年底，北京市 22 家市属医院共对外开展医疗合作项目 359 个，其中“区办市管”5 个、院间托管 7 个。

第四节　经验与启示

一、中国城市化和市政服务发展经验

（一）中国城市化发展经验

根据中国城镇化建设、发展的经验教训，结合中国现阶段社会经济发展的现状，中国特色城镇化道路是一条城镇化和工业化相适应，市场参与主体相互补充，政府主导、市场运作、民间力量参与，城镇化发展模式多元化的路子。这种城镇化发展道路与中国传统城镇化发展道路相比具有新的发展思路，主要

包含以下几方面：

1. 政府主导、市场带动和民间参与的城镇化道路

从推动城镇化发展的动力主体来看，以往中国城镇化的发展是靠政府一手推动的，抑制市场主体和民间参与主体力量，城镇化进程滞后，对城镇化的发展产生很大的负面影响。有些发展中国家的城市化发展完全是由市场推进的，由于市场并不总是有效率的，任由市场自由发展而不加以管制城市化就会出现过度现象，产生“城市病”。发达国家的城市化发展是在政府的规制下，通过市场化运作，主要由民间主体力量推动。中国现在实行的社会主义市场经济体制，对传统严格的计划经济体制进行改革，城镇化的发展动力由政府一手操办转变为政府主导、市场推进、民间力量参与共同作用。目前，中国正在逐步走一条市场推进和民间主体参与的自下而上的城镇化道路和政府主导的自上而下的城镇化道路协调发展的道路。在城镇化发展过程中，能由市场经济调节和民间主体力量承担的任务，政府不仅不要去干预，而且要提供必要的支持和服务。市场和民间力量调节不了的地方由政府去规划和管理，这三种推进城镇化的动力各司其职，相互促进以提高城镇化发展的效率。这样既避免了城镇化进程滞后的现象，又防止城镇化发展的过度现象，保证城镇化的健康发展，进而促进社会经济的协调发展。

2. 城镇化和工业化相适应的城镇化道路

从以往中国城镇化发展的经验教训来看，城镇化滞后于工业化对社会经济发展带来负面影响，城镇化发展将难以持续，城乡二元经济对立现象不能妥善处理等。为了使中国城镇化发展既不出现滞后的问题也不出现过度城镇化的现象，目前中国的城镇化发展不仅同中国工业化相适应，同时也与社会现代化推进相适应。城镇化发展和工业化进程相协调适应，两者之间的协同作用不断增强，互为动力，相互促进。城镇化和工业化协调发展对社会经济的平衡发展至关重要，还有利于逐步解决城乡二元经济的局面，能够促进产业结构的合理发展。

3. 小城镇和大、中、小城市协调发展的城镇化道路

中国特色城镇化的发展从全局层面加以规划，城镇的区位布局、城镇的数量以及城镇的规模都是影响城镇化发展的重要因素。根据中国社会经济发展的具体实际，综合考虑中国城镇化发展的途径。中国人口基数大，行政区域范围大，实行把大多数的人口都转移到大、中城市的集中型城镇化道路是走不通的；如果不进行总体规划，在全国范围内建立大量的小城镇和小城市，这种过于分

散化的城镇化道路不仅不能形成规模效应，而且小城镇和小城市的聚集效应和对周边农村经济的带动作用比较小，不利于缩小城乡经济的差距，小城镇和小城市的能源、土地等资源利用效率较低同时还会带来环境问题，这些负面作用不利于城镇化的持续发展。中国的城镇化道路决不能走向这两个极端化的城镇化道路，走一条分散化城镇化和集中型城镇化协调发展，小城镇、小城市和大城市群相结合的分阶段、多元化城镇化发展道路。以大城市为依托，重点发展中小城市和小城镇，形成辐射带动功能强大的城市体系，大中城市和小城镇、小城市在规模、数量、空间区位上要结构合理，逐步形成城镇体系的网络化，城市与城市之间、城乡之间的经济联系就会加强，带动社会经济的整体发展。小城镇推动农村周边区域经济发展的关键作用，城市群的集聚效应和大城市的带动辐射作用强大，这两方面在推进中国城镇化发展的同时，又会避免城市化过度发展造成的“城市病”，促进城乡二元经济的融合，推进经济的均衡发展。

4. 建设资金来源多渠道的城镇化道路

中国以往的城镇化发展是政府主导的，其建设资金也是由政府投资。政府资金投资的力度松紧直接关系到城镇化发展的进程，政府的资金来源于财政收入，这又取决于经济发展情况的好坏。城镇化的建设资金来源渠道单一，并且政府财政投资能力并不是无限充裕，当财政资金吃紧时，就会妨碍城镇化的建设。政府的投资存在着效率较低的问题，又存在着多部门共同决策、政出多门、盲目投资的问题。在中国粗放型的经济发展方式的背景下，中国城镇化的发展也只是小城镇和城市的数量增多了，城镇人口增加了，但是缺乏整体规划和科学管理，与城镇相配套的基础设施和服务不完善，这些因素都不利于城镇化的发展。当前中国城镇化发展所需的资金来源渠道逐渐呈现出多元化趋势，除政府投入的财政资金外，也允许民间的资金投资参与到城镇化的建设，也可以通过资本市场筹措城镇化建设的资金。制定系列投资优惠政策，使各种所有制经济主体共同参与城镇化建设，使城镇化建设资金来源多渠道。另外，政府通过对城镇化建设进行合理规划，从社会经济的发展实际状况出发，具体问题具体分析，提高城市管理水平，促进城镇化发展的健康进行。利用先进的信息技术推进城市可持续发展的城市化道路。

目前，中国正处于城镇化加速发展的时期，部分地区“城市病”问题日益严峻。为解决城市发展难题，实现城市可持续发展，建设智慧城市已成为当今世界城市发展不可逆转的历史潮流。总的来看，中国在智慧城市建设方面的经验如下：

第一，落实统筹规划，提高组织保障。智慧城市建设是信息技术在基础建设、产业发展、民生服务、城市管理、政务运行等多个领域的广泛应用，是一个复杂的系统性工程，需要对其统一规划部署，统一指导智慧城市建设的各项工作。智慧城市建设涉及发改、经信、城建、交通、科技、财政、国土、商务、卫生、广电等多个部门，为了保障智慧城市建设的有效实施，一是注重对智慧城市建设的组织协调，成立智慧城市建设领导小组，负责智慧城市建设的组织领导、统筹协调与督查指导等；二是要注重对智慧城市建设的评估考核，建立科学的评估体系与考核机制，将智慧城市建设工作纳入各部门、区县与相关干部的绩效考核范围；三是注重对智慧城市建设的专家咨询，形成专门的智慧城市建设专家智囊，对规划制定、制度规范、项目建设等提供咨询服务。第二，因地制宜定位，需求导向建设。智慧城市建设的总体目标定位需要综合考虑城市自身经济社会发展条件与城市信息化发展基础，因地制宜地制定智慧城市发展目标。目前，中国智慧城市建设主要围绕基础设施、城市管理、产业发展、民生服务等领域开展。智慧城市建设的具体内容各有侧重，主要围绕各自城市发展的总体规划与战略需要，选择相应的突破重点，实现智慧城市建设与城市既有发展战略目标的有机统一。第三，示范项目带动，重点领域突破。智慧城市建设既是一个不断完善的渐进过程，也是一个覆盖广泛的系统工程。尽管从2008年兴起了智慧城市建设的浪潮，总体而言智慧城市仍然是一个新生的事物，亟待从技术研发、城市应用到体制创新等方面完善。中国东部沿海一些城市率先开展了智慧城市建设，取得了显著的阶段性成效，但总体仍然处于不断探索的阶段。从智慧城市发展的总体趋势与样本城市智慧建设的具体实践来看，示范项目带动、重点领域突破是积极稳妥地推进智慧城市建设的有效途径。

（二）中国市政服务发展经验

1. 注重城市规划，有着明确城市市政服务的发展目标、发展规模和空间格局统筹

对于不同规模的城市，其市政服务建设不可能全部相同，这就需要根据城市的特点进行准确的战略定位，因地制宜地制定各个城市市政服务的发展目标。大城市的人口规模较大，为了满足居民的公共需求，需要提供足够的公共产品和生存必要的物质，如道路、公共交通工具、水、气、电、热和清洁的公共环境等。这就需要根据城市内部的人口分布，合理地对城市市政服务进行规划。首先需要明确城市的战略定位，其次要明确发展目标即从短期、中期和长期对市政发展进行规划，再次是根据城市人口规模、用地规模和城市的空间布局。

通过城市总体规划，以制约城市可持续发展的重大问题和群众关心的热点难点问题为导向，以解决城市化发展进程中的人口过多、交通拥堵、房价高涨、大气污染等“城市病”为突破口，以改革发展为手段，标本兼治，综合施策，全面提高城市治理水平，构建城市治理体系。将市政服务纳入到城市的发展规划之中，使得市政建设有序进行，保证城市的可持续发展能力。

2. 注重市政建设方面的投资，保障市政建设有足够资金来源

由于市政建设具有一定的社会性，可以带来一定的社会效应和环境效应，因此市政建设的主要资金来源于地方政府。从早期来看，中国市政建设的资金主要来源于国家预算内资金，但是近年来国家预算内投资来源迅速减少，国内贷款资金来源普遍增加，利用外资的总体规模有所增长，自筹资金成为最主要的资金来源。这说明中国投资体制的改革已使市政基础建设工程建设的资金来源渠道发生了巨大变化，完全打破了传统体制下国家财政的单一投资模式，出现了预算内信贷、引进外资和自筹资金等多种形式的资金来源渠道。这种多元化的投资结构使中国的市政基础建设工程建设有了很大发展，在一定程度上缓解了中国国民经济对市政基础建设工程需求。

为了保证市政服务有足够的建设资金，地方政府成立了地方投融资平台，融资用于城市基础设施的投资建设，所组建的城市建设投资公司（通常简称城投公司）、城建开发公司、城建资产经营公司等各种不同类型的公司，主要将融入的资金用于市政建设和公用事业等项目上。以城投公司为例，其负责城市基础建设、房地产开发的公司，属于国企性质的公司，其源于 1991 年，承担相应的政府职能，是特殊市场经营体。由于国家要求政企分家，政府不能再直接进行城市基础建设，房地产开发等业务，因此就把政府这块的职能剥离给城投公司，由其专门负责这部分业务。虽然市政服务设施具有一定的公共产品属性，但在具体供给时可以由市场来完成。在中国，绝大多数的市政建设均由有资质的市政集团公司来完成，这些市政集团公司可以参与到市政建设，可以完成城镇交通道路、供水等管网铺设、市容卫生等方面的市政建设。

比较普遍的投融资模式主要有 BOT（即建造—运营—移交方式）、BT（即建设—移交）、TOT（即转让—经营—转让模式）、TBT（将 TOT 与 BOT 融资方式组合起来）和 PPP（政府与社会资本合作模式）五种，各种方式都存在一定的优势与不足。在不同的发展阶段，中国的市政建设采取了不同的投融资方式，由早期的 BT 模式，到 BOT 模式，再到近年来中国政府普遍采用的 PPP 模式。尤其是伴随着 PPP 模式的兴起，民间资金得到充分利用，激活民间资本被纳入

到市政基建的投融资体系中，强化了市政基础设施建设。

3. 注重市政建设的运营和风险管理，保障市政设施有效高效运行

为了使市政建设能够正常的运行下去，地方政府通常会收取一定的市政配套费用，主要是指政府为建设和维护管理城市道路、桥涵、给水、排水、防洪、道路照明、公共交通、市容环境卫生、城市燃气、园林绿化、垃圾处理、消防设施及天然气、集中供热等市政公用设施（含附属设施）所开征的费用，作为市政基础设施建设资金的补充。

除了市政配套费之外，地方政府还可以将部分市政设施通过有偿的方式将其经营权进行移交，将获得的收入用于市政建设的维护和进一步扩大市政建设。相关支出方面，由于市政建设的维护成本非常高，部分城市采取公开招标的方式，将部分市政设施的管理维护权进行公开拍卖，从而节约市政设施的维护成本。另外，还涉及市政建设增值方面，如通过出让公益设施冠名权，将部分市政设施冠名权有偿有期转让给社会法人和自然人，一方面增加了市政建设的筹措资金数额，另一方面又弥补了历史欠账，对于改善市政建设水平有着重要的作用。

市政工程建设涉及的内容十分丰富，想要管理好市政工程建设，不仅需要具备多种专业知识，还需要具备较强的外部协调能力，只有这样才能够正确的把市政工程建设的质量、投资以及进度等关系处理好。目前，在中国的市政工程建设管理中，主要的管理模式有市政工程建设 CM 模式和市政工程建设代理体制模式两种。其中，CM 模式部分改变了传统承发包模式中设计与施工相互脱离的弊病，其基本指导思想是缩短建设周期。市政工程建设代理体制模式的主要内容包括授权管理、改革产业经营体制、发展市场债券和健全投资体制。

市政工程建设管理是一项复杂而重要的任务，在其质量和安全管理中，中国市政建设严格执行国家或当地市政工程建设的准则，并按照市政工程建设的程序按部就班的施行建设。要求在市政工程建设中业主、施工方案设计者、施工监理人员以及施工人员认真履行自己的职责，把保证市政工程的质量与安全作为一切工作的准则，并以市政工程的造价控制为基本点，尽量解决市政工程建设管理中可能出现的各项问题。

二、对中亚国家的启示

中亚国家地处欧洲和亚洲的中间位置，距离海洋较远，气候方面主要以干旱少雨为主，地理特征方面沙漠和草原较多，矿产资源比较丰富。从国土面积

来看，中亚五国都不大，哈萨克斯坦的总面积约 270 多万平方公里，是中亚五国中面积最大的国家。其次分别为土库曼斯坦，面积为 49 万多平方公里，乌兹别克斯坦总面积为 44 万多平方公里，吉尔吉斯斯坦的总面积为 19. 85 万平方公里，塔吉克斯坦的总面积为 14. 31 万平方公里。

从经济发展的角度看，中亚五国内部的经济差距较大。根据各国 GDP 占全球经济总量比重和人均 GDP 来看（见表 7 – 18），哈萨克斯坦和土库曼斯坦的经济状况相对表现较好，从 2017 年的数据来看，哈萨克斯坦占全球 GDP 比重达到 0. 1976，人均 GDP 达到 8 837. 46 美元；土库曼斯坦占全球 GDP 比重达到 0. 0525，人均 GDP 达到 7 355. 83 美元；另外三个国家的经济发展则相对较为缓慢。

表 7 – 18　　　　中亚五国经济情况（1992—2017 年）

项目	国家	1992 年	1997 年	2002 年	2007 年	2012 年	2017 年
GDP 占全球经济总量比重（%）	哈萨克斯坦	0. 0981	0. 0705	0. 0711	0. 1813	0. 2775	0. 1976
	吉尔吉斯斯坦	0. 0091	0. 0056	0. 0046	0. 0066	0. 0088	0. 0094
	塔吉克斯坦	0. 0085	0. 0029	0. 0035	0. 0064	0. 0102	0. 0089
	土库曼斯坦	0. 0063	0. 0078	0. 0129	0. 0219	0. 0469	0. 0525
	乌兹别克斯坦	0. 0510	0. 0469	0. 0280	0. 0386	0. 0691	0. 0604
人均 GDP（美元）	哈萨克斯坦	1 515. 10	1 445. 57	1 658. 03	6 771. 41	12 386. 70	8 837. 46
	吉尔吉斯斯坦	513. 04	376. 43	321. 73	721. 77	1 177. 97	1 219. 82
	塔吉克斯坦	346. 95	155. 34	189. 39	520. 04	954. 72	800. 97
	土库曼斯坦	820. 68	562. 58	967. 90	2 600. 37	6 675. 26	7 355. 83
	乌兹别克斯坦	603. 35	623. 00	383. 35	830. 41	1 740. 47	1 504. 23

数据来源：wind 数据库。

从人口发展的角度来看，中亚五国的人口数量虽然呈现出逐年上升的趋势，但总的人口规模普遍较小（见表 7 – 19），其中乌兹别克斯坦在 2017 年人口数量达到 3 045. 41 万人，哈萨克斯坦则达到 1 708. 62 万人，吉尔吉斯斯坦、塔吉克斯坦和土库曼斯坦的总人口均低于 1 000 万人。从城市人口分布来看，中亚五国的城市人口较多地集中在第一大城市，其中吉尔吉斯斯坦和塔吉克斯坦第一大城市人口最为集中，接近 1/3 的城市人口集中于第一大城市。城市化发展方面，高倩和阿里木江 · 卡斯木（2017）通过使用 1992—2012 年的夜间灯光遥感数据，分析了中国新疆、中亚和西亚等 25 个国家或地区的城市化扩充类型、扩张速度和紧凑程度，研究发现：中国新疆和西亚城市空间扩张以外延型为主，中亚以填充型居多；扩张程度方面，中国新疆最强、西亚次之、中亚相对较弱；紧凑程度方面，中国新疆与中亚国家表现出先增大后降低的规律，西亚国家差异较大但总体较为紧凑。

表7－19　中亚五国总人口和第一大城市占总人口比重情况（1992—2017年）

项目	国家	1992年	1997年	2002年	2007年	2012年	2017年
总人口（万人）	哈萨克斯坦	1 607.02	1 508.60	1 462.32	1 539.60	1 627.12	1 708.62
	吉尔吉斯斯坦	447.64	473.93	500.34	513.43	547.42	588.68
	塔吉克斯坦	552.32	593.72	640.41	711.10	800.90	901.12
	土库曼斯坦	388.20	433.60	460.02	485.82	517.29	550.26
	乌兹别克斯坦	2 153.43	2 378.97	2 533.40	2 666.90	2 854.14	3 045.41
第一大城市占城市总人口的比重（%）	哈萨克斯坦	11.84	13.05	14.65	15.74	16.20	16.11
	吉尔吉斯斯坦	39.38	43.56	44.20	43.60	42.52	39.59
	塔吉克斯坦	34.51	34.44	34.46	35.43	35.76	36.03
	土库曼斯坦	24.78	24.85	25.80	26.88	27.14	26.27
	乌兹别克斯坦	24.97	23.68	22.86	22.34	20.65	19.23

数据来源：wind数据库。

因此，对于中亚国家来说，发展城市化和市政服务推动可持续发展可以从如下几个方面入手：

合理调整区域城镇结构体系，从而促进城市化实现良性发展。首先是核心聚集与轴向拓展相结合，即通过对生产型、服务型和居住型区域空间的调整，使得核心区域的经济聚集功能得以实现，同时非核心产业聚集到副城市中心，这就需要合理的规划，将核心区和副中心距离控制在合理的范围内。其次是加强核心区和副中心之间的联系，促进城市全面多元发展。再次是促进城市副中心的人口聚集，为产业发展带来活力。最后是对不同区域配套不同市政基础设施，提升资源的配置效率和居民的生活环境，使城市空间的布局更加合理。

大力发展第三产业，加快城市扩张的速度。第三产业进程缓慢在一定程度上会降低城市扩张的速度，因此对于中亚国家而言，应在夯实工业经济的基础上逐步提高第三产业比重，通过第三产业的发展，吸引居民进入城市生活和居住，从而提升城市化水平。中亚五国均为资源型国家，应逐步提升非资源类产业比重，增强城市化的发展基础。

维持地区和平稳定、减少地区冲突，为城市扩张营造稳定的发展环境。由于中亚国家对经济主权的敏感性以及区域内各国政治和社会稳定性仍存在一定程度的不确定性，导致区域内投资的政策风险、政治风险和法律风险偏高。

注重在发展过程中对环境的保护，降低水资源短缺、土地沙漠化和生态威胁等自然环境因素对城市化发展的制约。中亚国家自然环境具有如下特征：（1）冬冷夏热，降水稀少，气候干旱，形成典型的温带大陆性气候；（2）河流和湖泊较少，多内流河、内流湖，河流水主要来自高山冰雪融化水，水量不大，季节变化明显；（3）植被稀少，有大面积的温带沙漠。因此，中亚国家市政建设深受地形和水源的影响，在城市发展过程中应注重对环境的保护，并且合理利用自然资源，实现城市化和市政建设的良性循环。城市化发展过程中应注重绿色发展，应制定严格的环境法律法规和标准，并严格执法以实现绿色城市化。基于市场的工具，如碳、空气、水污染以及能源的税收和交易系统，也可以更多地用于实现环境目标。

合理规划城市发展，统筹协调市政设施建设。城市规划需要根据城市短期、中期和长期的发展目标，制定对应的发展规划，市政建设也需要根据城市内部区域功能统筹安排。首先，根据基础设施系统化的规律，统筹考虑基础设施的系统规划和项目布局，打破行政区划、部门分割和行业限制，切实发挥规划的控制和引领作用，优先保证基础设施建设用地，重点解决区域协调发展的重大问题及薄弱环节，消除制约城市高效率、低成本运行的瓶颈，加快城镇化进程，逐步实现标准统一。其次，对城市进行合理规划和设计。在城市中，基于市场价值的工业用地，政府不仅可以鼓励土地密集型产业转移到较小的城市。城市还可以通过灵活的分区，通过更小的地块和更多的混合土地使用来更好地利用现有的城市土地，这将导致更密集和更有效的城市发展。另外，将交通基础设施与城市中心联系起来并促进城市之间的协调将有助于更好地管理拥堵和污染。

参考文献

［1］孙全胜．主要国家城市化基本经验及其启示［J］．上海经济研究，2018（01）：116－128.

［2］许抄军，赫广义，江群．中国城市化进程的影响因素［J］．经济地理，2013，33（11）：46－51.

［3］北京市规划委员会．北京城市总体规划（2016—2035年）［EB/OL］．http：//www.bjghw.gov.cn/web/ztgh/ztgh002.html，2016.

［4］高倩，阿里木江·卡斯木．“一带一路”沿线之中国新疆—中亚—西亚城市空间扩张［J］．经济地理，2017，37（05）：51－57.

[5] 徐坡岭. 对中亚国家经济的几点思考 [J]. 欧亚经济，2016 (04)：10-24，125，127.

[6] Mabogunje A. The development process：A spatial perspective [M]. Routledge，2015.

[7] Antrop M. Landscape change and the urbanization process in Europe [J]. Landscape and urban planning，2004，67 (1-4)：9-26.

[8] Liu Q，Wang S，Zhang W，etal. China's municipal public in frastructure：Estimating construction levels and investment efficiency using the entropy method and a DEA model [J]. Habitat International，2017 (64)：59-70.

[9] Yang N，Damgaard A，LüF，etal. Environmental impact assessment on the construction and operation of municipal solid waste sanitary landfills in developing countries：Chinacasestudy [J]. Waste management，2014，34 (05)：929-937.

子报告8：中国扶贫政策

第一节　农村扶贫标准和中国农村贫困状况

贫困是世界各国面临的共同问题。中国人口接近14亿，其中农村人口占比达到50%。由于中国经济上存在城乡二元结构，农村地区的经济发展大大滞后于城乡地区，2017年中国城镇居民家庭与农村居民家庭人均可支配收入比为36.4∶13.4，恩格尔系数比为28.6∶32.1，可以说中国的贫困问题主要体现为农村贫困问题。

1949年新中国成立以来，中国政府就从未间断开展农村的扶贫工作，尤其是1978年改革开放之后，中国的扶贫政策明确了扶贫开发战略，且取得巨大成就。经过近40年的不懈努力，中国的贫困人口基本解决了温饱问题，贫困发生率和贫困人口均大为降低。20世纪80年代以来，中国贫困人口占总人口比率由80年代的84%减至2008年的13.1%，截至2017年下降至3.1%。

一、国际通行扶贫标准

收入贫困是被现代社会普遍认可和接受的贫困表现形式。世界银行将贫困分为绝对贫困和相对贫困。绝对贫困又叫生存贫困，指在一定的社会生产方式和生活方式下，人和家庭依靠其劳动所得和其他合法收入不能维持其基本的生存需要，这样的个人或家庭就称之为贫困人口或贫困户。

1976年，世界经济合作与发展组织通过对其成员国开展的大规模调查，用这个国家或地区社会中位收入或平均收入的50%作为基本判定标准来划定一个国家或地区的（绝对）贫困线。这种依据收入比例法获得的贫困标准被世界各国广泛接受和运用，因而成为国际上通行的绝对贫困标准。

2008 年世界银行制定了两条贫困线标准：一条用于普通国家和小康社会，日收入 2 美元；另一条则用于 20 余个世界上最贫穷的国家（主要集中在非洲），日收入 1.25 美元，并于 2015 年 10 月将此标准进一步上调至 3.1 美元和 1.9 美元（以 2005 年购买力平价计算）。

二、中国扶贫标准的变化

2000 年以前，中国的农村扶贫标准一直采用 1986 年设定的人均年纯收入 206 元贫困线。这种农村贫困标准是贫困者维持生存的最低"绝对贫困"线。2000 年以来，中国根据当年的农村消费者价格指数不断更新，这一标准在 2007 年调整为 785 元，到 2010 年上调至 1 274 元。2011 年，全国农村扶贫标准提高到 2 300 元（2010 年不变价）。中国农村贫困人口和贫困率由国家统计局住户调查办公室根据全国 31 个省、自治区、直辖市的 16 万户家庭样本进行抽样调查，根据目前的国家农村贫困标准计算。

按照国家 2010 年人均收入水平不足 2 300 元的农村贫困标准所定义的人群则为"贫困人口"，而"贫困地区"是根据《中国农村扶贫开发纲要（2010—2020 年）》界定的。国家将中西部扶贫任务艰巨、贫困人口相对集中的地区，按照贫困人口数量、农民收入水平和基本生产生活条件，适当兼顾人均国内生产总值、人均财政收入等标准，国家确定了 592 个国家级扶贫工作重点县。以 2007—2009 年 3 年的人均县域国内生产总值、人均县域财政一般预算性收入、县域农民人均纯收入等指标地域以及同期西部平均水平的地区划分出 11 个集中连片特困地区，加上长期实施特殊扶持政策的西藏、四省藏区、新疆南疆三地州地区，14 个集中连片特困地区，680 个县。这些地区主要是以收入标准为依据界定的贫困县，是农村财政扶贫资金的主要支持地区。

三、中国农村贫困人口规模变化

根据 1986 年制定的贫困标准，改革开放以来中国贫困人口规模显著下降。1978 年，中国有 2.5 亿农村贫困人口，2016 年贫困人口减少到 4 300 万人。根据国家统计局 2018 年 2 月 1 日公布的数据，对全国 31 个省、自治区、直辖市 16 万户居民进行家庭抽样调查，根据目前全国农村贫困标准，截至 2017 年底全国农村贫困人口为 3 046 万人，比上年末减少 1 289 万人，贫困发生率为 3.1%，比上年末下降 1.4 个百分点。表 8 - 1 呈现了按照 1978 年、2008 年、2010 年三种贫困标准中国贫困率的变化情况。

表 8－1　　　　中国贫困人口及贫困发生率变化情况

年份	1986 年标准		2008 年标准		2010 年标准	
	贫困人口（万人）	贫困发生率（%）	贫困人口（万人）	贫困发生率（%）	贫困人口（万人）	贫困发生率（%）
1978	25 000	30. 7			77 039	97. 5
1980	22 000	26. 8			76 542	96. 2
1981	15 200	18. 5				
1982	14 500	17. 5				
1983	13 500	16. 2				
1984	12 800	15. 1				
1985	12 500	14. 8			66 101	78. 3
1986	13 100	15. 5				
1987	12 200	14. 3				
1988	9 600	11. 1				
1989	10 200	11. 6				
1990	8 500	9. 4			65 849	73. 5
1991	9 400	10. 4				
1992	8 000	8. 8				
1994	7 000	7. 7				
1995	6 540	7. 1			55 463	60. 5
1997	4 962	5. 4				
1998	4 210	4. 6				
1999	3 412	3. 7				
2000	3 209	3. 5	9 422	10. 2	46 224	49. 8
2001	2 927	3. 2	9 029	9. 8		
2002	2 820	3	8 645	9. 2		
2003	2 900	3. 1	8 517	9. 1		
2004	2 610	2. 8	7 587	8. 1		
2005	2 365	2. 5	6 432	6. 8	28 662	30. 2
2006	2 148	2. 3	5 698	6		
2007	1 479	1. 6	4 320	4. 6		

续表

年份	1986 年标准		2008 年标准		2010 年标准	
	贫困人口（万人）	贫困发生率（%）	贫困人口（万人）	贫困发生率（%）	贫困人口（万人）	贫困发生率（%）
2008			4 007	4.2		
2009			3 597	3.8		
2010			2 688	2.8	16 567	17.2
2011					12 238	12.7
2012					9 899	10.2
2013					8 249	8.5
2014					7 017	7.2
2015					5 575	5.7
2016					4 335	4.5

数据来源：《中国农村贫困监测报告 2017》。

改革开放、加入 WTO 等一系列政策措施实施以来，中国经济保持持续高速增长，对外开放劳动力需求不断扩大，从而有力推动了农村减贫工作的开展。中国 GDP 始终保持增长的态势，从 1980 年的 4 587.6 亿元增长至 2016 年的 744 127.2 亿元，同时中国贫困发生率持续下降（见图 8 – 1）。

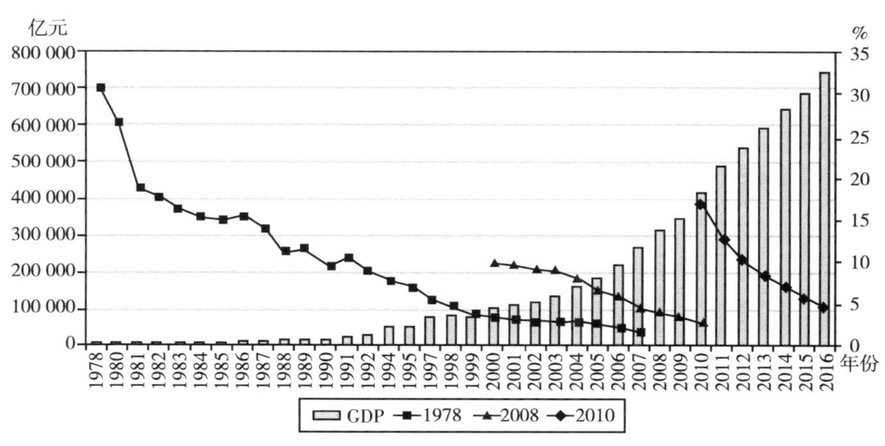

图 8 – 1　1978—2016 年全国 GDP 及三种贫困标准贫困率变化

2011 年中国制定了《中国农村扶贫开发纲要（2011—2020 年）》，扶贫开发工作进入一个新阶段，更加注重解决可持续的发展问题，从内容上看更加注重巩固温饱成果、改善生态环境、提高发展能力以及缩小发展差距。

2010—2016年，全国农村贫困人口共减少1.22亿人。按现行国家农村贫困标准测算，2010年全国农村贫困人口规模为1.66亿人，贫困发生率为17.2%；2016年全国农村贫困人口规模为0.43亿人，贫困发生率为4.5%。与2010年相比，6年来全国农村贫困人口共减少1.22亿人，平均减贫人口规模2 039万人；贫困发生率下降12.7个百分点，年均下降2.1个百分点（见图8－2）。

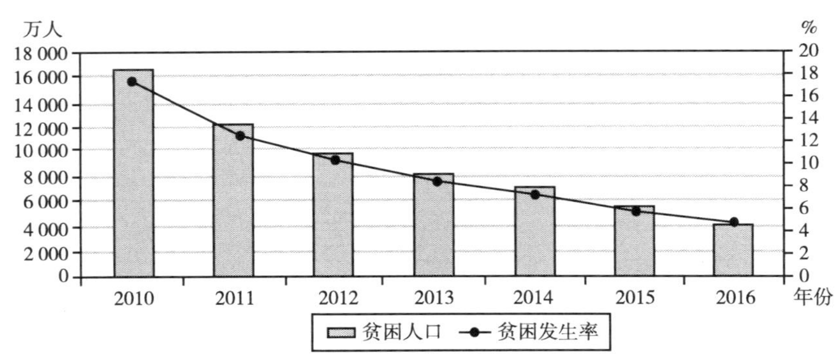

图8－2　2010—2016年全国贫困人口及贫困发生率

四、当前中国农村贫困人口分布

（一）农村贫困人口仍主要集中在西部地区

2016年东部地区农村贫困人口为490万人，农村贫困发生率为1.4%，东部地区贫困人口占全国农村贫困人口的比重为11.3%。中部地区农村贫困人口为1 594万人，农村贫困发生率为4.9%，贫困人口占全国农村贫困人口的比重为36.8%。西部地区农村贫困人口为2 251万人，农村贫困发生率为7.8%，贫困人口占全国农村贫困人口的比重为51.9%。

与上年相比，2016年东、中、西部地区农村贫困人口全面减少。其中，西部地区农村贫困人口减少数量最多，西部地区贫困人口占全国农村贫困人口的比重下降。具体来看：2016年东、中、西部地区农村贫困人口分别比上年减少163万、13万和663万人，贫困发生率分别下降0.4、1.3和2.2个百分点。全国农村贫困人口中，东部地区贫困人口占全国农村贫困人口的比重比上年下降0.4个百分点，中部地区贫困人口比重比上年上升0.8个百分点，西部地区贫困人口比重比上年下降0.4个百分点（见图8－3）。

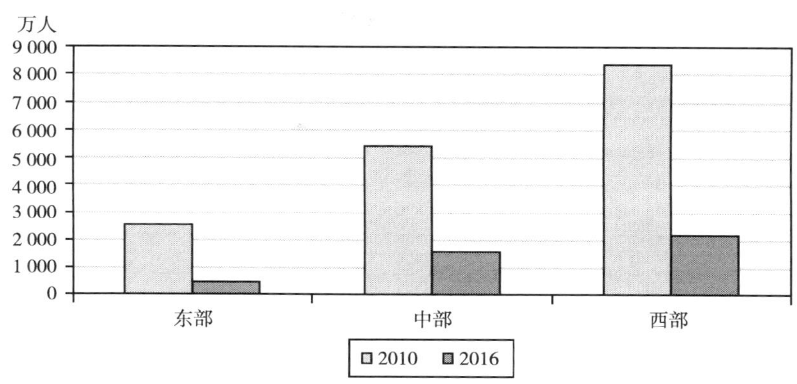

图8－3　2010年、2016年东、中、西部贫困人口数量对比

从贫困发生率来看，西部地区农村贫困发生率从2012年的17.6%下降到2016年的7.8%，下降了9.8个百分点；中部地区农村贫困发生率从10.5%下降到4.9%，下降5.6个百分点；东部地区农村贫困发生率从3.9%下降到1.4%，下降2.5个百分点（见图8－4）。

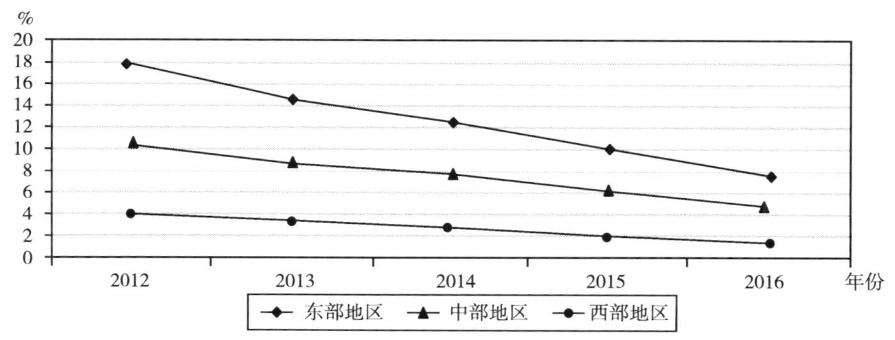

图8－4　2012—2016年东中西地区贫困发生率变化情况

（二）有6个省农村贫困人口在300万人以上，5个省农村贫困发生率在10%以上

2016年，按照现行国家农村贫困标准测算，农村贫困人口在300万人以上的省份有6个，在100万—300万人之间的省份有9个，16个省份农村贫困人口在100万人以下。2016年，农村贫困发生率在10%以上的省份有5个，农村贫困发生率在5%—10%的省份有7个，农村贫困发生率在3%—5%的省份有9个，其余10个省份农村贫困发生率在3%以下（见表8－2）。

表 8－2　各省贫困人口及贫困发生率分布

地区	贫困人口（万人）		贫困率（%）	
	2010 年	2016 年	2010 年	2016 年
全国	16 567	4 335	17.2	4.5
北京	1	—	0.3	—
天津	8	—	2	—
河北	872	188	15.8	3.3
山西	574	186	24.1	7.7
内蒙古	258	53	19.7	3.9
辽宁	213	59	9.1	2.6
吉林	216	57	14.7	3.8
黑龙江	239	69	12.7	3.7
上海	0	—	0.1	—
江苏	187	—	3.8	—
浙江	148	—	3.9	—
安徽	839	237	15.7	4.4
福建	167	23	6.2	0.8
江西	538	155	15.8	4.3
山东	544	140	7.6	1.9
河南	1 461	371	18.1	4.6
湖北	678	176	16.9	4.3
湖南	1 006	343	17.9	6
广东	314	—	4.6	—
广西	1 012	341	24.3	7.9
海南	133	32	23.8	5.5
重庆	363	45	15.1	2
四川	1 409	306	20.2	4.4
贵州	1 521	402	45.1	11.6
云南	1 468	373	40	10.1
西藏	117	34	49.2	13.2
陕西	756	226	27.3	8.4
甘肃	862	262	41.3	12.6
青海	118	31	31.5	8.1
宁夏	77	30	18.3	7.1
新疆	469	147	44.6	12.8

数据来源：《中国农村贫困监测报告 2017》。

（三）集中连片特困地区、少数民族地区、边疆等地区贫困人口多、贫困程度深，区域性整体贫困问题突出

党中央国务院继续加大政策倾斜和投入力度，大力破除贫困地区发展瓶颈制约，贫困地区贫困发生率显著下降，贫困人口规模大量减少，贫困地区农村贫困发生率年均下降3.3个百分点。作为扶贫开发的重点区域和主战场，中国农村贫困人口六成以上集中在贫困地区。2012年，贫困地区农村贫困发生率为23.2%，较全国农村平均水平高13.0个百分点。2016年贫困地区农村贫困发生率下降至10.1%，总计下降13.1个百分点，平均下降3.3个百分点。从贫困规模看，贫困地区农村贫困人口由2012年6 039万人减少到2016年2 654万人，累计减少3 385万人，减贫规模占全国农村减贫总规模的六成。集中连片特困地区农村贫困发生率年均下降3.5个百分点。

第二节　中国扶贫政策历程

改革开放后，通过体制改革，中国农村经济逐渐形成了以家庭联产承包责任制为中心的新生产经营模式，从此，中国开始了大规模的、有计划的扶贫开发战略。1978年至今，中国扶贫开发大致经历了几个阶段。

一、体制改革推动扶贫（1978—1985年）

自1978年起，中国为调动农民群众的劳动积极性进行了包括人民公社体制及家庭承包联产责任制等的一系列制度改革。为解决体制不适应农村生产力发展需求的问题，中国进行了以家庭联产承包责任制为核心的土地改革，通过给予农民土地的经营权激发农民的生产积极性，解放农村生产力。

首先，政府对农村生产、分配以及收购进行了重大的变革，市场逐步解禁，对政府农产品的收购价格进行调整，同时，政府还松动人口流动的限制、促进农村劳动力非农化转移以及发展乡镇企业。这一时期的体制改革成了中国农村扶贫的主要推动力，推动了农村经济增长，极大地缓解了农村贫困现象。其次，农贸市场进行了改革。这一时期，政府大幅提高主要农产品的收购价格、放宽农产品的购销价格，在提高粮食价格基础上实行超购加价政策，并且调整农业产业结构，改变沿袭30多年的“统购派购”的产品流通体制，变更农副产品流通体制为自由交易。再次，改革支持农村的金融组织。取消人民公社体制，重

新恢复农村信用社的合作金融组织地位，让其在接受农业银行的管理与监督下独立自主开展存贷业务，支持家庭承包经营、乡镇企业的发展。最后，改变劳务输出限制。从1978年，国家开始松动农村劳动力流动的限制，逐渐从控制到允许转变。从1984年起，政府开始允许农民自筹资金、自理口粮，进城务工或经商。

二、大规模开发式扶贫（1986—1993年）

1978年农村体制改革后，中国的农村扶贫取得了显著成效。但在扶贫事业推进的同时，中国农村发展不平衡问题开始凸现。在20世纪80年代中期，农村地区特别是老少边远地区的经济、社会和文化发展水平开始较大落后于沿海发达地区。因此，这一时期，这些地区的发展成为"需要特殊对待的政策问题"。

1986年6月负责组织、领导、协调、监督和检查全国范围内的扶贫开发建设的专门机构——国务院扶贫开发领导小组及其办公室的成立，标志着中国政府由原来的道义式扶贫转向制度性扶贫，从此，政府的扶贫工作便有了制度保障和相应的政策指导。与此同时，为了使各种扶贫资源有效地传递到贫困人口当中，提高扶贫的各方面效率，促进贫困地区的发展，中国政府在扶贫时采取区域瞄准措施，也即通过确定贫困县来确定贫困人口。1986—1993年，中国的国家贫困县共有331个。这一时期，国家把这些地区没有解决温饱问题、生存处于绝对困难状态的贫困人口作为扶贫工作的主要目标。

三、国家八七扶贫攻坚计划（1994—2000年）

随着农村改革的深入和国家扶贫开发力度的不断加大，中国农村贫困人口数量在逐年减少。但是，由于贫困问题的长期性和复杂性，新的贫困特征也随之出现，主要表现为贫困发生率明显倾斜于中西部地区（深山区、石山区、荒漠区、高寒山区、黄土高原区、水库库区等），且这些地带多为革命老区或少数民族聚居区，同时，由于这些地区自然条件恶劣、基础设施薄弱、社会发育落后等原因致使扶贫工作难度更为加大。为实现共同富裕，1994年3月国务院公布实施《国家八七扶贫攻坚计划》，并把其当作未来7年扶贫开发工作的纲领。计划决定，1994—2000年，国家集合人、财、物三力，动员社会各界力量，力争用7年左右时间，到2000年底基本解决农村8 000万贫困群众的温饱问题，实现绝大多数贫困户的人均年纯收入达500元以上。1994—2000年八七扶贫攻坚阶段的政策特征可以概括为以下四个方面。

（一）重新确定国家级贫困县

鉴于上一阶段区域瞄准中出现的偏离以及当时贫困人口分布状况的变化，1994 年，中国重新确定了贫困县的划线标准，凡是 1992 年人均纯收入高于 700 元的原定贫困县，一律划离国家扶持范围。

（二）强化扶贫资金、项目进村入户

根据八七扶贫计划，从 1994 年起，以工代赈资金再增加 10 亿元，扶贫贴息贷款再增加 10 亿元。并且随着今后财力的增长，国家还将继续加大扶贫资金的投入，同时，为确保计划的实现，各级地方政府也根据相应的扶贫任务，逐年增加扶贫资金的投入。计划中明确提出要到村到户，以贫困村为基本单位，以贫困户为主要工作对象，以扶持贫困户创造稳定解决温饱的条件——发展种养业为重点，坚持多渠道增加扶贫投入。并明确指出，扶贫开发到村到户的核心是扶贫资金的投放、扶贫项目等各项措施真正落实到贫困乡、贫困村、贫困户。提出了扶贫的主要对象和工作重点是贫困农户，即使未在国定贫困县范围内的贫困村、贫困户，地方政府也要安排扶贫资金的投放。把有助于发挥出贫困地区资源优势，并且有助于直接解决群众温饱问题的“种、养、加”作为扶贫开发重点，坚决把扶贫项目覆盖贫困户，把效益落实到贫困户。

（三）动员全社会力量参与扶贫攻坚

中央出台一系列政策措施以动员社会各方面力量，在“八七扶贫攻坚计划”中明确规定，党政机关及有条件的企事业单位，都应利用自己的资源优势积极与贫困县定点挂钩扶贫；民主党派利用其人才众多、技术密集、联系广泛的优势，开展智力支边活动；东部沿海发达省市对口帮扶西部贫困省（自治区）发展。与此同时，倡导民间参与扶贫，例如支持贫困地区小学教育的希望工程、为妇女提供小额贷款的幸福工程等。

（四）加强领导，落实扶贫目标责任制

八七扶贫攻坚计划由国务院扶贫开发领导小组统一组织中央各有关部门和各省、自治区、直辖市具体实施。领导小组做好全面部署和督查计划执行的主要任务；合理分配扶贫资金和物资，集中使用，提高效益；组织调查研究、总结推广计划实施过程中的成功经验；制定政策和措施，协调解决好各种重要问题。同时，为保证准确落实各项扶贫政策，如期实现国家八七扶贫攻坚计划，建立以省为主的扶贫工作责任制，要求扶贫资金、权利、任务和责任“四到省”。省长（自治区主席、市长）亲自抓，负总责，及时协调解决重要问题；各

贫困地区各级党委、政府要把扶贫攻坚、解决温饱列为首要职责，把扶贫任务层层分解到县、乡（镇）、村，并实行一把手负责制，配以精明强干、吃苦耐劳、联系群众的扶贫攻坚领导班子。

四、扶贫瞄准机制的“县到村”（2001—2012 年）

2001—2010 年，中国继续沿用国家扶贫重点县的政策，在全国范围内推行扶贫到村、扶贫到户的“整村推进”扶贫政策。

在 20 世纪 90 年代末，为解决西部剩余人口并非集中于贫困县，以及由此导致的贫困农村享受不到政府扶贫政策支持的现实，中国政府实施了《中国农村扶贫开发纲要（2001—2010 年）》，重新调整扶贫工作重点县，进一步将中央扶贫重点放在西部集中连片地区，贫困县依然保留，贫困村成为扶贫的瞄准对象。

（一）开发项目与整村推进结合

通过上一阶段的扶贫攻坚，新时期中国农村贫困人口逐步分散到村，并且考虑到许多非贫困县的贫困人口因被排斥而未能享受到国家的扶贫资源，加之扶贫资金跟着项目走，新纲要决定，中国新世纪扶贫工作重心下放到村组，以村为基本单位来识别贫困，按照参与式村级扶贫规划，采用整村推进式扶贫计划。

地方政府和地方扶贫开发领导小组将许多部门的基础建设项目都较好地与整村推进村级扶贫工作结合起来。在 2001 年，中国有 148 131 个贫困村（占中国村庄总数的 20.9%）被确定为“整村推进计划村”。总体来看，整村推进扶贫计划的实施效果是显著的，它改变了过去以贫困县为对象的分散扶贫模式，同时使贫困村的贫困户在短期内因获得大量有效的扶贫资源而迅速改变生产生活条件，提高了收入水平，贫困村的农民收入增长要比非贫困村高 2%，整村推进村农户要比非整村推进农户高 8%—9%。2011 年底，中共中央发布了《中国农村扶贫开发纲要（2011—2020 年）》，就未来 10 年的扶贫开发工作做全面的统筹部署，以便坚决打好新一轮的扶贫攻坚战。根据这个奋斗目标，这 10 年扶贫攻坚的主要任务有：一是改善生产生活条件，二是建立健全教育制度、医疗卫生服务网、公共文化服务体系、完善社会保障制度，三是有效控制贫困人口增长、保护生态环境。

（二）集中连片开发

《中国农村扶贫开发纲要（2011—2020 年）》将中国农村的扶贫开发模式由

前一阶段的“整村推进”变为集中连片开发、完善整村推进。中央将集中连片特殊困难地区 11 个连片特困地区和已明确实施特殊政策的西藏、四省（四川、云南、甘肃、青海）藏区、新疆南疆三地州作为扶贫攻坚主战场，并率先在武陵山片区开展区域发展与扶贫攻坚试点，创新扶贫开发机制。为配合连片特困地区的扶贫开发工作，中央和省级财政要大幅度增加对这些地区的一般性转移支付，中央财政扶贫资金的新增部分也主要用于此“战场”的开发，国家大型项目、重点工程和新兴产业要优先向符合条件的特困地区安排。率先在连片特困地区的 608 个县（市）进行农村义务教育学生营养改善计划的试点工作。同时，建立一个中央部委负责具体的每一个片区的定点联系机制，并由其督导片区规划的实施。在具体扶贫过程中，各省、市、区可结合本地实际，确定重点扶持的若干连片特困地区。此外，中央强调，在做好连片特困地区的扶贫开发工作的同时，继续做好重点县和贫困村的扶贫工作，在保留重点县的原定支持政策的基础上，各省、市、区采取相关有效措施，制定可行的办法，根据当地实际情况重新调整，逐步减少重点县的数量。在社会主义新农村建设的进程中，制定自下而上的整村推进规划，并分期分批实施，加强其后续管理，对贫困村相对集中的地方实施整乡推进、连片开发模式。同时，扶贫资金的投放将覆盖到非贫困县中的贫困村。

（三）与农村最低生活保障制度有效衔接

2011 年中国的扶贫政策强调，中国农村新一阶段的扶贫要坚持开发式扶贫，并将其与农村最低生活保障制度有效衔接。2011 年的扶贫开发工作会议提出，在今后的一个时期内，国家将向农村尤其是贫困地区加大社会保障的投入，把社会保障作为解决温饱问题的基本手段，逐步完善社会保障体系，以实现新型农村社会养老保险的全覆盖。

（四）与农村最低生活保障制度有效联系

中国 2011 年的扶贫政策强调，中国农村新阶段的扶贫应坚持扶贫开发，并将其与农村最低生活保障制度有效联系起来。在 2011 年扶贫开发工作会议上，建议在未来一段时间内，国家将加大对农村地区社会保障的投入，特别是在贫困地区。以社会保障作为解决温饱问题的基本手段，逐步完善社会保障体系，全面覆盖新型农村社会养老保险。

五、精准扶贫及脱贫攻坚计划阶段（2013 年至今）

党的十八大以来，以习近平同志为核心的党中央把脱贫攻坚摆到治国理政的重要位置，举全党全国全社会之力实施脱贫攻坚伟大工程。2015 年，习近平总书记提出以精准扶贫作为扶贫工作的重要战略。国家统计局发布的数据显示，党的十八大以来贫困地区农村居民收入年均实际增长 10.4%。

精准扶贫是指，通过建档立卡精准识别贫困户，根据扶贫对象特点分类实施物质、文化、教育、基本保障等多维度的、有针对性的、精细化的可持续性扶贫帮困。习近平总书记在于北京举行的 2015 减贫与发展高层论坛中对“精准扶贫”的要求作了全面阐述，包括“六个精准”：扶贫对象精准、项目安排精准、资金使用精准、措施到户精准、因村派人精准、脱贫成效精准。精准扶贫的直接目标就是精准脱贫。所谓精准脱贫是指精准扶贫政策下，通过“分批分类”的办法，对精确到户的贫困人口进行有针对性的“造血”或“输血”式帮扶，使之能够具备自我稳定的脱贫状态及能力。精准脱贫作为精准扶贫的目标，是检验精准扶贫政策成效的重要指标。推进精准扶贫、精准脱贫的要求主要是通过“五个一批”（即发展生产脱贫一批、易地搬迁脱贫一批、生态补偿脱贫一批、发展教育脱贫一批、社会保障兜底一批）的方式，使得大部分贫困人口具备持续创造收入的能力或者有效缓解贫困状态，从而可以自主脱贫、救助脱贫。

在党的十八大召开后，特别是 2015 年 11 月中央发布《关于打赢脱贫攻坚战的决定》以来，各部门各地区采取有力措施，全面实施精准扶贫战略，确保打赢脱贫攻坚战。《“十三五”脱贫攻坚规划》中明确指出：到 2020 年，稳定实现现行标准下农村贫困人口不愁吃、不愁穿，义务教育、基本医疗和住房安全有保障（以下称“两不愁、三保障”）。贫困地区农民人均可支配收入比 2010 年翻一番以上，增长幅度高于全国平均水平，基本公共服务主要领域指标接近全国平均水平。确保中国现行标准下农村贫困人口实现脱贫，贫困县全部摘帽，解决区域性整体贫困（详见表 8 -3—表 8 -5）。

表 8 -3　　“十三五”脱贫目标

专栏 1“十三五”时期贫困地区发展和贫困人口脱贫主要指标				
指　　标	2015 年	2020 年	属性	数据来源
建档立卡贫困人口（万人）	5 630	实现脱贫	约束性	国务院扶贫办
建档立卡贫困村（万个）	12.8	0	约束性	国务院扶贫办
贫困县（个）	832	0	约束性	国务院扶贫办

续表

专栏 1 “十三五”时期贫困地区发展和贫困人口脱贫主要指标				
指　　标	2015 年	2020 年	属性	数据来源
实施易地扶贫搬迁贫困人口（万人）	—	981	约束性	国家发展改革委、国务院扶贫办
贫困地区农民人均可支配收入增速（%）	11.7	年均增速高于全国平均水平	预期性	国家统计局
贫困地区农村集中供水率（%）	75	≥83	预期性	水利部
建档立卡贫困户存量危房改造率（%）	—	近 100	约束性	住房城乡建设部、国务院扶贫办
贫困县义务教育巩固率（%）	90	93	预期性	教育部
建档立卡贫困户因病致（返）贫户数（万户）	838.5	基本解决	预期性	国家卫生计生委
建档立卡贫困村村集体经济年收入（万元）	2	≥5	预期性	国务院扶贫办

表 8-4　　“十三五”行业脱贫目标

部门	文件	内容
交通运输部	《“十三五”交通扶贫规划》	到 2020 年，集中连片特困地区、国家扶贫开发工作重点贫困县、338 个革命老区县、少数民族县和边境县等贫困地区，应全面建成“外通内联、通村畅乡、班车到村、安全便捷”的交通运输网络。
水利部	《“十三五”全国水利扶贫专项规划》	到 2020 年，贫困地区农村集中供水率达到 83%，自来水普及率达到 75%。
农业农村部	《关于深入实施贫困村“一村一品”产业推进行动的意见》	要求到 2020 年，将有条件的贫困村建设成为“一村一品”专业村，每个村至少明确发展 1 项特色种养业、传统手工业或休闲观光农业等。
国家发改委等 5 部门	《生态扶贫工作方案》	重大生态工程项目和资金向贫困地区倾斜。
国家卫计委等 16 部门	《关于实施健康扶贫工程的指导意见》	要求到 2020 年，贫困地区人人享有基本医疗卫生服务，农村贫困人口大病得到及时有效救治保障，个人就医费用负担大幅减轻，因病致贫、因病返贫问题得到有效解决。
教育部和国务院扶贫办	《职业教育东西协作行动计划（2016—2020 年）》	以职业教育和培训为重点，以就业脱贫为导向，实现东部地区职教集团、高职院校、中职学校对西部地区的结对帮扶全覆盖。

续表

部门	文件	内容
国家发展和改革委员会	《全国“十三五”易地搬迁扶贫规划》	“十三五”期间，在全国22个省区约1 400个县（市、区）实施易地扶贫搬迁建档立卡贫困人口约981万人。
中国残联等26部门	《贫困残疾人脱贫攻坚行动计划（2016—2020年）》	提出通过全面落实农村低保等社会救助政策和困难残疾人生活补贴、重度残疾人护理补贴等保障制度、减少贫困残疾人医疗康复费用刚性支出等措施，确保现行标准下建档立卡贫困残疾人如期实现脱贫。

表8-5　“十三五”行业脱贫政策文件

部门	文件	内容
国土资源部	《关于支持深度贫困地区脱贫攻坚的意见》	2017年12月，提出一系列具体举措，放宽贫困地区用地限制，增加贫困地区供地数量，支持深度贫困地区脱贫攻坚。
中国人民银行、银监会、证监会、保监会	《关于金融支持深度贫困地区脱贫攻坚的意见》	要求金融部门新增金融资金优先满足深度贫困地区、新增金融服务优先布设深度贫困地区，2020年以前深度贫困地区贷款增速每年高于所在省（区、市）贷款平均增速，支持深度贫困地区打赢脱贫攻坚战。
交通运输部	《支持深度贫困地区交通扶贫脱贫攻坚实施方案》	2017年12月，进一步加大对深度贫困地区支持力度，规定交通扶贫新增资金、新增项目、新增举措主要向“三区三州”倾斜。
水利部	《关于加快推进深度贫困地区水利改革发展的实施意见》	2017年8月，要求加大深度贫困人口较多省份农村饮水安全巩固提升年度中央投资安排强度。
国家能源局	《关于加快推进深度贫困地区能源建设助推脱贫攻坚的实施方案》	2017年10月，要求在深度贫困地区优先布局重大能源投资项目和安排资金，优先安排“三区三州”能源重大投资项目。
国家林业局	《关于加快深度贫困地区生态脱贫工作的意见》	2017年11月，要求到2020年，在深度贫困地区营造林1 200万亩，组建造林扶贫专业合作社6 000个，吸纳20万贫困人口参与生态工程建设，50%的新增生态护林员指标要安排到深度贫困地区。
国家旅游局、国务院扶贫办	《关于支持深度贫困地区旅游扶贫行动方案》	2018年1月，要求到2020年，“三区三州”等深度贫困地区在旅游扶贫规划水平、乡村旅游扶贫减贫措施、乡村旅游扶贫人才培训质量、特色旅游产品品质、乡村旅游品牌、旅游综合效益等方面有明显提升。

一是现行标准下农村建档立卡贫困人口实现脱贫。贫困户有稳定收入来源，人均可支配收入稳定超过国家扶贫标准，实现“两不愁、三保障”。

二是建档立卡贫困村有序摘帽。村内基础设施、基本公共服务设施和人居环境明显改善，基本农田和农田水利等设施水平明显提高，特色产业基本形成，集体经济有一定规模，社区管理能力不断增强。

三是贫困县全部摘帽。县域内基础设施明显改善，基本公共服务能力和水平进一步提升，全面解决出行难、上学难、就医难等问题，社会保障实现全覆盖，县域经济发展壮大，生态环境有效改善，可持续发展能力不断增强。

四是构建由多部门共同组成的多维贫困治理网络。中国在进入脱贫攻坚战的决胜阶段后，投入了大量的人力、物力和财力，从中央到地方不断进行贫困治理体系和治理机制创新，纷纷出台了多层次的扶贫政策，中央政府做好扶贫攻坚的顶层设计和宏观布局，提出了“六个精准”和“五个一批”等一系列实现精准脱贫的基本要求和基本路径，各部委和地方政府结合各自优势出台了具体的脱贫攻坚措施，逐渐形成了多层级、跨部门的多维贫困治理网络。这一多维的贫困治理网络针对不同贫困人口的不同致贫原因，制定帮扶对策，实现了扶贫资源“因人因户”的精准配置，努力实现扶贫资源效益的最大化。

五是将深度贫困地区作为扶贫攻坚重点和难点。为取得脱贫攻坚历史性重任的胜利，中共中央办公厅国务院办公厅2017年9月25日根据《中共中央、国务院关于打赢脱贫攻坚战的决定》和习近平总书记在深度贫困地区脱贫攻坚座谈会上的重要讲话精神，印发了《关于支持深度贫困地区脱贫攻坚的实施意见》。

第三节　中国扶贫政策体系

中国的扶贫政策体系是在中央的统一部署下，各个地方政府积极发挥能动作用，上下一致共同推进中国反贫困事业发展的体系。中国通过综合运用多工具、多手段的扶贫模式，打造完善的扶贫政策措施体系。在扶贫措施供给多样化建设方面做了较为全面的、多架构的探索，具体涉及产业、就业、资产收益分红、金融、生态、保险、服务供给、低保等。

一、不断加大财政投入的专项扶贫

政府扶持是中国扶贫政策体系中的核心，一般通过财政手段和金融工具发挥作用，而政府扶贫的主导力量的核心是公共财政。中国政府的减贫政策最主要的支持来自于中央财政，除了财政扶贫专项资金外，近几年中央财政对农村贫困地区和少数民族地区的转移支付也逐渐加大，中央财政还安排大项的贴息、资金，通过对扶贫贷款利息给予补贴的方式，引导金融机构发放扶贫贷款。党的十八大以来，以习近平同志为核心的党中央对扶贫开发做出一系列重大部署，财政部门认真落实精准扶贫精准脱贫基本方略，完善资金和政策体系，大力支持脱贫攻坚。2013—2017 年中央财政累计安排补助地方专项扶贫资金 2 786. 88 亿元，年均增长 22. 7% （见图 8 –5）。

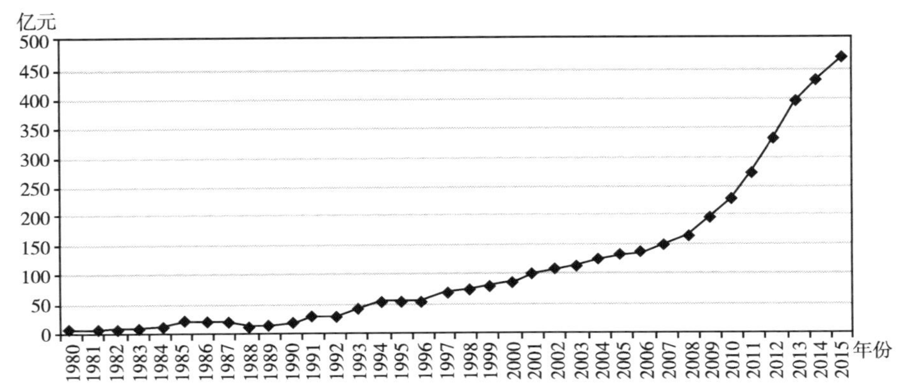

图 8 –5　1980—2015 年中央财政专项扶贫资金规模变化趋势

现阶段，根据国家统计局按照资金来源的统计口径，中国扶贫资金主要包括三个方面：政府财政扶贫资金、国际扶贫资金和其他扶贫资金投入（见表 8 –6）。

表 8 –6　　2016 年贫困地区扶贫资金来源与投向　　单位：亿元

指标	金额
扶贫投资总额	2 958. 6
1. 中央扶贫贴息贷款累计发放额	556. 7
2. 中央财政专项扶贫资金	627. 6
#以工代赈资金	45. 2
少数民族发展资金	25. 7
3. 中央专项退耕还林还草工程补助	107. 9
4. 中央拨付的低保资金	378. 0

续表

指标	金额
5. 省级财政安排的扶贫资金	259.7
6. 国际扶贫资金	3.2
7. 其他资金	1 025.4

数据来源：《中国农村贫困监测报告2017》。

财政扶贫资金是国家为改善贫困地区生产和生活条件，提高贫困人口生活质量和综合素质，支持贫困地区发展经济和社会事业而设立的财政专项资金。财政扶贫资金主要包括了发展资金、以工代赈资金、少数民族发展资金、“三西”农业建设专项补助资金、扶贫贷款贴息资金等类别（见表8－7）。

表8－7　　中央财政扶贫资金类别

资金类型	主管单位	主要用途
财政发展资金	扶贫办	改善贫困地区的农牧业生产条件，发展多种经营，修建乡村道路，普及义务教育和扫除文盲，开展农民实用技术培训，防治地方病。
以工代赈资金	国家发改委	修建县、乡公路（不含省道、国道）和为扶贫开发项目配套的道路，建设基本农田（含畜牧草场、果林地），兴修农田水利，解决人畜饮水问题。
“三西”扶贫资金	扶贫办	用于甘肃河西地区、定西地区、陇南10个高寒阴湿特困县和宁夏回族自治区西海固地区，主要解决上述地区温饱问题和增加收入。资金投入重点改善农业生产条件，解决人畜饮水，发展乡镇企业。
少数民族发展资金	民委	扶助少数民族专款，主要用于解决民族自治县、民族乡以及其他少数民族聚居的贫困地区和经济建设、发展生产中的特殊困难和需要，促进这些地区的社会稳定和经济发展。
扶贫贴息贷款	中国农业银行	主要用于支持农户发展种植业、养殖业和加工业，中央财政对农行进行利息补贴。

随着中国财政收入的不断提高和政府对扶贫工作的持续重视，财政专项扶贫资金的投入呈现出稳步增加的态势。特别自2008年以后，财政专项扶贫资金的年增长率基本保持在15%以上。就各项财政扶贫资金的投入来说，财政发展资金和少数民族资金的投入占比都有稳步的提升，财政发展资金增长约7倍，少数民族资金增长了10倍，而其他资金的投入基本保持不变。财政发展资金占比最大，2014年约占总财政扶贫资金的78%。

纵观2015年与2016年《中国扶贫开发年鉴》和《中国农村贫困监测报告》统计的历年国家扶贫开发重点县财政扶贫资金投入情况，1980年以来，中国中央财政专项扶贫资金投入总额呈逐年上升趋势，从1980年的8亿元增长到2015年的467.5亿元，平均增长率达15.2%，尤其是自2002年以来扶贫力度加大（见表8－8）。

表8－8　　中央财政专项扶贫资金历年投入情况　　单位：亿元

年份	财政专项扶贫资金合计	其中					
		财政发展资金	以工代赈资金	少数民族发展资金	三西资金	扶贫贴息贷款资金	其他
2001	100	47	40	4	2	5.4	2.0
2002	106	52	40	4	2	5.5	2.9
2003	114	60	40	4	2	5.3	3.0
2004	122	66	40	5	2	6.3	3.7
2005	130	74	40	5	2	5.3	3.7
2006	137	80	40	6	2	5.3	3.9
2007	144	85	40	7	2	5.3	4.6
2008	167	104	40	10	2	5.3	6.1
2009	197	129	40	12	3	5.3	7.5
2010	223	151	40	15	3	5.3	7.7
2011	272	193	40	20	3	5.6	10.4
2012	332	241	42	28	3	5.6	11.8
2013	394	290	42	37	3	5.6	16.2
2014	433	339	42	40	3	—	8.2

数据来源：国家统计局历年《统计年鉴》《中国农村贫困监测报告》和《农村贫困监测资料》。

财政专项扶贫资金主要项目包括以下几个方面：

一是“易地扶贫”搬迁。易地扶贫是指将生活在缺乏生存条件地区的贫困人口搬迁安置到其他地区，并通过改善安置区的生产生活条件、调整经济结构和拓展增收渠道来帮助搬迁人口逐步脱贫致富。中国关于“异地搬迁”扶贫的四项原则是：“群众自愿、就近安置、量力而行、适当补助”，其基本做法主要有：（1）插户移民。即由贫困户自行投亲靠友、分散安置，政府给予一定补助。（2）政府建设移民开发基地安置移民。（3）吊庄移民，即采取搬迁初期两头有家的形式待移民点得到开发、生产生活基本稳定后再进行移民安置。7 个搬迁区中的一部分特困地区如贵州的“四山”和“同江”地区、四川南部石山区、滇西北与滇东北地区等、青海和宁夏的四海固地区等大多数是少数民族聚居区、边远地区，是自然资源贫乏、生产生活条件十分恶劣生态极度脆弱的地区，无论开发式反贫困还是救济式反贫困都是行不通的。

二是“整村推进”扶贫。“整村推进”扶贫开发战略是以贫困村为基本单元和基本受益对象，充分利用较大规模的资金和其他资源，尽快完善基础设施和发展社会公共服务、改善群众生产和生活条件以及推动主导产业发展，从而使贫困人口在整体上摆脱贫困，同时提高贫困社区和贫困人口的综合生产能力与抵御风险的能力。

三是“以工代赈”扶贫。“以工代赈”扶贫（或基础设施建设扶贫）是指在贫困地区，由政府提供资金或实物，通过举办基础设施建设等公共工程，给非熟练劳动力创造更多的就业机会，增加其收入，以及为贫困地发展提供就业减贫的基础设施条件与经济增长的动力。

二、发挥部门优势的行业扶贫

行业扶贫是国家为了加大对贫困地区的扶持力度，发挥宏观调控职能，发挥行业部门减贫功能，从机制上建立扶贫政策保障体系。行业部门在通过政策制定、制度设计、资金项目安排等方面向贫困地区和扶贫对象倾斜，吸引各种生产要素和社会资源向贫困地区聚集，是中国发挥集中力量办大事的政治制度优越性的体现。

第一，产业扶贫。产业扶贫模式是在贫困地区发展一定的主导产业，并通过产业发展带动某地经济的增长，大量吸纳劳动力就业，从而增加贫困群体的收入水平，实现人力、财力资源等要素的有效结合。这种模式需要政府的土地、项目、信贷、税收等相关优惠政策扶持，促进龙头企业的成长。“八七”扶贫攻坚时期，发展以种植业、养殖业为主旨产业的扶贫模式对解决贫困人口的温饱问题发挥了主要作用。

2015 年《中共中央国务院关于打赢脱贫攻坚战的决定》中提出要制定贫困地区特色产业发展规划。出台专项政策，统筹使用涉农资金，重点支持贫困村、贫困户因地制宜发展种养业和传统手工业等。2015 年，实施贫困村“一村一品”产业推进行动，扶持建设一批贫困人口参与度高的特色农业基地。加强贫困地区农民合作社和龙头企业培育，发挥其对贫困人口的组织和带动作用，强化其与贫困户的利益联结机制。支持贫困地区发展农产品加工业，加快一二三产业融合发展，让贫困户更多分享农业全产业链和价值链增值收益。加大对贫困地区农产品品牌推介营销支持力度，依托贫困地区特有的自然人文资源，深入实施乡村旅游扶贫工程。科学合理有序开发贫困地区水电、煤炭、油气等资源，调整完善资源开发收益分配政策。探索水电利益共享机制，将从发电中提取的资金优先用于水库移民和库区后续发展。引导中央企业、民营企业分别设立贫困地区产业投资基金，采取市场化运作方式，主要用于吸引企业到贫困地区从事资源开发、产业园区建设、新型城镇化发展等。

第二，就业扶贫。劳动力素质是贫困地区致贫的重要原因，从开放式扶贫方针起，中国将就业扶贫的基本思路确定为通过培训提高劳动力素质和就业技能，促进贫困地区劳动力向发达地区和非农产业转移就业。

对农业产业化急需的经营管理等人员进行人才培训。2015 年《中共中央国务院关于打赢脱贫攻坚战的决定》提出，要引导劳务输出扶贫，加大劳务输出培训投入，统筹使用各类培训资源，以就业为导向，提高培训的针对性和有效性。

加大职业技能提升计划和贫困户教育培训工程实施力度，引导企业扶贫与职业教育相结合，鼓励职业院校和技工学校招收贫困家庭子女，确保贫困家庭劳动力至少掌握一门致富技能，实现靠技能脱贫，进一步加大就业专项资金向贫困地区的转移支付力度。

支持贫困地区建设县乡基层劳动就业和社会保障服务平台，引导和支持用人企业在贫困地区建立劳务培训基地，开展好订单定向培训，建立和完善输出地与输入地劳务对接机制，鼓励地方对跨省务工的农村贫困人口给予交通补助。大力支持家政服务、物流配送、养老服务等产业发展，拓展贫困地区劳动力外出就业空间。加大对贫困地区农民工返乡创业政策扶持力度。对在城镇工作生活一年以上的农村贫困人口，输入地政府要承担相应的帮扶责任，并优先提供基本公共服务，促进有能力在城镇稳定就业和生活的农村贫困人口有序实现市民化。

第三，教育扶贫。贫困群体获取致富信息的能力不足、获得工作的机会有限，迁移壁垒往往是因为人力资本不足。因此，提高贫困人群的受教育水平、加大对其培训的力度，可以增强其自身反贫困的能力。20 世纪 90 年代，中国扶贫的政策中的“希望工程”“春蕾计划”主要关注未成年人的基础教育。其中，“希望工程”主要资助失学儿童继续学业和捐助援建希望小学，“春蕾计划”主要救助贫困地区的失学女童重返校园。

新时期中国的教育扶贫方式有所拓展，一方面对未成年人的基础性教育进行延伸；另一方面展开了对于现有劳动力的再教育扶贫。基础性教育实行“两免一补”，即免杂费、书本费、给寄宿贫困生补助生活费。在此基础上很多省份又升级为“三免一补”，增加免收贫困生住宿费。再教育扶贫包括对农村劳动力转移就业培训、农村实用技术培训和农村中等职业教育，提高农村劳动力的生产劳动技能，促进生产发展，促进转移就业，拓宽增收渠道。2016年发布的《国务院关于印发“十三五”脱贫攻坚规划的通知》将教育扶贫分为以下几步：一是提升基础教育水平，主要通过改善办学条件和强化教师队伍建设来完成；二是通过完善困难学生资助救助政策来降低贫困家庭就学负担；三是加快发展职业教育，主要通过强化职业教育资源建设、加大职业教育力度、加大贫困家庭子女职业教育资助力度来完成；四是提高高等教育服务能力，例如支持贫困地区优化高等学校布局，调整优化学科专业结构，国家专项计划向贫困地区倾斜，继续实施高校招生倾斜政策等。

第四，科技扶贫。科技扶贫是把科学理念、科学知识、科学方法和科学技术灌输给贫困地区，引导贫困群体依靠科技摆脱贫困、走向富裕的减贫模式。科技扶贫的核心是通过示范、培训手段，加大对贫困地区和目标群农业高新技术、新品种应用的支持力度，是国家扶贫开发的组成部分。坚持以科技扶贫项目为载体，大力调整贫困地区农业、第三产业结构，切实提高贫困地区人口科技文化素质，有效促进农村经济和社会事业的发展。中国的科技扶贫大体可分为以下几部分：一是促进科技成果向贫困地区转移转化，如组织高等学校、科研院所、企业等开展技术攻关，解决贫困地区产业发展和生态建设关键技术问题等；二是通过深入推行科技特派员制度，为贫困地区培养科技致富带头人等来提高贫困人口创新创业能力；三是加强贫困地区创新平台载体建设，实施科技助力精准扶贫工程，通过“科技园区+贫困村+贫困户”的方式带动贫困人口脱贫；四是加大技术创新引导专项（基金）对科技扶贫的支持。

第五，基础设施扶贫。推进贫困地区土地整治，加快中低产田改造，开展土地平整，提高耕地质量。推进大中型灌区续建配套与节水改造和小型农田水利建设，发展高效节水灌溉，扶持修建小微型水利设施，抓好病险水库（闸）除险加固工程和灌溉排水泵站更新改造，加强中小河流治理、山洪地质灾害防治及水土流失综合治理。积极实施农村饮水安全工程。加大牧区游牧民定居工程实施力度。加快贫困地区通乡、通村道路建设，积极发展农村配送物流。继续推进水电新农村电气化、小水电代燃料工程建设和农村电网改造升级，实现城乡用电同网同价。普及信息服务，优先实施重点县村村通有线电视、电话、互联网工程。加快农村邮政网络建设，推进电信网、广电网、互联网三网融合。

第六，健康扶贫。中国一直以来将贫困地区由于公共卫生落后导致的因病致贫、因病返贫问题放在重要位置。健康扶贫是通过改善贫困地区医疗卫生机构条件，缩小区域间卫生资源配置差距，完善基本医疗保障制度，从而减轻医疗费用个人负担，使得因病致贫返贫问题得到有效解决。2016 年发布的《国务院关于印发“十三五”脱贫攻坚规划的通知》将健康扶贫分为以下几个方面：一是提升医疗卫生服务能力，主要是通过加强医疗卫生服务体系建设、深化医药卫生体制改革、强化人才培养培训、支持中医药和民族医药事业发展四个途径来实现；二是提高医疗保障水平，主要包括降低贫困人口大病、慢性病费用支出，实行贫困人口分类救治等；三是通过加大传染病、地方病、慢性病防控力度，提升妇幼健康服务水平，开展爱国卫生运动来加强疾病预防控制和公共卫生。

第七，社会保障制度扶贫。统筹社会救助体系，完善农村低保、特困人员救助供养等社会救助制度，健全农村“三留守”人员和残疾人关爱服务体系，促进扶贫开发与社会保障有效衔接，实现社会保障兜底。2016 年发布的《国务院关于印发“十三五”脱贫攻坚规划的通知》将社会保障兜底脱贫分为以下几类：一是通过完善农村最低生活保障制度、统筹社会救助资源来健全社会救助体系；二是统筹推进城乡养老保障体系建设，指导贫困地区全面建成城乡居民养老保险制度，从而逐步提高贫困地区基本养老保障水平；三是健全“三留守”人员和残疾人关爱服务体系。与社会保障兜底脱贫相关的扶贫政策有：《关于做好农村最低生活保障制度与扶贫开发政策有效衔接的指导意见》《关于进一步加强医疗救助与城乡居民大病保险有效衔接的通知》《贫困残疾人脱贫攻坚行动计划（2016—2020 年）》《关于切实做好社会保险扶贫工作的意见》等。

第八，资产收益扶贫。《中共中央国务院关于打赢脱贫攻坚战的决定》中指出，资产收益扶贫是指在不改变用途的情况下，将财政专项扶贫资金和其他涉农资金投入设施农业、养殖、光伏、水电、乡村旅游等项目形成的资产，具备条件的折股量化给贫困村和贫困户，尤其是丧失劳动能力的贫困户。

2016 年发布的《国务院关于印发“十三五”脱贫攻坚规划的通知》强调，组织开展资产收益扶贫工作。鼓励和引导贫困户将已确权登记的土地承包经营权入股企业、合作社、家庭农（林）场与新型经营主体形成利益共同体，分享经营收益。积极推进农村集体资产、集体所有的土地等资产资源使用权作价入股，形成集体股权并按比例量化到农村集体经济组织。财政扶贫资金、相关涉农资金和社会帮扶资金投入设施农业、养殖、光伏、水电、乡村旅游等项目形成的资产，可折股量化到农村集体经济组织，优先保障丧失劳动能力的贫困户。建立健全收益分配机制，强化监督管理，确保持股贫困户和农村集体经济组织分享资产收益。创新水电、矿产资源开发占用农村集体土地的补偿补助方式，在贫困地区选择一批项目开展资源开发资产收益扶贫改革试点。通过试点，形成可复制、可推广的模式和制度，并在贫困地区推广，让贫困人口分享资源开发收益。现有的资产收益扶贫工程有：光伏扶贫工程、水库移民脱贫工程和农村小水电扶贫工程。

第九，网络扶贫。实行网络扶贫行动计划，让贫困地区贫困群众搭上互联网发展快车，有助于打赢脱贫攻坚战。2014 年 7 月 8 日，国务院扶贫办印发《全国扶贫开发信息化建设规划》，进一步提出要“建设全国扶贫信息网络系统”，到 2016 年底基本完成扶贫开发信息化工作的“一五六”建设目标：“一”是构建一个全国大集中的扶贫开发信息系统，“五”是实现扶贫开发工作的五大功能，“六”是构建一个覆盖中央、省、市、县、乡镇、行政村的六级业务网。2016 年 10 月 30 日，中央网信办、国家发展改革委、国务院扶贫办联合发布的《加快实施网络扶贫行动》中提出，实施“网络覆盖工程、农村电商工程、网络扶智工程、信息服务工程、网络公益工程”五大工程，到 2020 年网络扶贫取得显著成效，建立起网络扶贫信息服务体系，实现网络覆盖、信息覆盖、服务覆盖。开展网络远程教育。协调相关资源，支持贫困地区中小学建立远程教育课室，推动城市优质教育资源与贫困地区中小学的对接。组织各类教育培训机构，依托现有资源建立面向贫困农村的互联网教育资源应用平台，提高贫困地区学生教育水平，提升贫困户生产技能。支持大学生村官和大学生返乡开展网络创业创新。

第十，生态保护扶贫。处理好生态保护和扶贫开发的关系，加强贫困地区生态环境保护和治理修复，提升贫困地区可持续发展能力。2016 年发布的《国务院关于印发“十三五”脱贫攻坚规划的通知》将生态扶贫分为以下两个方面：一是加大生态保护修复力度，主要通过加强生态保护与建设，开展水土资源保护实现。其中重大生态建设扶贫工程有：退耕还林还草工程、退牧还草工程、青海三江源生态保护和建设二期工程、京津风沙源治理工程、天然林资源保护工程、三北等防护林体系建设工程、水土保持重点工程、岩溶地区石漠化综合治理工程、沙化土地封禁保护区建设工程、湿地保护与恢复工程以及农牧交错带已垦草原综合治理工程。二是通过建立稳定生态投入机制、探索多元化生态保护补偿方式、设立生态公益岗位来建立健全生态保护补偿机制。其中，生态保护补偿机制有：森林生态效益补偿、草原生态保护补助奖励、跨省流域生态保护补偿试点、生态公益岗位脱贫行动。

三、多元主体参与的社会扶贫

多元主体参与的社会扶贫是中国扶贫体系的一大特色，对于大范围地有效减少贫困有积极作用。这一模式可以有效地发挥社会资源的合力作用，不但直接减少了财政扶贫的压力，而且以其灵活多样的帮扶措施更加提高了扶贫的效果。这一模式有利于对口帮扶的较发达地区与贫困地区在经济发展上互动。发达地区对贫困地区输入了物资，选派了管理、技术等各方面的骨干，帮助其克服了技术、资金、管理经验等瓶颈，帮助其完善了基础设施、提高了人口素质、增加了就业机会。

第一，定点扶贫。定点扶贫是一种动员社会力量参与的、具体扶贫形式比较灵活的、责任落实比较到位的模式，是符合中国的政治、经济社会特点、体现社会主义高度集体观与合作力等优越性的模式。1984 年 9 月，党中央、国务院针对中国农村还有 1.25 亿人口尚未解决温饱的严峻现实，发出了《关于帮助贫困地区尽快改变面貌的通知》。科技部、农业部、商务部等国家部委响应国家号召，开始了定点扶贫工作。1986 年，国务院贫困地区经济开发领导小组第一次会议指出，帮助、支持地方改变贫困的有关部委可以分别联系集中连片的贫困地区，改善贫困地区面貌。1987 年，国务院召开第一次中央、国家机关定点扶贫工作会议后，更多的机关部门参加到定点扶贫工作中。截至 1993 年年底，已有 81 个中央机关和中央企事业单位加入，在 2002 年国家定点扶贫工作会议以后，参与单位总数达到 272 个，定点帮扶 481 个扶贫工作定点县。

第二，东西扶贫协作。1994 年《国务院关于印发〈国家八七扶贫攻坚计划〉的通知》中第一次完整阐述了东西扶贫协作概念的基本内涵，其主要目的是支持和帮助中西部欠发达地区及少数民族地区摆脱贫困，逐步缩小区域发展差距，最终实现区域共同发展和共同富裕。其主要内容是多样性与全方位扶贫领域的有机统一，其主要基础是“优势互补、互惠互利、长期合作、共同发展”的四项原则，其主要政策绩效是援受地区的互利共赢、相得益彰。

2000 年《中国农村扶贫开发纲要（2001—2010 年）》指出，继续做好沿海发达地区对口帮扶西部贫困地区的东西扶贫协作工作。要认真总结经验，根据扶贫开发规划，进一步扩大协作规模，提高工作水平，增强帮扶力度。对口帮扶双方的政府要积极倡导和组织学校结对帮扶工作，鼓励和引导各种层次、不同形式的民间交流与合作。特别是要注意在互利互惠的基础上，推进企业间的相互合作和共同发展。2010年《中国农村扶贫开发纲要（2011—2020年）》第二十八条要求：推进东西部扶贫协作。东西部扶贫协作双方要制定规划，在资金支持、产业发展、干部交流、人员培训以及劳动力转移就业等方面积极配合，发挥贫困地区自然资源和劳动力资源优势，做好对口帮扶工作。国家有关部门组织的行业对口帮扶，应与东西部扶贫协作结对关系相衔接。积极推进东中部地区支援西藏、新疆经济社会发展，继续完善对口帮扶的制度和措施。各省（自治区、直辖市）要根据实际情况，在当地组织开展区域性结对帮扶工作（见表8－9）。

表8－9　　东西扶贫协作东部省市与西部省区市结对名单

东部省市（18个）	西部省区市（10个）
北京	内蒙古自治区
天津	甘肃
上海	云南
江苏	陕西
浙江	四川
福建	宁夏
山东	重庆
广东	广西
上海、大连、苏州、杭州、宁波、青岛、广州、深圳	贵州（遵义、六盘水、铜仁、黔东南、黔西南、安顺、黔南、毕节）
厦门	甘肃临夏州
珠海	四川凉山州

2011年起东西扶贫协作政府援助资金逐年增加，2011—2016年，东部共向西部无偿援助86.2亿元，年均增长率为49.64%；援建学校1 917所，年均增长率为86.39%；卫生机构48所，年均增长率为19.50%（见表8－10）。

表8－10　　东西部扶贫协作政府援助资金统计表

指标	计量单位	2011年	2012年	2013年	2014年	2015年	2016年
1. 政府援助资金	万元	84 026	88 220	118 058.41	133 769.41	145 097	292 595.12
其中：1.1 省级拨款	万元	59 099	60 425	81 841	98 463	76 988	101 403

续表

指标	计量单位	2011 年	2012 年	2013 年	2014 年	2015 年	2016 年
1.2 地级拨款	万元	11 830	15 095	17 082.18	14 447.41	39 457	112 813
1.3 县级拨款	万元	12 297	7 150	19 135.23	20 859	24 792	27 691.6
2. 援建项目							
其中：2.1 学校	所	147		107	718	163	782
资助贫困学生	人次	22 080	13 305	5 130	11 738	7 380	8 220
2.2 卫生院、所	所	80	66	38	36	40	158

第三，企业、社会组织和个人扶贫。组织助力精准扶贫，发挥自身优势并践行企业社会责任，在当前的大扶贫格局下，政府、市场和社会协同推进精准扶贫，多方联动才能最大限度地发挥扶贫资源的效用，实现扶贫资源的精准安置。同时，商业组织参与精准扶贫也是践行企业社会责任的表现。企业社会责任要求商业组织在创造利润，对员工和股东承担法律责任的同时，还必须承担对消费者、社区和环境的责任。商业组织参与精准扶贫可以有效发挥自身的优势，有效利用扶贫资源，既可以帮助贫困村制定产业发展规划，还可以建立企业生产基地，吸纳贫困人口就地就业，同时还可以将异地扶贫搬迁与新型城镇化、新农村建设紧密结合在一起，弥补政府和社会力量的短板。社会组织一直是中国扶贫事业的重要主体之一，对中国的减贫事业做出了重要贡献。在扶贫新阶段中，社会组织参与扶贫的方式趋于多样化，既可以直接参与，也可以通过为政府提供专业的评估和咨询等有偿服务的方式来参与扶贫事业，新的参与方式会提高社会组织参与扶贫事业的深度和广度。在“三位一体”大扶贫格局下，社会组织是社会力量参与精准扶贫的典型形态，是中国贫困治理的重要参与主体。让第三方专业机构参与特准扶贫评估，更好地发挥第三方机构的专业功能和作用，监督扶贫工作，促进中国减贫事业向更好的方向发展。目前中国鼓励企业和社会各界参与扶贫的主要措施有：

一是要大力倡导民营企业扶贫。鼓励民营企业积极承担社会责任，通过资源开发、产业培育、市场开拓、农村企共建等多种形式到贫困地区投资兴业、培训技能、吸纳就业、捐资助贫，参与扶贫开发，发挥辐射和带动作用。重点工程有：中央企业定点帮扶贫困革命老区“百县万村”活动、同舟工程和“万企帮万村”精准扶贫行动。

二是积极引导社会组织扶贫。支持社会团体、基金会、民办非企业单位等各类组织积极从事扶贫开发事业，加强国际减贫交流合作。

三是广泛动员个人扶贫。积极倡导“我为人人、人人为我”的全民公益理念，开展丰富多样的体验走访等社会实践活动，畅通社会各阶层交流交融、互帮互助的渠道。引导广大社会成员和港澳同胞、台湾同胞、华侨及海外人士，通过爱心捐赠、志愿服务、结对帮扶等多种形式参与扶贫。

2014 年《关于进一步动员社会各方面力量参与扶贫开发的意见》中还规定了相关完善保障措施，主要有全面落实扶贫捐赠税前扣除、税收减免等扶贫公益事业税收优惠政策，以及各类市场主体到贫困地区投资兴业、带动就业增收的相关支持政策并简化相关支持；对贡献突出的企业、社会组织和各界人士，在尊重其意愿前提下可给予项目冠名等激励措施。

第四节　中国扶贫政策成效

一、贫困地区农村居民收入增长

贫困地区农村居民收入保持快速增长，增速持续快于全国农村平均水平。2016 年，贫困地区农村居民人均可支配收入 8 452 元，其水平是 2012 年的 1.6 倍；扣除价格因素，实际水平是 2012 年的 1.5 倍。贫困地区农村居民人均收入连续保持两位数增长，2013—2016 年人均可支配收入名义增速分别是 16.5%、12.7%、11.7% 和 10.4%，平均名义增长 12.8%，扣除价格因素，平均实际增长 10.7%。

二、贫困地区农村居民生活消费提高

贫困地区农村居民生活消费水平持续提高，质量不断改善。党的十八大以来，贫困地区农村居民消费逐渐由生存型向发展型升级，各项消费支出持续增长，消费结构优化，居住条件不断改善，耐用消费品数量增加，产品升级换代，生活消费水平明显提高。

一是消费保持较快增长。2016 年，贫困地区农村居民人均消费支出 7 331 元，与 2012 年相比，平均名义增长 11.7%，扣除价格因素，实际水平是 2012 年的 1.44 倍，平均实际增长 9.6%。其中，集中连片特困地区农村居民人均消费支出 7 273 元，平均名义增长 11.7%；扣除价格因素，平均实际增长 9.6%；扶贫开发重点县农村居民人均消费支出人均 7 260 元，年均名义增长 11.9%，扣

除价格因素，平均实际增长9.8%。

二是消费结构明显优化。吃饭穿衣支出稳定增长，同比下降。2016年贫困地区农村居民食品支出为2 567元，是2013年的1.25倍，平均名义增长7.6%，恩格尔系数35.0%，2013年下降3.2个百分点。2016年贫困地区农村居民用于衣着的消费支出为人均423元，是2013年的1.27倍，平均名义增长8.2%，衣着支出占消费支出的比重为5.8%，2013年下降0.4个百分点。交通通信、教育文化娱乐支出快速增长，同比提高。2016年贫困地区农村居民人均交通通信支出803元，与2013年相比平均增长16.0%，占比从2013年的9.5%提高到2016年的11.0%。人均教育文化娱乐支出790元，与2013年相比平均增长16.3%，占比从2013年的9.3%提高到2016年的10.8%。

三是居住条件不断改善。首先，住房质量得到改善。2016年，贫困地区农村居民户均住房面积比2012年增加19.1平方米。居住在竹草土坯房的农户比重为4.5%，比2012年下降3.3个百分点；居住在钢筋混凝土房或砖混材料房的农户比重为57.1%，比2012年上升17.9个百分点。其次，饮水安全不断提高。2016年，贫困地区农村饮水有困难的农户比重为12.1%，比2013年下降6.9个百分点；使用管道供水的农户比重为67.4%，较2013年提高13.8个百分点；使用经过净化处理自来水的农户比重为40.8%，比2013年提高10.2个百分点。居住设施不断改善。卫生设施方面，2016年，贫困地区农村居民独用厕所的农户比重为94.2%，比2012年提高3.2个百分点；使用卫生厕所的农户比重为31.0%，比2012年提高5.3个百分点。炊事用能源中，2016年贫困地区使用柴草作为炊用能源的农户比重为51.3%，比2012年下降9.8个百分点；使用清洁能源的农户比重为32.3%，比2012年上升14.6个百分点。

四是耐用消费品升级换代。传统耐用消费品拥有量持续增加。2016年，贫困地区农村每百户拥有电冰箱、洗衣机、电视机分别为75.3台、80.7台和108台，分别比2012年增加27.8台、28.4台和9.7台，全国农村平均水平的差距逐渐缩小。汽车、计算机等反映现代生活的耐用消费品快速增长。2016年，贫困地区农村每百户汽车、计算机拥有量分别为11.1辆、15.1台，分别是2012年的4.1倍和2.8倍。

三、贫困地区农村基础设施和基本公共服务明显改善

党的十八大以来，中央和地方政府不断加大对水、电、路、网等基础设施和公共服务建设投资力度，“四通”覆盖面不断扩大，教育文化卫生设施获得明

显提升，生产生活条件得到进一步改善，贫困地区农村面貌换新颜。

一是基础设施条件不断完善。首先，贫困地区“四通”覆盖面不断扩大，截至2016年，贫困地区通电的自然村接近全覆盖。通电话的自然村比重达到98.2%，比2012年提高4.9个百分点；通有线电视信号的自然村比重为81.3%，比2012年提高12.3个百分点；通宽带的自然村比重为63.4%，比2012年提高25.1个百分点。其次，贫困地区交通便利情况也获得明显改善。2016年，贫困地区村内主干道路面经过硬化处理的自然村比重为77.9%，比2013年提高18.0个百分点；通客运班车的自然村比重为49.9%，比2013年提高11.1个百分点。再者，连片特困地区和扶贫重点县“四通”情况不断改善。2016年，连片特困地区和扶贫重点县通电均接近全覆盖，通电话的自然村比重均达到98%以上，较2012年均提高5.0个百分点；通有线电视信号的自然村比重分别为79.0%和81.0%，较2012年分别提高12.6个百分点和12.0个百分点；通宽带的自然村比重分别为60.1%和61.9%，较2012年分别提高23.7个百分点和24.0个百分点。

二是教育文化状况显著改善。党的十八大以来，各地各部门积极推进教育文化扶贫，贫困地区农村受教育情况明显改善，教育文化设施状况获得较大提升。2016年，贫困地区农村79.7%的农户所在自然村上幼儿园便利，4.9%的农户所在自然村上小学便利，分别比2013年提高12.1和6.9个百分点；有文化活动室的行政村比重为86.5%，比2012年提高12.0个百分点。连片特困地区和扶贫重点县文化公共服务条件也显著改善。2016年，连片特困地区和扶贫重点县有文化活动室的行政村比重分别为86.6%和86.2%，相比2012年分别提高11.9个百分点和12.6个百分点。

三是医疗卫生水平显著提高。2012年以来，中央专项投资支持贫困地区医疗卫生机构基础设施建设，贫困地区医疗卫生服务条件获得较大改善。2016年，贫困地区农村拥有合法行医证的医生或卫生员的行政村比重为90.4%，比2012年提高7.0个百分点；91.4%的户所在自然村有卫生站，比2013年提高7.0个百分点；拥有畜禽集中饲养区的行政村比重为28.0%，比2012年提高12.0个百分点；饮用水经过集中净化处理的自然村比重为44.7%，比2013年提高17.0个百分点；50.9%的户所在自然村垃圾能集中处理，比2013年提高21.0个百分点。连片特困地区和扶贫重点县医疗服务条件明显提升。2016年拥有合法行医证医生或卫生员的行政村比重分别为89.7%和90.5%，比2012年分别提高6.8个百分点和6.5个百分点。

四、全国农村社会保障体系初步建立

到2010年底，全国农村最低生活保障制度覆盖人口达到5 228.4万人，农村五保救济覆盖人口为554.8万人，529.5万人次得到农村临时救济，813.8万人次得到医疗救助。2016年，全国共有农村低保对象4 576.5万人，全国农村低保月人均标准达到312元，累计支出农村低保资金984.3亿元。全国农村低保平均标准增幅达到17.8%，全国低于国家扶贫标准的县（市、区）数量从2015年底的1 521个减少为600个。2016年，全国共实施医疗救助8 720.4万人次，其中，直接救助3 099.8万人次，资助参保参合5 620.6万人，累计支出医疗救助资金298.7亿元。2016年，全国共实施临时救助967.9万人次，累计支出救助资金86.3亿元，平均救助水平891元/人次。

第五节　中国扶贫政策经验

在近40年的探索和创新过程中，中国走出了一条中国特色的扶贫开发道路，积累了宝贵经验。

一、促进经济增长，巩固农业基础

改革开放以来，中国国民经济平稳快速增长，综合国力不断增强，工业化、城镇化快速发展，经济高增长提供了大量农转非就业机会。同时，农业的基础地位不断加强，为解决贫困人口温饱、调节贫困地区经济结构创造了条件，为缓解农村贫困奠定了坚实的物质基础。

二、广泛动员社会参与，加强国际合作

组织协调272个中央党政机关、民主党派、社会团体和大型国有企业定点帮扶481个重点县。2001—2010年，直接投入资金和物资90.9亿元，到重点县挂职干部3 559人，为重点县培养各类人员168.4万人次。组织东部6个省、3个直辖市和6个计划单列市对口帮扶西部11个省区市。2001—2010年，东部省市各级政府无偿援助西部44.4亿元，企业投入约2 500亿元，技术培训各类人员22.6万人次。组织非公有制经济参与扶贫事业，充分调动非政府组织参与扶贫开发的积极性。与有关多边机构、双边机构和国内外非政府组织合作，联合

实施多种形式的扶贫项目，积极开展减贫交流。据不完全统计，2000年以来，中国扶贫领域利用各类外资5.6亿美元。

三、实施开发式扶贫，强调发挥基层组织的作用

发动群众，依靠群众，让贫困人口直接参与扶贫开发项目与资金使用的决策，促进贫困人口素质提升和能力建设，切实提高自我发展能力。坚持开发式扶贫方针，帮助贫困地区开展基础设施建设，实现通路、通电、通邮、通广播电视；通过农田水利基本建设，提高土地生产能力；支持贫困农户发展种植业、养殖业和小型加工业项目。

四、统筹城乡区域，促进科学发展

全面推行农村税费改革，取消农业税、牧业税、特产税种等其他不合理的税费，减轻农民负担。建立农业补贴制度，对农民实行粮食直补、良种补贴、农机具购置补贴和农业生产资料综合补贴，鼓励农业生产。明确提出建设社会主义新农村的任务，加大对农村水、电、路、气、房等基础设施的投入力度，积极推进农村危房改造试点。实施西部大开发和中部崛起战略，加大对中西部地区的财政转移支付力度，通过退耕还林还草政策改善西部自然条件恶劣地区的生态环境，增加当地农民的收入。全面发展农村社会事业。改革农村义务教育管理体制，实施新型农村合作医疗制度，出台相关措施对困难群众实施医疗救助，开展新型农村养老保险试点（目前已覆盖24%的县）。

参考文献

[1] 国家统计局农村社会经济调查司.2017中国农村贫困监测报告［M］. 北京：中国统计出版社，2017.

[2] 闫坤，刘轶芳. 中国特色的反贫困理论与实践研究［M］. 北京：中国社会科学出版社，2016.

[3] 中国财政科学研究院，联合国开发计划署驻华代表处. 中国扶贫可持续筹资报告［M］. 北京：中国财政经济出版社，2016.

[4] 国务院扶贫开发领导小组办公室. 中国农村扶贫开发纲要（2011—2020年）［M］. 北京：中国财政经济出版社，2011.

[5] 张磊. 中国扶贫开发历程（1949—2005年）［M］. 北京：中国财政经济出版社，2007.

[6] 世界银行东亚及太平洋地区扶贫与经济管理局. 从贫困地区到贫困人群：中国扶贫

议程的演进——中国贫困和不平等问题评估［R］．2009.

［7］张静．改革开放以来中国扶贫政策发展研究［D］．华东政法大学，2013.

［8］黄承伟．中国扶贫开发道路研究：评述与展望［J］．中国农业大学学报（社会科学版），2016（05）．

［9］童宁．农村扶贫资源传递过程研究［M］．北京：人民出版社，2009.

［10］范小建．60年：扶贫开发的攻坚战［J］．求是，2009（20）．

［11］朱小玲，陈俊．建国以来我国农村扶贫开发的历史回顾与现实启示［J］．生产力研究，2012（05）．

［12］韩嘉玲，孙若梅，普红雁，等．社会发展视角下的中国农村扶贫政策改革30年［J］．贵州社会科学，2009（02）．

［13］王朝明，王彦西．精准扶贫瞄准机制和政策思考［J］．经济研究参考，2018（06）．

［14］范小建．消除贫困、实现共同富裕的领路人［J］．求是，2011（14）．

［15］范小建．改善民生与促进社会和谐稳定——在2011年中国经济社会论坛的专题发言［EB/OL］．2012-03-27. http：//www. china-esc. org. cn/c/2012-03-27/603463. shtml.

［16］赵大全．反贫困：中国的实践与经验［N/OL］．中国财经报，2018-08-23. http：//www. cfen. com. cn/dzb/dzb/page_8/201808/t20180823_2995910. html.